RECHERCHES

HISTORIQUES

SUR

LA VILLE D'ORLÉANS.

RECHERCHES
HISTORIQUES
SUR
LA VILLE D'ORLÉANS,

DU 1er JANVIER 1789 AU 30 AVRIL 1804;

dédiées

A SES CONCITOYENS,

ET

Offertes à ce titre à MM. les Maire, Adjoints et Conseillers municipaux de la ville d'Orléans,

Par D. Lottin père,

CORRESPONDANT DE M. LE MINISTRE DE L'INSTRUCTION PUBLIQUE POUR LES TRAVAUX HISTORIQUES, ET MEMBRE TITULAIRE DE LA SOCIÉTÉ STATISTIQUE UNIVERSELLE DE FRANCE.

DEUXIÈME PARTIE.

Tome 4.

Orléans,

IMPRIMERIE D'ALEXANDRE JACOB.

MDCCCXLI.

AVERTISSEMENT.

Encouragé par l'accueil bienveillant qu'ont reçu les deux premières parties de nos *Recherches historiques sur Orléans*, nous nous décidons à publier la troisième partie, ayant pour titre *Orléans sous l'Empire, les Cent-Jours et la Restauration*.

La même impartialité que nous avons apportée jusqu'ici à notre travail a présidé à la rédaction de cette partie toute contemporaine. Plusieurs centaines de pièces autographes et imprimées viendront à l'appui de notre travail; les originaux en seront déposés par nous à la Bibliothèque de la Ville.

Ce volume, le 6e de l'ouvrage, le 4e de la seconde partie des *Recherches historiques sur la ville d'Orléans*, termine les faits relatifs à la Révolution française de 1789 à 1804, époque de l'Empire.

Les numéros qui se trouvent à la fin de chaque citation correspondent à la Table qui est à la fin du 1er volume de la première partie de nos *Recherches*.

RECHERCHES

HISTORIQUES

SUR

LA VILLE D'ORLÉANS.

𝔇𝔢𝔲𝔵𝔦è𝔪𝔢 𝔓𝔞𝔯𝔱𝔦𝔢.

DU 1ᵉʳ JANVIER 1789 AU 10 MAI 1800.

1796.

1ᵉʳ *janvier* 1796, *ou* 11 *nivôse an* IV. — Chamouillet, très-habile menuisier d'Orléans, surnommé le Patriarche des sans-culottes, qui avait été successivement geôlier des prisons, commissaire de police, officier municipal, député de la commune dans la Vendée, président de section, président du club, président de l'administration départementale, administrateur des hospices, etc., etc., puis après incarcéré dans les prisons d'Orléans, enfin dans celle du Luxembourg à Paris, ayant été mis en liberté, fait, le 1ᵉʳ de l'année 1796, placarder sur les murs de la ville,

« *qu'il fait le serment de ne plus se mêler de politique ni d'administration, et qu'il va reprendre son tablier, son ciseau et ses rabots.* » Il tint parole et resta depuis tout-à-fait ignoré (1-6).

4 janvier 1796, *ou* 14 *nivôse an* IV. — Le directoire exécutif ordonne l'établissement d'une école centrale à Orléans : elle fut placée dans le local de l'ancien collége, et eut pour administrateurs les citoyens :

Boucher, ingénieur en chef du département du Loiret ;
Huet de Froberville, homme de lettres ;
Chaufton, avocat (1-6) (*).

5 janvier 1796, *ou* 15 *nivôse an* IV. — Le citoyen Romagnesy, voyer de la commune d'Orléans, est remplacé dans ses fonctions par le citoyen Dubois, entrepreneur de bâtimens (V. A, f° 80).

8 janvier 1796, *ou* 18 *nivôse an* IV. — Soumission faite au bureau municipal d'Orléans par le citoyen J.-B. Goujon, marchand de bas à Orléans, rue Bannier, pour le service et l'approvisionnement des ports maritimes, de la quantité de quatre-vingt-quinze douzaines et demie de paires de bas de laine des fabriques de la Beauce et d'Orléans, couleur gris-de-loup, à raison de 2,775 liv. la douzaine (V. A, f° 84).

(Ce qui portait chaque paire de bas à 231 liv. 5 s.)

Soumission faite par le citoyen Peigné-Foucher, fabricant de couvertures à St-Laurent, de 350 couvertures de laine blanche, ayant six pieds six pouces de long sur cinq pieds cinq pouces de large, du poids de cinq livres à cinq livres et demie, à raison de 1,500 l. chacune (V. A, f° 84).

11 *janvier* 1796, *ou* 21 *nivôse an* IV. — L'administration municipale, sur le rapport du citoyen Lebrun, architecte, arrête que la demande du citoyen Maugas, pour la construction d'un auvent devant sa maison, ne peut être accueillie, et passe à l'ordre du jour.

(*) L'installation de cette école n'eut lieu qu'en ventôse an V. (Voir au 26 février 1797.)

Elle ordonne que le voyer fera sur-le-champ abattre tous les auvents qui menaceraient ruine (V. A, f° 86).

14 janvier, ou 24 nivôse an IV. — Le directoire exécutif, en conséquence de la détermination prise par toutes les sections d'Orléans, le 10 vendémiaire dernier (voir 5ᵉ vol., page 391), déclare qu'il y a urgence de suspendre le citoyen Lemarcis de ses fonctions.

Le conseil des Cinq-Cents, après avoir déclaré l'urgence prend la résolution suivante :

Le citoyen Lemarcis, député par le département du Loiret, ne peut, jusqu'à la paix générale, exercer aucune fonction législative.

Le présent rapport sera imprimé.

THREILLARD, président; BEZARD; J.-B. LOUVET, secrétaire (1-6).

16 janvier 1796, ou 26 nivôse an IV. — Le citoyen Barbot, balancier, sonneur de la commune, présente son mémoire de six mois, échus le 25 décembre (vieux style).

L'administration arrête que les divers articles de demandes contenues dans la pétition demeurent liquidés ainsi qu'il suit, savoir :

Pour six mois d'entretien de l'horloge,	250ˡ.
Une livre d'huile pour ledit entretien,	100
Cinquante-quatre journées de sonnerie de la cloche de la commune pour le rappel des citoyens aux assemblées primaires, à 6 livres,	324
Trente-trois journées employées à la vérification des poids, à 25 livres,	825
Réparation de l'horloge, 150ˡ.	
Un poinçon de charbon de terre, 45	295
Enfin une livre d'huile, 100	

Revenant, lesdites sommes ensemble, à celle de 1,794ˡ.

(V. A, f° 89).

17 janvier 1796, ou 27 nivôse an IV.

FÊTE ANNIVERSAIRE DU 21 JANVIER.

Extrait du registre des délibérations de l'administration départementale du Loiret.

Vu l'arrêté du directoire exécutif, du 22 nivôse, présent mois, qui rappelle à la France entière la loi du 21 nivôse de l'an III (*Bulletin* n° 108, 1re série) de la République, portant : *que la juste punition du dernier roi des Français, sera célébrée par toutes les communes de la République, etc.*

L'administration départementale, ouï le commissaire du directoire exécutif, arrête ce qui suit :

La force armée, tous les fonctionnaires publics, tous les employés du gouvernement, en un mot tous ceux qui sont salariés par la République, dans la commune d'Orléans, se réuniront pour célébrer une fête publique en mémoire de la juste punition du dernier roi des Français, au jour, à l'heure, aux lieux et suivant l'ordre qui seront ci-après indiqués.

Tous les citoyens sont invités à participer à cette fête.

Le premier pluviôse prochain, jour correspondant au 21 janvier, à huit heures précises du matin, la générale sera battue dans tous les quartiers de la commune d'Orléans ; on sonnera la grosse cloche de la commune, pour annoncer la célébration de cette fête.

A huit heures et demie, une salve d'artillerie de trois décharges annoncera le rassemblement général sur la place de la maison commune, pour la force armée, et dans la maison commune, pour les fonctionnaires publics, employés du gouvernement, etc. Un détachement de la garde nationale ira chercher le drapeau et l'administration du département.

De la maison commune, tous les corps, revêtus de leurs décorations, se rendront dans la ci-devant église de Saint-Maclou, comme étant le seul local, à Orléans, capable de contenir une aussi nombreuse assemblée.

Le cortége passera par les rues de la Réunion, ci-devant d'Escures, la place de la République, en tournant l'arbre de la liberté, la rue du Collége, et enfin dans la ci-devant église de Saint-Maclou, où préalablement il aura été établi les gradins et estrades nécessaires pour recevoir, suivant l'ordre, la force armée, toutes les autorités constituées, fonctionnaires publics, etc.

Le président de l'administration départementale présidera cette fête et recevra la déclaration de tous les fonctionnaires publics et salariés de la République.

Le général de brigade, commandant dans le département du Loiret, recevra la déclaration des citoyens composant la force armée.

Disposition du cortége.

La marche sera ouverte par quatre gendarmes nationaux.

Moitié du détachement de dragons, présentement à Orléans, précédé d'un trompette.

Moitié des vétérans nationaux résidans à Orléans.

Moitié des volontaires du bataillon de l'Oise, précédés par deux tambours.

Moitié des volontaires du bataillon du Gard, présentement à Orléans, précédés par deux tambours.

Le tambour-major et tous les tambours de la garde nationale d'Orléans.

La garde nationale d'Orléans, sur deux haies, à gauche et à droite de toutes les autorités constituées.

L'administration départementale.

Les administrations municipales de la commune et du canton d'Orléans.

L'architecte et le voyer de la commune.

Les commissaires de police.

Le tribunal criminel.

Le tribunal correctionnel.

Le tribunal civil.

Le tribunal de commerce.

Les juges de paix et assesseurs.

L'éducation publique.

Les notaires.

La musique des volontaires de la garde nationale d'Orléans, accompagnée des artistes du théâtre d'Orléans, qui seront invités à cet effet.

Les généraux présentement à Orléans.

Les commissaires des guerres.

L'ingénieur en chef de la place et les ingénieurs ordinaires.

Moitié des volontaires du bataillon de l'Oise, précédés par deux tambours.

Moitié des volontaires du bataillon du Gard, précédés par deux tambours.

Moitié des vétérans nationaux.

Moitié du détachement de dragons.

Quatre gendarmes fermeront la marche.

Après la réception des déclarations, tous les corps retourneront à la maison commune, d'où ils se sépareront dans le même ordre qu'ils y étaient arrivés.

Tous les citoyens apporteront sans doute à cette fête les sentimens républicains qui doivent animer tout bon Français, jaloux de la liberté et de l'égalité.

Le citoyen Lebrun, architecte de la commune, est chargé pour ladite fête, de la disposition des objets relatifs à son état.

Le présent arrêté sera imprimé et affiché.

Fait à Orléans, en séance publique, le 27 nivôse an IVe de la république française, où étaient présens les citoyens Brillard, président; Boucher-Molendon, Plouvyé, Trumeau, Simon, administrateurs; Labbé, commissaire du directoire exécutif, et Bignon, secrétaire en chef.

19 janvier 1796, ou 29 nivôse an IV. — Par décision du directoire exécutif, il est ordonné aux directeurs de tous les théâtres de la république de faire chanter avec chœur, grand orchestre et pompe, avant, au milieu et après le spectacle, les airs chéris des Français.

Le président du département du Loiret, au président de l'administration municipale d'Orléans.

Orléans, le 29 nivôse an IV de la République une et indivisible,

Citoyen,

Je vous envoie, ci-joint, un exemplaire de l'arrêté que l'administration départementale a pris dans la séance du

28 de ce mois, en exécution de l'arrêté du directoire exécutif du 22, qui a pour objet la célébration de la juste punition du dernier roi des Français : elle vous invite à vous y trouver, à l'heure que l'arrêté indique, avec vos collègues, le secrétaire et les employés de votre administration.

Le président du département,
BRILLARD.

P. S. Je vous invite à faire passer au secrétariat, avant le 1er pluviôse, les noms des fonctionnaires que l'arrêté du directoire exécutif assujettit au serment, pour les porter à l'avance sur le procès-verbal.

20 janvier 1796, ou 30 nivôse an IV.

Placards incendiaires.

(Textuel.)

L'an quatrième de la République française une et indivisible, le trante nivos, à dix heures un quart avant midi.

En vertu du Réquisitoire à nous adressé en date de ce jour par le Commissaire du Directoire Exécutif près l'administration Municipale d'Orléans. A l'effet d'arracher un placard incendiaire affiché à la porte du Citoyen Lagon apothicaire demeurant en cette Commune.

Nous Jean-Baptiste Martin La Vielle Commissaire central de Police de la Commune d'Orléans y demeurant sixième Section rue de la Lionne n° 19. Nous sommes transporté a la porte de la maison du Citoyen Lagon, sise troisième section rue des Hotelleries, ou etant parvenus avons trouvez un groupes d'environ cinquante personnes des deux sexe qui lisaient deux placards colé au pignon gauche de la maison dudit Lagon a la hauteur de neuf a dix pieds.

Apres nous-etre décoré ostensiblement avons invitéz les citoyens a se retirer paisiblement, ce qu'ils auraient a l'instant fait, et de suitte avons décolé le mieux possible les deux placards ecrits en grosse l'éttre et la derniere ligne de chacun en petite. Le premier conçu en ses termes « Au vous Citoyens paisible lon pille vos propriété et l'on « sacrifie vos enfants sur les frontière. »

Le second « Messieurs ceux qui peront l'emprunt forcé « seront pendu, vive Louis dix huit guere au Jacobin, au « Grédin et au Brigand. » Alors nous nous sommes retiré après avoir fait et rédigé le présent procès verbal pour servir et valoir ce que de raison et être remis avec les deux placards cidessus décrit au Commissaire du Directoire executif. A Orleans les jours mois et an que dessus.

LA VIELLE.

L'original du présent procès-verbal déposé entre mes mains les jour et an que dessus par le citoyen Lavielle, commissaire de police, qui en a remis le double directement à l'accusateur public, auquel j'ai fait passer les mêmes jour et an l'original des deux placards mentionnés audit procès-verbal.

Le Commissaire du directoire exécutif près
la Commune d'Orléans,

MEUNIER.

21 *janvier* 1796, ou 1er *pluviôse an* IV. — Fête du 21 janvier, célébrée avec le cérémonial indiqué par le programme affiché et publié le 27 nivôse dernier.

Le cortége, rentré dans la ci-devant église de Saint-Maclou, lieu du rassemblement, le président de l'administration départementale ayant reçu les déclarations, il a été chanté, par les artistes dramatiques et les musiciens de l'orchestre du théâtre, les strophes qui suivent. Le cortége retourna ensuite à la maison commune, où il se sépara.

STROPHES POUR LA FÊTE DU 21 JANVIER.

Des rois la faiblesse insolente
Du peuple a méconnu les droits;
Du peuple la raison puissante
A brisé le sceptre des rois.

Ton triomphe aujourd'hui s'achève;
Réjouis-toi, peuple immortel :
L'encens vers l'ETERNEL s'élève;
La France libre est son autel.

Des rois, etc.

Liberté, voilà ton ouvrage.
Tu parais, ton front radieux
Dissipe la trompeuse image
Qu'adoraient nos tristes aïeux.
　Des rois, etc.

Dieu nous a placés sur la terre
Pour être égaux et courageux :
Il nous commande de lui plaire,
Pour vivre et pour mourir heureux.
　Des rois, etc.

Être juste et chérir mon frère,
Voilà mon hommage et ma loi :
Je n'ai pas besoin qu'on m'éclaire ;
Ces devoirs sont écrits en moi.
　Des rois, etc.

23 janvier 1796, ou 3 pluviôse an IV. — Un membre de l'administration municipale, au nom de la division des finances, fait connaître la pénurie que la municipalité éprouve en ce moment d'huile nécessaire à l'illumination de la commune, et l'impossibilité où elle est de subvenir à cette dépense, aussi urgente que nécessaire, sur les fonds de la caisse municipale entièrement épuisée.

Il est arrêté qu'il sera écrit à l'administration du département la lettre suivante :

« Citoyens,

« Placés entre l'alternative d'arrêter tout-à-coup, à défaut d'huile, l'illumination de cette commune, ou de vendre quelques effets du mobilier de la commune pour subvenir à l'achat de cette denrée, nous n'hésitons pas un moment pour adopter le dernier parti, devenu indispensable par le total épuisement de nos finances.

« Les effets que nous désirons vendre consistent dans quatre flambeaux d'argent, un encrier de même matière et trois mauvaises voitures.

« Votre assentiment nous est nécessaire pour l'aliénation de ces objets, et nous espérons, Citoyens, que, partageant notre embarras et notre sollicitude, vous ne ba-

lancerez pas à nous l'accorder sans le moindre retard, vu notre position inquiétante.
« Salut et fraternité.
« Signé les membres du corps municipal. » (V. A, f° 93.)
Cette demande fut accordée.

25 *janvier* 1796, *ou* 5 *pluviôse an* IV. — Sur le rapport d'un membre de police, de service hier au spectacle, duquel il résulte que les chants patriotiques demandés par le directoire exécutif n'ont pas été ce jour-là convenablement exécutés, par l'absence des chœurs et des musiciens, l'administration municipale a fait inviter le directreur du théâtre à se rendre à sa séance, pour qu'elle pût concerter avec lui les moyens de prévenir ultérieurement un pareil inconvénient.

Le directeur (Dantremont) s'est présenté de suite. Le président lui a témoigné, au nom de l'administration, le mécontentement qu'éprouve la municipalité du peu de décence avec lequel l'*Hymne des Marseillais* a été chanté hier sur le théâtre; il lui a déclaré que l'intention expresse de l'administration est que cet abus ne se renouvelle pas; qu'en conséquence, le directeur est chargé de prendre les mesures convenables pour que l'exécution des chants patriotiques soit toujours embellie par l'accompagnement de l'orchestre et des chœurs.

Le directeur du spectacle s'est retiré en protestant à l'administration que ce qui s'est passé hier n'est que le résultat d'un malentendu, et qu'il apportera la plus grande exactitude pour que les intentions du corps municipal soient parfaitement remplies à l'avenir.

L'administration municipale arrête que la présente délibération sera sur-le-champ transmise aux acteurs et musiciens du théâtre de cette commune, par l'intermédiaire du directeur, qui est chargé de faire passer à la municipalité l'état nominatif de ceux qui se refuseraient à son exécution. (V. A, f° 94.)

27 *janvier* 1796, *ou* 7 *pluviôse an* IV. — Le commissaire de police Lavielle, de service hier au spectacle, se présente au conseil et dépose sur le bureau la liste des artistes musiciens qui, au spectacle, se sont absentés de

l'orchestre au moment de l'exécution des chants patriotiques ; savoir :

Les citoyens Lottin fils, premier violon ; Leblanc, deuxième violon ; Compère, basson ; Baourd première clarinette.

L'administration municipale, sur ce rapport, a arrêté :

1°, Qu'à la première infraction, les dénommés ci-dessus seraient évincés de l'orchestre ;

2°, Que leur appointement semestriel serait saisi au profit des pauvres de la ville ;

3°, Qu'ils seraient cités à comparaître devant le conseil municipal pour y recevoir les réprimandes dues à leur peu de patriotisme. (1-6.)

28 janvier 1796, ou 8 pluviôse an IV. — Les habitans de la paroisse de Saint-Paterne d'Orléans achètent le presbytère de leur église, qui avait été déclaré bien national ; plus tard, ils le rendirent à sa première destination, après avoir fait disparaître tout ce qui avait servi au logement et aux bureaux du commissaire des guerres et à la confection des habillemens militaires. (1.)

29 janvier 1796, ou 9 pluviôse an IV. — L'administration départementale arrête :

Que les citoyens Rochas, Sinzelle, Barraud, Tauchon, Chotard et Desroncières, commissaires nommés par le ci-devant district d'Orléans, pour opérer la réunion et la mise en ordre des livres provenant des bibliothèques des établissemens ecclésiastiques et des émigrés, et chargés en outre par le département de l'inventaire et du classement des tableaux et autres monumens des arts, seront payés, à compter du 1er pluviôse, présent mois, de la somme de 15 liv. chacun, et *d'un bon de la valeur d'un pain d'une livre et demie et d'une livre de viande, par jour.*

BRILLARD, président ; BOUCHER-MOLENDON, PLOUVYÉ, SIMON, TRUMEAU, LABBÉ, commissaire du directoire exécutif, et BIGNON, secrétaire.

3 février 1796, ou 14 pluviôse an IV. — Sur la proposition d'un membre de l'administration municipale, relative à la fixation du prix des passeports, certifié dans les bureaux à une valeur numérique,

Le conseil arrête qu'à compter de ce jour il sera perçu, dans chaque bureau, 20 s., valeur numérique, pour le remboursement du coût de tout acte imprimé dont la délivrance sera demandée par les citoyens;

Que cette indemnité sera doublée pour les passeports et certificats de vie et de résidence petit format; que, quant aux certificats de résidence in-folio, ils seront payés 6 liv. pour les uns, et 5 liv. pour les autres, afin de venir au secours de la caisse municipale qui est épuisée. (V. A, f° 101.)

16 février 1796, ou 27 pluviôse an IV. — L'administration municipale, vu le compte rendu par les administrateurs de l'hospice d'humanité de cette commune, de l'emploi de la somme de 1,500,000 liv., reçue par eux du payeur général du département du Loiret, les 9 et 22 nivôse dernier, et 8 pluviôse présent mois, pour subvenir aux besoins journaliers dudit hospice, ensemble les pièces justificatives à l'appui dudit compte;

L'administration municipale, ouï le rapport et le commissaire du pouvoir exécutif,

Arrête l'emploi du compte dont il s'agit à la somme de..................... 1,038,789 liv. 11 s. » d.

A laquelle joignant celle de 455,000 liv., pour dépenses, que l'administration de l'hospice est tenue d'acquitter d'ici à la fin de la présente décade... 455,000

	1,493,789 liv. 11 s. » d.	
Reste.........	6,210	9
	1,500,000 liv. » s. » d.	

(V. A, f° 111).

18 février 1796, ou 29 pluviôse an IV. — Sur les observations et les réclamations réitérées des citoyens d'Orléans chez lesquels ont été envoyés en logement les réfugiés de l'Ouest, le conseil municipal arrête:

Que les citoyens de cette commune auxquels il sera, à l'avenir, envoyé des réfugiés de l'un ou de l'autre sexe, seront tenus de les loger pendant trois mois consécutifs, mais qu'ils sont dispensés de tout autre logement militaire pendant l'année, et assimilés, à cet égard, aux citoyens d'Orléans tenus au logement des officiers militaires en quartier. (V. A, f° 113.)

23 *février* 1796, *ou* 4 *ventôse an* IV. — Vu la lettre du citoyen Fessard, garde-magasin des fourrages militaires, qui représente que, par suite de l'excessive élévation des denrées et la dépréciation des assignats, ses ouvriers veulent le quitter, le conseil arrête qu'à compter du 1er de ce mois, il est alloué par jour, à chacun de ses ouvriers, savoir :

Aux principaux ouvriers des fourrages militaires, 180 liv. 10 s.;

Aux ouvriers ordinaires, indépendamment de la ration de pain qu'ils reçoivent, 170 liv. 10 s.;

Aux blanchisseuses de l'hôpital militaire, 150 liv.
(V. A, f° 116.)

27 *février* 1796, *ou* 8 *ventôse an* IV. — A la suite de troubles qui avaient eu lieu au spectacle d'Orléans, entre les jeunes gens de la ville et les troupes en garnison, à l'occasion d'une pièce que les uns applaudissaient et les autres sifflaient, le conseil municipal a arrêté que tous les primidi de chaque décade le directeur fera passer à l'administration municipale la liste des pièces qui devront être jouées pendant la décade, afin qu'elle puisse arrêter la représentation de celles qui paraîtront susceptibles d'occasionner le plus léger désordre. (V. A, f° 122.)

2 mars 1796, ou 12 ventôse an IV.

Arrêté de l'administration départementale du Loiret.

L'administration départementale,
Informée que depuis quelque temps beaucoup de citoyens négligent, soit par indifférence, soit par tout autre motif, de se décorer de la cocarde nationale, et que par cette conduite éludant la loi qui leur prescrit de la porter, ils donnent lieu à des querelles qui excitent de la fermen-

tation et peuvent nuire à l'ordre public et à la tranquillité des individus ;

Informée d'ailleurs que récemment on a vu à Paris plusieurs individus porter à leur chapeau des ganses qui sont faites d'une étoffe et d'un ruban de couleur blanche, marquées au milieu, dans leur longueur, d'une raie ou filet noir qui monte du bouton au haut du chapeau (ce bouton est de forme bombée, et il est placé au centre d'une petite cocarde tricolore qui en fait en quelque sorte la bordure); que l'usage qu'on en a fait, et l'affectation qu'ils mettent dans ce travestissement, le rendent justement odieux aux amis de la République, et suspect aux autorités chargées de maintenir la plus exacte police ; il est du devoir de l'administration d'empêcher que cet abus, contraire aux lois des 2 août 1792 et 2 prairial dernier, ne s'introduise dans ce département,

A arrêté qu'elle rappelle les citoyens de ce département à l'exécution des lois des 2 août 1792 et 2 prairial dernier ; elle les invite en conséquence à porter la cocarde nationale aux trois couleurs, qui est le seul signe de ralliement des bons citoyens.

La garde nationale et la troupe de ligne sont autorisées à arrêter ceux qui auraient négligé de se revêtir de cet attribut national, qui l'auraient remplacé par toute autre devise ou autre signe, soit sur leur chapeau, soit sur leurs vêtemens, et à les traduire devant l'administration municipale, qui prendra telle mesure que sa prudence ou la nature du délit lui suggérera.

Fait en séance, etc.

Pour extrait :
Bignon, secrétaire. (2-5.)

4 *mars* 1796, *ou* 14 *ventôse an* IV. — L'administration municipale d'Orléans, vu ses adresses des mois de fructidor et vendémiaire derniers, aux citoyens d'Orléans, relatives à l'obligation prescrite par les lois, à tous les Français, de porter la cocarde nationale ;

Considérant que, malgré les avertissemens successifs qui leur ont été donnés, plusieurs citoyens, soit par oubli, soit par indifférence, soit par tout autre motif, omettent de se décorer de la cocarde tricolore ;

Arrête que, dans toutes les sections de cette commune, y compris l'arrondissement de celle de St-Jean-le-Blanc, il sera publié, par les commissaires de police de l'arrondissement de chaque section, un avis à tout citoyen de porter habituellement la cocarde tricolore dans les formes déterminées par la Convention nationale, sous peine, par les contrevenans, d'être soumis à l'action de la police et des lois. (V. A, f° 124.)

5 mars 1796, ou 15 ventôse an IV. — L'administration municipale nomme six commissaires pour faire le dénombrement des chevaux de luxe qui existent dans la commune d'Orléans, conformément à la levée de chevaux, ordonnée par la loi du 25 pluviôse dernier, fixant la réquisition, pour la commune d'Orléans, à trente. (V. A, f° 125.)

(Il s'est trouvé quatre cent dix chevaux de luxe, dont treize seulement aptes au service militaire).

7 mars 1796, ou 17 ventôse an IV. — Un membre de la division de la police civile annonce à l'administration municipale que, pour ne pas occasionner des troubles au spectacle, la commission a fait de nombreux changemens à la tragédie de *Tancrède*, avant que d'en permettre la représentation. (V. A, f° 126.)

9 mars 1796, ou 17 ventôse an IV.

Extrait du registre des délibérations du directoire du département du Loiret.

Vu la pétition présentée par le citoyen Guillon, ancien notaire à Orléans, à l'effet d'obtenir la radiation des notes injurieuses qui le concernent, lesquelles sont portées sur le registre de la municipalité d'Orléans;

Vu le contenu de ces notes, ensemble les certificats délivrés au citoyen Guillon, tant par les citoyens Sinzelle, Blain de la Selle, Chaux, Bailly, Menager, Leroy, prêtres condamnés à la déportation, au ci-devant séminaire et à la maison de La Croix, en 1793 (vieux style), que par les citoyens Picard, lieutenant de la gendarmerie à Pithiviers; Regnier, officier de santé; Pointe, conciergeportier de la maison de La Croix ; Bouard, portier du ci-devant séminaire ;

Vu pareillement la délibération de l'administration municipale, en date du 11 nivôse dernier, portant qu'elle se déclare incompétente pour examiner la validité des inculpations dirigées contre le citoyen Guillon,

L'administration départementale du Loiret,

Considérant qu'il résulte des certificats produits par le citoyen Guillon, que bien loin d'avoir traité avec une froide barbarie les prêtres condamnés à la déportation, ainsi qu'il est mentionné dans les notes précitées, ce citoyen a donné constamment des preuves de sensibilité et d'humanité, soit dans les visites qu'il était obligé de faire dans les maisons ci-dessus désignées, soit dans la pénible mission qui lui fut confiée par le citoyen Sochet, ex-procureur-général-syndic du département du Loiret ;

Considérant qu'il est du devoir de l'administration de rendre un témoignage éclatant aux citoyens injustement inculpés, notamment au citoyen Guillon,

Arrête qu'elle regarde le citoyen Guillon comme bon citoyen et ami de l'humanité, et que la présente délibération sera transcrite en marge des registres de la municipalité d'Orléans, où sont consignées les notes injurieuses au citoyen Guillon, et de tous autres registres où ces notes se trouveraient inscrites ;

Arrête également qu'expédition de la présente sera envoyée à l'administration municipale d'Orléans, et que semblable expédition sera délivrée au citoyen Guillon, pour lui servir et valoir ce que de raison.

Signé : Brillard, président ; Boucher-Molendon, Trumeau, Simon, administrateurs ; Labbé, commissaire du pouvoir exécutif.

Pour expédition, le secrétaire en chef de l'administration départementale du Loiret,

Bignon (1).

11 mars 1796, ou 21 ventôse an IV.

VENTE PUBLIQUE DES DÉPOUILLES DES ÉGLISES, AFFICHÉE SUR LES MURS D'ORLÉANS.

Ministère des finances.

Vente de mobilier, au profit de la République, en valeur métallique, en rescription de la trésorerie nationale ou en assignats au cours, d'une grande quantité d'ornemens d'église en velours de différentes couleurs, brocard d'or et d'argent, drap d'or, satin, damas, et gros-de-Tours de toutes espèces, richement brochés et galonnés en or et argent, provenant des dépouilles des églises, tant faits qu'en coupons, dont plusieurs sont garnis en perles fines; le tout de la plus grande richesse.

Il y a beaucoup de coupons qui pourront servir à faire des meubles.

Plus, une grande quantité de linge d'église, comme aubes, surplis et rochets, partie garnie en dentelles.

Cette vente se fera dans la maison nationale, dite Nantouillet, rue Neuve-Augustin, n° 742, près celle Gaillon, le 21 ventôse, l'an IV de la République, et jours suivans, quatre heures précises de relevée.

On pourra voir tous les matins ce qui sera vendu le soir.

Les acquéreurs ne pourront rien enlever qu'en payant comptant en numéraire, en rescription ou en assignats au cours.

Vu et approuvé par le ministre.
D.-V. RAMEL.

A Paris, de l'imprimerie de la République. (5.)

16 *mars* 1796, *ou* 26 *ventôse an* IV. — L'administration municipale d'Orléans arrête que la délibération de l'administration départementale d'hier, 16 de ce mois, relative au cours forcé des assignats, sera proclamée demain, au son de la caisse, dans l'étendue de la commune d'Orléans, par les commissaires de police, chacun dans son arrondissement respectif, et qu'ils seront à cet effet accompagnés de la force armée. (V. A, f° 133.)

16 mars 1796, ou 26 ventôse an IV.

Extrait des registres des délibérations de l'administration départementale du Loiret, relatives à de nouvelles poursuites contre les ecclésiastiques.

Vu la lettre du ministre de la police générale, du 22 de ce mois, reçue cejourd'hui, relative à l'exécution de l'art. 10 de la loi du 3 brumaire dernier, contre les prêtres sujets à la déportation ou à la réclusion ;

Le commissaire du pouvoir exécutif entendu ;

L'administration départementale,

Considérant que, d'après l'art. 10 de la loi du 3 brumaire, les prêtres assujettis à la déportation ou à la réclusion, par les lois de 1792 et 1793, sont coupables de ne s'être pas rendus, dans le délai de vingt-quatre heures, prescrit par cette loi, dans la maison des Minimes d'Orléans, désignée pour être la maison de réclusion du département ;

Considérant que, par cette désobéissance, les ecclésiastiques sujets à la déportation et à la réclusion, qui ne sont pas actuellement reclus, quand même ils auraient fait leur déclaration de soumission aux lois de la République, ont, dès à-présent, encouru la peine de mort, et doivent être livrés à l'exécuteur des jugemens criminels, sur un simple procès-verbal d'identité, et sans jury d'accusation ni de jugement, conformément à la loi des 29 et 30 vendémiaire de l'an II, dont l'exécution est spécialement ordonnée par la lettre précitée du ministre de la police et par l'instruction du directoire exécutif, du 23 nivôse dernier ;

Considérant qu'il est du devoir le plus impérieux pour les administrateurs de faire exécuter les lois et les ordres émanés du gouvernement ;

Arrête ce qui suit :

Art. 1er. Les ordres contenus dans la lettre du ministre de la police, du 22 de ce mois, seront exécutés dans toutes leurs dispositions ; en conséquence, aussitôt après la réception du présent arrêté, les administrations municipales s'assembleront extraordinairement pour répondre aux questions suivantes : 1°, s'il existe dans leur canton des prêtres qui aient été ou dû être déportés, en exécution des lois des 26 août 1792 et 21 avril 1793, et qui soient rentrés ou restés en France;

2°, S'il y existe des prêtres qui aient mis des restrictions au serment prescrit par la loi du 26 décembre 1790, ou qui, après l'avoir prêté, se soient rétractés;

3°, S'il existe des ecclésiastiques, soit séculiers, soit réguliers, frères lais ou convers qui n'aient pas prêté le serment de liberté et d'égalité prescrit par la loi du 15 août 1792 à tous les pensionnaires et salariés de la République, ou qui, après l'avoir prêté, se soient rétractés;

4°, Si parmi les individus compris dans les deux questions précédentes, il en est qui, ayant rétracté ou modifié le serment à eux prescrit soit par la loi du 26 décembre 1790, soit par celle du 15 août 1792, l'aient ensuite prêté purement et simplement;

5°, S'il existe des prêtres ou ministres du culte qui exercent les fonctions d'un culte quelconque sans avoir fait la déclaration exigée par la loi du 7 vendémiaire dernier.

Art. 2. Les administrations municipales feront passer sans délai, à celle du département, leurs réponses distinctes et positives à chacune de ces questions; elles y joindront les noms et demeures des prêtres qu'elles désigneront comme étant dans l'un des cas prévus par l'article précédent. Elles feront mettre sur-le-champ en état d'arrestation, et conduire au chef-lieu de département, les individus compris dans les quatre premiers articles, et traduiront devant les tribunaux correctionnels de leur arrondissement ceux qui se trouveront dans le cas de l'art. 5, par rapport à l'exécution de la loi du 7 vendémiaire dernier.

Art. 3. A faute, par les administrations municipales, de répondre aux questions ci-dessus, les membres de ces administrations et les commissaires du directoire exécutif seraient poursuivis comme coupables de négligence.

Art. 4. Si les administrations municipales avaient la certitude parfaite qu'il n'existe, dans l'étendue de leur arrondissement, aucun ecclésiastique en contravention aux lois, elles en donneraient une déclaration signée de chacun des membres. Mais, après une telle déclaration, s'il se trouvait sur leur territoire quelqu'un des individus coupables, les membres de l'administration municipale et le commissaire du directoire exécutif seraient poursuivis devant les tribunaux, conformément à la loi du 3 brumaire, qui prononce la peine de deux années de détention.

Art. 5. Les administrations municipales feront de suite mettre en état d'arrestation, et conduire au chef-lieu du département, les individus compris dans les quatre premiers articles des questions ci-dessus, et à l'égard de ceux qui sont compris dans le cinquième article, elles les dénonceront à l'officier de police judiciaire, pour les faire traduire au tribunal de police correctionnelle.

Art. 6. Aussitôt après la réception du présent arrêté, le chef d'escadron de la gendarmerie donnera l'ordre à toutes les brigades de gendarmerie nationale de se tenir en permanence pour exécuter les mesures prescrites contre les prêtres réfractaires. Ces brigades se rendront de suite et successivement près des administrations municipales des cantons de leur arrondissement; elles recevront de ces administrations les mandats d'arrêt qu'elles auront décernés dans la forme prescrite par l'art. 223 de la constitution, et s'entendront pour l'exécution, de manière à envelopper et saisir dans leur marche combinée, 1°, les prêtres sujets à la déportation ou réclusion et restés en France; 2°, les prêtres déportés et rentrés; 3°, ceux qui ont rétracté le serment, quand même ils l'auraient prêté depuis leur rétractation, pour les conduire au chef-lieu du département.

Art. 7. Les administrations municipales et les officiers de la gendarmerie nationale, chacun en ce qui les concerne, doivent se conformer avec la plus grande exactitude aux dispositions ci-dessus, en observant toutefois de ne point s'écarter de celles de l'art. 223 précité, et de l'art. 359 de la constitution, qui prescrivent des règles et des formalités dont l'exécution la plus stricte doit être le gage de la liberté et de la sûreté des bons citoyens.

Art. 8. Les ecclésiastiques qui seront amenés au chef-lieu du département, seront à l'instant traduits devant le tribunal criminel.

Art. 9. Le présent arrêté sera adressé sans délai à toutes les administrations municipales et au chef d'escadron de la gendarmerie nationale, qui en fera passer des exemplaires à toutes les brigades du département, avec les ordres nécessaires pour sa prompte exécution.

Fait en séance, à Orléans, le 26 ventôse, l'an quatrième de la République française, une et indivisible, où étaient les citoyens Brillard, président; Boucher, Trumeau, Plouvié, Simon, administrateurs; Labbé, commissaire du pouvoir exécutif, et Bignon, secrétaire en chef.

Pour extrait :
Le secrétaire en chef de l'administration départementale,

BIGNON.

17 mars 1796, ou 27 ventôse an IV. — Au nom de la division des domaines nationaux et émigrés de l'administration municipale, un membre observe que Bizemont, étant émigré, aurait dû être compris au nombre de ceux chez lesquels l'administration a arrêté, par sa délibération du 22 pluviôse, qu'il serait procédé à l'inventaire du mobilier confisqué sur eux ; il a proposé, en conséquence, de rétablir cette omission.

Vu la délibération précitée, ouï le rapport et le substitut du commissaire du directoire exécutif,

L'administration municipale arrête que, par son commissaire, il sera procédé, dans les formes prescrites par les lois, à l'inventaire du mobilier confisqué sur Bizemont-Prunelé, et qu'à cet effet expédition de la présente délibération sera transmise audit commissaire pour qu'il s'y conforme. (V. A, f° 135.)

17 mars 1796, ou 27 ventôse an IV. — Publication faite à Orléans, de l'arrêté du directoire exécutif, relatif à la reprise des fêtes républicaines, conformément aux décrets que la Convention nationale avait rendus à cet effet. (4.)

21 mars 1796, ou 1er germinal an IV. — Le citoyen Crosnier, fabricant de couvertures, à St-Laurent, s'engage à fournir à l'administration municipale, pour le service de la marine, la quantité de vingt-cinq couvertures blanches, du poids de cinq livres, ayant six pieds cinq pouces de long, sur quatre pieds sept pouces de large, à raison de 14,275 liv. chacune.

Le citoyen Goujon, marchand de bas, à Orléans, souscrit pareillement, avec la même administration, pour la quantité de dix-huit douzaines et demie de paires de bas de laine, des fabriques de la Beauce, estame couleur gris-de-loup, à raison de 7,248 liv. la douzaine, faisant la somme de 604 liv. la paire. (V. A, f° 140.)

21 *mars* 1796, *ou* 1er *germinal an* IV. — Création de deux millards quatre cents millions de mandats territoriaux, pour remplacer les assignats qui étaient sans valeur, par la grande quantité de faux qui circulaient dans le commerce et le peu de confiance qu'on y attachait. (4.)

Extrait du tableau de la dépréciation des assignats dans le département du Loiret, en septembre 1790, *jusqu'au* 1er *germinal an* IV, *ou* 21 *mars* 1796.

Cent livres en assignats représentaient en numéraire :

En 1790.....	de	100^l	»^{s}	»^{d}	à.....	96^l	15^s	»^{d}
1791.....	de	95	12	7	à.....	86	4	»
1792.....	de	83	7	6	à.....	78	17	»
1793.....	de	72	1	»	à.....	66	18	18
1794.....	de	60	15	9	à.....	33	10	»
1795.....	de	28	1	6	à.....	3	13	6
L'an IV...	de	3	10	6	à.....	»	7	»

Tableau de la mercuriale du prix de diverses marchandises en numéraire, à l'époque du 21 mars 1796 ou 1ᵉʳ germinal an IV.

(Cent livres en assignats donnaient sept sous en numéraire.)

OBJETS ET MARCHANDISES.	PRIX					
	EN ASSIGNATS.		EN NUMÉRAIRE.			
Un exemplaire de l'*Encyclopédie*..	85,800[l]	»[s]	300[l]	»[s]	»[d]	
Un bon cheval de selle............	171,600	»	600	»	»	
Une corde de bois à brûler......	22,880	»	80	»	»	
Une couverture de laine........	17,160	»	60	»	»	
Un bonnet de laine.............	858	»	3	»	»	
Une paire de bas de laine........	715	»	2	10	»	
Une paire de bas de soie........	2,288	»	8	»	»	
Une paire de souliers d'homme...	2,288	»	8	»	»	
Une paire de souliers de femme...	1,716	»	6	»	»	
Un poinçon de bon vin rouge....	28,600	»	100	»	»	
Une liv. de chandelles à la baguette.	214	10	»	15	»	
Une aune de cotonnade bleue....	1,072	10	3	15	»	
Huile d'olive, la livre..........	429	»	1	10	»	
Une aiguille anglaise...........	78	12	»	2	»	
Un lacet de fil................	14	6	»	1	»	
Bœuf frais, la livre............	171	12	»	12	»	
Porc frais, la livre.............	171	12	»	12	»	
Beurre frais, la livre..........	228	16	»	16	»	
Bœuf de 600 livres pesant.......	128,700	»	450	»	»	
Mouton de 30 livres pesant......	6,149	»	21	10	»	
Veau de 60 livres pesant........	12,155	»	42	10	»	
Harengs blancs, le baril........	22,880	»	80	»	»	
Harengs saurs, la feuillette.....	12,155	»	42	10	»	
Saumon sallé, la livre..........	228	16	»	16	»	
Charbon de bois, le poinçon.....	1,716	»	6	»	»	
Charbon de terre, le poinçon....	1,001	»	3	10	»	
Sel, la livre..................	28	12	»	2	»	
Pain d'une seule façon, la livre...	57	4	»	4	»	
Sucre raffiné, la livre..........	858	»	3	»	»	
Cuivre rouge, la livre..........	572	»	2	»	»	
Fer grosse forge, le cent........	8,008	»	28	»	»	
Acier en ballon, le ballon.......	16,302	»	57	»	»	

OBJETS ET MARCHANDISES.	PRIX	
	EN ASSIGNATS.	EN NUMÉRAIRE.
Sabots d'homme, la paire........	171^l 12^s	»^{l} 12^s »^{d}
Sabots de petits enfans, la paire..	100 2	» 7 »
Savon, la livre................	357 13	1 5 »
Tabac, la livre................	286 »	1 » »
Mesurage de grains, la mine.....	7 3	» » 6
Portage d'un sac..............	28 12	» 2 »
Journée de tailleur de pierres.....	572 »	2 » »
Journée de maçon..............	429 »	1 10 »
Journée de manœuvre..........	257 2	» 18 »
Journée de forgeron............	572 »	2 » »
Journée de charpentiers et autres ouvriers...................	514 16	1 16 »

Tous les autres objets dans la même proportion.

On vit à Orléans beaucoup de personnes, peu délicates, qui remboursaient des prêts, payaient des maisons qui avaient été acquises en numéraire métallique, avec du papier-monnaie sans valeur. On cite un individu qui remboursa, avec le produit d'un quart de vin, sept mille livres, montant d'une maison de campagne où on en avait récolté sept pièces. (4-5-6.)

22 *mars* 1796, *ou* 2 *germinal an* IV. — Le conseil municipal d'Orléans, en faisant part du peu de succès de ses démarches pour arrêter les prêtres susceptibles de la punition de la déportation ou de la réclusion, propose à l'administration du département ce qui suit :

Le seul moyen qui, après une mûre délibération, nous ait paru susceptible d'être adopté, serait d'envoyer à la gendarmerie nationale, à la suite d'un état contenant les noms et demeures des prêtres réfractaires de notre arrondissement, un réquisitoire pour les chercher et les constituer en état d'arrestation. (V. A, f° 141.)

23 *mars* 1796, *ou* 3 *germinal an* IV. — Vu la circulaire de l'administration du département, en date du 29 du mois dernier, relative à la célébration de la fête de la Jeunesse, qui doit avoir lieu le 10 germinal dans tous les cantons de la République, conformément à l'arrêté rendu par le directoire exécutif à ce sujet, l'administration municipale nomme le citoyen Rabelleau, l'un de ses membres, en qualité de commissaire, à l'effet de se concerter avec le citoyen Lebrun, architecte honoraire de la municipalité, pour arrêter le plan de la fête dont il s'agit, et de présenter, dans le délai de deux jours, le projet du programme qui doit être affiché pour sa célébration. (V. A, f° 142.)

26 *mars* 1796, *ou* 6 *germinal an* IV. — Le citoyen Rabelleau, nommé dans l'une des précédentes séances, en qualité de commissaire, à l'effet de concerter avec le citoyen Lebrun, architecte honoraire de la commune, le plan de la fête de la Jeunesse, a présenté le programme suivant, dont l'administration municipale, après avoir entendu le commissaire du pouvoir exécutif, a approuvé les diverses dispositions et arrêté l'affiche au nombre de cent exemplaire.

L'administration municipale d'Orléans invite à concourir, par leur présence, à l'embellissement de la fête de la Jeunesse, tous les corps administratifs et judiciaires, et tous les membres des divers établissemens publics, ainsi que la force armée attachée à la place d'Orléans, y compris la garde nationale, les artistes dramatiques, et généralement tous les citoyens du canton.

Tous les jeunes gens parvenus à l'âge de seize ans, et tous ceux qui ont atteint celui de vingt-et-un ans, se rendront le même jour à la maison commune pour être inscrits, les premiers, sur le rôle des citoyens français faisant le service de la garde nationale, et les autres, sur le registre des citoyens ayant droit à voter dans les assemblées primaires; il sera délivré à chacun de ces derniers une carte civique.

Ceux des élèves désignés comme s'étant particulièrement distingués dans les écoles nationales, recevront à cette fête, des mains du président de l'administration municipale, les récompenses nationales décernées aux talens.

Disposition du cortége et ordre de la célébration de la fête.

L'autel de la patrie sera dressé sur le milieu de la place de la municipalité.

D'un côté de l'autel, en face de la maison commune, seront placés tous les jeunes citoyens dont on célèbre la fête;

De l'autre côté de l'autel, et vis-à-vis les vieillards et les jeunes gens, seront placées les autorités constituées dans l'ordre qui suit :

Administration du département, administration municipale, municipalité du canton d'Orléans, tribunal criminel, tribunal civil, tribunal correctionnel, juges de paix, les assesseurs des juges de paix, le jury d'instruction publique, professeurs du collége national, professeurs de l'école de dessin, instituteurs primaires, institutrices primaires, les membres des divers établissemens publics ;

Les jeunes citoyens destinés à recevoir des récompenses nationales, seront placés entre l'autel de la patrie et les autorités constituées.

A droite de l'autel seront placés les vieillards des deux sexes, ainsi que les défenseurs de la patrie, blessés en combattant pour elle.

A gauche, les officiers généraux, le commandant de la place, les commissaires des guerres, tant ordonnateurs qu'ordinaires, les ingénieurs de la place, tout l'état-major, tant des troupes de ligne que de la garde nationale.

La force armée et la garde nationale, rangées suivant les ordres qui seront donnés par le général, décriront un cordon circulaire qui enveloppera tout le cortége.

La musique militaire et celle des artistes du théâtre formeront un groupe entre l'autel de la patrie et l'état-major.

La fête s'ouvrira, à neuf heures du matin, par un discours de morale républicaine, après lequel les récompenses nationales seront décernées ; elle sera terminée par le chant des hymnes patriotiques, auxquels succéderont des jeux et des exercices publics.

Les corps civils, judiciaires et militaires se retireront ensuite dans l'ordre de leur arrivée.

Le citoyen Lebrun, architecte honoraire de la commune, est chargé, pour l'exécution de la fête, de la disposition de tous les objets relatifs à son état.

Les citoyens sont invités à porter à cette fête, dépourvue de pompe et de luxe, l'esprit du patriotisme et de la fraternité qui animent les vrais républicains.

L'impression, l'affiche et la distribution du présent programme tiendront lieu de circulaire d'invitation.

Les commissaires, COLAS DE LA NOUE et MATHIEU. (V. A, f° 145.)

26 mars 1796, ou 6 germinal an IV. — L'administration municipale, ouï le rapport de la commission militaire, en faisant droit sur le réquisitoire du commissaire du directoire exécutif, arrête :

1°, Que l'état-major de la garde nationale transmettra aux chefs-de-bataillon l'ordre de faire rassembler les citoyens dans l'intérieur de la commune d'Orléans, dans l'emplacement du ci-devant presbytère de St-Pierre-en-Sentellé, primidi 11 du présent mois ;

2°, Ceux de la commune de St-Jean-le-Blanc et du faubourg St-Marceau, dans l'église de cette ci-devant paroisse, le même jour ;

3°, Ceux des faubourgs Bourgogne, St-Vincent et St-Marc, dans l'église de St-Marc, quartidi prochain, 14 du présent mois et jours suivans ;

4°, Enfin, ceux des autres faubourgs et compagnies de la commune, dans l'église de St-Laurent ;

5°, Etant toutes réunies, ces diverses assemblées s'occuperont, sur-le-champ, de leur organisation définitive, sans pouvoir traiter d'aucune autre affaire. (V. A, f° 146.)

30 mars 1796, ou 10 germinal an IV.

Procès-verbal de la célébration de la fête de la Jeunesse, rédigé en exécution de l'arrêté du directoire exécutif du 19 ventôse dernier, an IV.

Aujourd'hui, 10 germinal an IV de la République, à dix heures du matin, les membres des diverses autorités constituées, civiles et judiciaires, ainsi que les officiers généraux, les commissaires des guerres, les ingénieurs de la place et l'état-major de la garde nationale, ainsi que de la troupe de ligne, avertis par les invitations qu'ils avaient reçues et par le son de la cloche, se sont réunis à la maison commune, où l'administration municipale les attendait; de suite ils se sont rendus, accompagnés des professeurs et élèves du collége national et de l'école de dessin, et escortés de plusieurs détachemens de la garde nationale et de troupes de ligne, et de la musique militaire et du théâtre, sur la place de la municipalité, au milieu de laquelle avait été construit l'autel de la Patrie, sur un amphithéâtre à quatre rangs de gradins. La place était remplie d'une foule immense de citoyens de tout âge et de tout sexe. Le cortége de la fête s'est avancé, au bruit d'une musique guerrière et patriotique, dans l'enceinte qui lui était réservée; les diverses autorités se sont placées autour de l'autel dans l'ordre indiqué par le programme. Alors, le président de l'administration municipale (Tassin-Hudault) a prononcé le discours suivant, que tout le peuple a écouté dans le plus profond silence :

« Citoyens,

« La fête qui vous rassemble ici avec les autorités constituées de cette commune, a pour but de donner à la jeunesse qui en est l'objet l'émulation nécessaire pour développer ses talens et la rendre utile à la Patrie.

« Les livres qui vont être distribués, lui annoncent que c'est par la lecture et un travail assidu que l'homme parvient, dans un âge plus avancé, à remplir avec dignité les fonctions qui lui sont confiées; la couronne de laurier est la récompense de ses travaux et la marque distinctive accordée à tous ceux qui ont bien mérité de la patrie, non moins honorable lorsqu'elle est la récompense des artistes et des législateurs, que lorsqu'elle repose sur la tête des guerriers.

» O vous, qui dans un âge si tendre formez une portion précieuse de la République, mettez à profit tous les instans, et par une étude sage et réfléchie devenez un jour dignes de la confiance de vos concitoyens ; c'est alors que votre patrie s'honorera de vous avoir vus naître dans son sein.

« Les fastes de l'histoire vous instruiront de révolutions

qui ont eu lieu sur la terre, et avec cette théorie vous réfléchirez sur celle qui s'est opérée de nos jours, et sous vos yeux, sur le sol français; vous vous rappellerez alors, avec douleur, ces temps malheureux où une révolution désirée, et peut-être nécessaire, qui devait faire le bonheur des Français, était devenue la source de tous les maux.

« La faiblesse de la probité était alors aux prises avec la scélératesse des factieux; les arts étaient oubliés et semblaient rentrés dans le néant; la science et l'urbanité avaient disparu devant l'ignorance la plus grossière et la plus dégoûtante; l'anarchie, le fanatisme religieux et politique, l'athéisme avaient amené les assassinats, et ne faisaient de la France entière qu'un séjour affreux de prisons et d'échafauds.

« Mais, tirant bientôt le rideau sur ces jours d'horreur dont le récit souillera les pages de notre histoire, vous vous souviendrez que Dieu, qui veillait sur la France, a brisé, au 9 thermidor, le bras de ces puissances scélérates qui nous tenaient asservis sous un pouvoir usurpé.

« La liberté des opinions produisit alors une constitution nouvelle que nous avons acceptée. C'est elle qui, par le vœu de nos concitoyens, nous a placés au poste que nous occupons; c'est elle qui aujourd'hui s'occupe de votre instruction; c'est elle enfin qui, par notre organe, vous rappelle vos devoirs.

« Que chacun de vous, suivant donc son génie, adopte le travail auquel il se croit destiné, et concourant par la suite au bien de la société, l'enrichisse de ses connaissances et de ses découvertes.

« Nous devons tous à la patrie l'emploi des talens que nous avons reçus de la nature, et semblables à ces petites pierres brutes qui une fois polies et mises à leur place forment de superbes édifices; de même un gouvernement sage ne peut réussir que quand les citoyens, après une éducation soignée, se trouvent chacun à leur place, et conduits par de sages lois, contribuent tous à l'envi au bonheur général.

« Déjà je crois vous voir tous animés du même esprit, les uns, combattant nos ennemis, augmenter le nombre des victoires de la République; d'autres, réformant les abus toujours prêts à renaître, honorer la législature par l'étendue de leurs connaissances, leur intégrité et la pureté de leurs mœurs; d'autres enfin, perfectionnant les arts, étonner nos voisins par de nouvelles découvertes.

« C'est alors que les Français, écartant tout genre de discorde, soumis aux lois, abjurant leurs erreurs et occupés des sciences, des arts et du commerce, présenteront aux peuples de la terre l'aspect d'un peuple de frères, et les forceront à nous estimer et à respecter la République. »

Ce discours a été suivi d'acclamations universelles et du cri général de *Vive la République!* Alors les artistes dramatiques ont exécuté l'hymne guerrier dont les paroles suivent:

LE CHANT DU DÉPART.

Paroles de Chénier, musique de Méhul.

La Victoire, en chantant, nous ouvre la barrière,
La Liberté guide nos pas;
Et du Nord au Midi la trompette guerrière
A sonné l'heure des combats;
Tremblez, ennemis de la France:
Rois ivres de sang et d'orgueil,
Le peuple souverain s'avance:
Tyrans, descendez au cercueil!

Chœur.

Quand la Liberté nous appelle,
Sachons vaincre ou sachons périr: } *Bis.*
Un Français doit vivre pour elle,
Pour elle un Français doit mourir.

UNE MÈRE DE FAMILLE.

De nos yeux maternels ne craignez point les larmes;
Loin de nous de lâches douleurs!
Nous devons triompher quand vous prenez les armes;
Que l'ennemi verse des pleurs.
Nous vous avons donné la vie;
Guerriers, elle n'est plus à vous,
Tous vos jours sont à la patrie;
Elle est votre mère avant nous.

Chœur des Mères de famille.

Quand la Liberté vous appelle,
Sachez vaincre ou sachez périr, etc.

DEUX VIEILLARDS.

Que le fer paternel arme la main des braves;
Songez à nous aux champs de Mars;
Consacrez dans le sang des tyrans, des esclaves,
Le fer béni par vos vieillards.
Et rapportant sous la chaumière
Des blessures et des vertus,
Venez fermer notre paupière
Quand l'ennemi ne sera plus.

Chœur des Vieillards.

Quand la Liberté vous appelle,
Sachez vaincre ou sachez périr, etc.

UNE ÉPOUSE.

Partez, vaillans époux, les combats sont vos fêtes;
Partez, modèles des guerriers,
Nous cueillerons des fleurs pour en ceindre vos têtes;
Nos mains tresseront vos lauriers;
Et si le temple de Mémoire
S'ouvrait à vos mânes vainqueurs,
Nos voix chanteront votre gloire
Et nos flancs portent vos vengeurs.

Chœur des Épouses.

Quand la Liberté vous appelle,
Sachez vaincre ou sachez périr, etc.

Après ces chants, un professeur au collége national d'Orléans s'est avancé vers l'autel de la Patrie et a prononcé la pièce de vers suivante, intitulée *Leçon d'un Père à son Fils.*

Eh quoi! tu peux dormir encore!
N'entends-tu pas ces cris d'amour?
Réveille-toi, voici l'aurore;
Mon fils, voici ton plus beau jour.
C'est à l'autel de la patrie
Que tu vas marcher sur mes pas;
Cours à cette mère attendrie
Qui t'appelle et t'ouvre ses bras.

Mon fils, vois-tu ce peuple immense,
Comme il accourt de toutes parts?
De ces guerriers, chers à la France,
Vois-tu flotter les étendards?
C'est à l'autel de la patrie
Que l'amour dirige leurs pas :
Tous vont à leur mère chérie
Se dévouer jusqu'au trépas.

Dans tes regards brille une flamme
Qui plaît à mon cœur paternel :
Ouvre les yeux, fixe ton âme
Sur ce spectacle solennel.
C'est à l'autel de la patrie
Qu'il faut consacrer tes quinze ans,
Et c'est là que l'honneur te crie
D'apporter tes premiers sermens.

Tu l'as fait ce serment auguste
Devant la France et devant moi;
Tu serviras vaillant et juste
Et la République et la loi.
C'est à l'autel de la patrie
Que tu viens de le prononcer :
Plutôt perdre cent fois la vie
Que de jamais y renoncer.

Il est d'autres sermens encore
Qu'exigent ton père et l'honneur,
Un Dieu puissant que tout adore
Va bientôt appeler ton cœur;
Mais sur l'autel de la patrie
A la beauté jure en ce jour
Que jamais la vertu flétrie
Ne gémira de ton amour.

Si d'une belle honnête et sage
Tu sais un jour te faire aimer,
Le nœud sacré du mariage
Est le seul que tu dois former.
Mais à l'autel de la patrie
Courez tous les deux vous unir :
Que jamais votre foi trahie
N'ordonne au ciel de vous punir.

Dans cette chaîne fortunée
Si tu deviens père à ton tour,
Pour premier don si l'hymenée
Accorde un fils à ton amour,
Offre à l'autel de la patrie
Ce fruit heureux de ton lien :
Dans ton cœur c'est elle qui crie
Qu'il est son fils comme le tien.

Tu vois ce fer d'un œil d'envie ;
Il doit un jour armer tes mains :
De lui souvent dépend la vie
Ou la mort des faibles humains.
C'est à l'autel de la patrie
Qu'il faut le suspendre aujourd'hui ;
N'y touche pas qu'elle ne crie :
Prends ce fer, j'ai besoin de lui.

Quand le Temps, qui marche en silence,
Par d'imperceptibles efforts
Aura miné mon existence
Et décomposé ses ressorts,
C'est sur l'autel de la patrie
Que tu creuseras mon tombeau.
Est-ce perdre en entier la vie
Que de rentrer dans son berceau ?

Après cette lecture, une salve d'artillerie a annoncé la distribution des récompenses nationales, consistant en palmes et en livres distribués aux élèves du collége national et de l'école de dessin, au nombre de vingt.

Cette distribution a été couverte des plus vifs applaudissemens ; les artistes dramatiques ont ensuite chanté l'*Hymne des Marseillais*, après lequel de nouveaux cris de *Vive la République!* se sont fait entendre.

Le cortége est ensuite rentré dans la maison commune, où les déclarations des jeunes gens qui avaient atteint l'âge respectif de seize et vingt-et-un ans ont été reçues, les premières sur le registre de la garde nationale, et les autres sur les registres de l'état-civil.

L'administration municipale, désirant, pour terminer agréablement la fête, offrir aux jeunes élèves qu'elle venaît de couronner une récréation qui pût leur plaire, et les désigner une seconde fois aux justes applaudissemens de leurs concitoyens, les a invités d'assister le soir au spectacle dans deux loges qu'elle a fait décorer à cet effet en face de la sienne.

On représenta ce jour-là *Guillaume - Tell*, tragédie, et les *Rigueurs du Cloître*, opéra. (V. A, f° 151, 5-6.)

31 mars 1796, ou 11 germinal an IV. — Un membre de l'administration municipale d'Orléans propose qu'il soit fait mention civique au procès-verbal, du don fait par le citoyen d'*Autroche de la Porte*, de sept exemplaires de sa traduction en vers français des *Odes d'Horace*, destinés à faire partie des récompenses nationales accordées hier à la fête de la Jeunesse, aux jeunes élèves du collége national, et de dessin.

Le conseil municipal adopte, et arrête que copie de la présente délibération sera envoyée au citoyen d'Autroche de la Porte, en témoignage de sa reconnaissance. (V. A, f° 153.)

4 avril 1796, ou 15 germinal an IV. — Vu le mémoire des fournitures faites par ordre de l'administration municipale, pour l'habillement à neuf des tambours major et ordinaires de la garde nationale d'Orléans, par le citoyen Leroux, frippier de cette commune, montant à la somme de 213 liv., valeur métallique, dont il réclame le paiement en assignats au cours;

L'administration municipale arrête qu'il sera délivré au citoyen Leroux un mandat, sur la caisse municipale, de la somme de 60,918 liv. en assignats, valeur représentative du montant du mémoire dont il s'agit, d'après le cours actuel en numéraire. (V. A, f° 159.)

L'administration municipale d'Orléans arrête qu'elle enverra sur-le-champ la liste des prêtres, ou présumés tels, sujets à la déportation ou à la réclusion, au commandant de la gendarmerie nationale. (V. A, f° 159.)

5 avril 1796, ou 16 germinal an IV. — L'administration municipale d'Orléans arrête que, séance tenante, il sera rédigé une pétition au corps législatif, pour l'établissement, à Orléans, de l'école centrale du département du Loiret, que l'administration municipale de Montargis cherche à faire placer dans sa ville. (V. A, f° 159.)

10 *avril* 1796, *ou* 21 *germinal an* IV. — Présens, les citoyens administrateurs du département du Loiret: Brillard, président; Boucher-Molendon, Trumeau, Simon, Plouvyé, Labbé, commissaires du directoire exécutif, et Bignon, secrétaire.

L'administration a reçu, avec des procès-verbaux et des lettres de l'administration municipale de Châtillon-sur-Loire, un drapeau des brigands royalistes du département du Cher, enlevé dans la commune de *Pierrefitte-ès-Bois* par le citoyen *Pomponeau*, cavalier du 20e régiment, et apporté par ce brave militaire, avec une proclamation imprimée en placards sur trois colonnes, intitulée: DÉCLARATION DU ROI, commençant par ces mots: *Louis, par la grâce de Dieu*, et finissant par ceux-ci: *Fait en notre camp, près Belleville, le* 17 *août* 1795, et signée: *Le chevalier Charette*.

L'administration, pénétrée d'une indignation profonde à la vue de ces insignes du fanatisme et de la rébellion,

A arrêté, que le drapeau et la proclamation précités, seront brûlés sur la place publique de la commune d'Orléans, en présence des autorités constituées et des détachemens de la garde nationale et des troupes de lignes, aujourd'hui, trois heures après midi.

Aujourd'hui, 21 germinal, l'an 4e de la République, conformément à l'arrêté pris par l'administration dans sa séance de ce jour, les administrateurs du département se sont présentés, à trois heures après midi, sur la place publique de la commune d'Orléans, accompagnés des autorités constituées, des détachemens de la garde nationale et des troupes de ligne, ainsi que des artistes dramatiques et lyriques qui avaient été exprès convoqués pour procéder au brûlement, tant d'un drapeau des brigands royalistes du département du Cher, enlevé dans la commune de Pierrefitte-ès-Bois par le citoyen Pomponeau, cavalier du 20e régiment, et apporté par ce brave militaire, que d'une proclamation imprimée en placards.

Le président de l'administration départementale a prononcé le discours suivant :

« Citoyens,

« Des fanatiques, des royalistes, ont arboré l'étendard de la révolte dans le département du Cher : déjà ils avaient osé mettre le pied sur notre territoire, dans la commune de Pierrefitte-ès-Bois, canton de Châtillon-sur-Loire ; ils s'étaient rendus maître de l'administration municipale, avaient coupé l'arbre de la liberté et mis à sa place le signe odieux de la rébellion ; ils essayaient de séduire les trop crédules habitans des campagnes par l'affiche et la lecture de la proclamation ridicule du prétendu roi de Véronne.

« Mais bientôt ils se sont montrés aussi lâches que perfides, ils ont disparu à l'approche des soldats républicains. Un brave cavalier du 20e régiment arrache aussitôt le drapeau et la proclamation abandonnés par les satellites de la tyrannie ; il les apporte au département en lui annonçant la fuite des rebelles. Ainsi, grâce à l'activité des mesures prises par les administrations et le général, secondé par le courage et le patriotisme de nos braves militaires, notre département ne sera plus souillé par la présence des révoltés, et ces misérables, cernés de tous côtés par nos forces et celles du général Desenfans, trouveront, dans le département du Cher, la juste punition de leurs crimes, sans avoir pu réussir à étendre leurs ravages dans le département du Loiret.

« Ainsi, depuis le commencement de la révolution, la sagesse des administrations et le courage des bons citoyens ont su préserver ce département des horreurs de la guerre civile qui a ensanglanté les plus belles contrées de la France. Que la vue de ces dépouilles hideuses enlevées aux brigands, inspire, s'il est possible, à tous les citoyens, une plus grande horreur pour ce fléau terrible, en les livrant aux flammes.

« Jurons, jurons de nouveau une haine éternelle aux brigands, à la tyrannie ; jurons de vivre libres ou de mourir en défendant la liberté. *Vive la République !* »

Suivent les signatures des administrateurs.

« Pour copie conforme :

« BIGNON, secrétaire-général. » (2. f° 34.)

12 *avril* 1797, *ou* 23 *germinal an* iv. — L'administration municipale d'Orléans nomme les citoyens Rabelleau et Dufresné, deux de ses membres, en qualité de commissaires, à l'effet de rechercher par eux-mêmes, parmi les papiers de la ci-devant Société Populaire d'Orléans, qui pourraient être restés au local qu'occupait ladite Société, les listes des émigrés et des condamnés, demandées par l'administration supérieure. (V. a, f° 166.)

13 *avril* 1796, *ou* 24 *germinal an* iv. — Le conseil municipal d'Orléans arrête, avec le citoyen Cornu, marchand de bois, la fourniture du chauffage de la commune à la quantité de cent cordes de bois, à raison de 22,880 liv. la corde, valeur en assignats, ou 80 liv. en numéraire. (*) (V. a, f° 167)..

18 *avril* 1796, *ou* 29 *germinal an* iv. — Le citoyen Colas de La Noue, membre du conseil, chargé de la vérification du mémoire présenté par le citoyen Rouzeau-Montaut, pour impressions et fournitures de son état, faites pour le service de l'administration municipale, rend compte de cette opération.

L'administration municipale reconnaît que le mémoire du citoyen Rouzeau-Montaut s'élève à la somme de 271,615 liv. (en assignats), et arrête de lui délivrer un mandat de cette somme sur la caisse municipale. (V. a, f° 171.)

24 *avril* 1796, *ou* 5 *floréal an* iv. — Vu la lettre de l'administration départementale du 2 du présent mois portant envoi de l'arrêté du directoire exécutif du 27 germinal, relatif à la fête des Epoux fixée au 10 floréal;

Ouï le rapport de la division de la police civile, et le commissaire du pouvoir exécutif,

L'administration municipale d'Orléans arrête :

Art. 1er. La fête des Epoux sera célébrée décadi prochain dans cette commune, à onze heures précises du matin, sur la place de la Municipalité.

(*) Cent cordes de bois, à 22,880 liv. chaque, faisaient, en assignats, la *somme* énorme de 2,288,000 liv.

Art. 2. La division de la police civile est chargée de rechercher et d'inscrire sur un tableau les noms des personnes mariées qui, par quelque action louable, auront mérité de servir d'exemple à leurs concitoyens, ou qui, déjà chargées de famille, ont adopté un ou plusieurs orphelins.

Art. 3. Il sera circulairement écrit par la division de l'état-civil aux jeunes époux qui se seront unis pendant le mois dernier et dans la première décade de floréal, pour les inviter spécialement à la fête; les épouses y paraîtront vêtues de blanc, parées de fleurs et de rubans tricolores.

Art. 4. La division de la police civile présentera demain la rédaction du programme qui sera imprimé et affiché, pour indiquer les détails de l'exécution de la fête, et la disposition du cortége dont elle sera composée. (V. A, f° 175.)

25 *avril* 1796, *ou* 6 *floréal an* IV. — Un membre, au nom de la division de la police civile, soumet au conseil la rédaction du programme de la fête des Epoux.

Elle est arrêtée ainsi qu'il suit:

Dispositions du cortége.

L'autel de la patrie sera dressé sur le milieu de la place de la Municipalité.

D'un côté de l'autel, en face de la maison commune, seront placés les jeunes époux qui se sont unis pendant le mois précédent et dans la première décade de floréal.

Les épouses seront vêtues de blanc, parées de fleurs et de rubans tricolores.

De l'autre côté, vis-à-vis les époux, seront disposées les autorités dans l'ordre qui suit:

Administration du département, administration municipale, tribunal criminel, tribunal civil, tribunal correctionnel, tribunal de commerce, juges de paix, assesseurs des juges de paix, membres de divers établissemens.

Les personnes mariées, inscrites sur le tableau dont il sera parlé ci-après, auront leur place entre l'autel de la patrie, et les autorités constituées.

Les vieillards des deux sexes, accompagnés de leurs enfans, petits-enfans et arrière-petits-enfans, occuperont la droite de l'autel.

Celui de tous qui aura près de lui la famille la plus nombreuse aura la première place.

A gauche, seront placés les officiers généraux, le commandant de la place, les commissaires ordonnateur et ordinaires des guerres, les ingénieurs de la place, et tout l'état-major des troupes de ligne et de la garde nationale.

La force armée de la garde nationale, rangée suivant les ordres qui lui seront donnés par le général, décrira un cordon qui enveloppera tout le cortége.

La musique militaire et celle des artistes du théâtre formeront un groupe entre l'autel de la patrie et l'état-major.

Exécution de la fête.

A onze heures précises du matin, le président de l'administration municipale annoncera l'ouverture et l'objet de la fête.

Il sera fait ensuite une proclamation publique du tableau des personnes mariées qui, par quelques actions louables, auront mérité de servir d'exemple à leurs concitoyens, ou qui, déjà chargées de famille, ont adopté un ou plusieurs orphelins.

Le vieillard à qui la première place d'honneur aura été décernée, leur distribuera, au nom de la patrie, des couronnes civiques.

L'exécution des hymnes et chants civiques terminera la fête, dont les dispositions sont confiées au citoyen Lebrun, architecte honoraire de la commune, pour tous les objets relatifs à son état.

L'impression, la distribution et l'affiche du présent programme tiendront lieu de circulaire d'invitation.

Fait et arrêté, etc.

Pour copie :
AIGNAN, secrétaire.

29 avril 1796, ou 10 floréal an IV.

Procès-verbal de la célébration de la Fête des Epoux dans la commune d'Orléans.

Aujourd'hui 10 floréal, 4e année républicaine, à onze heures du matin, les membres des diverses autorités constituées, les officiers généraux, les commissaires des guerres, les ingénieurs de la place et l'état-major, tant de la garde nationale que de la troupe de ligne, se sont réunis à la maison commune, où l'administration municipale les attendait.

Ensuite, ils se sont rendus sur la place de la Municipalité, près de l'autel de la patrie, accompagnés de plusieurs vieillards, et des citoyens et citoyennes César Cabanne et Michel-Catherine Jouffin; Bertrand Caussade et Radégonde Roberteau; François Samson et Gabrielle Gomberat, époux nouvellement unis; les épouses vêtues de blanc, parées de fleurs et de rubans tricolores.

La place était remplie d'une grande foule de citoyens de tout âge et de tout sexe. Le cortége de la fête s'est avancé, au bruit d'une musique guerrière et patriotique, dans l'enceinte qui lui était réservée; les vieillards, les époux et les diverses autorités se sont placés autour de l'autel de la patrie dans l'ordre indiqué par le programme.

Alors le président de l'administration municipale a publiquement annoncé l'objet de la fête ainsi qu'il suit:

« Citoyens,

« Un arrêté du directoire nous rassemble tous ici, pour célébrer la fête des Epoux: après s'être unis conformément aux vœux de la loi par un acte civil, ils viennent aujourd'hui augmenter le cortége et présenter à vos yeux le tableau touchant de l'amour et de l'amitié réunis.

« Nous espérons, époux fortunés, vous voir bientôt reporter à vos enfans une partie de votre tendresse, essuyer leurs pleurs et rassurer leurs pas chancelans; dans un âge plus avancé, vous vous réunirez pour les instruire, vous graverez dans leur mémoire l'obéissance qu'ils devront aux lois, dans leur cœur l'amour de la patrie, enfin vous tâcherez d'en faire des citoyens zélés d'une république libre.

« Puissent l'amour et l'amitié écarter de vous tout sentiment de discorde et vous porter à ne jamais oublier le devoir.

« Respectables vieillards, qui, courbés sous le poids des années, avez ranimé vos forces pour venir avec nous célébrer cette fête, jouissez aujourd'hui du spectacle enchanteur que vous offre cette jeunesse, l'espoir de la patrie; c'est devant elle, c'est devant vos concitoyens que nous nous empressons de vous remercier des services que vous avez rendus à la société. Nous leur proposons pour modèles les actions louables qui vous ont mérité notre estime et notre confiance.

« Que celui d'entre vous dont la famille est la plus nombreuse s'avance, et, prenant les lauriers, couronne ceux qui, par un civisme pur et éclairé, ont bien mérité de la patrie.

« Le secrétaire va vous faire lecture du tableau où leurs noms sont inscrits.

« Nous terminerons cette cérémonie en faisant retentir les airs des chants chéris des Français, qui ont toujours conduit nos guerriers à la victoire. »

Ce discours a été suivi d'acclamations universelles et du cri général de *Vive la République!* Alors les artistes dramatiques ont exécuté quelques airs; une salve d'artillerie s'est fait entendre, et le secrétaire en chef de l'administration municipale a proclamé les noms suivans.

Noms des personnes mariées qui, déjà chargées de famille, ont adopté un ou plusieurs orphelins, et qui, par cette action louable, ont mérité de servir d'exemple à leurs concitoyens.

1°, Le citoyen et la citoyenne Petit, rue St-Martin-de-la-Mine;

2°, Le citoyen et la citoyenne Lefebvre, rue Pomme-de-Pin.

L'administration municipale d'Orléans est persuadée qu'il existe dans l'arrondissement de cette commune plusieurs autres pères de famille à qui cet acte de bienfaisance est commun, mais leurs noms ne sont point connus par l'administration.

Les citoyens dont on vient de proclamer les noms étant absens, le citoyen Brunet, vétéran, le plus âgé des vieillards et chargé de la plus nombreuse famille, a déposé sur l'autel de la patrie, au bruit des applaudissemens universels, les couronnes civiques qui leur étaient destinées.

De nouveaux airs patriotiques ont ensuite été exécutés, et le cortége est rentré dans la maison commune dans l'ordre avec lequel il en était sorti. (V. A, f° 179.)

30 avril 1796, ou 11 floréal an IV.

Copie de l'extrait des registres des délibérations du directoire exécutif du 2 floréal an IV, adressée à l'administration départementale du Loiret.

Le directoire exécutif arrête que l'administration générale des postes et messageries donnera, sans délai, les ordres les plus précis à ses directeurs et employés, pour que toutes les lettres venant de l'étranger, et celles qui sont adressées de France dans ces pays, soient envoyées à Paris, d'où elles partiront ensuite pour leur destination, après avoir été *vérifiées* par la commission établie par l'arrêté du directoire du 1er du présent mois.

Le ministre de la police générale est chargé de veiller, *avec le plus grand secret*, à l'exécution du présent arrêté.

Pour expédition conforme :
Letourneur, président.
Par le directoire exécutif, le secrétaire-général,
Lagarde.
Pour copie, le ministre de la police générale,
Doudeau.
Pour copie conforme :
Le commissaire du directoire exécutif près l'administration départementale du Loiret,
Labbé. (1-6.)

2 *mai* 1796, *ou* 13 *floréal an* IV. — S'est présenté devant les administrateurs municipaux de la commune d'Orléans, le citoyen Jean Dawley, âgé de vingt-six ans, natif de Sommerset-Shize, en Angleterre, prisonnier anglais, pour faire sa soumission aux lois de la République française. (V. A, f° 182.)

4 mai 1796, ou 15 floréal an IV.

Extrait du registre des délibérations du directoire du département du Loiret, séance du 15 *floréal.*

Vu la pétition par laquelle le citoyen *Chapiotin fils*, ancien agent national de la commune d'Orléans, demande la radiation des notes injurieuses qui le concernent, et qui sont consignées sur les registres du ci-devant district et de la municipalité de cette commune (voir le 11 mai 1795);

Vu le contenu de ces notes, dont il résulte que le citoyen Chapiotin fils est accusé d'avoir commis, dans ses fonctions d'agent national de la commune d'Orléans, des prévarications et exactions multipliées, notamment par rapport à l'exécution de la loi du *maximum*, en faisant tourner à son profit les réquisitions de sucre et autres denrées dont les citoyens étaient frappés;

Vu les nombreux certificats produits par le citoyen Chapiotin fils, nous, administrateurs du département du Loiret, arrêtons, que nous regardons le citoyen Chapiotin fils comme suffisamment lavé des soupçons et inculpations dirigées contre lui, et que la présente délibération sera transcrite en marge des registres du ci-devant district et de la municipalité d'Orléans, sur lesquels sont consignées les notes injurieuses au citoyen Chapiotin fils.

Fait à Orléans, le 15 floréal an IV de la République française.

BRILLARD, TRUMEAU, PLOUVYÉ et SIMON, administrateurs; BIGNON, secrétaire. (1-5-6.)

7 *mai* 1796, *ou* 18 *floréal an* IV. — Les administrateurs du département du Loiret, vu le mémoire présenté par

les citoyens qui demandent que la délibération prise par la municipalité de cette commune (en mai 1795), et qui contient les motifs de leur désarmement, fait en exécution de la loi du 21 germinal an III, soit regardée comme calomnieuse, et que l'arrêté qu'il sollicite du département du Loiret soit inscrit sur le registre de la municipalité en marge de la délibération précitée ;

Vu aussi la loi du 15 vendémiaire an IV ;

Ouï le rapporteur ;

Nous, administrateurs du département du Loiret,

Considérant qu'il résulte de l'art. 3 de la loi du 15 vendémiaire que celle du 21 germinal, concernant les désarmemens, est rapportée, que les arrêtés du comité de sûreté générale, ceux des représentans du peuple, concernant uniquement lesdits désarmemens, resteront comme non-avenus, ainsi que tous les arrêtés ou délibérations pris par les corps administratifs pour le même objet, en exécution de ladite loi du 21 germinal ;

Considérant enfin, que, d'après cette disposition de la loi du 15 vendémiaire, les citoyens se trouvent dans ce moment au même et semblable état qu'ils étaient avant la loi du 21 germinal précitée ;

Arrêtons de faire droit à la demande des pétitionnaires, après les observations du rapporteur, et l'avis du commissaire du directoire exécutif. (1-5.)

8 *mai* 1796, *ou* 19 *floréal an* IV. — La fête de la ville d'Orléans, ou de Jeanne d'Arc, n'a pas lieu cette année, c'était la quatrième interruption. (1.)

17 *mai* 1796, *ou* 28 *floréal an* IV. — L'administration municipale d'Orléans, vu la loi et l'arrêté du directoire exécutif des 18 et 20 présent mois, concernant la fête de la Victoire, qui sera célébrée le 10 prairial prochain dans toutes les communes de la République, et qui prescrivent les mesures à prendre pour que les citoyens qui ont concouru et concourent généreusement à la défense de la patrie, trouvent dans l'expression de l'allégresse publique le gage de la reconnaissance due à leur civisme, à leur courage et à leur valeur ;

Délibère sur les moyens à employer pour obtenir les

renseignemens précis qui mettront l'administration municipale à portée de rendre aux braves guerriers, que la commune a fournis aux armées républicaines, les honneurs civiques, et reproduire dans les personnes de leurs parens les témoignages de sensibilité et de reconnaissance que leur généreux dévouement a inspirés.

L'administration municipale arrête que les principaux parens des défenseurs de la patrie, résidant dans cette commune, seront publiquement invités, par elle et par l'organe des commissaires de police, à se présenter, d'ici au 9 prairial prochain, au secrétariat de la commune, bureau de police militaire, à l'effet de faire inscrire sur un registre, qui sera ouvert pour cet objet, les noms desdits militaires, et ceux de leurs corps et des armées dans lesquels ils servent la République;

Que les militaires qui ont eu l'honneur d'être blessés en combattant les ennemis de la patrie, et qui se sont retirés dans les murs de cette commune, seront pareillement invités à se présenter dans le même délai à la maison commune pour se faire également inscrire.

L'administration prendra au surplus telles autres mesures qui lui paraîtront convenables pour assurer complétement l'exécution de la loi et des arrêtés précités. (V. A, f° 191.)

21 *mai* 1796, *ou* 2 *prairial an* iv. — Vu l'arrêté du directoire exécutif en date du 20 du mois dernier, relatif à la célébration de la fête des Victoires dans toutes les communes de la République;

Ouï le rapport des divisions de la police civile et des finances;

L'administration municipale, considérant la nécessité de donner à cette fête tout l'appareil que son objet exige, au moment surtout où l'armée d'Italie marche de triomphe en triomphe, et où le traité glorieux conclu avec le roi de Sardaigne semble annoncer l'aurore de la paix générale;

Considérant que, quel que soit l'état de pénurie des finances de la commune, il est impossible de ne pas affecter à l'exécution de la fête des Victoires, pour honorer dignement les braves défenseurs de la patrie, une dépense qui réponde à l'étendue des localités, et qui sera d'autant plus convenable que la plus grande partie des dispositions auxquelles on l'appliquera sera susceptible d'être utilisée pour les autres fêtes nationales qui auront lieu à l'avenir;

Arrête que, pour l'exécution de la fête des Victoires, y compris la construction des arcs de triomphe, gradins et autres objets d'utilité première, il sera mis jusqu'à concurrence de 120,000 liv., en assignats, une somme à la disposition du citoyen Lebrun, architecte honoraire de cette commune, que l'administration invite à vouloir bien se charger de toutes les mesures, et de la direction des divers travaux relatifs à l'exécution de la fête. (V. A, f° 192.)

24 *mai* 1796, *ou 5 prairial an* IV. — Un membre, au nom de la division de la police civile, a proposé, pour la fête des Victoires, le programme suivant, dont la rédaction a été unanimement adoptée, et dont l'impression a été délibérée au nombre de cent cinquante exemplaires en placards.

Dispositions du cortége.

Le cortége de la fête, composé comme il suit, et réuni dans la maison commune au son de la cloche de la ville, se rendra par la rue d'Escures, à dix heures très-précises du matin, sur la place du Martroi, près du temple et de l'autel de la patrie.

En face de l'autel seront disposés les pères et mères des défenseurs de la patrie.

Vis-à-vis, seront placés les militaires de cette commune qui auront eu l'honneur d'être blessés en combattant.

A droite de l'autel, les vétérans nationaux et les jeunes élèves de la patrie.

A gauche, les autorités constituées seront disposées dans l'ordre qui suit:

Administration du département, tribunal criminel, tribunal civil, tribunal correctionnel, tribunal du commerce, juges de paix, assesseurs des juges de paix, membres des divers établissemens publics, administration municipale, les officiers généraux, les officiers de la gendarmerie nationale, le commandant de la place, les commissaires ordonnateur et ordinaires des guerres, les ingénieurs de la place.

Tout l'état-major, tant des troupes de ligne que de la garde nationale, précédé de douze hérauts d'armes, se grouperont devant les faisceaux qui seront placés entre le temple et le cortége.

La musique militaire, celle du théâtre et les artistes dramatiques formeront un groupe isolé plus rapproché du temple.

Les divers détachemens de la force armée, soit de cavalerie, soit d'infanterie, rangés suivant les ordres qui seront donnés par le général, décriront un cordon autour de l'enceinte de la fête.

Exécution de la fête.

A dix heures et demie précises il sera fait une salve d'artillerie ; l'administration municipale, chargée des diverses proclamations relatives à la fête des Victoires, montera sur l'estrade du temple de la patrie et le président annoncera l'ouverture et l'objet de la fête.

Il sera fait ensuite lecture du registre sur lequel sont inscrits :

1°, Les noms de tous les citoyens de cette commune qui consacrent leur temps et leur vie, à la défense de la patrie ;

2°, L'armée dans laquelle ils servent ;

3°, Les victoires que chacune de ces armées a remportées.

Il sera fait mention particulière des faits à citer en faveur des militaires, généraux, officiers ou soldats, qu'une occasion plus favorable de se signaler aura fait nommer spécialement, et commémoration de ceux que le sort des combats à fait glorieusement périr pour la cause de la liberté.

Le président appellera à haute voix les pères et mères des défenseurs de la patrie qui se sont signalés, et leur donnera un témoignage public de la reconnaissance nationale.

Enfin, il décernera une palme à tous les militaires de

cette commune qui auront été blessés à la défense de la République, et après avoir proclamé leurs noms, il leur donnera, au nom de la patrie, un témoignage de gratitude et de sensibilité.

Cette solennité sera embellie de discours oratoires que les diverses autorités constituées sont invitées à prononcer, de décharges d'artillerie, de chants civiques, et d'évolutions militaires après lesquelles la force armée défilera par la rue Bannier vers le Mail, où il sera fait des exercices guerriers.

Le cortége rentrera ensuite dans la maison commune par la porte de St-Vincent et la rue de l'Evêché.

Les dispositions relatives à l'exécution de la fête des Victoires sont confiées au patriotisme et aux talens du citoyen Lebrun, architecte honoraire de la commune, en tout ce qui concerne son état.

Fait et arrêté, etc.

AIGNAN, secrétaire. (V. A, f° 195).

27 mai 1796, ou 8 prairial an IV. — L'administration municipale fait avertir les marchands de chevaux, qu'à dater de ce jour, le marché aux chevaux, qui se tenait sur la place de la République, est transféré à la porte dite de la Liberté, sur l'emplacement situé entre le faubourg et les murs de la ville, à l'est. (V. A, f° 197.)

29 mai 1796, ou 10 prairial an IV.

Procès-verbal de la célébration de la fête de la Reconnaissance nationale et des Victoires dans la commune d'Orléans.

Aujourd'hui, 10 prairial, 4ᵉ année républicaine, dix heures du matin, les membres des diverses autorités constituées et des établissemens publics, les officiers généraux, les commissaires ordonnateur et ordinaires des guerres, les ingénieurs de la place, et l'état-major de la garde nationale et de la ligne, se sont réunis à la maison commune, où l'administration municipale les attendait avec les militaires blessés et les pères et mères des défenseurs de la patrie.

Le cortége, accompagné de la garde nationale et de détachemens de troupes de ligne, tant de cavalerie que d'infanterie, cantonnées en cette commune, ainsi que des artistes dramatiques, de la musique militaire et de celle du théâtre, s'est rendu par la rue d'Escures sur la place de la République, dans l'enceinte qui lui était réservée autour du temple et de l'autel de la patrie. Chaque corps ayant pris place suivant l'ordre indiqué par le programme, les membres des administrations départementale et municipale sont montés sur l'estrade de l'autel : alors le président de l'administration municipale a prononcé le discours suivant :

« C'est aujourd'hui, Citoyens, que tous les Français rassemblés dans leurs communes, célèbrent avec pompe les victoires sans nombre remportées par nos braves guerriers sur les peuples de l'Europe conjurés contre la République.

« La renommée avait porté jusqu'aux parties les plus reculées de la terre la valeur et le courage héroïque des Français ; mais ce n'était pas assez pour notre gloire que nos aïeux se fussent fait respecter pendant des siècles entiers, il était réservé à la génération actuelle, après avoir conquis la liberté et s'être donné une nouvelle forme de gouvernement, de mettre sur pied *douze cent mille hommes*, et de combattre à la fois, sur toutes les frontières, les nations coalisées contre elle.

« C'est au milieu des guerres civiles, des trahisons des chefs et du choc de toutes les passions, que le courage des Français, guidé par l'amour inné de la patrie, est parvenu à chasser de dessus son territoire les cohortes ennemies qui avaient pénétré dans plusieurs départemens.

« Ces mêmes Français, portant bientôt le fer vengeur chez leurs perfides voisins, ont montré à tout l'univers que s'ils avaient su se défendre, ils savaient aussi punir ceux dont la politique insidieuse avait semé parmi eux les haines et les divisions.

« En peu de jours la Belgique a été conquise pour la seconde fois ; la Hollande, fière des retranchemens que la nature lui avait fournis par ses immenses marais, nous a vus, bravant les glaces et les neiges, arriver chez elle et mettre à profit une saison rigoureuse en présentant sur ses marais glacés, le front redoutable d'une armée triomphante; du côté de l'Allemagne, ses retranchemens ennemis ont été forcés; des généraux, consommés dans l'art de la guerre, ont été obligés de céder à l'impétuosité française, les places fortes de l'empereur se sont rendues, et l'étendard tricolore a été arboré sur les rives du Rhin.

« C'est vous, Pichegru, dont la modestie relève les vertus guerrières, qui avez conduit cette campagne; votre courage et votre expérience vous avaient mérité la confiance entière de l'armée. vous avez su l'employer utilement pour la gloire de la République; votre nom passera dans la postérité la plus reculée et prendra place dans l'histoire auprès des Turenne et des Condé.

« La victoire n'a pas seulement favorisé nos armées du Nord, celles du Midi, passant les Pyrénées, ont surmonté les obstacles et renversé tout ce qui s'opposait à leur passage, elles ont fait trembler les Espagnols pour leurs propres foyers jusque dans la capitale.

« Il restait à nos armées d'Italie de fixer la victoire sous leurs drapeaux, et par des efforts multipliés de chasser devant elles les troupes coalisées : chaque jour voit naître des exploits nouveaux.

« Je ne vous rappellerai point les victoires remportées sur les habitans de la Vendée, égarés par des traîtres, puissent-elles être à jamais oubliées par les Français !

« Généreux frères d'armes, ce sont toutes ces victoires, le fruit de vos veilles et de vos exploits, qui ont décidé la Prusse à abandonner la coalition et à négocier un traité de paix; ce sont elles qui ont forcé la Hollande à devenir une République alliée; l'Espagne, épouvantée, nous a demandé la paix; le duc de Toscane l'a obtenue; le roi de Sardaigne, reconnaissant un peu tard sa faiblesse, a subi la loi qui lui a été imposée; le roi de Naples, négocie aujourd'hui, et l'empereur lui-même, incertain, cherche à entamer des négociations qu'il sait ne pouvoir lui être aussi avantageuses qu'il l'espérait. Enfin, l'Angleterre, cette rivale orgueilleuse, visant à l'empire des mers, se voyant bientôt abandonnée de toutes les autres puissances, et s'éclairant sur ses vrais intérêts, recherchera l'alliance d'une nation voisine qu'elle sera forcée de respecter.

« Après vous avoir fait un faible tableau de nos victoires et des avantages qu'elles nous ont procurés, j'ai encore à vous annoncer que l'intention des législateurs a été de joindre à cette fête celle de la Reconnaissance; en effet, la victoire, par elle-même, entraîne tant de malheurs, que l'homme sensible, assis sur ses lauriers, ne peut s'empêcher d'en gémir; il n'en trouve la consolation que dans la gratitude de ses concitoyens.

« La reconnaissance, cette vertu des belles âmes, est le lien de la société, c'est elle qui la vivifie et qui porte les hommes à s'obliger mutuellement: qui l'a plus méritée cette reconnaissance, que le guerrier qui a exposé ses jours pour sa patrie!

« Le législateur n'en est-il pas digne aussi par ses vues sages et profondes; enfin, l'homme en place, quelle que soit celle qu'il occupe, du moment où il a acquis la confiance publique ne doit-il pas l'espérer?

« Général Michel (commandant la place d'Orléans), votre âge et vos cheveux blancs attestent de longs services que vous avez rendus à la patrie, recevez par mon organe le témoignage de la reconnaissance de mes concitoyens, votre prudence et votre aménité leur sont connues.

« Ils ne reconnaissent pas moins, général Remoissonnet (commandant la garnison), votre attachement au bon ordre et votre soumission aux lois: dans la vigueur de l'âge, mais tout couvert d'honorables blessures, vous servez encore votre patrie; votre conduite dans nos murs, depuis deux ans, vous a gagné notre confiance.

« O vous tous, qui composez la force armée, de quelque grade que vous soyez revêtus, recevez, au nom de la patrie, les remercîmens dûs aux services que vous avez rendus dans nos armées.

« Vous me permettrez de vous rappeler que, placés dans nos murs, vous êtes devenus soldats citoyens, que les mêmes lois sont pour les militaires et les paisibles habitans des villes et des campagnes; les autorités constituées ont la surveillance de l'exécution des lois, les tribunaux jugent les délits, et la force armée leur doit tout son appui aussitôt qu'elle en est requise.

« Vous, pères et mères de nos défenseurs, partagez aussi la reconnaissance publique, puissions-nous bientôt voir vos enfans de retour parmi nous, assister à nos fêtes et recevoir de nos mains la couronne de lauriers, digne et juste récompense de leur courage.

« Et vous, braves militaires de tout âge, que d'honorables blessures ont forcés d'abandonner leur poste, redevenez citoyens paisibles de cette cité, nous allons dès aujourd'hui, au nom de la République, vous remettre la palme de lauriers et proclamer vos noms au milieu des acclamations réitérées de tous les citoyens.

« Il ne me reste plus qu'à engager les citoyens et les militaires à se regarder comme frères : les uns combattent au dehors pour défendre les frontières, les autres au dedans veillent sous l'égide des lois à la conservation des propriétés, tandis que les citoyens paisibles, chacun à leur poste, concourent au bonheur commun par leur zèle à remplir les fonctions dont ils sont chargés, et par les travaux analogues aux diverses professions qu'ils ont embrassées : de ces services mutuels, doit naître mutuellement aussi une reconnaissance réciproque.

« Puisse bientôt, une paix honorable et universelle, nous faire jouir du fruit de vos victoires, rendre à l'agriculture les bras qui lui sont nécessaires, aux manufactures leur ancienne émulation, au commerce son activité, et prolonger jusque dans la postérité la plus reculée la gloire et la splendeur du nom français ! »

Ce discours a été suivi des plus vifs applaudissemens.

Le président de l'administration départementale, M. Brillard, a pris ensuite la parole en ces termes :

« Citoyens,

« C'est une pratique anciennement établie chez les peuples libres d'honorer, par des fêtes civiques, le courage et la vertu, de célébrer, par des chants et des sacrifices, les exploits les plus glorieux, de couronner les héros de lauriers, pour exciter dans toutes les âmes l'ardeur guerrière et l'amour de la patrie, ce sentiment sublime qui caractérise les vrais républicains. Ainsi, lorsque dans les plaines de Marathon, aux pieds du monument consacré à la mémoire des héros de la Grèce, l'orateur athénien, entouré d'un peuple immense, rappelait à la suite d'un discours simple et touchant, les noms des braves guerriers morts aux champs de la victoire, toutes les voix répétaient avec enthousiasme ces noms chers à la patrie, tous les cœurs, pénétrés d'admiration et de reconnaissance, étaient à la fois embrâsés d'une vive émulation et du noble désir de se signaler dans les combats; oui, s'écriaient les jeunes citoyens, nous jurons d'imiter les exploits de nos pères, et de mériter à notre tour les éloges de la postérité.

« Qu'avaient donc fait ces fiers républicains, ces héros de Marathon? ils avaient taillé en pièces une grande armée, ils avaient abattu l'orgueil d'un despote asiatique.

« Guerriers français, vous les avez surpassés, vous avez combattu depuis quatre ans, vous avez vaincu, vous avez humilié tous les rois de l'Europe conjurés contre la République naissante; vos phalanges, à peine formées, ont d'abord triomphé de l'attaque des armées les mieux aguerries, et des ruses d'une politique artificieuse; tel encore au berceau le grand Alcide essayait ses forces et son courage en étouffant les serpens de Béotie, tel au sortir de l'enfance ce héros terrassait le lion terrible de Némée, et commençait à purger la Grèce des monstres qui dévoraient ses habitans.

« Bientôt nos braves défenseurs ont couronné ces premiers exploits par d'autres encore plus glorieux : combien de marches, de siéges, de batailles ont signalé, dans cette guerre, le courage et l'habileté des généraux, l'audace et l'intrépidité de nos soldats; les conquêtes de la Belgique, de la Hollande, de la Savoie, du comté de Nice, du Mont-Terrible, de la Lombardie; les siéges de Mayence, du Luxembourg, de Maëstricht; les batailles de Mons, de Jemmapes, de Fleurus et tant d'autres victoires non moins éclatantes, font l'étonnement de l'univers, elles feront l'admiration de la postérité la plus reculée, la renommée des héros de la France égalera celle des plus illustres conquérans.

« Déjà nos ennemis sont forcés d'implorer la clémence du vainqueur, déjà plusieurs traités nous présagent une paix générale et prochaine ; bientôt, dans le sein d'une heureuse paix, le gouvernement français sera en état de réparer les maux de la guerre, et les maux, plus grands encore, que la fureur ultrà-révolutionnaire a répandus sur notre patrie. C'est alors que le sentiment du bonheur commun réunira les partis opposés, pour ne former de tous les Français qu'une seule famille. Encore quelques triomphes, braves guerriers, et vous viendrez au sein de la patrie, notre mère commune, vous reposer à l'ombre de vos lauriers ; vous viendrez jouir, au milieu de nous, des témoignages de notre reconnaissance et du bonheur public qui sera votre ouvrage.

« Et vous, monstres féroces qui avez souillé la révolution par tant d'excès, vous qui, sous le nom de patriotes par excellence, changiez la République en despotisme et rétablissiez à la place d'une aristocratie détruite la plus révoltante de toutes les tyrannies ; hommes insolens, intolérans et cruels, qui ne vouliez de liberté que pour vous et vos partisans, vous qui vouliez enchaîner nos opinions et nous ôter jusqu'à la faculté de penser, vous enfin qui, tandis que nos frères d'armes prodiguaient pour nous leur sang aux frontières, avez incarcéré, dépouillé, assassiné juridiquement leurs parens et leurs amis, vous qui conspirez encore pour anéantir le gouvernement et nous plonger dans les horreurs de l'anarchie, tremblez, vils scélérats, tremblez que ces braves militaires, de retour dans leurs foyers, ne couronnent leurs glorieux travaux par l'extermination d'une horde impie et sanguinaire, mille fois plus funeste à la France que le fer des Autrichiens et des Anglais.

« Mais, plutôt, que le mépris seul nous venge de l'hypocrite noirceur des faux patriotes ; que le remords, ou, s'ils en sont incapables, que la rage de leur impuissance soit la juste punition de leurs crimes; que l'aspect imposant des héros couverts d'honorables blessures, que l'exemple de leurs vertus ramène à un seul esprit, à l'esprit de paix et de concorde, la fureur des partis tantôt opprimés, tantôt oppresseurs. « Français, vous diront-ils,
« connaissez le prix de la liberté par celui du sang que
« nous avons versé pour elle; que l'amour de la patrie

« fasse taire parmi vous toutes les passions, tous les res-
« sentimens. »

A la suite de ce discours, de nombreux applaudissemens et le cri unanime de *vive la République! vivent nos braves frères d'armes!* se sont fait entendre; la musique militaire et celle du théâtre ont exécuté des airs patriotiques, et les artistes dramatiques ont chanté un hymne pour la fête des Victoires.

Fait et arrêté par les membres de l'administration municipale.

    Tassin-Hudault, président; Rabelleau, Colas de La Noue, Dufresné aîné, Mathieu, Lacaze-Benoist, administrateurs; Meusnier, commissaire du directoire exécutif; Aignan, secrétaire. (V. a, f° 191.)

30 *mai* 1796, *ou* 11 *prairial an* iv. — L'administration municipale, vu la pétition du citoyen Martin-Jean-Baptiste Lumière, prêtre, domicilié à Orléans, estime qu'il y a lieu à déclarer que ce citoyen n'a pu être compris dans l'application des lois rendues contre les prêtres qui se sont refusés à la prestation des sermens ordonnés, et qu'il doit être réintégré dans tous les droits de citoyen. (V. a, f° 202.)

8 *juin* 1796, *ou* 20 *prairial an* iv. — Le représentant du peuple Collot-d'Herbois (*), surnommé *le destructeur de la ville de Lyon*, meurt à Cayenne, lieu de sa déportation.

9 *juin* 1796, *ou* 21 *prairial an* iv. — Vu la pétition des citoyens Bezard, Fousset, Girard, Egron, prêtres, le conseil municipal d'Orléans estime qu'il y a lieu de déclarer que ces citoyens n'ont pu être compris dans l'application des lois rendues contre les prêtres qui se sont refusés à la prestation des sermens ordonnés, et qu'ils doivent être réintégrés dans tous les droits de citoyen.

Sur l'observation d'un membre de la division militaire

(*) Ce personnage s'était fait remarquer à Orléans après l'affaire de Léonard-Bourdon, avec son collègue Laplanche.

et des domaines, la maison de la Croix, qui servait de maison de réclusion pour les prêtres infirmes et septuagénaires, est rendue à sa première destination, et les bâtimens des ci-devant Grandes-Ecoles seront disposés pour recevoir les militaires malades.

L'administration municipale charge son architecte et son voyer de faire de suite les dispositions et les travaux nécessaires pour faire des bâtimens des Grandes-Ecoles un hôpital militaire. (V. A, f° 208.)

10 *juin* 1796, *ou* 22 *prairial an* IV. — L'administration municipale arrête que, par le citoyen Granger-Crignon, qu'elle nomme à cet effet, en présence du citoyen Geffrier, son commissaire, il sera procédé à l'inventaire et à l'estimation des buffets d'orgues existans dans le canton d'Orléans, pour être procédé à la vente d'iceux de la manière qu'il sera ultérieurement arrêté par l'administration : de laquelle opération il sera dressé procès-verbal, lequel contiendra la description des buffets qui, par leur travail et leur perfection, méritent d'être conservés. (V. A, f° 210.)

12 juin 1796, ou 24 prairial an IV.

LETTRE DU COMMISSAIRE DU DIRECTOIRE EXÉCUTIF PRÈS L'ADMINISTRATION MUNICIPALE DE LA COMMUNE D'ORLÉANS, AU MINISTRE DE LA POLICE GÉNÉRALE.

2e *division*. — 6e *bureau*. — *Affaires secrètes*.

« Citoyen Ministre,

« En exécution de l'arrêté du directoire exécutif du 11 prairial dernier, lequel m'a été transmis le 30 du même mois, par le commissaire près l'administration du département du Loiret, je me suis rendu exactement au bureau de la poste aux lettres, établi en cette commune, pour *l'ouverture des lettres et paquets arrivant des pays étrangers, ou remis à ces bureaux pour ces mêmes pays.*

« Cette opération s'est faite, depuis le commencement du mois courant, tous les jours d'arrivée et de départ des courriers, aux heures convenues avec le directeur de la poste, de manière que la remise ou l'expédition des lettres n'éprouvent jamais le moindre retard.

« Vous trouverez ci-joint, citoyen ministre, le seul paquet qui jusqu'ici m'ait paru suspect et de nature à vous être envoyé ; il est accompagné d'une expédition du procès-verbal que j'ai dressé conformément à l'art. 3 de l'arrêté précité.

« Veuillez, je vous prie, citoyen ministre, m'accuser réception de ce paquet.

« Le commissaire, MEUSNIER. »

Suit le procès-verbal contenant la copie d'une lettre commençant par ces mots : *Vous voulez souvent de mes nouvelles*, et finissant par ceux-ci : *Nos deux cœurs l'un dans l'autre ; l'amitié n'est pas un crime* (*). (1-6.)

20 *juin* 1796, *ou* 2 *messidor an* IV. — L'administration municipale autorise les membres de la sixième section d'Orléans à vendre les deux draps mortuaires tricolores de cette section, et d'en appliquer le produit aux pauvres de ladite section. (V. A, f° 220.)

21 *juin* 1796, *ou* 3 *messidor an* IV. — Vu la pétition de plusieurs citoyens de cette commune, réclamant pour l'exercice du culte catholique la jouissance de la ci-devant église de Ste-Croix ; vu les lois des 11 prairial de l'an III et du 7 vendémiaire an IV;

Ouï le rapport des divisions de la police civile et des domaines nationaux réunis ;

Considérant que l'église de Ste-Croix, monument des arts, ne peut pas être assimilée aux autres édifices destinés à l'exercice du culte, quant à la disposition de la loi du 11 prairial, qui met à la charge des citoyens pétitionnaires l'entretien et les réparations desdits édifices, et que les grosses réparations de l'église de Ste-Croix sont une charge nationale,

---

(*) La lecture de ces lettres interceptées nous a procuré, non-seulement la connaissance de bien des faits et de bien des secrets relatifs à la politique, mais encore celle d'un grand nombre de particularités de la vie privée ; nous avons jeté un voile sur celles-ci.

L'administration municipale arrête :

1°, L'édifice de la ci-devant église de Ste-Croix est mis provisoirement à la disposition des pétitionnaires et autres citoyens qui se réuniront ultérieurement à eux, à l'effet d'y exercer librement le culte catholique, et d'y tenir concurremment au besoin les assemblées ordonnées par la loi, le tout sous la surveillance des autorités constituées ;

2°, Les pétitionnaires demeureront chargés des frais et des réparations pour disposer l'intérieur dudit édifice et le rendre propre à l'exercice du culte ;

3°, Il sera fait, par l'administration, toutes les diligences nécessaires, et auprès des autorités qu'il appartiendra, pour obtenir que les grosses réparations à la charge du trésor national soient faites incessamment ;

4°, Nul ministre du culte catholique ne pourra y exercer ses fonctions, s'il n'a fait préalablement la déclaration exigée par la loi du 7 vendémiaire de l'an IV, sur l'exercice et la police extérieurs des cultes ;

5°, Les pétitionnaires et autres citoyens qui s'assembleront dans ledit édifice, se conformeront aux lois, et notamment à celle du 7 vendémiaire, précitée. (V. A, f° 222.)

22 juin 1796, ou 4 messidor an IV. — Un membre de l'administration municipale, au nom de la division de la police civile, présente la rédaction du programme de la fête de l'Agriculture ; elle est adoptée, comme il suit, sur les conclusions du commissaire du pouvoir exécutif.

Disposition du cortége.

L'autel de la patrie sera dressé sur le milieu de la place de la Municipalité.

A quelques pas devant l'autel, sera placée une charrue ornée de feuillage et de fleurs, et attelée de quatre bœufs.

La charrue sera précédée d'un groupe de vingt-quatre cultivateurs, choisis parmi les plus anciens du canton, et recommandables par la constance et le succès de leurs travaux ; ils seront précédés de leurs femmes et de leurs enfans ; tous tiendront d'une main des ustensiles de l'agriculture, et de l'autre un bouquet d'épis et de fleurs ; leurs chapeaux seront ornés de feuillage et de rubans tricolores.

Les autorités constituées seront disposées autour de l'autel dans l'ordre qui suit :

Administration du département, tribunal criminel, tribunal civil, tribunal correctionnel, tribunal de commerce, juges de paix et assesseurs, membres des divers établissemens, l'administration municipale du canton.

A côté des autorités constituées, seront placés les officiers généraux, le commandant de la place, les commissaires des guerres, ordonnateur et ordinaires ; les ingénieurs de la place et tout l'état-major, tant de la ligne que de la garde nationale, dont les détachemens, rangés suivant les ordres du général, décriront un cadre qui enveloppera tout le cortége.

La musique militaire et celles des artistes du théâtre formeront un groupe entre l'état-major et l'autel.

Tous les citoyens et citoyennes, convoqués au son du tambour, se rangeront en ordre sur la place publique.

Exécution de la fête.

A onze heures précises du matin, la fête s'ouvrira par un discours que prononcera le président de l'administration municipale du canton, et à la suite duquel il proclamera le nom de celui des cultivateurs dont l'intelligence, la bonne conduite et l'activité auront mérité d'être proposées pour exemple. Pendant toute la cérémonie, ce cultivateur aura la place à côté du président.

Au son d'une musique instrumentale mêlée d'hymnes, le cortége entrera dans les jardins de la maison des ci-devant Jacobins, et se rangera dans un champ disposé pour le labourage.

Les laboureurs se mêleront parmi les citoyens, et, au signal qui sera donné, ils feront l'échange momentané des ustensiles de l'agriculture contre des fusils.

Au son des fanfares et des hymnes, le président de l'administration municipale du canton enfoncera dans la terre le soc de la charrue, et commencera un sillon.

Les cultivateurs rendront les fusils ornés d'épis et de

fleurs, et reprendront les ustensiles, au haut desquels flotteront des rubans tricolores.

Le cortége reviendra sur la place publique; le président et le laboureur honoré du prix déposeront sur l'autel de la patrie tous les ustensiles, et les couvriront d'épis, de fleurs et de diverses productions de la terre. Cette cérémonie se fera également au son des fanfares et des chants qui termineront la fête.

Le présent programme sera rendu public par la voie des journaux et affiché sur la porte extérieure de la maison commune. (V. A, f° 224.)

23 juin 1796, ou 5 messidor an IV.

MINISTÈRE DE LA POLICE GÉNÉRALE. — DEUXIÈME DIVISION, BUREAU PARTICULIER, — N° 491, 1er REGISTRE.

Le ministre de la police générale de la République au commissaire du directoire exécutif près l'administration municipale d'Orléans.

« J'ai reçu, citoyen, avec votre lettre du 24 prairial dernier, la dépêche que vous avez arrêtée au bureau de la poste d'Orléans, en exécution de l'arrêté du directoire exécutif du 11 floréal dernier, ainsi que le procès-verbal que vous avez dressé de cette opération.

« Salut et fraternité,

« Le ministre de la police générale,

« Cochon. » (1-6.)

25 *juin* 1796, *ou* 7 *messidor an* IV. — L'administration municipale, par un arrêté, ordonne qu'à compter du 30 présent mois, il ne sera plus permis à aucun particulier ou marchand de quincaillerie, mercerie, vêtemens, fer, comestibles, etc., de construire, dans aucune des parties et aux abords de la place du Martroi, sur les rues Bannier, Royale, le pont, la rue des Carmes et la place de l'Etape, aucune boutique volante ou sur tréteaux, comme cela avait eu lieu jusqu'à ce jour. (1-6.)

27 juin 1796, ou 9 messidor an IV.

Les administrateurs municipaux du canton d'Orléans aux cordonniers des communes d'Orléans et de St-Jean-le-Blanc.

« Citoyens,

« En conséquence des ordres et instructions du gouvernement qui viennent de nous être transmis, à l'effet d'assurer l'exécution de la loi du 14 ventôse de l'an deuxième, qui oblige chacun de tous les cordonniers de la République à fournir, par décade, deux paires de souliers pour l'usage des troupes, nous vous enjoignons, au nom de la loi précitée, et sous les peines y portées, de livrer, le primidi de chaque décade, jusqu'à nouvel ordre, et ce à compter de primidi 21 du présent mois, au dépôt établi au ci-devant séminaire, deux paires de souliers carrés par le bout, et confectionnés selon les formes, qualités et dimensions ci-après déterminées et prescrites par les art. 2, 3 et 4 de la loi du 8 frimaire de l'an II ;

« Savoir :

« 1°, Ces souliers seront carrés par le bout ;

« 2°, Ils seront garnis, tant sous le talon que sous la semelle, de clous à tête ronde, au nombre de trente au moins ;

« 3°, L'empeigne et le quartier seront de bon veau ciré ; le quartier en coupe carrée et couture derrière ; les tirans entiers et de longueur suffisante :

« 4°, Les talons à trois bouts, chacun d'un seul morceau ;

« 5°, La première semelle en vache, d'un seul morceau, et cousu à l'empeigne ;

« 6°, La deuxième semelle en cuir fort et bien battu ;

« 7°, Ils seront fabriqués dans les proportions suivantes :

« Sur cent paires, vingt à huit points, trente à neuf points, trente à dix points, dix à onze points, dix à douze points.

« Pour faciliter la confection et la fourniture des souliers dont il s'agit, les cordonniers trouveront au magasin de la République, établi au ci-devant séminaire d'Orléans, les matières premières propres à cette fabrication, où il leur en sera délivré, d'après les ordres du commissaire-ordonnateur des guerres, en raison de leurs besoins, à la charge de remplir à cet égard telles obligations que l'intérêt national et celui des ouvriers exigent.

« Le prix des souliers sera payé après la réception, en vertu des ordres du commissaire-ordonnateur.

« Salut et fratèrnité.

« Mathieu, Colas de La Noue, Voillaume. »

27 juin 1796, *ou* 9 *messidor an* iv. — L'administration municipale, vu la pétition de J.-B.-René Nutein, ministre du culte (aujourd'hui curé de St-Pierre-le-Puellier), par laquelle il expose :

1°, Que, comme professeur au ci-devant collége d'Orléans, il n'était point assujetti au serment de la constitution civile du clergé ;

2°, Que, dès le mois de février 1791, par une extension de la loi, qui ne le regardait pas encore, il a été déclaré déchu des droits de citoyen actif, d'où il résulte qu'il ne s'est plus trouvé obligé au serment du 17 avril 1792, art. 1 et 2 ;

3°, Qu'il ne fut pas non plus obligé au serment de la *Liberté* et de l'*Egalité*, n'ayant jamais reçu de pension ni traitement de la nation ;

Et demande en conséquence à être rayé de la liste des prêtres sujets aux lois pénales, et rétabli dans les droits de citoyen ;

Ouï le rapporteur,

L'administration municipale, considérant que le pétitionnaire régentait la classe de sixième au collége d'Orléans, lors de la publication de la loi du 26 décembre 1790 ;

Considérant que cette loi, art. 2, exigeait de tous les professeurs de collége le serment de remplir leurs fonctions avec exactitude, d'être fidèles à la nation, à la loi, et que cette intention de la loi se trouve confirmée par l'art. 1er de la loi du 17 avril 1791 ;

Considérant que le refus fait par le pétitionnaire, de prêter ce serment, a dû nécessairement le faire comprendre dans les listes des individus sujets à la déportation, puisque les professeurs de collége y sont condamnés par l'art. 10 de la loi des 29 et 30 vendémiaire an II,

Estime qu'il n'y a pas lieu à délibérer. (V. A, f° 227.)

28 juin 1796, ou 10 messidor an IV.

Procès-verbal de la célébration de la fête de l'Agriculture dans la commune d'Orléans.

Aujourd'hui 10 messidor, quatrième année républicaine, à onze heures du matin, les membres des diverses autorités constituées et des établissemens publics, les officiers généraux, les officiers de la garde nationale, les commissaires ordonnateur et ordinaires des guerres, les ingénieurs de la place, et l'état-major, tant de la garde nationale que des différens corps de troupes de ligne, se sont réunis à la maison commune, où l'administration municipale du canton les attendait avec vingt-quatre cultivateurs de son arrondissement, tenant chacun d'une main des ustensiles de l'agriculture, et de l'autre un bouquet d'épis et de fleurs.

Le cortége, accompagné de la garde nationale et des détachemens de troupes de ligne, tant de cavalerie que d'infanterie, ainsi que des artistes dramatiques, de la musique militaire et de celle du théâtre, s'est rendu sur la place de la Municipalité, dans l'enceinte qui lui était réservée autour du temple et de l'autel de la patrie.

A quelques pas, devant l'autel, était placée une charrue ornée de feuillage et de fleurs, et attelée de quatre bœufs.

Chaque corps ayant pris place suivant l'ordre indiqué par le programme, les membres des administrations départementale et municipale sont montés sur l'estrade de l'autel.

Alors le président de l'administration municipale a prononcé le discours suivant :

« Citoyens,

« Nous sommes réunis aujourd'hui pour célébrer la fête de l'Agriculture, cette mère nourrice du genre humain, cette source pure de la prospérité des états, qui doit occuper le premier rang parmi les sciences essentiellement nécessaires à l'humanité.

« Les nations éclairées ont toujours favorisé l'agriculture; c'est par l'agriculture que les peuples barbares ont commencé à se civiliser; c'est par l'agriculture que les différentes nations ont acquis leur accroissement et leur puissance. Il n'est presque aucune terre qui ne soit propre à quelque production; il n'est presque aucune difficulté que le travail et l'expérience ne puissent surmonter : la Hollande, dans un genre, les Cevennes et le Vivarais, dans un autre, nous en offrent la preuve. En effet, sans l'agriculture que serait la Hollande? un marais fangeux; sans l'agriculture que seraient les Cevennes et le Vivarais? des rochers et des terrains inhabitables. Cependant, par divers travaux qui auraient pu être regardés comme impossibles, ces pays sont devenus riches et commerçans.

« Malheur aux peuples qui ne savent point honorer et encourager l'agriculture! ils ne sont point encore sortis de la barbarie, ou sont près d'y retomber.

« Le chef le plus ancien du plus vaste empire de l'Univers, l'empereur de la Chine, tous les ans, conduit solennellement une charrue et ouvre un sillon; ce jour est un jour de fête dans tout l'empire. On ne craint pas, dans cet état, d'élever aux plus hautes dignités ceux qui se sont distingués dans la profession de laboureur.

« Les Egyptiens, les Grecs, enfin tous les peuples de l'antiquité ont honoré, fêté l'agriculture. Ils avaient des divinités qui présidaient au labourage, aux moissons. Les Romains, les modèles des nations dans tous les genres, qui, tant qu'ils ont été républicains, ont été les vainqueurs des peuples, et qui, par la corruption de leurs mœurs, ont attiré sur eux les fléaux du despotisme dont les Brutus et les Cassius les avaient délivrés, les Romains ont honoré l'agriculture dans les heureux temps de leur République; l'agriculture était la plus douce occupation de leurs premiers héros. Cincinnatus conduisait une charrue, quand les députés vinrent lui annoncer qu'il était nommé dictateur; il vainquit les Eques, entra triomphant dans Rome, et retourna, au bout de seize jours, reprendre la culture de son champ.

« C'est ainsi, citoyens, que nos frères, les héros qui composent nos armées, vainqueurs de toutes les puissances coalisées, après avoir forcé les despotes de plier sous le joug des hautes destinées de la République française, et les avoir réduits à demander la paix, reviendront au milieu de leurs concitoyens, dont ils seront l'admiration et les modèles, reprendront les différens travaux des sciences et des arts. dont les malheurs de la guerre les avaient éloignés ; enfin tout couverts de lauriers jouiront des douceurs de la liberté et de l'égalité. »

Après ce discours, suivi des plus vives acclamations, le président a proclamé le citoyen Charles Bigotteau, fermier de la métairie de la Malépinière, comme celui de tous les cultivateurs dont l'intelligence, la bonne conduite et l'activité avaient mérité d'être proposées pour exemple : pendant toute la cérémonie, ce respectable vieillard a eu sa place à côté du président.

La musique militaire et celle du théâtre ont ensuite exécuté des airs patriotiques, et les artistes dramatiques ont chanté un hymne composé pour la fête de l'Agriculture par le citoyen Mollin, de Bordeaux.

De là le cortége, au son d'une musique instrumentale, s'est rendu dans les jardins de la maison des ci-devant Jacobins, où il avait été précédé par une foule immense de citoyens.

Au son des fanfares et des hymnes, et aux cris réitérés de *Vive la République! vive l'Agriculture!* le président de l'administration municipale du canton a enfoncé dans la terre le soc de la charrue, et a tracé un long sillon; son exemple a été imité par le président de l'administration départementale et par les officiers-généraux.

Le cortége est ensuite revenu sur la place publique ; le président de l'administration municipale et le laboureur honoré du prix ont déposé sur l'autel de la patrie tous les ustensiles aratoires, et les ont couverts d'épis, de fleurs et de diverses productions de la terre.

La fête a été terminée par de nouveaux chants patriotiques, et par des danses qui ont duré depuis quatre heures du soir jusqu'à huit heures. (V. A, f° 228.)

10 juillet 1796, *ou* 22 *messidor an* IV. — L'administration municipale arrête qu'à compter de ce jour, il sera payé, en valeur métallique, pour la délivrance de chaque certificat de résidence, exigé par la loi du 25 brumaire an III : pour ceux à neuf témoins, 10 sous ; pour ceux à trois témoins, 8 sous ; pour les passeports, indépendamment des 5 livres en assignats, destinés au remboursement du timbre, 3 sous. (V. B, f° 15.)

12 juillet 1796, *ou* 24 *messidor an* IV. — Sur la motion d'un membre, ouï le commissaire du pouvoir exécutif ;

L'administration municipale, considérant que parmi les hymnes patriotiques qui sont chantés au théâtre, il en est quelques-uns particulièrement chéris des défenseurs de la patrie, qui ne sont pas exécutés assez fréquemment ;

Considérant que l'orchestre ne doit pas attendre, pour exécuter les airs républicains, qu'ils soient demandés par un grand nombre de spectateurs, et que le devoir des musiciens est au contraire de prévenir tous les troubles qui pourraient éclater à ce sujet,

Arrête qu'il sera écrit, le jour même, au directeur du spectacle, pour lui recommander,

1°, De faire chanter tour-à-tour les hymnes patriotiques dont voici la désignation :

Chant du départ, *l'Hymne des Marseillais*, *La Liberté soumise aux lois*, et *Veillons au salut de l'empire* ;

2°, De prescrire à l'orchestre d'exécuter chaque jour, entre les deux pièces, les airs de chacun des hymnes ci-dessus désignés.

La surveillance de l'exécution du présent arrêté est confiée spécialement aux commissaires de police.

CHANT CIVIQUE.

Veillons au salut de l'empire,
Veillons au maintien de nos droits ;
Si le despotisme conspire,
Conspirons la perte des rois ;
Liberté, Liberté, que tout mortel te rende hommage !
Tyrans, tremblez ! vous allez expier vos forfaits.
Plutôt la mort que l'esclavage,
C'est la devise des Français.

Du destin de notre patrie
Dépend celui de l'univers ;
Si jamais elle est asservie,
Tous les peuples sont dans les fers.
Liberté, Liberté, que tout mortel te rende hommage !
Tyrans, tremblez ! vous allez expier vos forfaits.
Plutôt la mort que l'esclavage,
C'est la devise des Français.

Ennemis de la tyrannie,
Paraissez tous, armez vos bras ;
Du fond de l'Europe avilie,
Marchez avec nous aux combats.
Liberté, Liberté, que ce nom sacré vous rallie ;
Poursuivons les tyrans, punissons, punissons leurs forfaits.
Nous servons la même patrie,
Les hommes libres sont Français.

23 juillet 1796, ou 5 thermidor an iv. — Vu le mémoire, appuyé de pièces justificatives, des fournitures et ouvrages faits pour la fête des Victoires en cette commune, et montant à la somme de 1,416 liv. 16 s. 6 d. en numéraire, défalcation faite de celle de 309 liv., correspondant à celle de 170,000 liv. en assignats, payée à compte par la caisse municipale, le 13 prairial dernier, pour le même objet ; ce qui forme un total de 1,107 liv. 16 s. 6 d. ;

Arrête que la somme de 896 liv. 16 s. 6 d. sera payée en numéraire au citoyen Dubois, voyer, pour solde des ouvrages faits à cette fête. (V. b, f°, 27.)

D'après la loi du 8 messidor dernier, relative au paiement des rentes et pensions dues par l'Etat, les militaires blessés et les veuves des défenseurs de la patrie seront payées en mandats territoriaux, en place d'assignats. (V. b, f° 27.)

23 juillet 1796, ou 5 thermidor an iv. — Un membre de l'administration municipale, au nom de la division de la police civile, présente, pour les deux fêtes de la Liberté, le programme suivant, dont la rédaction est adoptée.

Programme des deux fêtes de la Liberté, dont la célébration aura lieu dans la commune d'Orléans, les 9 et 10 thermidor prochain, en exécution de la loi du 3 brumaire, et de l'arrêté du directoire exécutif du 17 messidor an IV.

PREMIÈRE JOURNÉE.

Le cortége de la fête, composé comme il suit, et réuni dans la maison commune au son de la cloche de la ville, se rendra, par la rue d'Escures, à dix heures très précises du matin, sur la place du Martroi, près le temple de la patrie. Il y aura sur l'autel, des sabres, des haches et des massues, et un faisceau de plusieurs drapeaux aux trois couleurs ; d'un côté de l'autel seront six groupes :

Le premier, composé de pères de famille ;
Le second, de mères de famille ;
Le troisième, de jeunes gens de dix-huit ans au moins ;
Le quatrième, de jeunes filles à peu près du même âge ;
Le cinquième, d'enfans mâles ;
Le sixième, d'enfans de l'autre sexe.

Les hommes et les femmes tiendront à la main une branche de chêne ; les chapeaux seront ornés de rubans tricolores. Les pères et mères de famille sont invités à se présenter à la maison commune avec leurs enfans, pour composer les différens groupes.

De l'autre côté, les autorités constituées seront disposées dans l'ordre qui suit :

Administration du département, tribunal criminel, tribunal civil, tribunal correctionnel, tribunal de commerce, juges de paix, assesseurs des juges de paix, membres des divers établissemens publics, administration municipale du canton, les officiers généraux, ceux de la gendarmerie, le commandant de la place et tout l'état-major, tant des troupes de ligne que de la garde nationale, précédés *de douze hérauts d'armes*, se grouperont devant les faisceaux qui seront placés entre le temple et le cortége.

La musique militaire, celle du théâtre et les artistes dramatiques formeront un groupe isolé, plus rapproché du temple.

Les divers détachemens de la force armée, soit de cavalerie, soit d'infanterie, rangés suivant les ordres qui seront donnés par le général, décriront autour de l'enceinte de la fête, un cordon qui se prolongera jusqu'à l'une des extrémités de la place, où seront un trône et les emblèmes de la royauté, un sceptre, une couronne, un écusson armoirié, et un cahier sur lequel seront écrits ces mots: *Constitution de l'an 1791.*

Après un discours du président de l'administration municipale, analogue à la fête, il sera chanté un hymne renfermant une invocation à la Liberté.

Les six groupes recevront des mains du président, les armes déposées sur l'autel; ils se porteront rapidement, au son d'une musique guerrière, à l'autre extrémité de la place, et le trône s'écroulera sous leurs coups redoublés, pour rappeler que l'abolition de la royauté est due au courage du peuple entier. Cette cérémonie se fera au son des fanfares, au bruit d'une décharge de mousqueterie, et aux cris répétés de : *Haine à la Royauté! vive la Liberté!* Les six groupes reviendront déposer leurs armes sur l'autel de la patrie; le président remettra à chacun d'eux un drapeau, en prendra un lui-même, et, accompagné des corps constitués, il ira le planter sur les débris du trône; les six groupes imiteront son exemple.

Le cortége se remettra en marche pour retourner à la maison commune, et les danses commenceront sur la place publique.

SECONDE JOURNÉE.

Le lendemain, le cortége, partant de la maison commune, se rangera également autour de l'autel de la patrie. On posera sur ledit autel, des guirlandes de feuillage et de fleurs, ainsi qu'un flambeau allumé.

A l'extrémité opposée de la place, on verra un nouveau trône, formé des débris du premier, recouvert d'un manteau aux trois couleurs, surmonté des emblèmes de la tyrannie triumvirale, un masque, un bandeau, des poignards et des torches, et un cahier sur lequel seront écrits ces mots en titre : *Constitution de 1793.*

Le président prononcera un discours qui sera suivi d'un hymne renfermant une invocation à la Patrie.

Le président prendra le flambeau allumé sur l'autel de la patrie, accompagné des présidens de divers corps constitués, et suivi des six groupes, il se portera, au son d'une musique guerrière, à l'autre extrémité de la place, dépouillera le trône du manteau tricolore dont il sera recouvert, et mettra le feu au trône pour rappeler que l'abolition de la tyrannie triumvirale est due particulièrement au courage des dépositaires de l'autorité. Cette cérémonie se fera au bruit d'une décharge d'artillerie, au son des fanfares, et aux cris répétés de : *Haine à la Tyrannie! vive la Liberté! vive la République!*

Le président reviendra près de l'autel, y placera avec solennité le livre de la Constitution républicaine, et en lira le dernier article à haute voix ; les six groupes et le peuple entier répondront à cette lecture par ce cri : *Vive la Constitution! vive, vive la République!*

Pendant cette dernière cérémonie, deux membres de chaque autorité, escortés d'un détachement de la garde nationale, iront chercher la statue de la Liberté, et la reconduiront à l'extrémité de la place sur les débris des trônes détruits.

Le président prendra sur l'autel de la patrie les guirlandes; il en gardera une, et distribuera les autres aux six groupes. Le cortége s'avancera vers l'autre extrémité de la place, et le président et les six groupes suspendront leurs guirlandes à la statue de la Liberté.

Le cortége reviendra à la maison commune, et des danses s'établiront autour de l'autel de la patrie et de la statue de la Liberté.

Fait et rédigé en la maison commune, etc.

Pour copie :
AIGNAN, secrétaire.

27 juillet 1796, ou 9 thermidor an IV.

Procès-verbal de la célébration des deux fêtes de la Liberté et de l'Egalité dans la commune d'Orléans.

PREMIÈRE JOURNÉE.

Aujourd'hui 9 thermidor, quatrième année de la République, à onze heures du matin, les membres des diverses autorités constituées et des établissemens publics, les officiers généraux, les commissaires ordonnateur et ordinaires des guerres, les ingénieurs de la place, et l'état-major, tant de la garde nationale que de la troupe de ligne, se sont réunis à la maison commune, où l'administration municipale les attendait avec les six groupes énoncés au programme de la fête de la Liberté.

Le cortége, accompagné de la garde nationale et des détachemens de troupes de ligne, tant cavalerie qu'infanterie, cantonnés en cette commune, ainsi que des artistes dramatiques, de la musique militaire et de celle du théâtre, s'est rendu par la rue d'Escures, sur la place de la République, dans l'enceinte qui lui était réservée autour du temple et de l'autel de la patrie. Chaque corps ayant pris place suivant l'ordre indiqué par le programme, les membres des administrations et tribunaux sont montés sur l'estrade de l'autel. Alors le président de l'administration municipale du canton a prononcé le discours suivant :

« Citoyens,

« La commune de St-Jean-le-Blanc, représentée par son adjoint, et formant avec nous l'administration de canton, devait être présidée par le citoyen Boucher de Mezières; des affaires importantes l'ont forcé de quitter nos murs pour quelques jours. Chargé par l'administration de le remplacer, je viens au milieu de vous remplir cette honorable fonction.

« Un décret de la législature a fixé aux 9 et 10 thermidor les fêtes qui doivent nous rappeler les journées mémorables des 14 juillet, 10 août et 9 thermidor; un arrêté du directoire nous a prescrit les cérémonies.

« C'est aujourd'hui et demain que toutes les communes, réunies chacune au chef-lieu de canton, célébreront avec pompe ces jours où s'est opérée la régénération française.

« Le premier objet de la fête qui nous rassemble est le 14 juillet 1789; c'est à cette époque que les Français ont commencé à conquérir leur liberté. Pour rappeler cette célèbre journée, les législateurs ordonnèrent la fédération de 1790. Toutes les routes furent alors couvertes de citoyens devenus soldats, et de soldats devenus citoyens; ils se hâtaient tous de se rendre dans la capitale. L'amour de la patrie, inné dans leur cœur, attendait cette époque pour se développer avec énergie. A peine ont-ils fait serment au Champ-de-Mars de se défendre mutuellement; à peine se sont-ils juré une éternelle et fraternelle amitié, que nous les avons vus tous, animés de même esprit, rapporter dans leurs foyers le patriotisme le plus pur, et annoncer avec enthousiasme la réforme tant désirée des abus de l'ancien gouvernement, promise alors par les législateurs.

« Que tous ceux d'entre vous, Citoyens, qui ont assisté, ainsi que nous, à ce spectacle enchanteur pour des amis de la patrie, partagent mes sentimens, et que ce jour heureux soit à jamais gravé dans notre mémoire.

« Cette réforme des abus ne pouvait s'opérer sans choquer des intérêts particuliers, et dès ce moment la caballe et l'intrigue ont commencé à s'agiter. Les législateurs, voyant alors le choc des passions, et se trouvant eux-mêmes divisés d'opinion, s'armèrent de courage, renversèrent la monarchie et fondèrent la République. C'est au 10 août 1792 que s'est opérée cette nouvelle révolution; c'est cette journée qui fait le second objet de la fête que nous célébrons.

« Cette forme de gouvernement, le plus parfait de tous ceux qui ont existé sur notre globe, aurait fait le bonheur des Français, si chacun, connaissant ses propres intérêts, eût voulu dompter ses passions, abjurer ses préjugés, et faire au bien général le sacrifice de ses intérêts particuliers.

« Un génie malfaisant répandit alors sur toute la France un esprit de vertige. Il en coûterait trop à mon cœur de vous tracer les tableaux déchirans de nos malheurs, et je me bornerai à vous rappeler qu'au moment où la vertu timide était proscrite, et où le crime seul avait du crédit, une main invisible qui protégeait la France, renversa ce régime abominable établi par un triumvirat sans exemple. Ce jour, qui fut le 9 thermidor de l'an II de la République, est le troisième motif que les législateurs ont proposé pour la fête.

« C'est à cette époque que la République, presque étouffée dès son berceau par la plus cruelle des tyrannies, reprit par la constitution de 1795 des forces nouvelles.

« Un ciel plus serein a éclairé la France depuis le renouvellement de la législature et des autorités constituées. Quelques orages ont encore agité le vaisseau flottant de la République; mais que ne devons-nous pas espérer du zèle et des lumières des législateurs, de la force du gouvernement, de l'amour des Français pour leur patrie et de leur soumission aux lois! »

A la suite de ce discours, de nombreuses acclamations et le cri de *Vive la République! vive la Liberté!* se sont fait entendre de toutes parts; la musique militaire et celle du théâtre ont exécuté des airs patriotiques, et les artistes dramatiques ont chanté un hymne renfermant une invocation à la Liberté.

HYMNE A LA LIBERTÉ ET A L'ÉGALITÉ,

Par le citoyen Desmares.

Présent des cieux, auguste Liberté,
Viens épancher tes bienfaits sur la France,
Et qu'avec toi la douce Egalité
Fasse de nous une famille immense.

Peuples, craignez d'abuser de vos droits :
Que la loi seule en dirige l'usage;
Car l'insensé qui viole les lois
Est un tyran qui court à l'esclavage.

La liberté n'est donc que dans la loi;
La loi, de tous la volonté suprême,
C'est mon ouvrage, elle est faite par moi;
Soumis aux lois, j'obéis à moi-même.

L'Egalité, la balance à la main,
Pèse nos droits civils et politiques ;
Elle répand sur chaque citoyen
Et les bienfaits et les charges publiques.

Mais viendra-t-elle ôter à l'ouvrier
Les fruits heureux d'une longue industrie ?
Et le fuyard aura-t-il le laurier
Du citoyen qui sauva la patrie ?

Non, elle est juste : aux vertus, aux talens,
Pour nous servir, elle ouvre la carrière ;
Elle préfère aux vices opulens,
L'humble vertu que couvre la chaumière.

Qu'un magistrat me juge au tribunal,
Des lois en lui j'honore l'interprète ;
Mais hors de là je marche son égal,
Et de la loi le glaive est sur sa tête.

Si vous voulez garder la liberté,
Français, prenez des mœurs républicaines :
Respect aux lois, droiture, probité,
Faites un choix.... des vertus ou des chaînes.

Après cet hymne, les six groupes ont ensuite reçu des mains du président les armes déposées sur l'autel ; ils se sont portés rapidement, au son d'une musique guerrière, à l'autre extrémité de la place, où le trône et les emblèmes de la royauté, qu'on y avait placés, se sont écroulés sous leurs coups, au son des fanfares et au bruit d'une décharge de mousqueterie, suivi du cri unanime de *Vive la Liberté ! haine à la royauté !*

De là, les six groupes sont revenus déposer leurs armes sur l'autel de la patrie ; le président a remis à chacun d'eux un drapeau, il en a pris un lui-même, et, accompagné des corps constitués, il est allé le planter sur les débris du trône ; les six groupes ont imité son exemple.

Les détachemens de la force armée ont fait divers exercices militaires, à la suite desquels le cortège a défilé par la rue Bannier pour se rendre sur le Mail, où la force armée a été dirigée pour faire un feu de file et autres évolutions guerrières qui ont été exécutés avec beaucoup d'ordre et de promptitude.

Le cortége est ensuite rentré dans la maison commune.

SECONDE JOURNÉE.

Le lendemain, 10 thermidor, à la même heure que la veille, le cortége, précédemment énoncé, s'est rendu près l'autel de la patrie, sur lequel étaient posés des guirlandes de feuillage et de fleurs et un flambeau allumé. A l'extrémité opposée de la place, était élevé un nouveau trône, formé des débris du premier, recouvert d'un manteau aux trois couleurs, et surmonté des emblèmes de la tyrannie triumvirale.

Le président de l'administration municipale, pour l'absence du président de l'administration départementale, a prononcé un nouveau discours en ces termes :

« Citoyens,

« Je vous ai annoncé hier les fêtes que nous devions célébrer, je vous ai rappelé en peu de mots les divers événemens qui avaient amené les époques mémorables de la Révolution française, et je terminai en vous flattant d'un avenir plus heureux, fondé sur la sagesse et les lumières des législateurs.

« Jetez les yeux un moment sur ce qui se passe dans l'intérieur de la République, et vous verrez que depuis la constitution de 1795, l'anarchie a peu à peu disparu ; le directoire, trompé dans le choix des citoyens qu'il avait à mettre en place, a destitué ceux qui ne méritaient point la confiance de leurs concitoyens ; les autorités constituées, et les tribunaux, remplis de citoyens dignes des places qu'ils occupent, font exécuter les lois et ramènent parmi nous l'ordre et la justice qui semblaient avoir disparu de dessus le sol français. D'après la protection du gouvernement, les arts, oubliés pendant quelque temps, commencent à renaître ; les écoles centrales, établies dans les départemens, forment la jeunesse et la rendront digne des emplois qui lui seront confiés dans un âge plus avancé : qui de vous peut douter maintenant du triomphe de la République sur tous ses ennemis ?

« Une guerre affreuse avait dévasté la Vendée et les

départemens voisins, nous désespérions de la voir terminer ; la sagesse du gouvernement et la vigilance des généraux ont fait mettre bas les armes à tous les chefs de la rébellion, et les habitans des villes et des campagnes, reconnaissant la République, vont devenir ses plus zélés défenseurs.

« Les champs cultivés, les fermes réparées, sont un sûr garant des intentions pacifiques de ceux qui ci-devant paraissaient nos ennemis les plus acharnés; le voyageur, si long-temps arrêté et persécuté dans ses routes, y est actuellement reçu comme frère.

« Pendant qu'au dedans les factions et la guerre civile disparaissent, nos armées triomphantes marchent de succès en succès; chaque jour voit croître la gloire des généraux et des soldats; la postérité croira à peine leurs exploits, et, par un contraste étonnant, toutes les nations coalisées contre nous, qui se promettaient d'effacer le nom français et de se partager ses dépouilles, se verront forcées à demander la paix et à se racheter de leur imprudence.

« La guerre portée chez nos voisins a rendu à toutes nos frontières la tranquillité de l'intérieur; les villes et les campagnes laissent à peine apercevoir des traces de ce qu'elles ont souffert.

« Citoyens, encore quelques efforts et quelques sacrifices, et nous parviendrons à une paix honorable et universelle.

« Eh! quel jour pour la gloire et le bonheur des Français que celui où, après avoir dissipé toutes les factions et s'être fait respecter de l'Europe entière, ils pourront, en bénissant les législateurs, couronner les guerriers, et, sous des lois sages, ne plus faire qu'un peuple de frères! »

Ce discours a été suivi des plus vifs applaudissemens et d'un hymne à la Liberté qu'ont chanté les artistes dramatiques, accompagnés de la musique militaire et de celle du théâtre.

Le président a pris ensuite le flambeau allumé sur l'autel de la patrie; accompagné des présidens des différens corps constitués, et suivi des six groupes, il s'est porté, au son d'une musique guerrière, à l'autre extrémité de la place, a dépouillé le trône du manteau tricolore dont il était recouvert, et a mis le feu au trône. Cette cérémonie s'est faite au son des fanfares et aux cris répétés de *Haine à la tyrannie! vive la République!*

Le président est revenu vers l'autel, sur lequel il a placé solennellement le livre de la Constitution républicaine, dont il a lu le dernier article à haute voix. Les six groupes et le peuple entier ont répondu à cette lecture par le cri de *Vive la Constitution! vive la République!*

Pendant cette dernière cérémonie, deux membres de chaque autorité constituée, escortés d'un détachement de la garde nationale, sont allés chercher la statue de la Liberté, qu'ils ont reconduite à l'autre extrémité de la place sur les débris des trônes détruits.

Le président a pris sur l'autel les guirlandes, il en a gardé une et a distribué les autres aux six groupes; le cortége s'est avancé vers l'autre extrémité de la place, et le président, ainsi que les six groupes, ont suspendu leurs guirlandes à la statue de la Liberté.

Le cortége est ensuite revenu dans la maison commune. (V. B, f° 33.)

8 août 1796, ou 21 thermidor an IV.

Proclamation de l'administration centrale du Loiret, relative à la fête du 10 août.

« Citoyens,

« Les nations libres fêtaient avec ivresse les époques mémorables de leur histoire, et surtout les jours de leur affranchissement. Non moins idolâtre de la liberté, le peuple français doit célébrer avec enthousiasme les événemens qui ont assuré invariablement son indépendance. Le 10 *août* a, plus qu'aucune autre époque, produit cet heureux effet; aussi doit-il occuper une place distinguée dans les annales de la Révolution et dans le tableau des fêtes destinées à en perpétuer la mémoire.

« Au *14 juillet*, le peuple, après avoir brisé ses chaînes, avait fièrement mesuré le trône, et ce seul regard du souverain avait fait trembler l'usurpateur de ses droits.

« Au 10 *août*, il a porté une main vigoureuse sur ce monument de servitude, que quatorze siècles semblaient avoir consolidé; un instant a suffi; le trône s'est écroulé avec fracas, et le feu sacré de la liberté en a dévoré les débris.

« Républicains, vous êtes appelés à cette fête; c'est véritablement la vôtre; c'est celle des ennemis de la tyrannie. L'inscription appendue à l'arbre de la liberté vous l'apprend : *Honneur aux braves qui renversèrent le trône!*

« Instituteurs, amenez vos élèves sur la place destinée aux cérémonies civiques; venez, en présence des autorités constituées, prendre l'engagement d'inspirer aux enfans confiés à vos soins, des sentimens patriotiques, du respect pour les vertus, les talens et le courage, et de la reconnaissance pour les fondateurs de la République.

« Et vous, jeunes gens, espoir de la patrie, pressez-vous sur les pas de vos concitoyens; lisez tous cette maxime sublime gravée sur le symbole cher aux hommes libres : *Les Français ne reconnaissent plus d'autre maître que les lois.* Sentez à ces mots la dignité de votre être; félicitez-vous de n'avoir pas, comme vos pères, courbé la tête sous la verge flétrissante du despotisme, et de n'ouvrir les yeux qu'au jour de la liberté.

« Vous aussi, parens des défenseurs de la patrie, venez embellir la fête; soyez certains d'y être honorés : une inscription entourée de lauriers désignera votre place; c'est un hommage que les magistrats du peuple se plaisent à rendre au courage de ceux à qui vous avez transmis l'existence avec vos vertus.

« Citoyens de tous les âges, de toutes les professions, accourez grossir le cortége et mêler vos accens à ceux des amis de la patrie. Que les partisans de la royauté, en voyant cette unanimité touchante, renoncent à leurs chimériques et criminelles espérances, et qu'ils se réunissent franchement aux Républicains; ils en seront accueillis; une nation généreuse sait pardonner, même aux ennemis qu'elle a vaincus.

« Mais, en même temps, que les sectaires du code anarchique de 1793, que les infâmes conspirateurs tremblent en entendant les sermens que nous répéterons, de chérir et de défendre jusqu'à la mort la constitution de 1795 ; qu'ils sachent que ce n'est plus de l'antre des Jacobins que sortiront les oracles qui fixeront les destinées de la République. Les Français n'ont pas renversé le trône, pour relever sur ses ruines l'horrible Montagne; ils n'ont pas brisé la couronne, pour y substituer le bonnet sanglant de Marat. L'immense majorité veut la constitution de l'an IV, le règne de la justice et l'anéantissement du crime. Une nation puissante ne sait pas vouloir en vain. »

Fait à Orléans, en séance, le 21 thermidor, l'an IV de la République française une et indivisible, où étaient les citoyens Brillard, président; Boucher, Trumeau, Plouvier et Simon, administrateurs; Labbé, commissaire du directoire exécutif; Bignon, secrétaire.

Pour extrait :

Le secrétaire en chef de l'administration départementale,

BIGNON.

10 août 1796, ou 23 thermidor an IV.

Procès-verbal de la célébration de la fête du 10 août, dans la commune d'Orléans.

Aujourd'hui 23 thermidor, an quatrième de la République, à onze heures du matin, les membres des diverses autorités constituées et des établissemens publics, les officiers généraux, les ingénieurs, les commissaires ordonnateur et ordinaires des guerres et l'état-major tant de la garde nationale que de la troupe de ligne, se sont réunis à la maison commune, où l'administration municipale les attendait avec les instituteurs de la jeunesse et leurs élèves.

Le cortége, composé comme aux fêtes précédentes, accompagné de la garde nationale et des détachemens de troupes de ligne, tant de cavalerie que d'infanterie, cantonnés en cette commune, ainsi que des artistes dramatiques, de la musique militaire et de celle du théâtre, s'est rendu par la rue d'Escures sur la place de la République, dans l'enceinte qui lui était réservée autour du temple de l'autel de la patrie. Chaque corps ayant pris place suivant l'ordre accoutumé, les membres des administrations et tribunaux sont montés sur l'estrade de l'autel, et alors le président de l'administration centrale (ou départementale) a prononcé le discours suivant :

« Les fêtes du peuple libre ne doivent pas se borner à un stérile amusement ; elles sont toutes destinées à l'instruction publique : perpétuer la mémoire des grands événemens, célébrer les grandes actions, inspirer aux peuples l'amour des vertus républicaines, tel a été le but des législateurs dans l'institution des fêtes civiques. Avant l'époque glorieuse de notre liberté, l'histoire ne semble être que le récit des crimes des tyrans, de leurs querelles sanglantes, et des intrigues des courtisans dont le pays était l'éternelle victime. Ce tableau, loin d'intéresser le plus grand nombre, ne pouvait fixer l'attention que de quelques philosophes méditant sur les malheurs de l'espèce humaine, et travaillant en secret à préparer son affranchissement.

« Aujourd'hui, rentré en possession de la souveraineté, tout Français est intéressé à connaître l'histoire de son pays, et particulièrement celle de la Révolution qui l'a rendu libre. Aussi n'est-il aucun de vous, citoyens, qui ignore les principales circonstances de ces événemens mémorables. Qu'est-il besoin de vous rappeler les causes du renversement d'un trône soutenu par la superstition de quatorze siècles ? elle fut l'effet du trop long abus d'un pouvoir tyrannique et sans bornes. C'est ainsi que l'orgueil, le libertinage et la cruauté des Tarquins fournirent à Rome l'occasion et les moyens de rompre ses fers et de conquérir sa liberté. Mais bientôt la tyrannie décemvirale s'élève sur les débris du trône, et, par des excès inouis, fait regretter aux hommes faibles le sort qu'ils éprouvaient sous les anciens oppresseurs ; mais les conquérans de la liberté s'arment d'un nouveau courage pour briser le sceptre de fer des nouveaux tyrans, et bientôt une constitution sage vient assurer le bonheur du peuple en renversant l'espoir et les efforts des rois et de l'anarchie.

« Réunis pour célébrer le triomphe des lois, entourez l'arbre de la Liberté pour y lire cette inscription gravée dans le cœur de tous les républicains : *Honneur aux bra-*

ves qui renversèrent le trône; les Français ne reconnaissent plus d'autres maîtres que les lois!

« Allez placer l'inscription à l'arbre de la Liberté, vous que la confiance et l'estime de vos concitoyens ont appelés à l'honorable emploi d'instruire la jeunesse; prononcez à haute voix le serment que vous avez déjà dans vos cœurs, d'inspirer à vos élèves des sentimens républicains, du respect pour les vertus, les talens, le courage, et de la reconnaissance pour les fondateurs de la République.

« Vous présiderez ensuite aux jeux et aux exercices qui suivront cette fête, et vous distribuerez les prix aux vainqueurs. »

A la suite de ce discours, de nombreuses acclamations et le cri de *Vive la République!* se sont fait entendre de toutes parts; le président a suspendu à l'arbre de la Liberté l'inscription suivante:

AU DIX AOUT!
HONNEUR AUX BRAVES QUI RENVERSÈRENT LE TRÔNE!
LES FRANÇAIS NE RECONNAISSENT PLUS D'AUTRES MAÎTRES QUE LES LOIS!

Cette cérémonie s'est faite au bruit d'une musique guerrière; les instituteurs de la jeunesse se sont engagés à haute voix à n'inspirer à leurs élèves que des sentimens républicains, du respect pour les vertus, les talens, le courage, et de la reconnaissance pour les fondateurs de la République; des chants patriotiques ont suivi cet engagement solennel.

Le cortége est ensuite rentré dans la maison commune, où le présent procès-verbal a de suite été rédigé.

AIGNAN, secrétaire.

11 août 1796, ou 24 thermidor an IV. — M. Moret, ancien directeur d'une maison d'éducation à Paris, vient fonder à Orléans un pensionnat de jeunes gens. C'est le premier établissement de ce genre créé dans notre ville depuis le retour de la tranquillité publique. Le chef respectable de cette institution avait amené avec lui une vingtaine de jeunes gens dont les parens étaient en émigration ou à l'étranger: la plupart furent élevés gratuitement par lui. Ce pensionnat, situé rue des Anglaises, dans les anciens bâtimens des carmelites, compta bientôt près de deux cents élèves, appartenant en grand nombre aux premières familles de la ville. D'une générosité sans bornes pour les pauvres, M. Moret, qui aurait pu faire dans cet établissement une fortune brillante, fut obligé, après quelques années d'exercice, de renoncer à son entreprise, laissant dans le cœur de tous ses élèves un profond souvenir de ses bontés pour eux.

21 *août 1796, ou* 4 *fructidor an* IV. — Un membre, au nom de la division de la police civile, présente le programme de la fête des Vieillards : la rédaction en est adoptée comme il suit :

Programme de la fête des Vieillards, dont la célébration aura lieu, dans la commune d'Orléans, le 10 *fructidor an* IV, *en exécution de la loi du* 3 *brumaire, et de l'arrêté du directoire exécutif du* 27 *thermidor dernier.*

Dès le matin du jour de la fête, des jeunes gens choisis par l'administration municipale iront orner de feuillages les portes des deux pères et des deux mères de famille de l'âge le plus avancé, qui auront été désignés la veille, au scrutin, comme jouissant dans l'arrondissement de la meilleure réputation de probité, de patriotisme et de vertu.

A dix heures du matin, les enfans des deux sexes, depuis huit ans jusqu'à douze, se rassembleront à la maison commune.

A onze heures précises, les administrateurs municipaux et toutes les autorités civiles, judiciaires et militaires de cette commune, précédés de ces enfans, d'un détachement de jeunes gens armés, et d'un corps de musiciens qui exécuteront des airs patriotiques, se rendront dans les maisons des quatre vieillards et les conduiront sur la place publique, auprès de l'autel et du temple de la patrie.

Les vieillards, la tête couverte, marcheront appuyés sur quelques-uns des enfans, qui seront tous découverts et garderont le silence.

Tous les vieillards de la commune, âgés de soixante ans ou plus, sont invités à se rendre au lieu de la fête, où ils occuperont une place distinguée.

Les quatre vieillards se placeront sur une estrade, et le président de l'administration municipale, au milieu d'eux, fera un discours sur le respect dû à la vieillesse : il posera ensuite sur la tête des vieillards une couronne de verdure.

De jeunes épouses présenteront aux vieillards des corbeilles ornées de fleurs et pleines de fruits.

Pendant toutes ces cérémonies, on exécutera de la musique et, autant qu'il sera possible, des chants analogues à l'objet de la fête.

Les vieillards seront reconduits dans leurs maisons avec la même solennité, et le cortége se séparera.

Le soir, les vieillards couronnés seront conduits au spectacle par une députation de jeunes gens que leur enverra l'administration municipale; il leur sera réservé une loge ornée de feuillage et d'inscriptions. La direction du spectacle choisira, s'il lui est possible, pour cette représentation, des pièces qui mettent sous les yeux du public le tableau touchant des honneurs dus à la vieillesse. (V. B, f° 51.)

23 août 1796, ou 6 fructidor an IV.

Etat des charges locales de la commune d'Orléans, pour l'an IV de la République, à répartir en sous et deniers, valeur métallique, pour livres additionnelles au principal des contributions à supporter par ladite commune pour la même année.

Les dépenses acquittées et celles restant à acquitter pendant l'an IV pour le service de la commune, correspondant à cette même année, consistent dans les objets ci-après détaillés :

1°, Entretien de grosses et menues réparations de la maison commune, ouvrages divers dans l'intérieur de ladite maison, pour le service de l'administration.................................... 1,181^l 15^s 10^d

2°, Appointemens des secrétaire, chefs de bureaux, commis, garçons de bureaux et portier de la maison commune.................................... 18,025 8 4

A reporter........ 19,207 4 2

D'autre part........	19,207^l	4^s	2^d
3°, Menus frais de bureaux, ports de lettres, frais de tenues d'assemblées primaires, comités permanens de sections, papier, impressions, bois, luminaire, etc......................	3,628	5	10
4°, Entretien de l'école gratuite de dessin, étalonnage, balancier, horloge commune, pompes, puits commun, incendies, et traitement annuel des commissaires de police............	3,228	13	11
5°, Nivellement des terres sur les fossés de la commune.............	305	19	7
6° Illumination générale de la commune............................	4,276	»	2
7°, Frais relatifs au service permanent de la garde nationale sédentaire.	1,945	17	3
8°, Frais relatifs aux fêtes civiques.	1,382	13	9
9°, Dépenses extraordinaires, frais de courses.......................	486	17	»
Total......	34,461	11	8

(V. B, f° 53.)

27 août 1796, ou 10 fructidor an IV.

Procès-verbal de la célébration de la fête des Vieillards dans la commune d'Orléans.

Aujourd'hui 10 fructidor, quatrième année républicaine, à onze heures du matin, les membres des diverses autorités constituées et des établissemens publics, les officiers généraux, les commissaires des guerres, les ingénieurs de la place et l'état-major, tant de la garde nationale que de la troupe de ligne, se sont réunis à la maison commune, où l'administration municipale les attendait.

Les citoyens Blanchard frères, et les citoyennes Loignon et Cribier, vieillards des deux sexes désignés au scrutin comme devant être couronnés le jour de la fête, ayant annoncé par lettres l'impossibilité où ils seraient de s'y rendre, attendu leur âge et leurs infirmités; le citoyen Jean Dreux, cultivateur à la porte St-Jean, et le citoyen Vignolet, lieutenant des vétérans nationaux, s'étant présentés seuls de tous les vieillards sexagénaires invités par le programme à se rendre à la maison commune, ont pris place, la tête couverte, au milieu du cortége, auprès du président de l'administration municipale.

Comme le temps n'était pas favorable, l'administration a usé de la faculté énoncée dans l'art. 6 de l'arrêté du directoire exécutif du 27 thermidor dernier, de célébrer la fête dans l'intérieur d'un édifice public : en conséquence, le cortége s'est rendu dans la salle publique des séances du tribunal de la police municipale. Les deux vieillards se sont placés sur une estrade, et le président de l'administration municipale, au milieu d'eux, a prononcé en ces termes un discours sur le respect dû à la vieillesse :

« Citoyens,

« La fête qui nous rassemble a pour but d'honorer la vieillesse, et de vous rappeler le respect que nous devons à ceux qui, parvenus à un âge avancé, servent encore la patrie par leurs conseils.

« Qui de nous ignore que l'expérience et la réflexion sont le partage des vieillards ? L'histoire de tous les peuples atteste non-seulement le respect qu'on leur portait, mais encore que leur prudence et leur sagacité ont souvent évité les malheurs qui menaçaient la patrie.

« La philosophie recommande à tous les hommes le respect pour la vieillesse, et la religion leur en fait un devoir. Citoyens, la nature a gravé ces sentimens dans nos cœurs en caractères ineffaçables.

« L'homme parvenu dans un âge avancé n'a plus cette vigueur nécessaire à l'action, son corps est affaibli, le plaisir n'a plus pour lui d'attraits, l'approche de la mort semble devoir l'attrister; mais ce qu'il a perdu n'est rien en comparaison de tout ce qu'il a acquis.

« A la force du corps ont succédé cette sagesse, cette prudence, ce calme incompatible avec les passions de la jeunesse; le pilote qui tient le gouvernail du vaisseau tandis que tout l'équipage est en mouvement, est bien l'image fidèle du vieillard qui, par ses conseils, fait tourner au profit commun les mouvemens rapides et continuels de la jeunesse qui l'entoure.

« Sa mémoire lui rappelant tout le passé, lui fait mettre à profit pour l'avenir toutes les leçons qu'il a reçues des divers événemens qui ont accompagné sa vie.

« Dans l'antiquité, les pontifes et les augures, parvenus à la vieillesse, furent la lumière des peuples par l'étendue de leurs connaissances. Il serait trop long de vous nommer ici tous ceux qui, dans la France, après des travaux multipliés dans leur jeunesse, ont, dans un âge plus avancé, éclairé leur patrie par des ouvrages immortels, et l'ont servie par de sages conseils.

« Le vieillard n'est plus sensible aux attraits du plaisir, et c'est alors que toutes les vertus sociales, dégagées des passions, l'élevant au-dessus de lui-même, le rendent digne de la divinité qui doit bientôt l'appeler à elle.

« Une douce et paisible vieillesse est la récompense du sage ; la mort qui s'approche n'est point pour lui un supplice : l'homme de bien qui a rempli sa carrière l'attend et la méprise.

« Quelle leçon pour cette jeunesse qui, s'abandonnant à toutes les passions, consume au sein des plaisirs les plus beaux jours de sa vie! la volupté a déjà éteint en elle tous les talens dont elle avait été douée en naissant.

« Je terminerai en vous rappelant la constitution de 1795, que nous avons tous acceptée ; elle est un témoignage non équivoque du respect et de la confiance dus aux personnes avancées en âge.

« Après des temps d'anarchie et de malheurs, les législateurs ont cru, avec raison, qu'un des moyens les plus sûrs pour ramener l'ordre et la paix, était de créer un conseil des anciens dont l'expérience et la sagesse s'opposeraient à tout ce qui pourrait nuire à la patrie. »

A la suite de ce discours, des applaudissemens universels se sont fait entendre ; la musique militaire et celle du théâtre ont exécuté des fanfares et des airs patriotiques ; le président a ensuite proclamé les noms des quatre vieillards absens désignés au scrutin, et posé sur la tête des citoyens Dreux et Vignolet une couronne de verdure. Ces respectables vieillards ont été reconduits avec solennité dans leurs maisons, et le cortége s'est séparé.

Le soir, les vieillards couronnés ont été conduits au théâtre par une députation; ils ont été placés dans une loge ornée de feuillage et d'inscriptions. La direction du spectacle avait fait choix de pièces dans lesquelles la vieillesse est honorée (*La Piété filiale* ou *la Jambe de bois*; *Paul et Virginie*.) La représentation finie, les vieillards ont été reconduits à leur domicile respectif (*). (V. B, f° 56.)

1er *septembre* 1796, *ou* 15 *fructidor an* IV. — Par ordre de l'administration municipale, et sous la surveillance de la police d'Orléans, le nombre des écoles primaires gratuites pour les enfans de la ville est fixé à six pour les garçons, et six pour les filles, réparties ainsi qu'il suit :

Pour les garçons :

Dans les bâtimens des écoles de St-Euverte, rue St-Euverte ; au vicariat de St-Paul, vis-à-vis la tour ; école nationale de St-Paterne, rue du Chapon ; à St-Marceau, dans les écoles des anciens frères de la Charité ; impasse de la Motte-Bruneau, près le moulin de l'hôpital ; dans le faubourg St-Vincent.

Pour les filles :

A St-Pierre-le-Puellier, dans le cloître ; rue de la Crosse, pour St-Paul ; dans le presbytère des vicaires de St-Paterne; bâtimens des anciennes sœurs, rue St-Euverte ; rue Porte-Madeleine ; à l'entrée du faubourg St-Marc.

L'arrêté porte que pour être professeur dans ces écoles primaires, il ne faut être ni prêtre, ni ex-religieuse. (1-6.)

5 *septembre* 1796, *ou* 19 *fructidor an* IV. — Le citoyen Russeau, accusateur public, qui avait troublé le spectacle, le 10 fructidor, d'une manière indécente, fait paraître un écrit violent contre l'administration municipale qui l'avait fait arrêter par la garde et renfermer au violon. (V. B, f° 63.)

(*) Cette représentation fut troublée d'une manière indécente par le citoyen Russeau, magistrat, qui voulait, de son autorité privée, se placer dans la loge destinée aux vieillards, malgré les commissaires de police qui lui en refusaient l'entrée. Il fut emmené et conduit au violon.

8 septembre 1796, *ou* 22 *fructidor an* iv. — Vu la lettre, en date de ce jour, par laquelle les artistes dramatiques de cette commune demandent s'il ne serait pas sans inconvénient que les chants patriotiques ne fussent plus exécutés sur leur théâtre, comme ils ont cessé de l'être depuis plus d'un mois sur ceux de la capitale.

L'administration municipale, considérant que les chants patriotiques, dégénérés en habitude, ont perdu le charme qu'ils doivent avoir sur l'esprit des citoyens, et n'atteignent nullement le but de leur institution,

Autorise provisoirement les artistes dramatiques de cette commune à en suspendre, à compter de demain, l'exécution, et arrête aussi qu'il sera écrit au ministre de la police générale à cet effet.

19 *septembre* 1796, — 3ᵉ *jour complémentaire, an* iv. — Un membre, au nom de la division de la police civile, présente la proclamation de la fête de la République ; la rédaction en est adoptée en ces termes :

« Citoyens,

« Un arrêté du directoire exécutif du 13 fructidor ordonne, pour le 1ᵉʳ vendémiaire, la célébration de la fête de la République à toutes les communes de France. Ralliés, ce jour, autour de l'autel de la patrie, tous les Français jureront en masse amour à la République, soumission au gouvernement, haine à toute espèce de despotisme : cérémonie auguste et touchante qui, en resserrant les nœuds de la fraternité entre les citoyens, annonce à tous les tyrans que leur règne est passé ; aux factieux de tous les partis, que leurs complots sont désormais impuissans.

« C'est un peuple de frères qui, jaloux de son indépendance, professe hautement qu'il est libre par sa volonté, et que nul joug ne saurait désormais l'asservir. Vils Pygmées, qui tant de fois avez abusé du nom du peuple pour servir vos projets anarchiques, venez voir aujourd'hui quelle est sa véritable force ; contemplez son attitude fière et imposante, et rentrez dans le néant ; chérissez l'heureuse ignominie dans laquelle il veut bien vous laisser ignorés, ou sachez que le brave qui méprise la nullité de son ennemi, peut, lorsqu'il y sera provoqué, lever le bras et l'écraser !.

« La fête de la République sera célébrée, dans la commune d'Orléans, sur la place à laquelle elle a donné son nom, le 1er vendémiaire, à onze heures du matin.

« Tous les fonctionnaires publics et employés dans les administrations, les tribunaux, et les membres des établissemens publics se rassembleront à dix heures dans la maison commune; ils en sortiront dans l'ordre suivant, accompagnés de plusieurs détachemens de la garde nationale, et se rendront, au son d'une musique analogue à la fête, à l'autel de la patrie.

« Les instituteurs de la jeunesse, à la tête de leurs élèves, feront partie du cortége; ils chanteront des hymnes et porteront des rameaux de chêne à la main.

« Des hymnes patriotiques, des acclamations d'allégresse porteront aux nues les transports de tous les bons citoyens.

« La fête sera terminée par des évolutions militaires, des jeux et des danses. »

22 septembre 1796, ou 1er vendémiaire an v.

Procès-verbal de la célébration de la fête de la République dans la commune d'Orléans.

Aujourd'hui, à onze heures du matin, toutes les autorités administratives, judiciaires et militaires, ainsi que les employés des diverses administrations et les membres des établissemens publics, et les instituteurs de la jeunesse, à la tête de leurs élèves, s'étant réunis à la maison commune pour la célébration de la fête de la République, le cortége, accompagné de plusieurs détachemens, tant de la garde nationale que des troupes de ligne, s'est rendu sur la place publique auprès de l'autel de la patrie.

Le président de l'administration départementale a prononcé le discours suivant:

« Citoyens,

« D'où naît cette indifférence, qui semble éloigner des fêtes civiques le plus grand nombre des citoyens? La République ne serait-elle qu'un vain nom, ou bien les Français, accablés sous le poids d'une longue suite de malheurs, confondraient-ils la Constitution française avec le souvenir amer de la révolution qui l'a fait naître ? Loin de nous cette idée funeste ! La liberté n'est pas la licence, la République n'est pas l'anarchie, le patriotisme n'a rien de commun avec la bassesse et la férocité des patriotes exclusifs !

« Citoyens vertueux et modestes, vous qui, exempts d'ambition, n'avez jamais brigué les emplois ; vous qui n'avez jamais dénoncé ni persécuté vos frères; vous qui donnez l'exemple de la soumission aux lois en vous ralliant au gouvernement établi; amis de l'humanité, quelle que soit votre opinion politique, vous êtes de vrais patriotes ; réunissez-vous avec les magistrats du peuple et les braves militaires pour célébrer la fondation de la République ; réunissez-vous avec nous pour la défendre contre les attaques toujours renaissantes des factieux et des buveurs de sang.

« Quatre ans se sont écoulés depuis que la Convention nationale, en proclamant la liberté et en manifestant le vœu des Français pour la République, avait semblé avoir posé la première pierre de cet édifice majestueux; mais, hélas ! long-temps après, la République et la liberté n'existaient pas encore. Une Constitution nouvelle, sortie précipitamment du sein des factions dont elle était l'ouvrage, fut aussitôt ensevelie sous les ruines de l'ancien gouvernement, comme au fond d'un précipice qui menaçait d'engloutir la France entière. C'est alors que, sous les ordres du Divan odieux, des barbares mille fois plus cruels que tous les despotes de l'Asie, parcouraient tous les départemens, destituaient de leurs fonctions les magistrats élus par le peuple pour les remplacer par d'infâmes brigands ; ils dictaient insolemment des lois et dévouaient chaque jour à la mort des milliers de victimes, tandis que ceux d'entre les meilleurs citoyens qui avaient échappé au fer assassin restaient ensevelis tout vivans dans les trente mille bastilles dont la tyrannie des décemvirs avait couvert notre patrie en proie à toutes leurs fureurs. Secondés par des associations aristocratiques et soi-disant populaires, ces satrapes orgueilleux répandaient par tout l'effroi, et pour insulter à l'esclavage dans lequel ils nous tenaient enchaînés, ils nous forçaient, sous peine de mort, de prodiguer à nos oppresseurs le beau nom de fondateurs de la liberté, et d'appeler République le plus despotique de tous les gouvernemens.

« Heureusement la discorde se met entre les scélérats qui, sous le masque de la popularité, se disputent le pouvoir suprême. Au milieu de leurs divisions, nous voyons se briser dans leurs mains le sceptre de fer qu'ils avaient appesanti sur nous; nous commençons à respirer, et nous croyons être libres. Mais déjà, sous prétexte d'exercer des vengeances sinon injustes, du moins impolitiques et dangereuses, une jeunesse inconsidérée veut s'emparer de l'autorité; elle méprise les lois, traite de lâcheté la prudence des magistrats, et, par son insubordination, fait succéder l'anarchie au despotisme. Des royalistes forcenés se mêlent à cette troupe insensée pour armer les citoyens les uns contre les autres, marquer de nouvelles victimes et couvrir encore une fois la France d'échafauds et de carnage. Les rênes du gouvernement échappées des mains de nos législateurs, ceux-ci se hâtent de créer une Constitution républicaine pour réorganiser un gouvernement.

« La Constitution est acceptée par le peuple; le nouveau gouvernement est mis en activité; tous les partis doivent s'attacher à ce point de ralliement, seul moyen d'échapper aux horreurs d'une guerre civile, qui n'aurait pas d'autre terme que la destruction d'une génération entière.

« La Constitution républicaine fera sans doute le bonheur du peuple; mais pour nous faire jouir de ses avantages, il nous faut des mœurs, des vertus, de la religion, car il n'y a pas de bon gouvernement pour un peuple corrompu; les lois ne servent à rien sans les mœurs, a dit un poète philosophe: *Quid leges sine moribus vanæ proficiant?* L'état républicain surtout ne saurait subsister sans la vertu, qui en est le principe. Or, la vertu ne peut avoir de fondemens solides que dans la religion; c'est ce qui a fait dire à un philosophe de la Grèce: *Qu'il serait plus facile de bâtir une ville dans les airs, que de fonder une République sans religion.* Je ne parle pas d'une religion en particulier; toutes méritent la protection des magistrats et du peuple, parce qu'elles ont toutes pour but principal de rendre les hommes meilleurs et plus vertueux. L'existence d'un Etre suprême, l'immortalité de l'âme, les récompenses de la vertu et la punition du crime dans une autre vie, ces dogmes fondamentaux de toutes les religions sont les motifs les plus puissans, et presque les seuls qui puissent attacher l'homme à tous ses devoirs, lui faire préférer le bien général à son bien-être particulier, et lui faire mépriser les grandeurs, les richesses, les plaisirs nuisibles à la société. Celui qui est sincèrement attaché à sa religion, sera nécessairement un bon citoyen.

« Fondée sur ces principes, la République française sera inébranlable, et nous jouirons des heureuses influences de la liberté lorsque chacun de nous, fidèle à sa religion, soumis aux lois et aux magistrats, dévoué à sa patrie et à tous ses devoirs, préférera le bien public à son intérêt personnel. Alors les dépositaires de l'autorité suprême, choisis parmi les citoyens les plus éclairés, et surtout les plus vertueux, loin de s'enivrer du pouvoir, n'aspireront qu'au moment de rentrer dans une condition privée, satisfaits d'emporter avec eux la reconnaissance publique et le témoignage d'une conscience pure, comme Cincinnatus, après avoir déposé la dictature avant le terme fixé par les lois, retourne à sa charrue aussi pauvre qu'il était en la quittant. Alors nous trouverons dans la Constitution que nous avons acceptée le gage de la paix et de la prospérité qui doit nous faire oublier tous nos sacrifices et tous les maux que la révolution nous a fait souffrir. »

A la suite de ce discours, qui a été suivi d'applaudissemens universels et du cri unanime de *Vive la République!* le président a lu au peuple assemblé la déclaration des droits et des devoirs qui précède la Constitution de l'an III, et le premier article de cette Constitution.

Des hymnes patriotiques ont été ensuite exécutés par la musique militaire et par celle du théâtre, et le cortége est rentré dans le sein de la maison commune.

Fait et rédigé, etc.

25 *septembre* 1796, *ou* 4 *vendémiaire an* v. — L'administration départementale, vu la lettre écrite par le ministre de la police générale au commissaire du pouvoir

exécutif près cette administration, le premier jour complémentaire, de laquelle il résulte que c'est par une fausse interprétation d'une lettre de ce ministre au commissaire du pouvoir exécutif près l'administration municipale de Saintes, qu'il a été délivré des passeports et feuilles de route par la municipalité de Saintes, à plusieurs prêtres sujets à la réclusion, pour se rendre dans leurs départemens; que c'est par suite de cette erreur que l'administration du département du Loiret a délivré un nouveau passeport à l'un de ces prêtres, pour se rendre dans le département de son domicile, et que par un arrêté du 12 fructidor dernier, l'administration a laissé la liberté provisoire aux prêtres Blanbisson, Brevet et autres prêtres sujets à la réclusion, en attendant le résultat des renseignemens demandés à la municipalité de Saintes, sur la teneur des ordres du ministre de la police générale, relativement aux prêtres dont est question;

L'administration départementale rapporte son arrêt du 12 fructidor, déclare nuls et de nul effet les passeports qui auraient pu être délivrés aux prêtres dont les noms et signalemens seront transcrits en fin du présent arrêté; ordonne aux administrations municipales, aux officiers de la gendarmerie et gardes nationales de faire arrêter les nommés Blanbisson, Brevet et autres, dont les noms et signalemens suivent, pour les faire conduire à la maison d'arrêt des Minimes d'Orléans.

Le présent arrêté sera adressé aux administrations municipales et au chef d'escadron de la gendarmerie nationale, chargé de le faire exécuter.

Fait en séance, etc.

Signalemens.

Guillaume Mopinot, prêtre, chanoine régulier, âgé de trente-deux ans, taille de cinq pieds, front découvert, yeux gris, nez gros, bouche moyenne, menton fourchu, visage long, cheveux et sourcils blonds.

Nicolas Mojon, prêtre, curé d'Yvoi-ès-Prés, département du Cher, âgé de quarante ans, taille de cinq pieds trois pouces, front ordinaire, yeux gris, nez gros, bouche moyenne, menton rond, cheveux et sourcils châtains.

Toussaint Brevet, prêtre, curé de Lion, département du Loiret, âgé de quarante-trois ans, taille de cinq pieds deux pouces, front large, yeux bleus, nez long, bouche petite, menton rond, cheveux et sourcils châtains.

Jean-François-Paul Labbé, prêtre, chapelain à Nemours, âgé de quarante-six ans, taille de cinq pieds trois pouces, front large, yeux noirs, nez aquilin, bouche moyenne, menton ordinaire, cheveux et sourcils noirs.

Mathurin Ricordeau, prêtre, vicaire de Moisenay, département de Seine-et-Marne, âgé de quarante ans, taille de cinq pieds quatre pouces, front étroit, yeux noirs, nez petit, bouche moyenne, menton rond, cheveux et sourcils blanc-noirs. (2-5.)

10 octobre 1796, ou 19 vendémiaire an v. — L'administration municipale, informée de la suppression de l'hospice militaire de St-Charles,

Considérant que cette suppression peut favoriser le projet si souvent conçu de déplacer l'hospice civil de cette commune qui, par sa position au centre de la ville, l'exiguité du local dans lequel il se trouve resserré et l'insalubrité de l'air que l'on y respire, présente une foule d'inconvéniens, mais qu'avant de former à cet égard aucune demande, il est nécessaire de faire constater ces inconvéniens d'une manière authentique,

Nomme à cet effet les citoyens Latour, Lambron, officiers de santé, et Prozet, pharmacien. (V. b, f° 88.)

17 novembre 1796, ou 27 brumaire an v. — Reprise de la foire dite de St-Aignan, après plusieurs années d'interruption. Le voyer de la commune fut chargé par les administrateurs municipaux de faire construire des boutiques uniformes placées en rues bien alignées, et de disposer des places pour vendre les arbres, les chanvres, les porcs et les ânes, qui forment les principales branches du commerce de cette foire. (1-4-5.)

26 novembre 1796, ou 6 frimaire an v. — L'administration municipale, sur le rapport de sa division de la police civile,

Considérant que depuis long-temps la pacification des

départemens de l'ouest impose aux réfugiés l'obligation de retourner dans leurs foyers, et que la distribution des secours que leur accordait le gouvernement est arrêtée par ce motif;

Considérant la nécessité d'alléger le plus possible les charges multipliées qui pèsent sur les citoyens de cette commune, relativement aux logemens militaires, ou à ceux qui leur sont assimilés,

Arrête qu'à l'avenir il ne sera plus donné de billets aux réfugiés des départemens de l'ouest, pour être logés chez les citoyens de cette commune, et que ceux des habitans qui, par des considérations particulières, consentiraient à les recevoir, ne seront pas exempts pour cela des logemens des gens de guerre et autres. (V. B, f° 110.)

7 décembre 1796, ou 17 frimaire an v. — Les loups affamés furent si hardis cette année, que les administrateurs municipaux d'Orléans ordonnèrent une battue générale dans la commune, et firent afficher et publier dans la ville et les paroisses voisines, qu'ils donneraient des récompenses à tous ceux qui abattraient ces dangereux animaux. Ces primes étaient ainsi graduées :

Pour une louve pleine, 300 liv. en mandats territoriaux; pour une louve non pleine, 250; pour un loup, 200; pour chaque louveteau, 100.

Ces promesses eurent un résultat si heureux, que dans l'espace de quelques jours il fut tué cent onze loups et louveteaux. (1-4-6.)

24 décembre 1796, ou 4 nivôse an v. — L'administration municipale, vu son arrêté du 6 brumaire, portant que la cloche passera dans tous les quartiers de la commune, les tridi, les sextidi et nonidi, pour rappeler aux citoyens l'obligation qui leur est imposée, lesdits jours, de balayer la rue chacun devant sa maison,

Arrête que chacun des sonneurs employés en conséquence dudit arrêté, à partir du 1er frimaire, recevra 3 liv. par mois, et sera payé par le secrétaire en chef, à qui il sera tenu de prouver l'activité de son service par un certificat du commissaire de police. (V. B, f° 126.)

26 *décembre* 1796, *ou* 6 *nivôse an* v. — L'administration municipale d'Orléans, vu la circulaire, en date du 6 frimaire dernier, adressée aux administrateurs municipaux de canton, par les administrateurs du département du Loiret, pour les inviter à s'occuper de différentes mesures prescrites par les lois organiques de la Constitution, relativement aux assemblées primaires qui doivent se former le 1er germinal prochain, en exécution de l'art. 27 de la Constitution;

Vu la loi du 25 fructidor de l'an IV, relativement aux élections, arrête:

1°, Il sera ouvert, au secrétariat de la municipalité, un registre destiné à recevoir la liste des candidats mentionnés dans les art. 1, 2 et 3 du titre 3 de la loi précitée;

2°, Un second registre sera destiné à inscrire les noms des citoyens qui ayant fait une ou plusieurs campagnes pour l'établissement de la République, sont citoyens actifs, sans aucune condition de rétribution, aux termes de l'art. 9 de la Constitution, et ont par conséquent le droit de voter dans les assemblées primaires;

3°, Il sera donné connaissance aux administrés, par la voie des journaux, de l'ouverture de ces deux registres;

4°, Le tableau des citoyens ayant droit de voter dans le canton, prescrit par l'art. 1er du titre 1er de la loi du 25 fructidor, sera dressé dans le bureau des contributions;

5°, Ce tableau sera envoyé à l'administration centrale dans les premiers jours de ventôse. (V. B, f° 127.)

1796. — Egrot (Maurice), seigneur d'Espuis, littérateur distingué, né en 1717, meurt cette année à l'âge de 79 ans.

1797.

1er *janvier* 1797, *ou* 12 *nivôse an* v. — L'officier public se présente au conseil municipal, et obtient la parole: il fait observer que devant établir d'une manière positive les domiciles des particuliers qui peuvent requérir des rédactions d'actes dans ses bureaux, il lui est impossible d'y parvenir si l'on ne fixe point, par une délibération formelle, les variations introduites depuis la révolution dans les noms des différentes rues qui divisent cette commune; il demande en conséquence que l'administration veuille bien prendre à ce sujet une détermination irrévocable.

La matière mise en délibération, l'administration municipale, après s'être fait représenter le tableau des changemens faits sous le régime révolutionnaire aux noms d'un grand nombre de rues de cette commune;

Considérant que, sous le prétexte d'anéantir des dénominations qui retraçaient le culte ou la féodalité, on leur en a substitué d'autres dont la plupart, justement proscrites avec l'abolition du régime affreux qui les avait enfantées, ont été détruites à leur tour, et remplacées arbitrairement ou par les anciens noms ou par des noms nouveaux;

Considérant qu'il résulte de là une confusion et un désordre incompatibles avec la bonne tenue des registres de l'état-civil, et qu'il est urgent d'arrêter les méprises dont cet abus doit infailliblement être la source;

Considérant enfin que le moyen le plus simple et le plus certain, pour y parvenir, est de rendre aux rues de cette commune les noms qui leur ont été consacrés par un long usage, à l'exception du très-petit nombre de ceux dont le rétablissement, sans offrir au patriotisme éclairé le plus léger inconvénient, pourrait offusquer l'ignorance ou devenir une arme entre les mains de la calomnie, a fixé comme il suit les noms des différentes rues de cette commune qui ont subi des variations. (V. B, f° 131.)

(Suit le tableau contenant les anciens noms, moins cinq ou six au plus.)

1er *janvier* 1797, *ou* 12 *nivôse an* v. — Les visites du premier jour de l'an, qui avaient été interrompues pendant la tourmente révolutionnaire, recommencent à cette époque d'une manière très-remarquable. (4-6.)

4 *janvier* 1797, *ou* 15 *nivôse an* v. — Une voiture qui conduisait quatre émigrés rentrés, qui avaient été pris à Chevilly, est attaquée aux environs du village de Cercottes, par des hommes armés qui sortaient de la forêt d'Orléans.

Après quelques coups de fusils de part et d'autre, les gendarmes qui escortaient la chaise de poste sont mis en fuite; un d'eux est blessé; les assaillans s'emparent des prisonniers et les font sauver dans les bois, où ils se déguisent.

Bientôt cette nouvelle parvint à Orléans. On met aussitôt à leur poursuite une partie de la garnison de cette ville. Dans le même temps, on avait fait lever les habitans des villages voisins pour battre la forêt; ils sont rencontrés par les troupes de ligne : celles-ci, dans l'obscurité, les prennent pour les révoltés, auteurs de l'enlèvement des émigrés, les attaquent avec fureur et leur tuent plusieurs hommes, au nombre desquels se trouvent le maire et un officier municipal de Chevilly.

Pendant ce combat, les émigrés et ceux qui les avaient sauvés parvinrent heureusement à s'échapper, car la peine de mort était encore en vigueur contre les émigrés. (4-5.)

21 janvier 1797, ou 2 pluviôse an v.

Fête du 21 janvier, et prestation du serment de haine à la royauté et fidélité à la République.

L'administration départementale du Loiret arrête qu'en exécution de la loi du 14 nivôse dernier, relative au serment qui sera prêté tous les ans, les autorités constituées, tous les fonctionnaires publics de la commune et du canton d'Orléans, ainsi que la force armée, sont invités de se trouver après-demain, à dix heures précises du matin, à la maison commune d'Orléans, pour de là se transporter sur la place de l'Etape et y prêter, en présence du peuple et de la force armée, le serment de *haine à la royauté et à l'anarchie, attachement et fidélité à la République et à la Constitution de l'an* III.

Le présent arrêté sera imprimé et affiché, etc. (1-4-6.)

31 *janvier* 1797, *ou* 12 *pluviôse an* v. — Dons offerts par plusieurs Orléanais et tous les employés des diverses administrations réunies, pour venir au secours du gouvernement, et lui donner les moyens de réparer les pertes

qu'il venait d'éprouver dans la malheureuse expédition d'Irlande (*).

12 *février* 1797, *ou* 24 *pluviôse an* v. — L'administration municipale met en adjudication le loyer des emplacemens existant le long des quais, suivant la division ci-après :

1°, Du pied des anciens murs du fort Alleaume à la porte de la Tour-Neuve ;

2°, De la Tour-Neuve à la Tour-Cassée (Tour-Carrée) ;

3°, De la Tour-Cassée à la porte de la Poterne ;

4°, De la ci-devant maison des commis, sur le port de Recouvrance, à l'extrémité du Jardin des Plantes.

Ladite adjudication pour trois, six ou neuf années. (V. B, f° 174.)

23 *février* 1797, *ou* 5 *ventôse an* v. — L'administration municipale d'Orléans, informée par des renseignemens certains que la veuve du citoyen Petit, docteur en médecine, et fondateur de l'établissement de consultations gratuites de médecine et de jurisprudence, rue de l'Evêché, après avoir vu s'opérer, par l'effet de la révolution, le renversement presque total de sa fortune, se trouve momentanément réduite aux dernières extrémités ;

Considérant que la commune d'Orléans ne pourrait, sans ingratitude, abandonner aux atteintes du besoin la veuve d'un homme illustre qu'elle se glorifie d'avoir vu naître dans son sein, dont l'image est placée dans le lieu des séances de ses magistrats, et qui a laissé dans ses murs un monument immortel de sa bienfaisance ;

Considérant néanmoins que la commune, entièrement privée de ses revenus, et réduite à la ressource souvent

---

(*) Cette expédition, dont nous faisions partie, ainsi que plusieurs Orléanais, parvint à entrer dans le canal de Saint-George et à mouiller dans la baie de Bantry, où elle se disposait à effectuer son débarquement, lorsque des vents impétueux du nord-nord-ouest dispersèrent les vaisseaux et en firent périr plusieurs, et forcèrent le reste à rentrer dans divers ports de France. Le vaisseau amiral, sur lequel nous étions, revint à Brest, d'où il était parti, après dix-sept jours d'une navigation malheureuse. (4-5-6.)

insuffisante des sous additionnels, est forcée, par l'empire de la nécessité, de modérer l'essor de sa reconnaissance et de proportionner son offrande à la presque nullité de ses moyens,

Arrête que la somme de 300 liv. sera offerte par l'administration, au nom de ses concitoyens, à la veuve du citoyen Petit, comme un faible témoignage de leur respect pour la mémoire de ce célèbre médecin. (V. b, f° 186.)

Lettre de Madame veuve Petit aux officiers municipaux.

« Citoyens administrateurs,

« Pénétrée de la plus vive reconnaissance du secours que vous avez bien voulu m'accorder dans le dénûment absolu où je me trouve par la privation de mes rentes, je goûte encore la satisfaction bien chère à mon cœur de devoir ce bienfait aux vertueux et sensibles compatriotes du respectable ami dont j'ai le bonheur de porter le nom.

« J'ai reçu les 300 liv. que vous avez eu la bonté de me faire toucher. Cette somme est un trésor inépuisable pour ma reconnaissance, qui la multipliera chaque jour, autant que les sentimens respectueux avec lesquels j'ai l'honneur d'être,

« Votre concitoyenne,
« Veuve Petit.

« Paris, ce 8 ventôse l'an v de la République. »

26 février 1797, ou 8 ventôse an v.

Extrait du registre des délibérations du département du Loiret, séance du 8 ventôse an v.

Un membre a dit : Citoyens, l'installation de l'école centrale approche; nous devons, conformément aux art. 7, 8 et 9 du titre 2 de la loi du 3 brumaire an iv, et en exécution de notre arrêté du 21 pluviôse, nous occuper du réglement relatif à cette école, et fixer en même temps la rétribution que chaque élève doit donner annuellement. En conséquence, je vous propose d'en faire l'objet de vos délibérations dans cette séance.

L'administration centrale du Loiret, après avoir entendu le commissaire du directoire exécutif,

Arrête le réglement dont il s'agit, dans les termes suivans :

CHAPITRE PREMIER.

Première section. — Jours et heures des leçons.

Le professeur de dessin donnera six leçons par décade, de deux heures chaque, depuis deux heures jusqu'à quatre heures en hiver, et depuis trois jusqu'à cinq en été : il vaquera les duodi, quintidi, sextidi et decadi.

Professeur, le citoyen Bardin.

Le professeur d'histoire naturelle donnera quatre leçons par décade, depuis dix heures jusqu'à midi, les primidi, tridi, sextidi et octodi.

Professeur, le citoyen Defay-Boutroux.

Le professeur de langues anciennes donnera huit leçons par décade, depuis huit heures jusqu'à dix : il vaquera les quintidi et decadi.

Professeur, le citoyen Moizard.

Le professeur des langues vivantes n'est point encore nommé : l'administration attend, pour l'établissement de cette chaire, l'autorisation du corps législatif, qu'elle sollicite depuis long-temps.

Seconde section.

Le professeur d'élémens de mathématiques donnera quatre leçons par décade, de deux heures chaque, depuis neuf heures jusqu'à onze, les duodi, quartidi, septidi et nonodi.

Professeur, le citoyen Genty.

Le professeur de physique et de chimie expérimentales donnera quatre leçons par décade, de deux heures chaque, depuis deux heures jusqu'à quatre, les duodi, quartidi, septidi et nonodi.

Professeur, le citoyen Prozet.

Troisième section.

Le professeur de grammaire générale donnera six leçons

par décade, depuis huit heures jusqu'à dix : il vaquera les duodi, les quintidi, septidi et decadi.

Professeur, le citoyen Leblond.

Le professeur de belles-lettres donnera six leçons par décade, depuis dix heures jusqu'à midi : il vaquera les duodi, quintidi, septidi et decadi.

Professeur, le citoyen Demeré.

Le professeur d'histoire donnera quatre leçons par décade, depuis deux heures jusqu'à quatre, les primidi, tridi, sextidi et octidi.

Professeur, le citoyen Liger.

Le professeur de législation donnera quatre leçons par décade, depuis deux heures jusqu'à quatre, les duodi quartidi, septidi et nonodi.

Professeur, le citoyen Cotelle.

Il y aura vacance pour tous les cours pendant les jours complémentaires et le mois de vendémiaire.

CHAPITRE SECOND.

Inscription et rétribution des élèves.

Art. 1er. Les élèves qui se proposeront de suivre un ou plusieurs cours, se feront inscrire, tous les trois mois, sur un double registre qui sera tenu par le bibliothécaire de l'école centrale. Il leur délivrera, pour chacun des cours, une carte qui contiendra l'extrait de leur inscription, et sans laquelle ils ne pourront être admis.

Art. 2. Les élèves ne pourront prendre des inscriptions pour les cours de la première section, qu'après l'âge de douze ans; pour ceux de la seconde, qu'à l'âge de quatorze ans accomplis, et pour ceux de la troisième, qu'à l'âge de seize ans au moins.

Art. 3. Les élèves paieront entre les mains du bibliothécaire, en prenant une ou plusieurs inscriptions, la somme de six francs; ils paieront la même somme à chaque trimestre, en renouvelant leurs inscriptions. Le produit des rétributions sera partagé, à la fin du trimestre, entre tous les professeurs qui, au moment du partage, arrêteront les registres, dont un restera entre les mains du bibliothécaire, et l'autre sera remis au jury d'instruction, à la fin de chaque année, pour être déposé au secrétariat du département.

Art. 4. L'administration centrale, sur l'indication du jury, et d'après un certificat d'indigence délivré par l'administration municipale de l'arrondissement des élèves, exceptera de la rétribution ci-dessus fixée, les élèves qui seront munis de ces certificats; mais, dans tous les cas, cette exception ne pourra être prononcée qu'en faveur du quart des élèves.

CHAPITRE TROISIÈME.

Police et surveillance de l'école.

Art. 1er. Les salles destinées à l'instruction ne seront ouvertes qu'un quart d'heure avant le commencement de la leçon. Aucun élève ne pourra, pendant la durée de l'exercice, être admis dans les salles occupées, à moins qu'il ne soit inscrit pour cet exercice.

Art. 2. Les membres du jury surveilleront l'instruction; ils examineront publiquement, à la fin de chaque année, les élèves des différens cours qui se présenteront à cet examen, auquel assisteront les professeurs et l'administration centrale.

C'est au jury que s'adresseront les professeurs qui auront des plaintes à former contre leurs élèves: si le jury juge les plaintes assez graves pour attirer l'exclusion momentanée ou définitive de l'école à ceux qui y auront donné lieu, il sera maître de la prononcer.

Fait à Orléans, en séance, le 8 ventôse an v de la République française, une et indivisible, où étaient les citoyens Brillard, président; Boucher, Trumeau, Plouvyé et Simon, administrateurs; Bignon, secrétaire.

Pour extrait:

BIGNON, secrétaire en chef de l'administration centrale.

27 février 1797, *ou 8 ventôse an* v. — Publication faite à Orléans, d'une brochure portant pour titre: *Agathocles et Monk, ou l'Art d'abattre et de relever les trônes*, par le citoyen Philippon, à Orléans, chez Jacob l'aîné, imprimeur, rue Philosophie, n° 6.

Cet ouvrage, qui fut traduit en plusieurs langues et est devenu très-rare, valut à son auteur les éloges de nos diplomates les plus distingués. L'un des membres du conseil des Cinq-Cents lui adressa la lettre suivante :

« Paris, le 20 ventôse an v de la République.

« *Au citoyen Philippon, homme de lettres, à Orléans.*

« Vous m'avez adressé, citoyen, un exemplaire de l'ouvrage intitulé *Agathocles et Monk* : après l'avoir lu à plusieurs reprises, je vous dois des remercîmens pour tout le plaisir qu'il m'a causé. Si je ne place pas votre livre à côté de celui de Montesquieu, *sur la grandeur et la décadence des Romains*, je le place auprès ; il a de la profondeur sans obscurité, et de la précision sans sécheresse.

« On le désire ici, et je suis persuadé que l'édition y serait bien vite épuisée.

« Salut et fraternité.

« Riou, du conseil des Cinq-Cents. »

2 mars 1797, ou 12 ventôse an v.

Extrait du registre des délibérations de l'administration municipale d'Orléans, séance du 12 *ventôse an* v.

Un membre, au nom de la division de la police civile et militaire, dit : L'administration départementale vous a renvoyé, le 23 frimaire dernier, les mémoires et états fournis par les citoyens d'Orléans victimes de l'émeute et du pillage qui ont eu lieu dans cette commune, les 16 et 17 septembre 1792, avec invitation d'examiner les pièces, et de donner à cette malheureuse affaire la suite convenable.

Ouï le rapport et le commissaire du directoire exécutif;

Vu les réclamations des citoyens victimes de l'émeute populaire arrivée à Orléans le 16 septembre 1792, les états articulés de leurs pertes, les procès-verbaux des réparations de leurs maisons, et la délibération du département, du deuxième jour complémentaire de l'an III ;......

Considérant enfin que les états fournis par les citoyens

Brault-Gobelet, Maugars et Larousse-Gallard, pour perte d'effets mobiliers, paraissent enflés ou par la cupidité ou par la défiance, sans être appuyés d'aucune preuve propre à en garantir l'exactitude; et que d'ailleurs la perte d'un portefeuille de vingt-huit mille neuf cent quatre-vingt-dix livres, articulée par le citoyen Brault-Gobelet, peut être révoquée en doute, si l'on réfléchit que ce citoyen, prévenu quelques heures d'avance que sa maison était menacée, a eu le temps de soustraire ses effets les plus précieux à la fureur des malveillans,

L'administration municipale est d'avis :

1°, Que les sommes portées dans les états des pertes, pour réparations de maisons, soient remboursées en totalité, savoir :

Au citoyen Larousse-Gallard, 2,750 liv. 6 s.; au citoyen Prozet, 2,099 liv. 2 s.; au citoyen Maugars, 5,876 liv.; au citoyen Legrand, 1,760 liv. 2 s.; à la citoyenne veuve Grapperon, 62 liv. 7 s.; à la citoyenne veuve Bussière, 286 liv. 5 s.; au citoyen Ladureau père, 2,057 liv. 2 s.;

2°, Que les indemnités demandées pour perte de meubles et effets soient allouées, ainsi qu'elles sont portées dans les états fournis par les citoyens ci-après dénommés, savoir :

Au citoyen Prozet, 51,900 liv.; à sa domestique, 885 liv.; à la citoyenne Landry-Lagrange, 4,921 liv. 1 s.; à sa domestique, 145 liv. 6 s.; au citoyen Hervet, 2,338 l. 10 s.; au citoyen Millet, 1,526 liv. 10 s.; au citoyen Budin et à sa sœur, 9,400 liv.; au citoyen Helmut, serrurier, 57 liv. 12 s.; au citoyen Jacques Dubain, 1,261 liv.; à la citoyenne Foucher, domestique du citoyen Brault-Gobelet, 462 liv.; à la citoyenne Briollet, domestique du citoyen Guinebaud-Bellevue, 678 liv.; à plusieurs meûniers de Saint-Laurent, pour perte de trois cent huit sacs vides, à 3 liv. pièce, 924 liv.; au citoyen Legrand, 29,434 l.; à sa domestique, 3,114 liv. 12 s.;

3°, Que le citoyen Larousse-Gallard, qui demande une somme de 45,967 liv., soit réduit à celle de 34,475 liv. 5 s.;

Que le citoyen Maugars, qui demande une somme de 20,998 liv. 16 s., soit réduit à celle de 15,749 liv. 2 s.;

Et que le citoyen Brault-Gobelet, qui demande une somme de 75,913 liv., soit réduit à celle de 25,000 liv.

Pour extrait :

AIGNAN, secrétaire en chef de l'administration. (V. B, f° 191.)

2 *mars* 1797, *ou* 12 *ventôse an* v. — Réinstallation des sœurs hospitalières à l'hospice d'humanité d'Orléans (Hôtel-Dieu), et nouveau réglement pour le service de cette maison. (V. B, f° 193.)

9 *mars* 1797, *ou* 19 *ventôse an* v. — Renouvellement partiel de l'administration municipale. Vu le paragraphe 3 du chapitre 1er de l'instruction du 5 ventôse, sur la tenue des assemblées primaires et électorales, portant que du 10 au 20 du présent mois, le sort doit déterminer la sortie de quatre officiers municipaux dans les communes de dix à cinquante mille habitans,

L'administration municipale a délibéré d'exécuter, séance tenante, cette disposition.

En conséquence, il a été placé dans un vase sept billets fermés. Sur trois de ces billets étaient écrits ces mots: *Administrateurs restans;* et sur les quatre autres, ceux-ci: *Administrateurs sortans.* Les billets ont été tirés successivement par chaque administrateur dans l'ordre de sa nomination, et le sort a désigné pour sortans, au mois de germinal prochain, les citoyens Dufresné l'aîné, Delaloge-Ligny, Lacaze-Benoist et Rabelleau.

L'administration arrête que le résultat de cette opération sera transmis à l'administration centrale, et notifié, conformément à l'instruction ci-dessus, aux assemblées primaires de la commune d'Orléans, en leur annonçant que, d'après la Constitution, les administrateurs sortans sont rééligibles. (V. B, f° 209.)

12 *mars* 1797, *ou* 22 *ventôse an* v. — L'administration municipale, vu la loi du 22 pluviôse dernier, arrête que les commissaires distributeurs des secours dus aux parens des défenseurs de la patrie, les membres des comités permanens des sections, et ceux du bureau de bienfaisance seront invités à déposer, avant le 1er germinal, au bureau de la police civile, tout le papier-monnaie qui

peut se trouver entre leurs mains pour restant de caisse et résidu de leurs distributions, afin que le versement puisse en être fait par l'administration dans la caisse du receveur-général. (V. B, f° 210.)

18 *mars* 1797, *ou* 28 *ventôse an* v. — L'administration municipale nomme le citoyen Geffrier des Isles receveur de la commune, en remplacement du citoyen Isambert décédé, à la condition par le premier, de déposer en numéraire la somme de 30,000 liv. de cautionnement : ce qui a été fait sur-le-champ par acte notarié.

Vérification de la caisse communale, où il s'est trouvé seulement 650 liv. 10 s. en assignats, et 350 liv. 10 s. en mandats. (V. B, f° 212.)

24 *mars* 1797, *ou* 4 *germinal an* v. — Le sieur Martin, d'Orléans, invente les cardes faites par mécanique; ses machines et ses outils sont présentés par lui aux administrateurs municipaux, qui firent à l'inventeur les éloges que méritait sa découverte, qui a depuis obtenu un succès complet en France et chez l'étranger. (1-6.)

30 *mars* 1793, *ou* 10 *germinal an* v. — Célébration de la fête de la Jeunesse dans la commune d'Orléans, avec les cérémonies usitées l'année d'avant. (V. B, f° 218.)

14 *avril* 1797, *ou* 25 *germinal an* v. — L'assemblée électorale du département du Loiret, réunie dans la salle des exercices de l'Institut national d'Orléans (église de St-Maclou), depuis le 9 avril présent mois, a clos ses séances aujourd'hui 14.

Cette assemblée avait à nommer : deux membres du conseil des Cinq-Cents, un membre du tribunal de cassation, un suppléant au même tribunal, un haut juré près la haute cour, un membre de l'administration centrale du département, sept juges du tribunal du département, cinq suppléans au même tribunal.

Furent nommés : les citoyens Henry de Longuève, au conseil des Cinq-Cents; Johanet, avocat, au conseil des Cinq-Cents; Liger de Verdigny, membre du tribunal de cassation; Cahouet de Neuvy, suppléant au tribunal de cassation; Cœur de Montargis, haut juré; Boucher-Molendon, membre de l'administration centrale; Proven̄chére, Baschet-Compain, Leblond, Charles de Sully, Peteau-Lasneau, Galland-Beauregard, Laborne, membres du tribunal du département; Isambert, Saint-Aignan, Pointeau, Pothin, avoué, Guérin, juge de paix, suppléans au même tribunal.

L'assemblée électorale était composée de 250 votans et présidée par le citoyen Johanet. (2-5.)

14 avril 1797, ou 25 germinal an v. — Aujourd'hui, vendredi-saint, l'église de Ste-Croix est bénie en grande cérémonie, et en présence d'un grand nombre de fidèles qui firent éclater leur joie et leur ferveur. (5.)

16 avril 1797, ou 27 germinal an v. — Ce jour, dimanche, fête de Pâques, il a été célébré pour la première fois, depuis le rétablissement de la tranquillité en France, l'office divin dans la cathédrale de Ste-Croix d'Orléans: l'affluence des fidèles était si considérable que, non-seulement le temple, mais les places et même les rues qui l'avoisinent, avaient peine à contenir la multitude. (5-6.)

20 avril 1797, ou 1er floréal an v. — Les administrateurs municipaux qui venaient d'être réélus, sont installés aujourd'hui, ès-personnes de MM. Tassin-Hudault, président; Dufresné aîné, Rabelleau, Mathieu, Delaloge-Ligny, de La Noue et Boucher de Mézières, administrateurs; Meusnier, commissaire du pouvoir exécutif; Aignan, secrétaire. (V. c, f° 2.)

29 avril 1797, ou 10 floréal an v. — Célébration de la fête des Epoux dans la commune d'Orléans, comme l'année précédente, mais sans enthousiasme ni gaîté. (V. c, f° 7.)

30 avril 1797, ou 11 floréal an v. — Le citoyen Lebrun, architecte qui s'était rendu adjudicataire de la ci-devant église de St-Hilaire, demande à l'administration municipale de la faire abattre pour réunir le Grand-Marché au marché à la volaille, et de plus l'autorisation de construire une halle couverte qui communiquerait, de l'ancienne halle à la friperie, avec le Grand-Marché.

L'administration accorde avec empressement. (V. c, f° 10.)

8 mai 1797, ou 19 floréal an v. — La fête de la Ville ou de la Pucelle, n'a pas lieu ce jour : c'était la cinquième interruption. (4-6.)

23 mai 1797, ou 4 prairial an v. — Les négocians d'Orléans présentent une pétition à l'administration municipale pour être autorisés à s'emparer de la totalité du cimetière de St-Pierre-en-Sentellée, avec les deux chapelles qui s'y trouvent en saillie, pour y élever une bourse couverte, afin de ne plus se réunir sur la place du Martroi, où ils sont exposés à l'intempérie de toutes les saisons.

Accordé par l'administration. (V. c, f° 22.)

27 mai 1797, ou 8 prairial an v.

PROPOS SÉDITIEUX TENUS DANS L'ÉGLISE DONATIEN.

Les administrateurs du département du Loiret à l'administration municipale d'Orléans.

« Citoyens,

« Il nous a été rapporté qu'hier, 7 prairial, on a, dans l'édifice national connu autrefois sous le nom de St-Donatien, fait une *procession* avec une solennité si apparente, si longue, si affectée et tellement sans exemple jusqu'à ce jour, qu'un individu s'est écrié : *Ah! que c'est beau! mais ce le serait encore bien plus si, comme autrefois, on eût fait cette procession dans l'arrondissement de la paroisse!.... mais, patience! on a fait mourir un roi....; dans six mois nous en aurons un qui rétablira tout....*

« Nous vous transmettons, citoyens, la mention de ce fait tel qu'il nous a été rendu, et nous vous invitons à faire les perquisitions nécessaires pour vous assurer de la vérité, et à nous faire connaître de suite les circonstances que vous aurez pu en découvrir.

« Salut et fraternité,
« Bouhébent, F. Despommiers, E. Vinson. »

29 mai 1797, ou 10 prairial an v. — Célébration de la fête de la Reconnaissance, suivant le programme de l'année précédente.

Toujours même indifférence pour ces fêtes républicaines, que les administrateurs laissaient tomber peu à peu. (V. c, f° 25.)

30 *mai* 1797, *ou* 11 *prairial an* v. — La Tour-Neuve d'Orléans est vendue, et de suite démolie par l'acquéreur, qui avait spéculé sur la vente des matériaux (*). (3-5.)

7 *juin* 1797, *ou* 19 *Prairial an* v. — Les débris de la tour Carrée, surnommée la tour Cassée, qui se trouvait dans un angle des murs de ville, entre la Tour-Neuve et la poterne Cheneau, près le guichet des Bouchers, sont abattus, et l'emplacement vendu peu après au citoyen Luton-Laillet, qui y éleva un pavillon et y plaça ses magasins de charbon de terre et de charbon de bois.

15 *juin* 1797, *ou* 27 *prairial an* v. — C'est à cette époque que l'on vit, pour la première fois, les dames d'Orléans, à l'imitation des *folles* de Paris, porter des perruques de toutes les couleurs sous leurs bonnets.

Cette mode ridicule qui changeait entièrement la physionomie des femmes, et cachait un de leurs plus beaux ornemens, fit tellement fureur qu'elle fut adoptée par les bourgeoises, les boutiquières, les ouvrières, les femmes de chambre, enfin par les grisettes, ce qui en occasionna la suppression tant désirée par les personnes raisonnables. (4-5.)

25 *juin* 1797, *ou* 7 *messidor an* v. — L'administration municipale d'Orléans arrête que tous charriots, camions, charrettes et autres voitures non suspendues, seront marquées d'un numéro attaché à l'un de leurs brancards, et que les propriétaires, voituriers ou conducteurs seront tenus de venir prendre ces numéros au secrétariat de la municipalité. (V. c, f° 37.)

(*) Cette tour avait 103 pieds de hauteur, 42 de diamètre et 126 pieds de circonférence à sa base; les murs avaient 10 pieds d'épaisseur; elle était formée de deux constructions l'une dans l'autre, dont le vide était rempli de terre battue; elle était parfaitement ronde, mais plus large à sa base; deux étages la divisaient intérieurement, ayant seulement à chacun d'eux une petite croisée sur la Loire, et garnie d'énormes barreaux de fer en forme de losanges. Elle était située sur le quai, au couchant de la porte de ville qui porte le nom de Tour-Neuve.

28 juin 1797, *ou* 10 *messidor an* v. — Célébration de la fête de l'Agriculture, suivant le programme de l'année précédente, sans zèle ni empressement. (V. c. f° 40.)

9 juillet 1797, *ou* 21 *messidor an* v. — L'administration municipale d'Orléans, informée que dans plusieurs places et autres lieux de cette commune, il se fait, à différentes heures du jour et particulièrement le soir, des rassemblemens d'enfans qui se provoquent par des propos infâmes et des désordres de tous genres, font voler des nuées de pierres sur les passans ou dans les maisons circonvoisines, et troublent ainsi le repos ou menacent même la sûreté des citoyens;

Arrête des réglemens de police à cet effet, et les met sous la surveillance des commissaires de police. (V. c. f° 48.)

13 *juillet* 1797, *ou* 25 *messidor an* v. — En exécution de la loi du 10 brumaire an v, prohibant l'importation et la vente des marchandises anglaises, l'administration municipale d'Orléans arrête qu'un de ses membres accompagnera le commissaire du pouvoir exécutif dans les visites à faire chez les divers négocians et marchands de cette commune, pour reconnaître et constater les contraventions qui pourraient être commises à la loi précitée, et nomme le citoyen Colas de La Noue en qualité de commissaire à cet effet. (V. c, f° 48.)

14 *juillet* 1797, *ou* 26 *messidor an* v. — Célébration de la fête du 14 juillet dans la commune d'Orléans, suivant le programme de l'année d'avant, avec peu d'enthousiasme et un refroidissement remarquable de la part des autorités constituées et des habitans, qui suivirent l'exemple donné par leurs magistrats. (V. c, f° 54.)

29 *juillet* 1797, *ou* 11 *thermidor an* v. — D'après le tableau de la répartition de l'impôt foncier, montant à 240 millions pour les quatre-vingt-dix départemens de la France, publié à cette époque, celui du Loiret est taxé à la somme de 3,241,500 liv.; mais, par un dégrèvement sollicité, elle fut réduite à celle de 2,886,900 liv.; et pour l'impôt personnel, somptuaire et mobilier, à la somme de 586,900 liv., ce qui fait un total de 3,483,800 liv. (2-4-6.)

A la même époque, la population du département du Loiret fut fixée à 290,031 individus. (2-6.)

4 août 1797, ou 17 thermidor an v. — L'administration municipale d'Orléans arrête de surveiller les bateaux sur la Loire, dont plusieurs avaient été vus avec des flammes blanches et des couronnes à leurs girouettes, elle donne l'ordre d'employer la plus sévère perquisition pour découvrir ces signes. (V. c, f° 62.)

5 août 1797, ou 18 thermidor an v. — Accident affreux arrivé ce jour chez le sieur Jousset, artificier, qui logeait dans une des cellules du ci-devant couvent des Chartreux, faubourg Bannier : son magasin fit explosion sans qu'on ait su comment le feu s'était communiqué à la poudre. Son épouse enceinte et cinq ouvriers furent victimes de cette explosion épouvantable, qui renversa toutes les maisons et les murs de clôtures voisines à plus de deux cents pieds à la ronde. (4-6.)

10 août 1797, ou 23 thermidor an v. — Fête républicaine du 10 août, célébrée comme l'année précédente. (V. c, f° 64.)

20 août 1797, ou 3 fructidor an v. — Le président de l'administration municipale donne connaissance à l'administration d'un imprimé qu'il vient de recevoir sans lettre d'envoi, sous le timbre du général en chef de l'armée d'Italie (Buonaparte), et contenant la relation de la fête du 14 juillet, ainsi que des adresses des différentes divisions de cette armée, tant à celle de l'intérieur qu'au directoire exécutif.

L'administration municipale, considérant, d'après l'article 275 de la constitution, que *la force publique est essentiellement obéissante*, et que *nul corps armé ne peut délibérer* ; que dès lors les divisions de l'armée d'Italie n'auraient pas dû être rassemblées pour concerter les plans et déterminer les résolutions que leurs adresses présentent ;

Considérant que cette violation de l'acte constitutionnel n'est point l'ouvrage d'une armée intrépide, dont toutes les victoires sont consacrées à sa défense et à son affernissement, mais celui des anarchistes, qui n'ont pu égarer à ce point les soldats de la liberté qu'en calomniant à leurs yeux et les législateurs et le directoire exécutif lui-même, qu'ils ont l'audace de supposer en révolte contre l'autorité législative;

Déclare qu'elle ne peut recevoir l'envoi inconstitutionnel qui lui est fait de l'imprimé dont il s'agit;

Arrête que cet imprimé sera transmis, avec expédition de la présente délibération, au conseil des Cinq-Cents, pour l'éclairer de plus en plus sur les manœuvres des agitateurs, et qu'il sera fait envoi du même arrêté au général de l'armée d'Italie, pour offrir aux braves défenseurs de la patrie un prémunissement contre les nouveaux piéges qui pourraient leur être tendus par les ennemis de la tranquillité publique;

Enfin, qu'il sera pareillement envoyé, tant au ministre de la police générale qu'à l'administration centrale du département du Loiret, une expédition du présent arrêté.

TASSIN-HUDAULT, président; RABELLEAU, DUFRESNÉ, DELALOGE, MATHIEU, DE LA NOUE, BOUCHER DE MÉZIÈRES, administrateurs municipaux; MEUNIER, commissaire du pouvoir exécutif; AIGNAN, secrétaire. (V. c, f° 69.)

24 *août* 1797, *ou* 7 *fructidor an* v. — Mort de Louvet, de Paris, rédacteur du journal politique *la Sentinelle*, et député du département du Loiret à la Convention nationale. (4-6.)

27 *août* 1797, *ou* 10 *fructidor an* v. — Célébration de la fête des Vieillards dans la commune d'Orléans, avec une telle indifférence, que les administrateurs et les citoyens semblaient s'entendre parfaitement pour faire tomber ce genre de réjouissance. (V.c, f° 75-5.)

31 *août* 1797, *ou* 14 *fructidor an* v. — Le directeur des spectacles d'Orléans (salle de l'Etape et celle du cloître Saint-Aignan), ayant négligé de présenter son répertoire à l'administration municipale, et fait jouer la pièce intitulée *les Amans généreux*, en l'annonçant sous un autre titre, ce qui avait occasionné du trouble, l'administration

municipale a ordonné la fermeture des deux théâtres. (V. c, f° 79.)

2 septembre 1797, *ou* 16 *fructidor an* v. — L'administration municipale accorde à des pétitionnaires la jouissance de l'église de Recouvrance, à la condition qu'ils la prendront dans l'état où elle est, et que nul ministre du culte catholique ne pourra y exercer ses fonctions, s'il ne fait préalablement la déclaration exigée par la loi du 17 vendémiaire de l'an IV, sur l'exercice et la police des cultes. (V. c, f° 79.)

4 septembre 1797, *ou* 18 *fructidor an* v. — L'administration municipale d'Orléans, extraordinairement convoquée, s'est réunie à neuf heures du soir.

Le président a annoncé à l'administration que, des cinq voitures publiques qui arrivent tous les soirs de Paris en cette commune, il n'en est pas encore venue une seule, ce qui suppose nécessairement dans Paris des événemens extraordinaires qui exigent de l'administration une surveillance active et habituelle.

L'administration se constitue provisoirement en état de permanence non interrompue, arrête que deux commissaires de police se rendront de suite à la porte Bannier, où ils seront établis pour examiner les papiers des voyageurs, et que les autres commissaires resteront à la maison commune pour être prêts à se porter partout où il sera nécessaire. (V. c, f° 80.)

5 septembre 1797, *ou* 19 *fructidor an* v. — Le conseil permanent municipal d'Orléans, n'ayant point de nouvelles, ne s'est point séparé et a arrêté, avec le commandant de la place, de faire faire des patrouilles et de prendre toutes les précautions imaginables pour maintenir la paix qui régnait dans la ville. (V. c, f° 81.)

6 septembre 1797, *ou* 20 *fructidor an* v. — A quatre heures du soir, un courrier extraordinaire a apporté à l'administration municipale d'Orléans, l'état des jugemens rendus par le tribunal correctionnel de Paris, pendant la première décade de thermidor. (V. c, f° 81.)

7 septembre 1797, *ou* 21 *fructidor an* v. — L'administration municipale d'Orléans, avertie que le calme est rétabli à Paris, et ayant reçu de l'administration centrale du département diverses proclamations du directoire exécutif et autres pièces essentielles relatives aux événemens du 18 fructidor, qui doivent être publiées et affichées demain dans l'arrondissement, sous sa surveillance, fait prévenir le commandant de la place pour qu'il ait à faire tenir prêts des détachemens de troupes de ligne et de gardes nationaux, à l'effet d'escorter les commissaires de police pour la promulgation des proclamations et autres pièces imprimées qui viennent de lui être annoncées.

Événemens qui ont amené la journée du 18 *fructidor.*

Le souvenir du despotisme conventionnel avait fait restreindre de plus en plus le pouvoir exécutif; il était faible et pauvre (*). Au lieu d'étaler cette magnificence royale que les Français aimaient tout en déclamant contre elle, il vivait de rien et gouvernait avec peu de chose. Quelques légers impôts subvenaient aux frais de ses nombreuses armées; les étrangers dépensaient en France plus d'argent pour corrompre et diviser que le pouvoir n'en avait pour maintenir l'ordre. La liberté de la presse était plus entière qu'elle ne l'avait jamais été; les journaux des partis extrêmes péroraient à leur aise contre le gouvernement : le blâme et le ridicule étaient versés sur ses actes et sur ses membres; on trouvait la République trop bourgeoise. Le parti royaliste, organisé par les nombreux agens des Bourbons, conspirait à Clichy et cherchait à faire un Monck de quelque général. Aux crédules Vendéens, qui, toujours dociles à la voix de leurs prêtres et de leurs nobles, s'étaient levés pour l'autel et le trône, avaient succédé les *chouans*, insurgés nocturnes qui infestaient les grandes

(*) Cinq chaises de paille et une table vermoulue, ce fut tout le mobilier que trouvèrent au Luxembourg les dépositaires du pouvoir exécutif de la République, et c'est dans cet état qu'ils décidèrent qu'ils feraient face à tout. Les caisses publiques étaient vides, les subsistances manquaient, il n'y avait plus de commerce, trente milliards d'assignats sans valeur avaient appauvri la France et la misère était à son comble.

routes; les anarchistes faisaient au camp de Grenelle la tentative de relever la Montagne. Comment résister à ces conspirations de Babeuf, de Poli et autres, sans mesures violentes? Le renouvellement amena dans les conseils une majorité de royalistes qui cacha peu l'intention de renverser le directoire. Deux des directeurs, Carnot et Barthelemy, étaient du complot. Les trois autres avaient à choisir ou de commettre le crime de violer la constitution ou de la laisser tomber: ils prirent le premier parti. Soutenus par l'armée d'Italie que commandait Augereau, et par celle de Hoche, ils firent occuper militairement le corps législatif : cinquante-et-un représentans, les deux directeurs et des journalistes furent condamnés à la déportation. (V. c, f° 84-5.)

8 septembre 1797, ou 22 fructidor an v. — A neuf heures du matin, il a été fait lecture, dans les principaux lieux de la commune d'Orléans, et avec tout l'appareil dont elle était susceptible, de toutes les proclamations et autres pièces envoyées de Paris par le directoire exécutif. (V. c, f° 84.)

9 septembre 1797, ou 23 fructidor an v. — A midi, l'administration municipale d'Orléans ouvre sa séance; le secrétaire a fait lecture des lois suivantes qu'il vient de recevoir :

1°, Loi portant que les individus nommés à des fonctions publiques par les assemblées primaires, communales et électorales de l'an v, cesseront toutes fonctions à l'instant de la publication de la présente loi, sous les peines portées par l'art. 6 de la 5e section du titre 1er de la 2e partie du Code pénal ;

2°, Loi qui condamne à la déportation dans les lieux désignés par les directeurs, deux de leurs collègues (Carnot et Barthélemy), cinquante-et-un députés, plusieurs journalistes et le commandant des grenadiers du corps législatif (Ramel);

3°, Loi qui condamne à être déportés en Espagne tous les individus de la maison de Bourbon.

En conséquence de la première loi ci-dessus désignée, les citoyens Dufresné l'aîné, Delaloge-Ligny, Rabelleau,

Boucher de Mézières, administrateurs réélus au mois de germinal dernier, se sont sur-le-champ retirés et ont demandé acte de la cessation de leurs fonctions. (V. c, f° 85.)

Circulaire des administrateurs du département du Loiret aux administrateurs municipaux du département.

« Citoyens,

« Nous vous envoyons ci-joint des exemplaires en placards de la loi, contenant des mesures de salut public prises relativement à la conspiration royale : vous voudrez bien, aussitôt que ces exemplaires vous seront parvenus, la faire publier à son de trompe ou de tambour et la faire afficher ;

« Vous remarquerez, citoyens, que l'art. 4 de cette loi exige que les individus nommés à des fonctions publiques par les assemblées primaires et communales cessent leurs fonctions à l'instant de la publication de cette loi.

« Vous voudrez bien, en conséquence, et conformément à l'art. 188 de la constitution, vous adjoindre, en remplacement de ceux de vos collègues qui ont été nommés par les dernières assemblées primaires et communales, des citoyens probes ; et en nous faisant connaître, sans aucune perte de temps, le résultat des dispositions que vous aurez faites pour l'exécution de cette loi, nous envoyer les noms des citoyens que vous vous serez adjoints.

« Salut, etc.

« Brillard, président ; Simon, Trumeau, Plouvyer, Boucher, administrateurs ; Labbé, commissaire du pouvoir exécutif ; Bignon, secrétaire. » (2-5. V. c, f° 85.)

11 *septembre* 1797, *ou* 24 *fructidor an* v. — Le commissaire du pouvoir exécutif près l'administration municipale a demandé qu'il fût affiché sans retard un avis relatif au serment exigé de tous les ministres des cultes par l'article 25 de la loi du 19 fructidor courant.

L'administration municipale d'Orléans, faisant droit au réquisitoire du commissaire du pouvoir exécutif, prévient les ministres de tous les cultes qu'en exécution de l'art. 25 de la loi du 19 fructidor présent mois, qui leur en interdit l'exercice sans avoir préalablement prêté le serment de *haine à la royauté et à l'anarchie, d'attachement et de fidélité à la République et à la Constitution de l'an* III. Il est ouvert, à compter de ce jour, au secrétariat de la municipalité, un registre (nous possédons ce registre) destiné à recevoir les prestations dudit serment (V. c, f° 87.)

A onze heures du matin, l'administration municipale a reçu de l'agent municipal d'Artenay la lettre suivante :

« Citoyens,

« Je vous préviens que le 25 du présent mois, il passera chez vous un détachement d'environ cent cinquante-six hommes conduisant quatre voitures de prisonniers, commandé par un général de brigade et son état-major, avec cent quatre-vingt-six chevaux : ils prendront le logement et les vivres chez vous.

« Salut et fraternité,
« AMY, agent municipal. »

A six heures du soir, l'administration municipale a reçu la réquisition suivante :

« Le général de brigade Dutertre, commandant l'escorte chargée de la conduite des condamnés à la déportation, requiert les administrateurs composant la municipalité d'Orléans de choisir un de ses membres pour se transporter de suite dans le local où sont les détenus, pour s'assurer de leurs personnes sur sa responsabilité.

« Le général de brigade,
« DUTERTRE. (V. c, f° 88.) »

A huit heures du soir, l'administration municipale a reçu du général Dutertre un nouveau réquisitoire ainsi conçu :

« Le général de brigade Dutertre, commandant l'escorte destinée à protéger l'arrivage des condamnés à la déportation;

« En vertu d'un arrêté du ministre de la guerre, par lequel il invite les administrateurs des départemens où passera le général Dutertre à donner tous les secours pécuniaires ou autres dont il pourrait avoir besoin, requiert l'administration municipale d'Orléans de lui faire compter 4,000 liv. pour le service de sa mission.

« Le général de brigade,
« DUTERTRE. »

L'administration municipale a arrêté que, pour l'argent, il serait envoyé à l'administration départementale ; pour les autres secours, a requis sur-le-champ le commandant de la garde nationale à multiplier pendant la nuit les patrouilles, surtout aux alentours de la maison des Minimes, et l'ordre de tenir une force suffisante de troupes pour se porter où besoin serait (*). (V. c, f° 89.)

12 *septembre* 1797, *ou* 22 *fructidor an* v. — A dix heures du matin l'administraton municipale s'étant de nouveau réunie, les commissaires de police ont annoncé que le départ des prisonniers condamnés à la déportation

---

(*) Les déportés qui avaient été conduits au Temple, à Paris, en sortent le 22 fructidor (8 septembre). Ils furent renfermés dans des chariots ou espèces de cages entourées de barreaux de fer. Ces prisonniers étaient au nombre de seize dont voici les noms : Barthelémy, Villot, Murinay, Delarue, Ramel, Barbé-Marbois, Trançon-Ducoudray, Aubry, Dassonville, Lafond-Ladebat, Rovère, Brottier, Pichegru, Bourdon, Lavilheurnois et Letellier, domestique de Barthelémy, qui voulut partager le sort de son maître. Pendant la route de Paris à Orléans, qui dura trois jours, les déportés étaient déposés chaque soir dans des cachots ; à peine la nourriture qu'on leur donnait suffisait-elle pour les empêcher de mourir de faim.

Mme de Marbois résidait dans ses biens, auprès de Metz. En apprenant l'infortune de son mari, elle se rend à Paris : les déportés étaient partis ; elle les suit, sans se donner le temps de solliciter auprès du directoire la permission de voir son époux à l'endroit où elle pourrait l'atteindre. Le général de brigade Dutertre refuse à Mme de Marbois la satisfaction de parler à son mari ; les geôliers d'Orléans, moins inhumains, l'introduisirent dans la prison des Minimes, déguisée en porte-clé ; elle ne devait y rester qu'un quart-d'heure : avant que la quinzième minute fût écoulée, M. de Marbois, recueillant ses forces, conduisit vers ses compagnons sa respectable épouse. « Mes amis, leur dit-il, je vous présente Mme de « Marbois, qui, au moment de se séparer de moi, veut aussi vous faire « ses adieux. » Aussitôt tous l'entourèrent avec transport : elle leur souhaita, non du courage, mais de la patience. Comme elle fondait en larmes, « Partez! lui dit M. de Marbois, partez! il en est temps! » et, l'emportant dans ses bras jusqu'à la porte du cachot, il tomba évanoui ; on eut beaucoup de peine à le rappeler à la vie. (5-6.)

M. de Marbois eut le bonheur de se sauver de Cayenne, lieu de sa déportation ; et revenu en France, il eut la satisfaction de retrouver son héroïque épouse et de mourir entre ses bras.

(*Note du citoyen* CLÉMENT, *concierge de la prison des Minimes.*)

s'était fait ce matin à cinq heures dans le plus grand calme, et que la commune entière était toujours dans un état parfait de tranquillité. (V. c, f° 90.)

14 septembre 1797, ou 28 fructidor an v. — Mort de la veuve Bourdon, mère du trop célèbre représentant du peuple Léonard-Bourdon, qui, depuis l'affaire de son fils à Orléans, s'était fixée dans cette ville; elle habitait une petite maison près l'église de St-Marceau, où elle vivait assez misérablement. (1-6.)

15 septembre 1797, ou 29 fructidor an v. — L'administration municipale d'Orléans, sur le rapport de la division de la police civile, arrête :

1°, La fête de la fondation de la République sera célébrée dans cette commune le 1er vendémiaire prochain, à midi ;

2°, Tous les fonctionnaires publics et employés, ainsi que les membres du jury d'instruction et les instituteurs, seront invités à se réunir pour cet effet à la maison commune ;

3°, Le cortége se rendra sur la place de la République, où sera construit un temple à colonnes, au milieu duquel sera placé l'autel de la patrie; en cas de mauvais temps, la cérémonie aura lieu dans la grande salle de la mairie;

4°, Les membres du jury d'instruction seront invités à déclarer publiquement les noms des citoyens qu'ils auront jugés avoir contribué, par leurs écrits, à l'établissement de la République, et à lire les discours et poëmes qui leur auront paru mériter des prix d'éloquence et de poésie ; si les auteurs sont présens, ils seront couronnés;

5°, Il sera pareillement écrit aux artistes dramatiques pour leur recommander de se rendre à la fête avec la musique du théâtre, et d'y exécuter des hymnes patriotiques ;

6°, Dans l'après-midi, la garde nationale et la troupe de ligne feront des évolutions militaires qui seront suivies, autant qu'il sera possible, de courses, de danses et de jeux. (V. c, f° 91.)

17 septembre 1797, ou 1er jour complémentaire an v. — L'administration municipale d'Orléans, informée que quelques personnes se sont faussement persuadées que les lois des 2 août 1792 et 2 prairial an IV, relatives à la cocarde nationale, étaient tombées en désuétude;

Voulant prévenir ou faire cesser toutes contraventions à ces lois, et les atteintes qui pourraient en résulter pour la tranquillité publique et particulière;

Rappelle à ses concitoyens l'obligation qui leur est généralement imposée de porter la cocarde nationale aux trois couleurs, comme le signe de ralliement de tous les Français à la Constitution républicaine, et prévient tous ceux qui négligeraient de s'en décorer, ou qui la remplaceraient par tout autre signe ou emblême, qu'ils seront poursuivis conformément aux lois et réglemens.

Fait en la maison commune, etc. (1-5.)

22 *septembre* 1797, *ou* 1er *vendémiaire an* VI. — Vu la pétition de plusieurs citoyens qui demandent l'orgue de St-Euverte pour l'église de St-Aignan, l'administration municipale arrête que le buffet d'orgues sera placé dans l'église de St-Aignan, à la charge, par les commissaires temporels de cette église, de frayer aux dépenses que ce déplacement occasionnera, d'entretenir l'orgue en bon état, et de le rendre à la première réquisition qui leur en sera faite par l'administration (*). (V. c, f° 92.)

22 *septembre* 1797, *ou* 1er *vendémiaire an* VI. — Fête de la République : elle a été célébrée comme l'année précédente.

12 *octobre* 1797, *ou* 21 *vendémiaire an* VI. — L'administration municipale d'Orléans, conformément à la loi du 19 fructidor dernier, arrête que des ordres seront donnés au citoyen Paul, son commissaire, de faire apposer les scellés au domicile, et sur les meubles, effets, titres et papiers des individus qui sont compris dans la loi du 19 fructidor dernier, et cela le plus promptement possible. (4-6).

(*) Plus tard, ce buffet d'orgues n'ayant pas été enlevé par les demandeurs, il fut vendu et placé dans l'église de Saint-Paterne.

19 *octobre* 1797, *ou* 28 *vendémiaire an* vi. — Présens, les administrateurs municipaux: Tassin-Hudault, président; Colas de La Noue, Mathieu, Lacaze-Benoist, administrateurs; Meunier, commissaire du pouvoir exécutif; Aignan, secrétaire.

Le commissaire du pouvoir exécutif a mis sous les yeux de l'administration l'arrêté du directoire exécutif dont la teneur suit:

« Le directoire exécutif, considérant que des sept membres composant l'administration municipale d'Orléans, quatre sont atteints par la loi du 19 fructidor dernier, *Rabelleau, Delaloge-Ligny, Dufresné l'aîné, Boucher de Mézières*; et, à l'égard des trois autres, Colas de la Noue, Mathieu, Lacaze-Benoist, *qu'ils ont tous laissé tellement pervertir l'opinion publique dans cette commune, par le retour des établissemens de la superstition et du fanatisme, le mépris des fêtes nationales, et la tolérance de la représentation de diverses pièces de théâtre inciviques, que le nom de républicain y était devenu un signal de proscription;*

Arrête, en vertu des art. 196 et 198 de l'acte constitutionnel, et la loi du 19 fructidor dernier:

1°, Les membres élus en l'an iv, et tous autres composant actuellement l'administration municipale d'Orléans sont destitués;

2°, Le directoire nomme pour remplir les fonctions de ladite administration, les citoyens Jacob l'aîné, imprimeur; Lebrun, architecte; Benoist des Hauts-Champs, manufacturier; Rondonneau, marchand de draps; Mandet, commissionnaire de roulage; Basseville l'aîné, potier de terre, et Dulac, propriétaire;

3°, Le ministre de l'intérieur est chargé de l'exécution du présent arrêté, qui ne sera point imprimé.

Pour copie conforme:
Reveillière-Lepeaux, président.

Le commissaire du pouvoir exécutif (Labbé) a requis, et l'administration municipale a arrêté l'enregistrement de cette délibération, en conséquence de laquelle les administrateurs municipaux ont à l'instant même cessé leurs fonctions,

Et de suite sont entrés en la salle ordinaire des séances, sur l'invitation du commissaire du directoire exécutif, les citoyens Jacob, Dulac, Mandet et Basseville l'aîné, appelés par le gouvernement pour entrer dans la composition de la nouvelle administration municipale.

Lesdits citoyens, acceptant les fonctions, ont préliminairement prêté le serment de *haine à la royauté et à l'anarchie, attachement et fidélité à la République et à la Constitution de l'an* III, et, après s'être respectivement donné l'accolade fraternelle, ils ont procédé à l'élection de la présidence provisoire, à laquelle les suffrages ont porté le citoyen Jacob aîné ; lequel ayant de suite pris séance, l'administration a appelé pour son secrétaire provisoire le citoyen Voillaume, secrétaire adjoint de la précédente administration.

Après avoir réglé la distribution des affaires, l'administration a arrêté que, soit dans son sein, soit dans ses bureaux, il ne sera donné aux personnes qui s'y présenteraient, d'autre titre que celui de citoyen, de quelque dénomination qu'elles puissent se servir, afin de les ramener par cette invitation muette à la qualification de citoyen, si digne d'un Français républicain. (V. c, f° 104.)

21 octobre 1797, ou 30 vendémiaire an VI.

Procès-verbal des honneurs funèbres rendus à la mémoire du général Hoche, surnommé le pacificateur de la Vendée.

Les autorités constituées, tous les corps civils et militaires s'étant réunis en la maison commune, sur l'invitation municipale, pour la célébration de la pompe funèbre indiquée pour ce jour par la loi du 6 du présent mois dans toutes les grandes communes de la République, en l'honneur du général Hoche, toute la force armée en station à Orléans, les vétérans nationaux et un détachement de la garde nationale, rassemblés sur la place, le cortége s'est mis en marche, dans l'ordre indiqué, au son d'une musique lugubre, les tambours voilés se faisant entendre de distance en distance ; il s'est acheminé par les rues de la Bretonnerie et Bannier, la bannière départementale et les drapeaux baissés, la force armée les armes basses; des enfans portaient des corbeilles de fleurs. Arrivé à la place de la République, où un autel avait été dressé, portant une pyramide en forme de mausolée, avec des inscriptions rappelant les services rendus à la République par ce vaillant général, trop tôt ravi à son pays ; quatre peupliers ornés de guirlandes et de festons en cyprès environnaient l'autel. Les autorités et les corps rendus sur l'estrade avec les chefs de la force armée, le président de l'administration municipale d'Orléans a prononcé à haute voix le discours dont la lecture a été ordonnée par l'arrêté du directoire exécutif. Ce discours entendu avec un silence religieux, a été couronné par des acclamations et des cris de *Vive la République!* des airs patriotiques et des strophes analogues au sujet se sont ensuite fait entendre. Les airs *Mourir pour la patrie*, *Veillons au salut de l'empire* ont été exécutés, ainsi que le *Chant du départ*, et, pendant leur exécution, les enfans jetaient des fleurs sur le mausolée.

Les corps civils et militaires, après avoir déposé au pied de la pyramide des branches de cyprès, sont descendus de l'estrade, et le cortége a repris sa marche au son d'une musique nombreuse et guerrière, faisant retentir des airs patriotiques. Arrivés sur la place de la Commune, les autorités se sont séparées, et la force armée s'est retirée dans ses quartiers.

Fait et rédigé, etc. (V. c, f° 107.)

24 octobre 1797, *ou* 3 *brumaire an* VI. — Sur la proposition d'un membre, le conseil municipal d'Orléans a délibéré qu'il serait fait une adresse au corps législatif et au directoire exécutif, pour leur exprimer les sentimens de l'administration municipale régénérée, et son vœu constant pour l'exécution des lois, le maintien de la constitution de l'an III et du gouvernement qu'elle nous a donné. Le citoyen président est invité à se charger de la rédaction pour la séance de demain. (V. D, f° 4.)

25 *octobre* 1797, ou 4 *brumaire an* vi. — Le président de l'administration municipale présente les deux adresses, et elles sont adoptées dans les termes suivans :

« Citoyens directeurs,

« Il est donc vrai que nos concitoyens jouiront à leur tour des bienfaits que leur a préparés l'immortelle journée du 18 fructidor; il est donc vrai que le génie de la liberté a reparu sur notre horizon, et qu'il en a expulsé les ennemis de la République.......... Déjà le patriote persécuté a repris son courage et son énergie ; déjà le titre honorable de citoyen se fait entendre, et le peuple, détrompé, se rappelle avec plaisir les maximes républicaines que les partisans de la royauté et du fanatisme s'efforçaient de lui faire oublier. Nous l'avons vu se presser autour de nous pour répandre des fleurs sur la tombe d'un héros moissonné dans le printemps de l'âge, et ces cris chéris de *Vive la République!* qui depuis long-temps décoraient seulement les procès-verbaux des fêtes nationales, ont retenti dans l'enceinte de notre cité, et ont porté l'alarme et le désespoir dans l'âme des satellites du trône.

« Citoyens directeurs, en sauvant les représentans du peuple restés fidèles à sa cause, en frappant les conspirateurs qui avaient médité la destruction de la Charte qu'il a acceptée librement en l'an III, vous vous êtes acquis des droits imprescriptibles à sa reconnaissance. Chargé par vous de faire respecter cette Charte mémorable, et de la défendre contre ses ennemis, trouvez bon que nous suspendrons un instant les fonctions importantes que vous nous avez confiées, pour vous protester de notre dévoument sans bornes, et vous prier de recevoir de nouveau notre serment de haine à la monarchie, à la royauté, fidélité aux lois de la République et à la Constitution de l'an III. »

« Citoyens législateurs,

« Les journées des 18 et 19 fructidor ne sont plus un événement infructueux pour la commune d'Orléans; le directoire exécutif du 17 vendémiaire, en nous appelant aux fonctions municipales, a compté sur notre dévoûment et notre patriotisme ; daignez, Législateurs, en recevoir notre assurance sincère, et permettez-nous de renouveler entre vos mains le serment que nous avons prêté en arrivant à notre poste.

« Agir beaucoup et parler peu sera l'une des maximes le plus scrupuleusement suivies. Nous sommes décidés à faire respecter la Constitution et les lois, à ranimer l'esprit public que des conspirateurs avaient totalement détruit, et à imiter en tout votre fermeté et votre justice.

« Législateurs, directeurs, généraux, soldats, tous ont fait leur devoir dans ces momens de crise ; nous ferons le nôtre..... Ne sauvons plus tous les jours la République ; maintenons-la....... En marchant tous d'accord, le sol de la liberté sera bientôt purgé de ses ennemis, et le peuple discernera facilement le Républicain vertueux d'avec le royaliste sanguinaire et dévastateur.

« Vive la République une et indivisible ! »

Un membre fait observer qu'au-dessus de tous les bureaux des administrations de Paris, il est écrit :.... « *On s'honore ici du titre de citoyen,* » et demande que cette inscription patriotique soit posée au-dessus des deux croisées de la grande salle faisant face à la porte d'entrée.

Le Conseil adopte la proposition. (V. D, f° 4-5.)

28 *octobre* 1797, *ou* 7 *brumaire an* VI. — Par ordre du conseil municipal d'Orléans, les noms de tous les ecclésiastiques de la commune, qui avaient, en conformité de la loi du 19 fructidor dernier, prêté le serment de haine à la royauté et à l'anarchie, d'attachement et de fidélité à la République et à la Constitution de l'an III, sont imprimés sur des affiches en placards et placés sur les principales portes des églises désignées dans le rapport textuel ci-après reproduit :

« L'an VI de la République française, une et indivisible, le 7 brumaire, avant midi, nous soussigné, André-François Truchot, commissaire de police de la commune d'Orléans, y demeurant, ai, suivant l'ordre à moi transmis par le citoyen Lavielle, commissaire central de ladite commune, assisté de l'afficheur de la municipalité, pour le voir et faire afficher la prestation de serment des ministres du culte catholique, dans les lieux destinés au culte catholique, et ce au nombre de trente exemplaires, savoir :

« 30 à St-Paterne, 30 à St-Vincent, 30 à St-Donatien, 30 à St-Marc, 30 à Ste-Croix, 30 à l'Hôtel-Dieu, 30 à St-Marceau, 30 à St-Paul, 30 à l'Hôpital, 30 à St-Laurent,

« Selon les ordres que j'en ai reçus. En foi de quoi, etc. (1-6.) »

30 octobre 1797, ou 9 brumaire an VI.

L'administration centrale du Loiret (qui venait d'être renouvelée), *et le commissaire du directoire exécutif près cette administration, aux administrations municipales et aux commissaires du directoire exécutif près chacune d'elles.*

« Citoyens,

« Nous venons de prendre un arrêté à l'effet d'ordonner l'exécution des différentes lois relatives à la déportation et à la réclusion des ecclésiastiques non assermentés, ou qui ont fait leur rétractation : nous vous en envoyons ci-joint un exemplaire, et nous vous engageons à prendre toutes les mesures convenables pour en assurer l'exécution.

« Salut et fraternité,

« Vinson, président ; Despommier, Bouhebent, Bazin, Ballot, administrateurs ; Labbé, commissaire du pouvoir exécutif ; Bignon, secrétaire-général. (2-5.) »

4 novembre 1797, ou 14 brumaire an IV. — Un membre de l'administration municipale présente les observations suivantes :

« Citoyens,

« Les premiers pas de votre carrière administrative sont déjà marqués par des actes qui ne laissent aucun doute sur les sentimens qui vous animent. Offrir au peuple de nouveaux témoignages de votre activité et de votre zèle à porter, dans toutes les parties qui vous sont confiées, un œil sévère et réformateur des abus dont il a été victime, c'est consolider des succès que nous a préparés le gouvernement dans les journées des 18 et 19 fructidor ; c'est remplir d'une manière honorable le mandat que vous avez accepté avec courage ; enfin, c'est travailler à l'affermissement de notre République et au maintien de la liberté et de l'égalité, sans lesquelles il n'est point de bonheur parfait dans l'ordre social.

« L'administration qui existait en l'an II déféra au désir manifesté par les onze sections de la commune, de faire disparaître les dénominations féodales et fanatiques, que l'orgueil, dans des temps plus reculés, avait données à beaucoup de rues de cette cité : à cet effet, elle adopta le travail présenté par les commissaires choisis dans chaque section. Ce travail, en annonçant des intentions pures, avait néanmoins été fait d'une manière précipitée et irréfléchie. Les dénominations de Marat, la Montagne, etc., vous en offrent une preuve irrécusable, et vous démontrent qu'en révolution surtout, ce n'est qu'avec le temps qu'on peut asseoir son jugement sur les événemens et sur les hommes qui y ont joué un rôle plus ou moins frappant. D'après ces principes, vous auriez donc eu des changemens à y faire, dans le cas même où vos prédécesseurs n'auraient pas fixé leur attention sur cette partie.

« Je me suis fait représenter le registre des séances, conformément à l'une de vos délibérations. Après avoir examiné les considérans qui précèdent la délibération prise le 12 nivôse de l'an V, j'ai reconnu que si, en l'an II, l'impulsion civique avait présidé aux changemens qui eurent lieu à cette époque, il en a été tout autrement en l'an V. La lecture du procès-verbal suffira seule pour vous convaincre qu'il a été réfléchi et rédigé avec cet esprit qui est tout-à-fait contraire à vos opinions, et qui blesse notoirement la Constitution, qui ne reconnaît plus *ni les évêchés, ni les croix de Malte, encore moins les cloîtres, les chevaliers, les anges et les saints.*

« D'après toutes ces considérations, voici les changemens que je vous propose d'arrêter définitivement, en vous invitant à donner à votre voyer les ordres nécessaires pour que votre délibération reçoive l'exécution la plus prompte :

NOMS ANCIENS.	NOMS RÉPUBLICAINS.	NOUVELLES DÉNOMINATIONS.
Cloître St-Samson...	Place du Club....	Place Samson.
Cl. St-Pierre-le-Puellier	Place Méridionale...	Place Fleurus.
Faubourg Bourgogne.	Faub. de la Côte-d'Or.	Faubourg Bourgogne.
Faubourg St-Vincent.	Faubourg Marat....	Faubourg Vincent.
Porte St-Vincent...	Porte Marat.......	Porte Vincent.
Porte St-Jean.	Porte Lepelletier...	Porte Jean.
Rue Crucifix-St-Aignan	Rue Chalier.....	Rue de l'Amitié.
Rue du Paradis.....	Rue de la Montagne.	Rue du Bonheur.
Rue des Images...	Rue de la Franchise..	Rue des Images.
Rue St-Germain...	Rue de Curtius.....	Rue Germain.
Rue des Juifs..	Rue Bayle.....	Rue des Juifs.
Rue St-Victor....	Rue Beaurepaire...	Rue Victor.
Rue du Bourdon-Blanc.	Rue des Vieux-Fossés.	Rue du Bourdon-Blanc.
Rue de la Crosse....	Rue Tricolore.....	Rue de la Crosse.
Rue des Carmelites...	Rue des Boulevarts...	Rue des Anglaises.
Rue St-Martin-du-Mail.	Rue Descartes.....	Rue Martin.
Rue St-Georges....	Rue du Bien-Monté..	Rue Georges.
R. St-Martin-de-la-Mine	Rue du Peuple.....	Rue Martin-la-Mine.
Rue de la Bretonnerie.	Rue des Sans-Culottes.	Rue Hoche.
Rue des Vaslins...	Rue de la Prudence..	Rue Vaslins.
Rue St-Pierre.....	Rue des Piques...	Rue Pierre.
Rue St-Samson...	Rue du Club.....	Rue Samson.
Rue des Hennequins..	Rue du Temple....	Rue Hennequins.
Rue St-Eloi......	Rue du Faisceau....	Rue Eloi.
Rue Vieille-Monnaie..	Rue des Assignats...	Rue Vieille-Monnaie.
Rue des Pastoureaux.	Rue Révolutionnaire..	Rue Patureaux.
Rue des *Trois-Maries*.	Rue des Républicains.	Rue des *Trois-Maris*.
Rue du Griffon.....	Rue Gasparin......	Rue du Griffon.
R. du P.-St-Christophe.	Rue de la Vérité....	Rue Puits-Christophe.
Rue de l'Ecu-d'Or...	Rue du Bien-Public...	Rue de l'Ecu-d'Or.
Rue St-Paul......	Rue de l'Amitié...	Rue Paul.
Rue de Recouvrance.	Rue de la Surveillance.	Rue Recouvrance.
Rue Roche-aux-Juifs.	Rue de l'Activité....	Rue Roche-de-Mai.
Rue des Carmes....	Rue de la Force....	Rue de la Loi.
Rue d'Angleterre....	Rue de Voltaire....	Rue d'Angleterre.
Rue St-Laurent....	Rue des Couverturiers.	Rue Laurent.
Rue St-Michel.....	Rue Sans-Culottide...	Rue Michel.
Quai St-Laurent....	Quai des Meuniers...	Quai Laurent.
Rue Ste-Catherine...	Rue des Hôtelleries..	Rue des Hôtelleries.

Le conseil municipal arrête ledit tableau, et donne l'ordre à son voyer de le mettre de suite à exécution. (V. D, f° 17.)

11 *novembre* 1797, *ou* 21 *brumaire an* vi. — L'administration centrale du Loiret, pour donner à ses concitoyens un témoignage de l'intérêt que le gouvernement attache au progrès des sciences, a pensé qu'il était convenable d'annoncer avec pompe l'ouverture de l'École centrale, que l'art. 6 du règlement relatif à cette école, fixe au 21 brumaire de chaque année. En conséquence, accompagnée du jury d'instruction publique, des corps civil et militaire, qui avaient été convoqués à cet effet, et précédée de la musique et de l'état-major de la garde nationale, elle s'est transportée à l'École centrale (le Collége), où s'étaient rendus les professeurs de chacune des sections de l'enseignement et le bibliothécaire, les juges des tribunaux civil et criminel, les membres du tribunal de police correctionnelle, les juges et greffiers de paix, et généralement tous les fonctionnaires publics résidant à Orléans, ainsi qu'un grand nombre de citoyens.

La séance ouverte, le président de l'administration centrale (Vinson), le président de l'administration municipale (Jacob aîné), et le professeur de législation (Cotelle), prennent tour-à-tour la parole pour louer les bienfaits de l'instruction, particulièrement dans un gouvernement libre, où tout citoyen peut être appelé à l'administration du pays. Ces discours sont accueillis par les applaudissement d'un auditoire nombreux.

Le président ayant annoncé que la séance était levée, les corps administratifs ont été reconduits, au son des instrumens, jusque dans le lieu destiné à la tenue de leurs séances, après avoir fait une promenade civique.

Fait à Orléans, etc. (2-5.)

14 *novembre* 1797, *ou* 24 *brumaire an* vi. — L'administration municipale d'Orléans, voulant prévenir les malheurs causés par les incendies, arrête l'établissement d'une compagnie de pompiers et les réglemens y relatifs.

Cette compagnie fut formée de huit chefs, de vingt-deux adjoints, et d'un nombre indéterminé de pompiers.

Premiers chefs de cette compagnie : Bertrand, plombier; Denance, fondeur; Dupuis, couvreur; Hochard, chaudronnier; Basseville aîné, couvreur; Dubois, voyer et entrepreneur; Machereau, charpentier; Dufresné-Cadet, serrurier.

Les chefs portaient des casques en cuivre, les adjoints des chapeaux ronds cirés et relevés d'un côté, les pompiers des chapeaux ronds cirés, mais à très-petits bords.

Telle fut l'origine de ce corps si utile, qui depuis ce temps rend de grands services lors des incendies, et qui est regardé aujourd'hui comme l'un des mieux organisés des villes de France. (V. D, f° 26.)

14 novembre 1797, ou 24 brumaire an VI. — Vu l'arrêté de l'administration centrale, du 19 de ce mois, portant que tous les ecclésiastiques non assermentés qui seront trouvés dans l'arrondissement du département seront mis en arrestation et conduits dans la maison des Minimes, à Orléans, pour y demeurer reclus, ou pour être déportés, et que les administrations municipales emploieront tous les moyens que la loi met en leur pouvoir, pour la recherche et l'arrestation des individus atteints par les dispositions dudit arrêté départemental;

L'administration municipale ajourne sa délibération, relativement aux ecclésiastiques non assermentés qui, à raison de leur âge ou de leurs infirmités, sont seulement sujets à la réclusion, jusqu'à la connaissance qui lui sera donnée officiellement de l'instruction du ministre sur l'exécution des lois relatives aux prêtres, et arrête que la liste de ceux compris dans les art. 15 et 23 de la loi du 19 fructidor, et qui sont âgés de moins de soixante ans, sera remise, sans délai, au commandant de la gendarmerie, avec invitation de faire faire, par ses gendarmes, les recherches des individus inscrits sur ladite liste, et de faire conduire dans la maison des Minimes ceux que l'on parviendra à découvrir. (V. D, f° 28.)

19 novembre 1797, ou 29 brumaire an VI. — L'administration municipale d'Orléans accepte la démission du citoyen Poupardin l'aîné, et nomme pour le remplacer, au jury d'équité, le citoyen Lasneau aîné. (V. D, f° 31.)

23 *novembre* 1797, *ou* 3 *frimaire an* VI. — Un membre de l'administration municipale, au nom de la division de l'ordre public, a dit :

« Citoyens,

« Les dispositions de l'art. 1er de la loi du 19 fructidor an V, qui déclarent illégitimes et nulles les opérations des assemblées primaires, communales et électorales de la majeure partie des départemens, s'étendent aux élections de la garde nationale.

« Ainsi l'a décidé le ministre de la police générale, fondé sur ce qu'un arrêté d'ordre du jour du conseil des Cinq-Cents a levé les doutes qui s'étaient manifestés à cet égard, et déterminé puissamment encore par le motif de la sûreté de la République, qui ne doit être confiée qu'à de vrais républicains.

« L'administration centrale me charge en conséquence de faire procéder sans délai au renouvellement des officiers de la garde nationale du canton d'Orléans, conformément à la loi du 28 prairial an III. »

L'administration municipale arrête qu'une proclamation, à la suite de laquelle seront rappelés les articles de la constitution, relatifs à la garde nationale, sera imprimée, affichée, lue à la tête des bataillons, et envoyée au ministre de la police générale, ainsi qu'aux différentes autorités civiles et militaires de la commune. (V. D, f° 32.)

27 *novembre* 1797, *ou* 7 *frimaire an* VI. — L'administration municipale arrête un réglement pour la police de la salle de spectacle.

Parmi les articles de ce réglement, on remarque les suivans :

Les musiciens composant l'orchestre seront tous à leur poste à cinq heures et demie. Le maître de musique aura le plus grand soin de faire jouer des airs patriotiques entre les pièces et même entre les actes qui nécessitent un changement de décoration. Le directeur et le maître de musique se concerteront pour que le public soit continuellement occupé, soit par la représentation des pièces, soit par l'orchestre : l'ouverture se fera toujours par l'un des airs chéris des républicains.

Toutes les personnes qui paraîtront sur le théâtre seront vêtues décemment et d'une manière analogue à leur rôle ; nul acteur ne pourra se dispenser d'y paraître sans avoir son chapeau décoré de la cocarde tricolore; le commissaire de police citera le délinquant.

Toutes les fois qu'un acteur sera chargé d'adresser la parole au public pour annoncer une pièce ou tout autre objet, il n'emploiera d'autre dénomination que celle de citoyens.

Il y aura une représentation tous les décadis, et il ne pourra être joué, ces jours de repos, que des pièces patriotiques et républicaines. (V. D, f° 38.)

29 novembre 1797, ou 9 frimaire an VI.

Lettre des membres composant l'administration municipale d'Orléans, au citoyen Pisseau, juge de paix.

« Citoyen,

« Nous sommes prévenus qu'il existe dans la maison de la citoyenne Michel, rue de Gourville, et dans la maison des ci-devant religieuses, rue de Beauvais, n° 11, et enfin dans la rue de Mes-Chevaux, maison des citoyennes Lenornard, deux ci-devant prêtres atteints par la loi du 19 fructidor : l'un est le nommé Bataille, et l'autre le nommé Michel. Nous vous en donnons avis, et vous prions de prendre contre ces deux délinquans les mesures que la loi a mises en votre pouvoir.

« Salut, etc. » (1-6.)

D'après un ordre du directoire exécutif, signé Barras, président, les citoyens Desbois et Hammonière, notaires publics à Orléans, sont mis en arrestation comme agens très-actifs de Louis XVIII. (1-6.)

9 *décembre* 1797, *ou* 19 *frimaire an* VI. — Les négocians d'Orléans ayant présenté une pétition relative au projet d'établissement d'un inspecteur des ports, l'administration municipale, prenant cette pétition en considération, arrête :

Qu'elle invitera le corps législatif, 1°, à créer un employé sous la dénomination d'inspecteur des ports et quais dans la commune d'Orléans; 2°, à autoriser l'administration à percevoir, pour acquitter les frais de cet établissement, une somme de 1 liv. 10 s. sur chacun des bateaux, trains de bois ou radeaux abordant aux différens ports et quais, dans toute l'étendue de cette commune, pour opérer leur chargement ou déchargement. (V. D, f° 50.)

Le même jour, l'administration municipale arrête que les prêtres insermentés, sexagénaires ou infirmes, seront soumis à une sévère surveillance, après avoir indiqué leur domicile, dont les portes seront toujours ouvertes pour les commissaires de police et les gendarmes nationaux chargés de s'assurer de leur présence. (V. D, f° 52.)

19 novembre 1797, ou 29 frimaire an VI.

Le commissaire du directoire exécutif près l'administration municipale d'Orléans au ministre de la police générale, à Paris.

« Citoyen ministre,

« Je réponds à votre circulaire du 5 brumaire dernier, par laquelle vous me demandez un relevé nominatif de tous les attentats commis dans cette commune tant sur les personnes que sur les propriétés publiques et particulières, par esprit de vengeance et en haine de la république et des républicains.

« Je vais, citoyen ministre, vous reproduire sommairement la marche de la révolution dans la commune d'Orléans, mettre sous vos yeux le tableau des principaux événemens qui ont eu lieu depuis 1789 jusqu'à l'époque actuelle, et vous rappeler en même temps les diverses circonstances qui les ont produits.

« La révolution a d'abord été accueillie dans cette commune avec un enthousiasme assez général, mais sous trois points de vue différens.

« Les citoyens probes, amis de la liberté et des vrais principes, la considérant comme un ordre de choses propre à remédier aux abus qui les révoltaient et à assurer le triomphe des vertus et des talens, y sont restés constamment attachés.

« Les citoyens d'un caractère peu prononcé, les marchands, dont la classe est la plus nombreuse, accoutumés à ne considérer que leurs intérêts particuliers, n'ont calculé les crises révolutionnaires que sous le rapport des pertes qu'elles pouvaient leur occasionner ou des bénéfices qu'elles leur offraient; et l'égoïsme le plus prononcé, en comprimant en eux l'amour naissant de la liberté, a étouffé tous les germes du patriotisme.

« Une autre portion de citoyens, aussi mal intentionnés qu'ignorans, qui envisageaient la liberté comme un système subversif de tous les principes, et propre à favoriser l'ambition démesurée de la majeure partie d'entre eux, est parvenue à électriser la classe indigente du peuple, et à l'entraîner dans des mesures capables d'opérer la destruction du corps social : en projetant l'usurpation de l'autorité, elle paraissait tendre au renversement et à l'envahissement même des fortunes publiques.

« Les succès de cette dernière classe de citoyens ont produit et devaient produire les temps affreux de l'anarchie où le républicain et le royaliste étaient également froissés, parce que les dépositaires ou plutôt les usurpateurs de l'autorité, aveuglés par leurs passions, plongés d'ailleurs dans la plus profonde ignorance, étaient incapables de faire à cet égard aucune distinction.

« Mais le génie de la liberté qui plane sur la France reprit son heureuse influence; notre horizon politique s'éclaircit; le républicain, trop long-temps comprimé par la terreur, osa se montrer; la constitution de l'an III ranima son courage, et fixant le terme des maux qui l'avaient fait frémir, elle était pour lui le gage d'un gouvernement heureux et sage, l'objet constant de ses vœux. Le royaliste et l'égoïste réunis crurent, au contraire, que l'intervalle du terme de la terreur, à l'époque où la constitution devait être mise en activité, leur offrait les moyens de réussir dans leurs manœuvres, et, par esprit de vengeance et en haine pour la république, ils provoquèrent d'abord quelques hommes que des actions immorales et une conduite ultra-révolutionnaire désignaient comme terroristes, et par suite des rixes engagées entre eux leur firent éprouver, à diverses reprises, et toujours impunément, de mauvais traitemens.

« Les vrais républicains ne furent pas moins maltraités pendant l'intervalle qui semblait promettre un triomphe au royalisme. Les assemblées primaires furent convoquées le 20 fructidor an III. Les royalistes n'oublièrent rien pour comprimer l'énergie des amis de la liberté, partisans reconnus de la nouvelle constitution, en paraissant accepter la nouvelle forme de gouvernement. Cette secte impie qui formait alors la grande majorité, employait tous les moyens possibles pour renverser ce bel édifice. Les assemblées composèrent un corps électoral dont les électeurs étaient le résultat d'une intrigue calculée et dont l'effet a produit, en germinal de l'an V, une réaction telle que les ennemis de la république l'espéraient. Le mode des votes dans les assemblées primaires devint alors le signal de la proscription solennelle des vrais républicains; et pour réussir plus sûrement à les perdre, on eut grand soin dans les listes de rejet, proclamées avec affectation, de les accoler aux individus reconnus par tous les partis pour terroristes ou ultra-révolutionnaires. L'animosité des royalistes contre le gouvernement était portée à un tel point, que la moindre liaison avec les commissaires du directoire exécutif était un titre d'exclusion de toute espèce de place.

« Enfin, grâces à la sagesse et à l'énergie du directoire exécutif, la journée du 18 fructidor a assuré le triomphe de la constitution, et en opérant la chute des ennemis du gouvernement, elle a dégagé les républicains de l'état d'oppression dans lequel ils gémissaient, et, sûr du zèle actif et éclairé de ces citoyens, en l'encourageant, le gouvernement favorisera l'accroissement de ses amis, et consolidera l'édifice de la constitution.

« Pour me mettre en mesure, citoyen ministre, de vous fournir le relevé que vous désirez, j'ai cru devoir m'adresser au directeur du jury de l'arrondissement de ce canton. Il résulte de sa réponse qu'il n'a été fait aucune poursuite contre les auteurs et provocateurs des attentats de l'espèce désignée dans votre lettre, qui ait donné lieu à traduire, soit au jury, soit au tribunal correctionnel; que les juges de paix, chargés de l'instruction, n'ont constaté que les crimes et ne sont pas parvenus à trouver de preuve juridique contre les prévenus;

« Que les seules affaires de ce genre qui aient eu un commencement d'instruction, sont : 1°, l'attentat commis sur les propriétés du citoyen Bonneau, notaire : aucun prévenu n'avait été indiqué, et l'instruction ne présente pas même un léger soupçon sur aucun citoyen; 2°, l'attentat commis sur la personne d'un citoyen de Blois, qui a été *barbouillé de sang* dans le faubourg de la Liberté. Cet attentat est très-connu : les coupables étaient indiqués par la plainte; mais les témoins ont gardé le silence, et la preuve judiciaire manquait encore dans cette horrible affaire, dont les nommés *Noury* et *Vallon* étaient prévenus d'être les auteurs;

« Enfin, que le directeur du jury n'a pas connaissance qu'il ait été instruit sur d'autres délits de ce genre. La voix publique lui en a seulement indiqué d'autres, tels que l'assassinat du républicain Coupé, dont il ne connaît pas les auteurs; les mauvais traitemens exercés envers le citoyen Deschamps et un citoyen de Gien, dont est prévenu *Pécantin-Sallé*, arquebusier, rue Égalité; les mauvais traitemens exercés sur le citoyen Nicole.

« Salut et fraternité.

« MEUNIER, *commissaire du directoire exécutif près l'administration municipale.* » (1-6.)

23 *décembre* 1797, *ou* 3 *nivôse an* VI. — Plusieurs citoyens présentent à l'administration municipale la pétition suivante :

« *Aux administrateurs municipaux de la ville d'Orléans.*

« Citoyens magistrats du peuple,

« Les soussignés vous exposent que, conformément à l'article 362 de la constitution, ils sont dans l'intention de se réunir et de former un cercle constitutionnel pour le maintien de la liberté et de l'égalité;

« En conséquence, ils vous prient de leur accorder provisoirement le local dit la Chapelle du Bon-Pasteur.
 « Salut et fraternité.
 « *Signés* Despomier, Brucy, Mirey, P. Lebrun, Voilleaume, Ballot, Boihebent, Gaussain-Lejeune, Perthuy, Bazin, Baudin, Septier, Dubuisson, L.-P. Perrin, Meunier, Fontaine, Labbé, Bardin fils, E. Vinson, Grison, Doyen, Philippon, Mandet, Moisard, Rigolot. »

Vu la pétition ci-dessus, l'administration municipale d'Orléans donne acte aux pétitionnaires de la déclaration qu'ils font de l'intention où ils sont de se réunir et de former un cercle constitutionnel pour le maintien de la liberté et de l'égalité; arrête qu'ils seront tenus de faire connaître à l'administration le local où ils se réuniront, lorsqu'il sera déterminé, afin de la mettre à portée d'y exercer sa surveillance, et de s'assurer s'ils se conforment aux dispositions des lois relatives aux réunions des citoyens, et notamment à l'article 362 de la constitution, et déclare qu'il n'est pas en son pouvoir de disposer du local dit la Chapelle du Bon-Pasteur.

Fait en séance, etc.
 Jacob, président; C.-A. Dulac, Basseville l'aîné, administrateurs. (V. D. f°66.)

28 *décembre* 1797, *ou* 8 *nivôse an* vi.—Arrestation d'un malfaiteur qui, lors de sa mise en jugement, offrit, si l'on voulait lui promettre de ne pas le condamner avec trop de rigueur, de faciliter l'arrestation d'une bande de voleurs et d'assassins qui, depuis plusieurs années, désolaient une partie du département du Loiret, et qui étaient désignés sous le nom de brigands d'Orgères, parce que c'était près de ce village qu'était leur repaire. Sa demande lui ayant été accordée, il donna le signalement et les noms des chefs, désigna le lieu et l'époque de leurs rassemblemens, fit connaître leur nombre, leurs signes de ralliement, expliqua tous les termes de leur argot ou langage particulier, dont on fit, sous sa dictée, un petit

ditionnaire que l'on fit apprendre à plusieurs gendarmes intelligens; il indiqua les lieux qu'ils parcouraient le plus souvent, leurs réglemens de police, l'époque de leurs partages, leurs déguisemens, leurs usages particuliers, et même leurs diverses cérémonies pour les récompenses, les punitions et leurs mariages, ainsi que les noms et sobriquets de leurs principaux recéleurs. A l'aide de ces renseignemens, on parvint à arrêter près de trois cents de ces brigands, qui furent jugés à Chartres, ayant été pris en plus grande partie dans le département d'Eure-et-Loir, et presque tous condamnés.

Plusieurs de leurs femmes, et au moins soixante enfans, furent ramassés et placés en lieu de sûreté.

Plus de 400 témoins furent entendus dans cette affaire, dont la procédure dura onze mois, et fit beaucoup d'honneur au juge de paix d'Orgères, M. Fougeron, lequel, par son activité et ses connaissances locales, contribua beaucoup à la destruction de cette bande de voleurs, qui portaient aussi le surnom de chauffeurs, parce qu'ils brûlaient les pieds des personnes chez lesquelles ils s'introduisaient, pour leur faire déclarer où était caché leur argent. (4-6.)

29 décembre 1797, ou 9 nivôse an VI.

Les administrateurs du département du Loiret à l'administration municipale d'Orléans.

« Citoyens,

« Nous vous invitons à mettre à la disposition des citoyens composant la réunion patriotique (le Cercle constitutionnel) le local de la ci-devant Chapelle du Bon-Pasteur.

« Salut et fraternité.

« E. VINSON, président; BAZIN, DESPOMIER, BALLOT, administrateurs. » (2-6.)

29 *décembre* 1797, *ou* 9 *nivôse an* VI. — Le commissaire du directoire exécutif près l'administration municipale a déposé sur le bureau un paquet qu'il a déclaré lui avoir été adressé par le ministre de la police générale pour l'administration, avec ordre de ne le présenter à l'ouverture que le 15 au matin.

Le citoyen président l'ayant ouvert, il s'est trouvé contenir une lettre du ministre des finances où sont rappelées les perfidies multipliées du seul ennemi qui reste en ce moment à la nation française, l'Angleterre. Les lois qui prohibent toutes les marchandises venant de ce pays, et la ferme volonté du gouvernement pour leur proscription. A cette lettre étaient joints vingt modèles de procès-verbaux de confiscation de ces marchandises, prêts à remplir s'il s'en trouvait chez aucun des marchands de cette commune.

Sur le réquisitoire du commissaire exécutif, il a été sur-le-champ fait une liste de tous les négocians présumés dans le cas d'en avoir; la liste dressée, et les membres s'étant partagé les divers quartiers de cette commune, ils se sont aussitôt mis en marche avec une force armée suffisante pour faire respecter l'autorité, et que le citoyen commissaire avait eu le soin de faire commander la veille. Ils se sont respectivement portés dans les différens magasins à l'effet de procéder à la visite de tous les objets y contenus et s'assurer s'il n'y avait rien de contraire à la loi du 10 brumaire an v, prohibitive de toutes marchandises anglaises. Chaque administrateur rapportera à la séance de demain le résultat de son opération. (Il ne s'est rien trouvé en contravention.) (V. D, f° 75).

30 *décembre* 1797, *ou* 10 *nivôse an* VI.—Mort de François-Benoît Rozier, né en 1733, chanoine de St-Aignan, ex-professeur de belles-lettres chez les Jésuites. Il a laissé plusieurs oraisons funèbres. C'était un homme lettré, modeste, de mœurs douces, et l'un des plus respectables ministres du culte catholique à Orléans. Il mourut cependant des suites d'une détention non méritée et qu'il avait subie en 1797. (5-6.)

1798.

4 janvier 1798, *ou* 15 *nivôse an* VI.—Les membres du cercle constitutionnel d'Orléans ayant obtenu de l'administration départementale du Loiret l'église du Bon-Pasteur, dans la rue Pavée, font l'ouverture de leur séance.

Le citoyen Septier, président nommé par acclamation, monte à la tribune et prononce le discours suivant :

« Citoyens,

« Vous dire pourquoi nous nous trouvons réunis fraternellement dans cette enceinte, ce ne serait que pour vous rendre à vous-mêmes, et en pleine assemblée, les sentimens d'attachement inviolable à la constitution de l'an III, que vous portez dans votre cœur et que vous avez constamment manifestés.

« Un cercle constitutionnel dans les circonstances présentes n'est point une réunion sans but et sans motif : autant aurait-il valu rester chacun chez soi.

« Quelle est donc la tâche que nous devons nous imposer? Celle de francs et loyaux républicains qui veulent s'opposer de toutes leurs forces aux nouvelles entreprises que projettent sourdement les ennemis de la constitution et du gouvernement actuel.

« Ils se cachent aujourd'hui, ces hommes pervers, incorrigibles; ils travaillent dans l'obscurité, comme les taupes, à fouiller autour des fondations de l'édifice constitutionnel....

« Nous le savons : nous les poursuivrons jusque sous terre; en jetant çà et là la fange qui les couvre, nous les forcerons, n'en doutez pas, de renoncer à leurs ténébreux projets.

« Ces lâches corrupteurs de l'opinion du peuple, ces frénétiques illuminés oseraient-ils encore, au milieu des triomphes de la République, persister dans leurs phosphoriques visions de la possibilité du rétablissement de l'autel et du trône?

« Montrons-leur hardiment la vanité de leur fol espoir; invoquons le sage, l'intrépide génie des gouvernans, l'étonnant, l'invincible génie de *Buonaparte* et de ses compagnons d'armes, vainqueurs et pacificateurs de notre continent; éclairons nos concitoyens sur leurs véritables intérêts, répandons des flots de lumière, et, pour commencer, crayonnons à grands traits les manœuvres de ces messieurs dans le département du Loiret; prenons-les aux temps de la réaction, à l'époque de vendémiaire, an IV, jusqu'en germinal dernier, et de germinal jusqu'au 18 fructidor, jour du grand œuvre qui a sauvé à toujours la République et les républicains.

« Déjà nous voyons parmi nous des fructidoriens énergiques, capables de la généreuse émulation *de disputer à qui prendra la plume* pour remplir cette tâche patriotique.

« Il est difficile que, dans le récit de la conduite des royalistes fanatiques, il n'échappe pas quelques propositions générales; mais, citoyens, renfermons-nous dans le cercle du département; permettez-nous de faire un appel, et que celui d'entre nous qui aura le loisir et la volonté de tracer l'histoire abrégée des anti-constitutionnels de notre arrondissement se fasse connaître à l'assemblée, et qu'il puisse sans délai satisfaire à son vœu.

« Si nous avions eu à parler à des citoyens moins prononcés, moins connus par leurs principes et leur conduite, nous n'eussions pas oublié de déclarer que les premiers motifs de notre réunion étaient de rectifier l'esprit public, de rappeler au peuple ses droits et ses devoirs, le respect des propriétés, des personnes, la haine à la double tyrannie royale et anarchique, attachement et fidélité à la constitution de l'an III. *Vive la République.* »

Après ce discours généralement applaudi, le secrétaire donne lecture des réglemens divisés en cinq chapitres et douze articles.

Le citoyen Bardin fils a terminé la séance par un discours patriotique, après lequel le citoyen Septier, président, a, conformément au réglement, désigné, pour le remplacer à la prochaine séance, le citoyen Doyen, et il a levé la présente séance. (1-4-6.)

7 janvier 1798, *ou* 18 *nivôse an* VI. — Les chefs et employés des bureaux de l'administration municipale se sont présentés à l'ouverture de la séance du conseil.

Ayant été admis dans son sein, ils ont annoncé, par l'organe du secrétaire en chef, qu'ils venaient renouveler l'acte de leur soumission à la loi, et de leur attachement à la République.

Ils témoignent en même temps le désir de contribuer de leurs faibles moyens à l'abaissement du seul ennemi qui reste à la grande nation, le perfide cabinet de St.-James, et demandent que le conseil veuille bien leur permettre de déposer sur le bureau leurs offrandes patriotiques pour être unies à celle de l'administration et n'en former qu'un seul hommage au gouvernement pour la descente en Angleterre.

Le conseil, après avoir témoigné sa satisfaction de se voir environné pour une si belle cause de tous ses collaborateurs, reçoit individuellement le serment de chacun d'eux dans les termes prescrits par la loi du 19 fructidor, ainsi conçu :

Je jure haine à la royauté, à l'anarchie; fidélité et attachemement à la République, et à la constitution de l'an III.

A mesure que chacun des chefs et employés prononçait ces paroles gravées dans le cœur de tout bon Français, il déposait son offrande en répétant: *Vive la République!* Les commissaires de police prêtent également serment et déposent leur offrande. Les garçons de bureaux, le régisseur de l'illumination et ses agens, le voyer de la commune, suivent les employés et font individuellement le serment et leur offrande.

Le secrétaire ayant fait la récapitulation des diverses sommes déposées, elles se sont trouvées former celles de trois cents livres.

L'administration municipale a arrêté la mention honorable dans le procès-verbal, et l'envoi des fonds au ministre de l'intérieur pour en faire hommage au directoire exécutif (V. D, f° 79).

Le citoyen Berthevin, libraire, s'est présenté devant l'administration municipale, et a déclaré qu'il venait donner ses noms pour être inscrit au registre ouvert pour la soumission des instituteurs; qu'en sa qualité de professeur de mathématiques, il se conformait à la loi, et sur l'invitation qui lui a été faite par le président, il a prononcé la formule du serment ainsi conçu : *Je jure haine à la royauté, à l'anarchie, attachement et fidélité à la République et à la constitution de l'an III.*

Plusieurs autres instituteurs libres, présens à cette séance, prononcent individuellement le même serment. (V. D, f° 79.)

12 *janvier* 1798 *ou* 23 *nivôse an* VI. — L'administration centrale (ou départementale) du Loiret, vu la loi du 15 nivôse an IV, arrête :

Art. 1ᵉʳ. La juste punition du dernier roi des Français sera célébré le 22 pluviôse prochain, correspondant au 21 janvier (vieux style), dans toutes les communes de ce département.

Art. 2. Tous les fonctionnaires publics de chaque canton, les présidens des administrations municipales, les officiers municipaux, les agens des communes, les adjoints, les juges du tribunal criminel, les juges du tribunal civil, les juges du tribunal de police correctionnelle, les juges de paix, les assesseurs des juges de paix, les notaires, les membres du bureau de bienfaisance, les administrateurs des hospices civils, les membres de l'école centrale, les instituteurs primaires et libres, les institutrices primaires, tous les employés du gouvernement, en un mot tous ceux qui sont salariés par la République se réuniront au chef-lieu du canton, ou dans chaque commune formant à elle seule un canton, et là, en présence du peuple, ils déclareront qu'ils *vouent une haine éternelle à la royauté, et qu'ils sont sincèrement attachés à la République.*

Art. 3. A Orléans, tous les fonctionnaires publics, agens du gouvernement et les salariés de la République se rassembleront au lieu qui sera indiqué, à dix heures du matin, sous la présidence du président du département et dans les cantons et communes ayant une administration à elles seules, sous la présidence du chef de l'administration municipale.

Art. 4. Le procès-verbal qui sera dressé de la célébration de la fête sera signé de tous les fonctionnaires publics présens, et les noms des absens seront relatés sur le procès-verbal, ainsi que la nature des fonctions dont chacun d'eux est revêtu, et il en sera envoyé une expédition au commissaire du directoire exécutif, près l'administration centrale, lequel le transmettra de suite au ministre de l'intérieur.

Art. 5. Les commissaires du directoire exécutif, près les administrations municipales, sont chargés de convoquer à cette cérémonie toutes les autorités tant civiles que militaires, fonctionnaires publics et salariés de la République existant dans le ressort de leurs fonctions, de faire disposer le local convenable, et généralement de requérir l'exécution de toutes les mesures qui pourront donner à cette cérémonie toute la solennité que peut comporter chaque localité, et sans occasionner des dépenses extraordinaires.

Art. 6. Le présent arrêté sera imprimé et envoyé à toutes les administrations pour être affiché dans leur arrondissement respectif.

Fait en séance, etc. (2-5.)

21 *janvier* 1798, *ou* 2 *pluviôse an* VI. — Célébration de la fête anniversaire de la mort de Louis XVI, avec le même cérémonial qu'en l'an v, et conformément au programme ci-dessus.

Après un discours du président de l'administration centrale, qui a été couvert des plus vifs applaudissemens, des cris de *Vive la Réblique! Mort aux rois et aux tyrans des mers!* la cérémonie se termine par l'hymne patriotique qui suit :

LA VERSAILLAISE.

Quels accens ! quels transports ! partout la gaîté brille :
La France est-elle donc une seule famille ?
Aux lieux même où les rois étalaient leur fierté
    On célèbre la liberté.   (*bis*).
Est-ce une illusion ? suis-je au siècle de Rhée ?
J'entends chanter partout d'une voix assurée :
Nous ne reconnaissons, en détestant les rois,
Que l'amour des vertus et l'empire des lois.

Quel spectacle enchanteur! au nom de la Patrie,
Tout s'anime, tout prend une nouvelle vie ;
Le vieillard semble encor, par sa vivacité,
   Renaître pour la liberté. *(bis.)*
Et l'enfant accusant la faiblesse de l'âge,
S'irrite d'être jeune et chante avec courage :
Nous ne reconnaissons, en détestant les rois,
Que l'amour des vertus et l'empire des lois.

Enfans, guerriers, vieillards, épouses, filles, mères,
Le riche citoyen, l'habitant des chaumières,
Tous jurent, réunis par la fraternité,
   De mourir pour la liberté. *(bis.)*
En chassant les Tarquins, Brutus ne vit que Rome :
Pour réformer le monde, instruits par ce grand homme,
Ne reconnaissons plus, en détestant les rois,
Que l'amour des vertus et l'empire des lois.

Jadis d'un oppresseur l'injuste tyrannie
Assouvissait sur nous sa fureur impunie ;
Et l'homme vertueux, dans la captivité,
   Soupirait pour la liberté. *(bis.)*
Maintenant l'homme juste a brisé ses entraves ;
Les Français, indignés de s'être vus esclaves,
Ne reconnaissent plus, en détestant les rois,
Que l'amour des vertus et l'empire des lois.

Peuples, qui gémissez sous un joug tyrannique,
Venez voir le Français à sa fête civique :
Comparez vos terreurs à la sérénité
   Des enfans de la liberté. *(bis.)*
Comparez à vos fers ces guirlandes légères
Que porte en s'embrassant tout un peuple de frères ;
Vous ne reconnaîtrez, en détestant les rois,
Que l'amour des vertus et l'empire des lois.

28 janvier 1798, *ou* 9 *pluviôse an* VI. — Un membre du conseil municipal ayant dans ses mains un imprimé portant invitation d'assister à un convoi d'enterrement, fait remarquer l'affectation avec laquelle les imprimeurs de cette commune emploient, dans les billets qu'ils sont chargés de faire, pour les mariages ou les décès, les dénominations féodales de *monsieur* et de *madame*, au

mépris des instructions bien formelles du gouvernement et des diverses invitations qu'il n'a cessé de faire dans toutes les occasions pour que tous les Français s'honorent, à l'exemple des peuples libres, du titre de citoyen, le plus beau que puisse porter un Républicain. « Par quelle fata-
« lité, dit-il, trouve-t-on cette résistance dans les per-
« sonnes publiques qui, par leurs connaissances, sont faites
« pour instruire leurs concitoyens, et leur faire sentir la
« honte de ces qualifications avilissantes! » Il demande qu'il soit fait une circulaire à tous les imprimeurs de cette commune, pour les inviter à se conformer aux intentions du gouvernement, et à n'employer à l'avenir dans leurs imprimés que le titre que doit porter tout Français, avec ses noms et prénoms, tels qu'ils existent dans son acte de naissance, ainsi qu'il est prescrit par la loi, pour tous les actes civils.

L'administration municipale arrête qu'une circulaire sera écrite à tous les imprimeurs de cette commune pour leur faire sentir l'inconvenance de ces qualifications prodiguées à des personnes qui dans d'autres temps n'y eussent pas prétendu, et qui par là même semblaient n'être employées qu'en contradiction du vœu du gouvernement. (V. D, f° 98.)

1er *février* 1798, *ou* 13 *pluviôse an* VI. — Vu la lettre du ministre des finances, l'administration centrale du Loiret arrête que la loi du 16 nivôse an VI, relative à l'ouverture d'un emprunt national pour la descente en Angleterre, sera solennellement proclamée par l'administration centrale dans la commune d'Orléans.

Il sera en même temps fait lecture de la proclamation faite par elle cejourd'hui, et rédigée à l'occasion de la présente loi.

L'administration municipale d'Orléans est invitée à se joindre à l'administration centrale, et à prendre des mesures pour donner à cette proclamation de la loi toute la pompe et tout l'éclat qui peuvent se concilier avec l'économie et la simplicité républicaine.

Pareille proclamation aura lieu dans tous les chefs-lieux

de canton, par les administrateurs municipaux en corps, trois jours après la réception du présent arrêté.

Fait en séance, etc. (1-2-6.)

3 *février* 1798, *ou* 15 *pluviôse an* VI. — Les citoyens Dubois, voyer de la commune d'Orléans, et Margrait, architecte, machiniste du grand théâtre d'Orléans, ayant été chargés de présenter des plans de décoration pour la place de la Réunion, pendant le passage qui doit avoir lieu par cette cité d'une colonne de l'armée d'Italie, viennent mettre sous les yeux du conseil, le projet d'une pyramide ornée d'inscriptions en l'honneur de cette armée victorieuse et rappelant ses principaux triomphes, et d'une décoration, aux mêmes fins, pour les côtés et le dessus de la porte de la mairie.

L'administration municipale, ayant examiné les plans présentés, invite leurs auteurs à les mettre à exécution sans perte de temps, de manière que tous les travaux y relatifs soient finis le 25 au matin, la tête de la colonne devant arriver ce même jour dans nos murs. (V. D, f° 102.)

9 *février* 1798, *ou* 21 *pluviôse an* VI. — Proclamation pour annoncer l'arrivée de l'armée d'Italie.

L'administration municipale d'Orléans à ses concitoyens.

« Citoyens,

« L'armée d'Italie passera sous peu de jours dans les murs de cette commune.

« L'armée d'Italie ! Combien ces mots rappellent de difficultés vaincues, de lauriers moissonnés, de services rendus à la patrie !

« Vous allez serrer dans vos bras les vainqueurs de Montenotte, de Lodi, d'Arcole et du Tagliamento ; vous allez, par l'accueil le plus fraternel, acquitter votre part de la dette nationale envers les libérateurs de l'Italie et les pacificateurs du Continent, qui bientôt ajouteront à ces titres glorieux celui de vengeurs de la liberté des mers.

« Accourez, enfans chéris de la victoire ; venez recueillir les témoignages de notre gratitude et de notre admiration ! Si nous n'avons pu partager vos travaux immortels, comme vous, nous sommes animés de cet amour de la liberté qui vous a fait surmonter tant d'obstacles et enfanter tant de prodiges; comme vous, nous détestons la tyrannie et l'esclavage; comme vous, nous pressentîmes la nécessité du 18 fructidor. Les vœux que vous exprimâtes dans vos adresses énergiques furent les nôtres; nous entendîmes vos sermens, et nos jurâmes avec vous de nous rallier autour du gouvernement pour défendre la Constitution, et faire triompher la République de tous les efforts réunis des conspirateurs et des traîtres.

« Et vous, ô nos concitoyens! vous qui avez constamment recueilli dans la plus grande sécurité les fruits de votre industrie, et dont les fertiles campagnes ne furent jamais moissonnées par l'ennemi, quels ne seront pas vos transports à l'aspect de ces généreux défenseurs qui ont bravé tant de périls pour éloigner de vos demeures les horreurs de la guerre! Si, dans les temps les plus difficiles, les subsistances de cette grande commune ont été assurées; si, lorsque l'Europe était en feu, l'activité de votre commerce ne s'est point ralentie, si vos propriétés, si vos personnes, si celles de vos femmes et de vos enfans ont été respectées; en un mot, si au milieu des désastres dont tant d'autres contrées ont été les victimes, vous avez joui, presque sans interruption, du repos et de l'abondance comme au sein de la paix la plus profonde, à qui êtes-vous redevables de tant de bienfaits, sinon aux intrépides guerriers qui, au prix de leur sang, ont enchaîné les efforts de la foule innombrable de vos ennemis? Avec quel empressement vous leur paierez le juste tribut de l'estime et de la reconnaissance publiques, avec quelle touchante effusion de cœur vous presserez contre votre sein les soldats de Buonaparte! Que vous serez glorieux de vous asseoir dans vos foyers auprès de ceux que Bernadotte et Victor, Masséna et Augereau menèrent si souvent à la victoire! Ils ont tant fait pour vous rendre heureux! croirez-vous pouvoir jamais exercer à leur égard une hospitalité digne de tant de services et de tant de gloire?....

« C'est à la nation entière à couronner les héros de l'Italie; le marbre et l'airain se disputeront l'avantage d'éterniser leur mémoire, et la postérité seule pourra les louer dignement. Pour nous, à qui il est donné de les voir et de les entendre, occupons-nous de leur bonheur, mettons bien à profit ce peu d'instans que les générations futures nous envieront, et persuadons-nous surtout que la récompense la plus flatteuse pour une armée qui a triomphé des tyrans, c'est de trouver, en parcourant le pays qu'elle a défendu, un peuple digne de la Liberté, un peuple de frères unis par le sentiment de l'amour de la patrie et par les vœux les plus ardens pour la prospérité de la République et pour la juste punition du cabinet de Londres.

« Fait en séance, etc. » (V. D, f° 105.)

13 février 1798, ou 25 pluviôse an VI. — La colonne de l'armée d'Italie, destinée à passer par Orléans, ayant été annoncée pour ce jour, et toutes les dispositions nécessaires à sa réception ayant été prises par les soins et sous les ordres du citoyen Jacob l'aîné, président de l'administration municipale, nommé *ad hoc* par le conseil, le commandant de la place et son état-major furent invités à se rendre à la maison commune; toute la force armée, tant à pied qu'à cheval, se réunit sur la place de la Réunion, avec un détachement de la garde nationale, ses drapeaux et ses tambours, ainsi que la compagnie de musique.

L'administration, avertie par une ordonnance que la colonne s'avançait, s'est mise en marche, environnée et suivie de la force armée, au son des airs patriotiques, et a suivi les rues Martin-de-la-Mine et de Bourgogne jusqu'au Département. L'administration s'est jointe au cortége, qui s'est porté dans le faubourg Bourgogne jusqu'à la rencontre de la colonne. Là, des couronnes de laurier pour les cravates des drapeaux, des branches pour les chefs, et le baiser fraternel ayant été offerts par les présidens des administrations, au milieu des cris de *Vive la République et la brave armée d'Italie!* le cortége s'est replié, et au son des airs patriotiques a repris sa marche vers la place de la Réunion, où une pyramide triomphale, ornée d'inscriptions indiquant les principales victoires d'Italie, avait été élevée. Arrivées là, les troupes rangées en bataille sur la place, et les autorités placées sur l'estrade, la musique a joué: *Où peut-on être mieux qu'au sein de sa famille?* A la fin de cet air, le portrait de *Buonaparte*, caché aux regards du public jusqu'à ce moment, ayant été découvert, les artistes lyriques ont exécuté en chœur le chant du retour ci-après :

CHANT DU RETOUR.

Contemplez nos lauriers civiques ;
L'Italie a produit ces fertiles moissons ;
Ceux-là croissaient pour nous au milieu des glaçons ;
Voici ceux de Fleurus, ceux des plaines belgiques.
Tous les fleuves surpris nous ont vu triomphans ;
 Tous les jours nous furent prospères ;
 Que le front blanchi de nos pères
Soit couvert des lauriers cueillis par nos enfans.

LE CHOEUR.

Tu fus long-temps l'effroi, sois l'amour de la terre,
 O république des Français !
Que le chant des plaisirs succède aux cris de guerre ;
 La Victoire a conquis la Paix.

LES VIEILLARDS.

Chers enfans, la tombe des braves
Réclame ces lauriers moissonnés par nos mains ;
Vos frères, comme vous, ont vaincu les Germains,
Délivré les Toscans, les Belges, les Bataves.
Au séjour des héros, parvenus avant vous,
 Ils y tiennent vos palmes prêtes :
 Leurs mânes célèbrent nos fêtes ;
Unis à nos concerts, ils chantent avec nous :

LE CHOEUR :

Tu fus long-temps l'effroi, sois l'amour de la terre,
 O république des Français !
Que le chant des plaisirs succède aux cris de guerre ;
 La Victoire a conquis la Paix.

LES BARDES.

Les Germains vaincus applaudissent.
Les bardes de la France ont élevé leur voix ;
Leur lyre prophétique a chanté vos exploits,
Et de vos noms sacrés les siècles retentissent.
La Victoire a plané sur vos fiers étendards ;
 Chargés de ses palmes altières,
 Venez, loin des tentes guerrières,
Goûter un doux repos sous les palmes des arts.

LE CHOEUR.

Tu fus long-temps l'effroi, sois l'amour de la terre,
O république des Français !
Le chant des doux plaisirs succède aux cris de guerre :
La Victoire a conquis la Paix.

LES JEUNES FILLES.

Guerriers, votre dot est la gloire.

LES GUERRIERS.

Unissons par l'hymen et nos mains et nos cœurs.

LES JEUNES FILLES.

Et l'hymen et l'amour sont le prix des vainqueurs.

LES GUERRIERS.

Formons d'autres guerriers ; léguons-leur la victoire.

LES GUERRIERS ET LES JEUNES FILLES.

Qu'un jour à leurs accens, à leurs yeux enflammés,
On dise : Ils sont enfans des braves.
Que sourds aux tyrans, aux esclaves,
Ils accueillent toujours la voix des opprimés.

LE CHOEUR.

Tu fus long-temps l'effroi, la terreur de la terre,
O république des Français !
Que le chant des plaisirs succède aux cris de guerre :
La Victoire a conquis la Paix.

UN GUERRIER, UN BARDE, UN VIEILLARD, UNE JEUNE FILLE.

Grand Dieu, c'est ta main qui dispense
La Gloire et la Vertu, bienfaits dignes du ciel ;
La Victoire descend de ton trône éternel ;
Par toi la liberté vint luire sur la France.
N'éteins pas, Dieu puissant, ses rayons précieux ;
Que d'âge en âge la patrie
Soit libre, puissante et chérie ;
Et que nos descendans bénissent leurs aïeux.

LE CHOEUR.

Tu fus long-temps l'effroi, sois l'amour de la terre,
O république des Français !
Que le chant des plaisirs succède aux cris de guerre :
La Victoire a conquis la Paix.

(Paroles de M.-J. CHÉNIER, musique de MEHUL.)

Ce chant achevé, la cérémonie s'est terminée par l'air

Ça ira, et des cris mille fois répétés de *Vive la République! Vive la brave armée d'Italie et toutes nos armées!*

Et le même jour, trois heures de relevée, l'administration municipale, d'après l'arrêté du département, en date du 18 pluviôse présent mois, convoque toutes les autorités, tant civiles que militaires, pour publier, avec toute la solennité qu'exige un acte aussi intéressant, la ratification du traité de paix conclu entre la République française, l'Empereur, le roi de Hongrie et de Bohême, à Campo Formio, le 26 vendémiaire an VI.

Tous les corps constitués réunis en la maison commune, le cortége s'est mis en marche au son d'une musique guerrière et patriotique, précédé, environné et suivi de la force armée, tant à pied qu'à cheval, a dirigé sa marche par la rue Hoche, au bout de laquelle la paix continentale a été solennellement publiée aux cris de *Vive la République! Vivent la brave armée d'Italie et toutes celles qui nous l'ont donnée!* Suivant ensuite la rue de la Liberté, pareille proclamation a été faite, avec la même solennité et aux mêmes acclamations, place de la République, rue de la Loi, au bout de la rue Égalité, près le pont, au carrefour des rues Bourgogne et du Bourdon-Blanc, et enfin, place de la Réunion, sur l'estrade, en avant de la pyramide, et au milieu d'un peuple immense, qui a mille et mille fois répété *Vive la République! Vive l'armée d'Italie et toutes nos armées à qui nous devons la paix!*

Les membres des administrations ont satisfait à leurs cœurs en serrant dans leurs bras tout ce qui s'est trouvé à leur portée de dignes soldats de Buonaparte. Après cette touchante et fraternelle expression de leurs sentimens et de ceux des bons citoyens de cette commune, et de tous les Français dignes de l'être, les corps se sont séparés, et ont été respectueusement reconduits chez eux par la force armée, qui s'est ensuite retirée dans ses quartiers.

Et dans la soirée, toute la façade de la maison commune, la pyramide ont été illuminées; des orchestres avaient été dressés; des danses se sont formées tout autour de la pyramide, et le peuple, mêlé avec les braves soldats de l'armée d'Italie, s'est livré au plaisir sans que cette fraternelle confusion ait un instant troublé l'ordre, tant la joie était pure.

Inscriptions placées tant sur la pyramide que sur le portique de la maison commune.

1°, A l'extrémité supérieure de la pyramide, du côté des degrés de l'estrade, au milieu : PRISE DE MANTOUE ; à la base : BATAILLE ET PRISE DU PONT DE LODI ;

> Que ne peut la valeur à l'aide du génie !
> Ils viennent de briser les fers de l'Italie ;
> Il leur reste à dompter des monstres inhumains :
> Tremblez, tyrans des mers, la foudre est dans leurs mains !

2°, Du côté de la rue du Bon-Pasteur : BATAILLE D'ARCOLE, BATAILLE DE MONTENOTTE ;

> Rois vaincus, aux combats renoncez pour jamais ;
> La grande nation vous commande la paix.

3°, Côté de la rue Hoche : PRISE DE TRIESTE, BATAILLE ET PASSAGE DU TAGLIAMENTO ;

> Tremblez, fils de Chatham, la Liberté s'avance
> Sous les traits généreux du héros de la France !

4°, Côté de la maison commune : BATAILLE DE RIVOLI, BATAILLE DE LA FAVORITE ;

> Où sont des ennemis les bataillons nombreux ?
> Généraux et soldats, tout a fui devant eux.

Au-dessus de la maison commune : AUX PACIFICATEURS DU CONTINENT, LA COMMUNE D'ORLÉANS RECONNAISSANTE.

Médaillon de droite : LEUR GLOIRE REMPLIT L'UNIVERS ;

Médaillon de gauche : LA PAIX SUIT LEURS TRIOMPHES ;

Au-dessus du portrait de Buonaparte, qui leur montre du bras la perfide Albion : LA VICTOIRE VOUS ATTEND EN ANGLETERRE ! (V. D, f° 109.)

Le citoyen Rochas (grand-vicaire) présente à l'administration municipale d'Orléans un quatrain de sa composition, pour être mis au bas du portrait de Buonaparte ; l'Administration arrête la mention honorable.

Quatrain en l'honneur de Buonaparte.

> Le voilà, ce héros amant de la Patrie,
> Sa valeur a brisé les fers de l'Italie ;
> Plein du Dieu des combats, nouveau foudre de guerre,
> Il arrache les mers au joug de l'Angleterer. (1-6.)

24 février 1798, *ou 5 ventôse an* VI. — La dernière demi-brigade d'infanterie de ligne, de la colonne de l'armée d'Italie, passe par Orléans pour se rendre à Rennes en Bretagne.

Ces troupes étaient arrivées successivement au nombre de 30,000, par corps de 2,500 hommes de toutes armes.

La dépense pour ce passage, seulement pour les fêtes, s'est élevée à la somme de 18,750 liv. 15 s. 4 d. en argent (Comptes de ville). Ce passage dura douze jours.

L'enthousiasme fut tel, dans la ville, que, pendant tout le temps du passage de ces troupes, les boutiques, les magasins, les ateliers même furent abandonnés par les ouvriers et les habitans qui se portaient à la rencontre de ces braves; les places et les rues en étaient tellement encombrées, que les voitures publiques et particulières ne pouvaient plus circuler dans la ville. (1-2-5-6.)

Depuis plusieurs mois, la mode adoptée par les jeunes gens, à Orléans, était d'avoir deux grosses tresses de cheveux de chaque côté de la queue, avec force poudre. Cette coiffure, assez ridicule, adoptée par les fils des plus riches maisons de la ville, qui se réunissaient au café du Méridien, sur le Martroi, tenu par le sieur Ambasse, ayant semblé être un signe de ralliement royaliste aux soldats de l'armée d'Italie, il y eut plusieurs momens de perturbation, qui heureusement n'eurent pas de suites fâcheuses.

27 février 1798, *ou 8 ventôse an* VI. — Les chambres de la prison des Minimes étaient encore, à cette époque, remplies d'ecclésiastiques insermentés, infirmes et sexagénaires. Un des planchers du premier étage s'écroula dans la nuit et blessa horriblement plusieurs prêtres qui étaient couchés au rez-de-chaussée. Ces malheureux furent engloutis sous les décombres, d'où on les retira miraculeusement encore vivans, mais tellement mutilés, qu'ils furent de suite portés sur des brancards à l'hospice d'Humanité, où ils furent long-temps malades. (1-6.)

1ᵉʳ mars 1798, ou 11 ventôse an 6.

Mandats d'arrêt contre des signataires de faux certificats de résidence.

Nous, César-Marguerite Pisseau, juge de paix du 4ᵉ arrondissement de la commune d'Orléans, officier de police judiciaire; considérant que lesdits *Charles Jousse-Champremeaux, Jacques-René Courtois, Paul Vallon, Sébastien-Maurice Lenormand, François Noury, Jean-Jacques Vignolet, Etienne Poupardin-Désormeaux, Georges Goisbeaux, Joseph Lhuillier-Bidault, Augustin Ratoré, Pierre Leclerc, Guillaume Boillève, Jacques Johanet*, n'ont point satisfait aux mandats d'amener contre eux par nous décernés le 5 du présent mois, à eux notifiés le 6 ;

Considérant qu'il résulte, tant de la dénonciation contre eux faite que des copies à nous transmises, qu'ils ont signé des certificats de résidence, lesquels paraissent faux;

Nous avons, contre les ci-dessus dénommés, converti lesdits mandats d'amener en mandats d'arrêt, comme prévenus d'*avoir signé de faux certificats de résidence*, lesquels mandats d'arrêt nous avons remis au citoyen Laugrain, gendarme à la résidence d'Orléans, qui est chargé de les mettre à exécution.

A Orléans, etc. PISSEAU.

9 *mars* 1798, *ou* 19 *ventôse an* VI. — L'administration municipale d'Orléans, informée que le cercle constitutionnel, ouvert en cette commune, tient des séances chaque jour, quoiqu'il ne les ait annoncées que pour les quintidi et décadi;

Considérant que si la loi permet aux citoyens de se réunir pour s'occuper de questions politiques, elle les met spécialement sous la surveillance des administrateurs municipaux des lieux ;

Considérant que cette surveillance ne peut s'exécuter que les jours connus, et que les autres réunions ne peuvent être regardées que comme clandestines;

Considérant enfin les inconvéniens qui pourraient résulter de rassemblemens aussi inconstitutionnels, et surtout du projet de former des cercles ambulans, soi-disant pour rétablir l'esprit public dans les campagnes ;

L'administration municipale arrête :

Que le cercle constitutionnel de cette commune sera provisoirement fermé à dater de ce jour.

Arrête, en outre, que la présente délibération sera notifiée de suite aux membres qui le composent, par deux commissaires de police, et qu'expédition en sera envoyée à l'administration centrale du Loiret et au ministre de la police générale.

Charge au surplus les commissaires de police de réunir tous les renseignemens qu'ils pourront recueillir relativement aux séances qui ont eu lieu depuis quintidi dernier, pour le tout rapporter à l'administration, pour être par elle statué définitivement ce qu'il appartiendra. (V. D, f° 124.)

Les commissaires de police Lavieille, Leroy, Président et Grelet ont été fermer la salle du Bon-Pasteur, et en ont rapporté les clés à l'administration municipale. (5-6.)

Noms des douze premiers présidens.

Septier, Doyen, Chevreuil, Despomiers, Voilleaume, Chabault, Rigolot, Jacob, Bouron, Moisard, Labbé et Philippon.

Le nombre des membres de cette réunion, qui n'exista que trois mois ou environ, était de cent. (5-6.)

11 *mars* 1798, *ou* 21 *ventôse an* VI. — Grande rumeur à Orléans, par la profanation de l'arbre de la liberté placé sur l'Etape, près la maison commune et vis-à-vis le corps-de-garde.

Vers minuit, l'officier de ronde se rendant au poste de l'hôtel de la mairie, trouva l'arbre de la liberté coupé à trois pieds de terre et couché sur la grille, la sentinelle absente et la porte du corps-de-garde fermée.

Le sergent (nommé Lesourd) et les hommes de garde furent relevés sur-le-champ et conduits en prison : on commença une enquête très-rigoureuse qui ne fit pas découvrir le coupable; le factionnaire fut condamné à huit jours d'arrêt, l'arbre remplacé, et la grille fut surmontée de pointes de fer très-aiguës. (1-2-4-6.)

12 *mars* 1798, *ou* 22 *ventôse an* VI.—RAPPORT. L'an VI de la république, une et indivisible, le 22 ventôse avant midi, nous, Jean-Baptiste Touvenon, commissaire de police de la commune d'Orléans, demeurant rue des Trois-Maries, n° 3, quatrième section, soussigné, certifions et rapportons que cejourd'hui, à l'heure de huit heures et demie avant midi, étant dans l'exercice de nos fonctions et passant rue de la Réunion, étant parvenu au coin de la rue qui conduit sur la gauche à la rue des Grands-Boulevards, nous avons aperçu un papier écrit à la main et collé avec quatre pains à cacheter le long du mur de la maison qu'occupe le citoyen Bonvalet père, nous étant approché de ce papier nous y avons lu ces mots :

Multi vocati, pauci electi.

Germinal va paraître, il s'avance à grands pas
Et déjà fructidor nous a débarrassé des Tassin, des Colas.
. . . .
. . . .

Au dos est écrit : *Avis au lecteur.*

Tolle et Lege.

C'est pourquoi cet écrit nous paraissant être séditieux, contraire aux principes républicains, et fait dans l'intention de jeter de la défaveur sur les citoyens qui y sont dénommés en entier, nous avons détaché cet écrit en présence des citoyens Franciade et Foucher, garçons de bureau de l'état-major, en leur déclarant que nous en donnerions avis à l'administration municipale, dont et de tout nous avons fait et signé le présent procès-verbal pour, etc.

TOUVENON. (1-6.)

14 *mars* 1798, *ou* 24 *ventôse an* VI. — Un membre de l'administration municipale, le citoyen Mandet, est nommé à l'effet de concerter avec le citoyen Dubois, voyer de la commune et tels autres artistes, les mesures à prendre pour célébrer dignement la fête de la Souveraineté du Peuple, ordonnée dans tous les cantons de la République pour le

30 ventôse prochain, et d'en présenter le programme qui est adopté ainsi qu'il suit :

L'autel de la Patrie, établi sur la place de la Réunion, sera décoré de verdure, surmonté de la statue de la Liberté, devant laquelle le livre de la Constitution sera déposé.

Le drapeau tricolore flottera au haut du globe qui termine la pyramide.

Aux angles de la balustrade, et au corps de la pyramide, seront placés des drapeaux et armures comme dans les jours de passage de l'armée d'Italie, des branches de verdure et des pots de fleurs y seront également placés.

Tous les corps administratifs, judiciaires, militaires et tous autres seront invités, les uns en la personne de leur président, ou chef, les autres nominativement au besoin.

On suivra, pour la préséance, l'arrêté du directoire exécutif dans ses dispositions.

Pour donner à cette fête quelque éclat, la rendre agréable au peuple et l'attirer par la curiosité, il y aura sur les quatre heures après midi une course à pied sur le Grand-Mail, dont le départ et le but seront fixés; les jeunes gens de 16 à 25 ans, pour y être admis, viendront préalablement se faire inscrire au secrétariat de la commune où le registre sera ouvert jusqu'au 30 ventôse matin, les prix de la course, offerts au nom de la commune, seront deux sabres, le premier, d'une valeur supérieure, aura pour inscription sur la lame, d'un côté : *Je ne servirai que pour la défense de ma patrie et la Constitution de l'an* III; de l'autre : *Prix de la course à la fête de la Souveraineté du Peuple, an* VI, *à Orléans.*

Le second, d'une valeur inférieure, aura les mêmes inscriptions.

Les jeunes gens qui se seront fait inscrire assisteront à la fête de la Souveraineté du Peuple qui aura lieu le matin.

L'administration municipale leur donnera le ruban tricolore dont ils seront décorés en forme de ceinture, afin qu'ils soient reconnus dans la cérémonie lors de la course.

Les vieillards et les membres de l'administration municipale, divisés en deux sections, l'une au départ et l'autre au but, seront les juges de la course.

Les tambours, placés au point du départ, battront des marches en attendant.

Au moment de la distribution des prix, la musique exécutera des airs patriotiques.

Après la course, des orchestres placés autour de la pyramide, devant la maison commune, offriront à la jeunesse les plaisirs de la danse qui durera jusqu'à dix heures. (V. D, f° 127.)

15 *mars* 1798, *ou* 25 *ventôse an* VI. — Les habitans de la paroisse de Saint-Vincent d'Orléans, se réunissent pour faire l'acquisition de l'église de ce faubourg, qui, jusqu'à ce jour avait servi de magasin de fourrage, puis d'écurie.

Ils l'obtinrent pour la modique somme de 4,500 livres. (2-4.)

20 *mars* 1798, *ou* 30 *ventôse an* VI. — Aujourd'hui mardi, onze heures du matin, les vieillards représentant le peuple, les quatre jeunes gens choisis par eux et destinés à porter les bannières, les membres des diverses autorités constituées, les chefs de la force armée, etc., réunis à la maison commune, la force armée, tant à pied qu'à cheval, rassemblée sur la place, le cortége s'est mis en marche, au son d'une musique guerrière et patriotique, dans l'ordre prescrit par l'arrêté du directoire exécutif du 28 pluviôse dernier, et indiqué dans le programme adopté par l'administration, la marche ouverte par un piquet de cavalerie, les tambours et la musique, suivis des jeunes gens inscrits pour la course ayant chacun un ruban tricolore en ceinture;

Les quatre jeunes gens portant chacun une bannière,

Sur la première on lisait ces mots : « *La Souveraineté réside essentiellement dans l'universalité des citoyens, article 17 des Droits de l'homme.* »

Sur la seconde : « *L'universalité des citoyens est le souverain, article 2 du Code de la Constitution.* »

Sur la troisième : « *Nul ne peut, sans une délégation légale, exercer aucune autorité ni aucune fonction publique, article 9 de la déclaration des Droits de l'homme.* »

Sur la quatrième : « *Les citoyens se rappelleront sans cesse que c'est de la sagesse des choix dans les assemblées primaires et électorales que dépendent principalement la durée, la conservation et la prospérité de la République, article 376 de la Constitution.* »

Marchaient ensuite les vieillards, au nombre de 60, ayant chacun une baguette blanche à la main.

L'administration centrale, les tribunaux criminel, civil, correctionnel, de paix, les assesseurs, la commission des hospices civils, le bureau de bienfaisance, les juges de l'instruction, l'école centrale, les instituteurs primaires, les chefs de la force armée, les commissaires des guerres, les ingénieurs du département, et enfin l'administration municipale suivie de ses commissaires de police; la force armée environnant le cortège, dont un piquet de cavalerie fermait la marche, qui s'est dirigé, au son d'une musique guerrière et nombreuse, par la rue de la Réunion, sur la place de la République, autour de l'arbre de la Liberté, où des airs patriotiques ont été exécutés, de là par les rues Egalité, de Bourgogne, Martin-de-la-Mine, et enfin place de la Réunion où l'autel de la patrie était préparé sur l'estrade, en avant de la pyramide, au haut de laquelle flottait le drapeau tricolore entouré de verdure; la galerie de l'estrade également ornée de drapeaux, de verdure et de fleurs; au pied de la statue de la liberté était déposé sur l'autel le livre de la Constitution; des hymnes ont été chantés et divers airs patriotiques exécutés; les vieillards formant un demi-cercle devant l'autel de la patrie, où les jeunes gens avaient placé les bannières, se sont avancés et, réunissant leurs baguettes, ils en ont formé un faisceau lié aux deux extrémités et au milieu par des rubans tricolores; l'un d'eux est monté sur les degrés de l'autel et a adressé aux magistrats et aux fonctionnaires publics rassemblés autour, les phrases suivantes :

« La souveraineté du peuple est inaliénable; comme il ne peut exercer par lui-même tous les droits qu'elle lui donne, il délègue une partie de sa puissance à des représentans ou à des magistrats choisis par lui-même ou par des électeurs qu'il a nommés: c'est pour se pénétrer de l'importance de ces choix que le peuple se rassemble aujourd'hui. »

Le président de l'administration centrale, comme principal fonctionnaire public dans l'ordre constitutionnel, a répondu par ces mots :

« Le peuple a su, par son courage, reconquérir ses droits trop long-temps méconnus ; il saura les conserver par l'usage qu'il en fera ; il se souviendra de ce précepte qu'il a lui-même consacré par la charte constitutionnelle, que c'est de la sagesse des choix dans les assemblées primaires et électorales, que dépendent principalement la durée, la conservation et la prospérité de la République. »

Ensuite il a fait, à haute et intelligible voix, lecture de la proclamation du directoire exécutif du 28 pluviôse dernier, qui a été couronnée par les acclamations d'un peuple immense dont le concours remplissait la place, et des cris multipliés de *Vive la République:* des chants patriotiques ont succédé, exécutés par une musique nombreuse et variée ; après quoi le cortége a repris sa marche vers la maison commune, les jeunes gens portant le livre de la Constitution et le faisceau devant les magistrats, auxquels succédaient les vieillards.

Arrivés à la maison commune, au milieu d'une foule de citoyens portant sur leur visage l'air du contentement et de la satisfaction, les autorités se sont séparées, ainsi que la force armée.

Et ledit jour, quatre heures de relevée, moment pour lequel la course avait été indiquée sur le Grand-Mail, la force armée, de nouveau réunie sur la place de la maison commune, l'administration municipale, précédée des jeunes gens qui s'étaient fait inscrire pour y concourir, et des vieillards qui devaient en adjuger le prix, s'est mise en marche au son des tambours et des airs patriotiques exécutés par la musique de la garde nationale, suivant les rues J.-J. Rousseau, du Hurepoix, jusque vers la porte Vincent, où elle a pris le Mail, et s'est rendue au lieu fixé pour la course, dont les limites avaient été préparées à l'avance et qu'un concours innombrable de citoyens de tout âge et de tout sexe entouraient.

Les vieillards et les magistrats entrent dans l'enceinte et se partagent entre le point du départ et celui du but, après être convenus du signal ; l'appel nominal se fait, les coureurs se rangent à mesure sur deux lignes de seize chacune pour y attendre le signal, la lice, formée de cordes liées aux arbres de droite et de gauche dans la longueur de cent soixante toises, étant entièrement libre de tout obstacle, le roulement désiré se fait entendre : ils partent et s'élancent vers le but, où le citoyen J.-B. Gallard arrive le premier et se saisit de l'un des drapeaux placés à cet effet; le second, Jean Féron, n'ayant point aperçu le drapeau, franchit la limite; Chesneau, qui le suivait de près, s'en saisit et le lui porte. Les vieillards et les magistrats, témoins de cette action, ont résolu de ne pas la laisser sans récompense; ils lui ont promis de solliciter près de l'administration pour qu'il lui fût donné un accessit.

On a repris de suite la marche par les mêmes rues, pour venir, sur l'autel de la patrie, couronner les vainqueurs; tous les concurrens réunis au bas des degrés, le citoyen Gallard a été appelé, et a reçu des mains de l'un des vieillards la couronne, un exemplaire de la Constitution, l'accolade fraternelle au nom de toute la commune, et le sabre d'honneur, formant le premier prix, avec une inscription sur la lame.

Le citoyen Féron, appelé ensuite, a reçu le même baiser fraternel, la couronne et le sabre désigné pour le second prix, portant la même inscription que le premier, et un exemplaire de la Constitution.

Le citoyen Chesneau, appelé à son tour sur l'estrade, a reçu des vieillards l'accueil que lui méritait son désintéressement; l'accolade lui a été donnée avec la couronne et l'exemplaire de la Constitution; la promesse d'un accessit, consistant en un sabre d'honneur, lui a été faite.

Tous les autres ont été successivement appelés, et ont reçu de l'un des vieillards, avec la couronne, l'accolade fraternelle et un exemplaire de la Constitution, une exhortation paternelle de la bien méditer et d'en faire la règle de leur conduite pour l'avenir, en bons Républicains pénétrés de l'amour de leur pays.

Pendant toute la cérémonie, la musique exécutait des fanfares et des airs patriotiques; aussitôt qu'elle a été finie, les magistrats et les vieillards se sont séparés; et la force armée retirée, des orchestres se sont établis autour de l'autel de la patrie, et des danses se sont aussitôt formées par un concours innombrable de peuple, rassemblé sur la place si dignement nommée de la Réunion, qui a été illuminée, tant au pourtour de l'autel de la patrie qu'au-dessus de la porte de la commune.

Fait et rédigé, etc. (V. D, f° 134.)

25 *mars* 1798, *ou* 5 *germinal an* VI. — Le citoyen Meunier, commissaire du directoire exécutif près l'administration municipale d'Orléans, annonce à cette administration, par une lettre, qu'il se retire de ses fonctions, qu'il prie le conseil de faire remplir provisoirement par son substitut, le citoyen Mandet.

L'administration prend acte de cette démission inattendue. (V. D, f° 138.)

27 *mars* 1798, *ou* 7 *germinal an* VI. — Sur l'observation d'un de ses membres, l'administration municipale, considérant l'impossibilité de tenir l'assemblée électorale dans le ci-devant collége, nomme deux de ses membres, les citoyens Jacob et Lebrun, pour aller voir le local de l'évêché. (V. D, f° 140.)

30 mars 1798, ou 10 germinal an VI.

Célébration de la fête de la Jeunesse dans la commune d'Orléans.

Les autorités constituées, civiles, judiciaires et militaires s'étant réunies à la maison commune, sur l'invitation de l'administration municipale, pour la célébration de la fête, le cortége s'est mis en marche, au son d'une musique guerrière et patriotique, dans l'ordre usité pour les autres fêtes républicaines. Enfin, l'administration municipale, précédée du drapeau et de la bannière départementale, escortée par les vétérans nationaux et environnée de la garde nationale, suivie de ses commissaires de police et d'un piquet de cavalerie fermant la marche, s'est dirigée par la rue de la Réunion, place de la République, rue de la Liberté, revenant par celle de Hoche, place de la Réunion, où l'autel de la patrie avait été préparé, surmonté de la statue de la Liberté, aux pieds de laquelle étaient déposés les couronnes et les prix destinés aux élèves.

Les autorités constituées occupaient l'estrade et environnaient l'autel, les jeunes élèves formaient un groupe au bas des degrés.

Après plusieurs airs exécutés par la musique de la garde nationale, le président de l'administration municipale a prononcé un discours.

Ce discours a été couvert des cris de *Vive la République!* Ensuite les tambours ont exécuté un roulement qui s'est répété à chaque couronnement.

Les élèves ont été successivement appelés sur l'estrade, et ont reçu des membres des diverses autorités la couronne et le prix d'encouragement, récompense nationale qui leur était destinée; l'accolade fraternelle leur a été donnée, et leurs noms ont été proclamés, comme s'étant le plus distingués dans leurs classes respectives, d'après l'indication suivante donnée par des professeurs et instituteurs:

École centrale.

Charles Rabourdin, René Courtois, Brossard-Lintry, Dominique Latour, Joseph Lairtullier, Alexandre Fournier, Louis Giret, Fontorbe, Séverin Froc, Rozier, Alexis aîné, Desnoyers, Grata-Lefebvre, Salmon, Alexis jeune, Beaudoin-Mandet.

École primaire.

Pierre Prévost, Gaspard Boulay, Moreau-Thuillier, Pierre Transon, Charles Voissière, Pierre Bouchet, Nicolas Cenis, Nicolas Adam, Augustin Potier, Étienne Crochet, Eutrope Ardouin, François Mercier.

(Chaque prix était un exemplaire de la *Constitution de l'an* III, *les Crimes des Papes*, *les Crimes des Rois*, et autres ouvrages de ce genre.)

Cette intéressante cérémonie finie, la musique a exécuté différens airs patriotiques, et les autorités se sont séparées, ainsi que la force armée.

Fait et rédigé, etc. (V. D, f° 142.)

1er *avril* 1798, *ou* 12 *germinal an* VI. — L'administration municipale, sur la demande du commandant de la garde nationale d'Orléans (le citoyen Lebrun), ayant fixé à trois heures après midi la réunion du chef de brigade, des commandans de bataillon et autres officiers de cette garde, nouvellement élus, en exécution de la loi du 19 fructidor dernier, à l'effet de procéder à leur réception, ils sont arrivés dans l'une des cours de la maison commune, et le citoyen Dulac, désigné par l'administration municipale, a été recevoir le serment de *haine à la royauté et à l'anarchie, de soumission et d'obéissance à à la République et à la Constitution de l'an* III, et enjoindre de les reconnaître et de leur obéir pour le service de la République une et indivisible. (V. D, f° 144.)

12 *avril* 1798, *ou* 23 *germinal an* VI. — Le citoyen Boulland, commissaire du pouvoir exécutif près le canton de Châtillon-sur-Loing, et membre de l'assemblée électorale, que le directoire exécutif a, par son arrêté du 16 du présent mois, nommé son commissaire près l'administration municipale d'Orléans, en remplacement du citoyen Jacob aîné, président de l'administration, qui n'a pas accepté, se présente dans le sein du conseil; il dépose sur le bureau l'ampliation dudit arrêté, et après quelques phrases, il a pris son poste, après avoir prêté le serment de *haine à la royauté, à l'anarchie; attachement et fidélité à la République et à la Constitution de l'an* III. (V. D, f° 148.)

15 *avril* 1798, *ou* 26 *germinal an* VI. — L'assemblée électorale du département du Loiret, réunie à Orléans, dans le local ci-devant appelé l'évêché, depuis le 9 avril 1798 (20 germinal an VI), a clos ses séances aujourd'hui 15 du même mois.

L'assemblée avait à nommer :

Deux membres au corps législatif, conseil des Anciens; quatre membres au corps législatif, conseil des Cinq-Cents; un haut juré; cinq administrateurs-centrals du département; un président du tribunal criminel; un accusateur public, et un greffier du tribunal criminel;

Furent nommés :

Les citoyens Cornet et Appert, au conseil des Anciens; Labbé, Guérin, Meunier et Bazin, au conseil des Cinq-Cents; Légier, haut-juré près la cour nationale; Despommiers, Vinson, Bouhebent, Guérin, Demachis et Ballot, administrateurs centrals du département du Loiret; Lebœuf, président du tribunal criminel; Russeau, accusateur public; Rozier, greffier du tribunal criminel.

L'assemblée électorale, présidée par le citoyen Cornet, du Loiret, était composée de 255 votans.

Lors de sa nomination de haut-juré, le citoyen Légier a prononcé le discours suivant.

« Citoyens,

« Dans un gouvernement populaire, dans une République qui, dès son aurore, a annoncé ses hautes destinées, toutes les fonctions publiques sont honorables, puisque, toutes, elles sont l'effet de la confiance.

« Si, pour le malheur des Français, la Constitution de l'an III pouvait éprouver quelque secousse, quelque commotion politique, alors le haut-juré a des devoirs rigoureux, des obligations d'autant plus terribles à remplir, qu'il n'a pour guide que l'honneur et la conscience. J'accepte cependant cette place à laquelle vous m'avez appelé, et je prouverai, tant que mes concitoyens m'en croiront digne, que je n'ai pas en vain juré *haine à la royauté et à l'anarchie, fidélité et attachement à la République.* »
(5-6.)

18 avril 1798, ou 29 germinal an VI. — L'administration municipale d'Orléans arrête qu'il sera payé, conformément à l'art. 17 du réglement du 7 mai 1791, concernant les incendies, la somme de 30 fr. aux pompiers de la raffinerie du citoyen Grivot, qui ont amené les premiers leurs pompes chez le citoyen Barbault, rue de Recouvrance, où le feu avait pris. (V. D, f° 150.).

20 avril 1798, ou 1er floréal an VI.

Installation des nouveaux membres de la municipalité d'Orléans.

A onze heures du matin, les citoyens Lebrun, Mandet, Dulac et Basseville aîné, appelés, avec le citoyen Jacob, absent pour l'instant, par le directoire exécutif, suivant son arrêté du 17 vendémiaire dernier, pour remplir les fonctions d'administrateurs municipaux d'Orléans, et qui les ont exercées jusqu'à ce moment, et confirmés dans ces mêmes fonctions par l'assemblée communale de cette commune, joints aux citoyens Bruzeau, Brossard-Nogent, Millet et Morand-Noir, également élus pour compléter ladite administration, au nombre de neuf, en conformité de l'acte constitutionnel, titre 7, art. 182 (qui porte que cette commune aura rang de celles qui ont plus de 50,000 habitans), ainsi qu'il résulte des procès-verbaux de recensement des votes, en date des 10, 13 et 16 germinal dernier, se sont réunis dans la salle ordinaire des séances, en présence du commissaire du directoire exécutif, et là, s'étant fait représenter, avant de commencer l'exercice de leurs fonctions, la loi du 3 brumaire an IV, ont signé la déclaration suivante :

« Nous soussignés, Benoist Lebrun, Marc-René Mandet, César-Auguste Dulac, François Basseville aîné, Etienne Brossard-Nogent, Pierre-François-Claude Millet, Jacques Bruzeau et Pierre-François Morand-Noir, certifions que nous n'avons provoqué ni signé aucun arrêté séditieux et contraire aux lois, que nous ne sommes portés sur aucune liste d'émigrés, ni parens d'individus y compris, et non définitivement rayés, au degré de père, fils ou petit-fils, beau-père, oncle ou neveu. »

Les administrateurs municipaux, après avoir individuellement prêté le serment prescrit par la loi du 19 fructidor dernier : *Je jure haine à la royauté*, etc., se sont constitués en assemblée sous la présidence du citoyen Morand-Noir, le plus ancien d'âge d'entre eux, les deux plus âgés après ayant été désignés comme scrutateurs, et le plus jeune comme secrétaire.

Il a été procédé à la nomination du président : au premier tour de scrutin individuel, le dépouillement a donné, sur huit votans, quatre suffrages au citoyen Jacob aîné, et il a été proclamé président.

Le scrutin, pour le secrétaire, ayant donné l'unanimité au citoyen Voillaume, il a été continué dans ses fonctions.

Le citoyen Mandet a été également continué dans les

fonctions de substitut du commissaire du pouvoir exécutif. (V. E, f° 1ᵉʳ.)

20 *avril* 1798, *ou* 1ᵉʳ *floréal an* VI. — Le citoyen Pierre-Jean-Alexandre Tascher, placé, le 15 vendémiaire dernier, sur la liste des émigrés, reçoit sa radiation définitive, en vertu d'une lettre du ministre de la police générale, lequel décharge aussi de toute garantie les citoyens Alexandre-Jean-Màclou Crespin-Billy et Augustin-François-Marie Bigot-Morogues, qui s'étaient portés caution. (V. E, f° 1ᵉʳ.)

(M. de Tascher était allié au général Bonaparte, par Joséphine Beauharnais, dont la famille était originaire d'Orléans.)

21 *avril* 1798, *ou* 2 *floréal an* VI. — Un membre de l'administration municipale fait observer que le déplacement de l'estrade de l'autel de la patrie, et son replacement lors des fêtes, jetteraient l'administration dans des frais assez considérables.

L'administration municipale, applaudissant aux réflexions qui lui sont présentées, arrête que l'estrade, au lieu d'être réparée sur l'emplacement qu'elle occupe en ce moment, sera levée et établie d'une manière permanente, près de l'arbre de la Liberté, faisant face à la salle de spectacle, pour y demeurer aussi long-temps qu'il sera nécessaire.

Le conseil charge le citoyen Lebrun de surveiller et diriger les travaux. (V. E, f° 5.)

21 *avril* 1798, *ou* 2 *floréal an* VI. — Le conseil municipal, sur la proposition d'un de ses membres, s'occupe de la nomination de son trésorier : le citoyen Geffrier-Desiles est nommé. (V. E, f° 5.)

29 avril 1798, ou 10 floréal an VI.

Célébration de la fête des Epoux dans la commune d'Orléans.

Aujourd'hui décadi, etc., onze heures du matin, l'administration municipale ayant invité toutes les autorités civiles et militaires, elles se sont réunies à la maison commune, d'où le cortége est parti dans l'ordre observé pour les fêtes précédentes, plus les jeunes époux unis dans le mois précédent, portant chacun un bouquet orné de rubans tricolores, et enfin l'administration municipale, devant laquelle était porté le drapeau de la garde nationale.

Le cortége s'est dirigé, au son d'une musique guerrière et patriotique, par la rue de la Réunion, place de la République, les rues de la Hallebarde, de Recouvrance, les ports jusqu'à la rue de la Tour-Neuve, celle du Bourdon-Blanc et de Jean-Jacques Rousseau, et enfin place de la Réunion, où l'autel de la patrie était préparé, près l'arbre de la Liberté, orné de verdure et de fleurs, et portant la statue de la Liberté, parée de tous ses attributs, des drapeaux déployés et flottant dans tout le pourtour de l'estrade; les autorités placées, ainsi que les jeunes époux, le président de l'administration a prononcé un discours analogue.

Après ce discours, vivement applaudi et couvert des cris de *Vive la République!* a été proclamé le tableau des personnes qui, déjà chargées de famille, ont adopté un ou ou plusieurs enfans, et qui, par cette action louable, ont mérité de servir d'exemple à leurs concitoyens.

Le citoyen et la citoyenne Bezard, porte St-Jean, n° 60, quoique chargés de quatre enfans, et peu fortunés, en ont encore pris quatre à leur frère dans l'infortune.

L'administration municipale ne doute pas qu'il existe dans cette commune plusieurs actes de ce genre; mais ils ne sont point parvenus à sa connaissance, et elle a le regret de ne pouvoir, en publiant le nom de chacun des autres, les présenter à la connaissance publique.

La fête s'est terminée par différens airs patriotiques, exécutés au milieu de la satisfaction générale, et les autorités se sont séparées, ainsi que la force armée.

Fait en la maison commune, etc. (V. E, f° 11.)

1er *mai* 1798, *ou* 12 *floréal an* VI. — Le jardin de l'évêché d'Orléans est métamorphosé en jardin public, sous le nom de *Tivoli;* le prix des billets d'entrée était de 30 sous. L'entrepreneur fit mal ses affaires, et le brillant séjour de Tivoli devint un lieu de tristesse, principalement pour les créanciers de son créateur.

Vers la même époque on vit s'ouvrir les jardins d'Idalie et de la Chaumière, près St-Jean-le-Blanc, lesquels furent fermés peu de temps après leur ouverture. (3-4-6.)

6 mai 1798, ou 17 floréal an VI. — Le régisseur général de la maison commune d'Orléans expose au conseil que pour le raccommodage du tapis servant à couvrir l'autel de la patrie, il a été obligé de prendre quelques morceaux de tapisserie qui servaient à meubler le bureau du passage des troupes; il demande à être autorisé à les suppléer par un papier peint commun, afin de ne pas laisser sans décoration ce lieu où abondent journellement les braves défenseurs de la patrie.

Le conseil accorde. (V. E, f° 17.)

8 mai 1798, ou 19 floréal an VI. — La fête de la Ville, ou de la Pucelle, n'a pas lieu : c'était la sixième année qu'elle était interrompue. (1-6.)

25 mai 1798, ou 19 floréal an VI. — L'administration centrale du département du Loiret transmet au conseil municipal d'Orléans une lettre de Bonaparte, général en chef de l'armée d'Angleterre, portant ordre aux officiers et soldats de diverses brigades d'infanterie, dragons, chasseurs, artilleurs, etc., etc., qui sont en permission, congés, convalescence, ou absens de leur corps, pour quelque raison et cause que ce soit, de se rendre le plus tôt possible à Toulon, où ils trouveront des bâtimens et des ordres pour rejoindre leurs corps respectifs.

L'administration municipale arrête que la lettre ci-dessus sera de suite solennellement publiée et affichée dans tous les quartiers de cette commune, à ce que personne n'en ignore, et que ceux qui se trouveraient dans le cas qui y est prévu aient à y obéir.

Bonaparte quitte les côtes de l'Océan pour se rendre à Toulon : il préparait alors l'expédition d'Égypte.

Tout ce que la France avait alors d'hommes illustres dans les arts et dans les sciences sollicita l'honneur de faire partie de cette expédition. Au milieu de ces hommes honorables, il en est un dont les souvenirs se rattachent à notre ville, et auquel nous devons ici une mention particulière : c'est M. Ripault, bibliothécaire de Napoléon.

NOTICE SUR M. RIPAULT.

Louis-Madeleine Ripault est né à Orléans le 29 octobre 1775. Son bon naturel et ses heureuses dispositions le firent remarquer d'abord, puis, bientôt après, estimer et chérir d'un homme de mérite et de bien, M. Ripault-Désormeaux, son oncle, membre de l'Académie des inscriptions et belles-lettres, bibliothécaire du prince de Condé et auteur de plusieurs ouvrages historiques estimables, entre autres une *Histoire d'Espagne*, en cinq volumes, une *Biographie du grand Condé*, l'*Histoire de la Maison de Bourbon* et celle de la *Maison de Montmorency*.

Le jeune Ripault fit ses études avec distinction au collége de sa ville natale. Il se destinait, d'après les conseils de son oncle, à l'état ecclésiastique; mais la révolution l'en détourna. Son opposition plus généreuse que prudente aux excès de la *terreur*, des actes hardis, et particulièrement une tentative heureuse pour sauver des émigrés, lui attirèrent des menaces de proscription; il n'y échappa qu'en se réfugiant chez un fermier des environs d'Orléans. — C'est dans cette retraite, où il se tint caché pendant plusieurs mois, qu'ayant réussi, à se procurer des livres, il se consacra à l'étude avec une constance et une passion qui ne se sont jamais démenties depuis, et qui sont devenues comme l'un des besoins de son organisation active.

Quand l'horizon politique commença à s'éclaircir, il se rendit à Paris, où il se lia intimement avec M. le chevalier Pougens, philologue très-distingué. C'est aux bons offices de ce dernier qu'il dut d'être adjoint, en qualité d'antiquaire et de bibliothécaire, à la commission de savans et d'artistes formée sous les auspices du général Bonaparte pour l'accompagner dans sa glorieuse expédition d'Egypte..... M. Ripault s'embarqua en l'an VI, sur le même vaisseau que le général Kléber, auquel

Grevedon lith.

LOUIS MAD.^{re} RIPAULT.

Membre de la Commission et de l'Institut d'Égypte. Bibliothécaire de l'Empereur.

Recherches historiques sur la ville d'Orléans par Lottin père. Vol: 6.

Imp. Lith. de Louis Letronne, Rue du Bac, 17.

il ne tarda point à devenir cher, et qui songea même à l'adopter.

En l'an VII, il fut nommé membre de l'Institut d'Égypte. Un rapport sur les Oasis et de curieuses recherches sur les antiquités d'Alexandrie lui avaient valu cette distinction. L'année suivante, il se rendit avec la commission dans la Haute-Égypte pour en reconnaître et en décrire les monumens. L'ardeur avec laquelle il se livra à ce travail, jointe à l'influence d'un climat brûlant, altéra considérablement sa santé.

De retour en France, il fut peu de temps après présenté au chef du gouvernement comme un des hommes les plus capables de l'éclairer sur la situation de ce théâtre de sa gloire. Plusieurs rapports, dont il s'acquitta avec succès, satisfirent le premier Consul : M. Ripault devint son bibliothécaire.

Un des traits distinctifs du génie de Napoléon était de tirer parti des hommes, de les faire tous servir à ses desseins, chacun selon l'ordre de son aptitude et de ses moyens...... Non content, par suite de ce système, de charger son nouveau bibliothécaire de la tâche (déjà très-pénible) d'organiser ses bibliothèques de la Malmaison, de Saint-Cloud, des Tuileries et de Fontainebleau, il lui demanda encore d'autres travaux auxquels sa merveilleuse facilité le rendait éminemment propre : c'était, par exemple, des analyses d'ouvrages anciens et nouveaux ; c'était une indication rapide de points d'histoire ou la recherche de dates dont il avait besoin. La littérature aussi avait son tour : il voulait connaître, par extraits, les brochures du jour et les pièces de théâtre nouvelles et il se louait de cette docilité infatigable ainsi que de l'habileté avec laquelle ses désirs étaient satisfaits par son secrétaire.

Cependant la probité inflexible de M. RIPAULT, l'austérité de ses mœurs et son désintéressement devinrent des qualités incommodes à la cour de Napoléon, parvenu à l'empire : les courtisans s'en moquaient, et le maître même s'en offensait ; car il n'aimait point l'indépendance qui faisait répudier ses dons. — Abreuvé d'amertumes et de dégoûts, vieilli avant l'âge par la maladie et les chagrins, M. Ripault prit le parti de se retirer, en 1807, dans une maison de campagne qu'il possédait sur les bords de la Loire, près d'Orléans, et qui avait appartenu à son oncle, M. Désormeaux. C'est là qu'il a passé, presque sans interruption, les seize dernières années de sa vie, occupé d'ouvrages qu'il avait commencés, et dont la plupart sont restés imparfaits; goûtant, mais sobrement, les douceurs de la société, vivant surtout de la vie de famille et donnant à l'éducation de ses enfans les soins les plus tendres et les plus assidus.

Il avait publié dans sa jeunesse plusieurs opuscules sans nom d'auteur, dans lesquels on reconnaît l'écrivain aimable et l'homme d'esprit. Pendant sa retraite à La Chapelle, il composa un grand ouvrage, l'*Histoire philosophique de Marc-Aurèle*, en quatre volumes in-8°. Des défauts de détail ont pu être reprochés à ce livre; ils tiennent surtout à la promptitude avec laquelle il a été imprimé; mais les esprits droits et les cœurs honnêtes y loueront une foule de belles pages, des recherches neuves et intéressantes, de nobles sentimens, un amour ardent de l'humanité et de la vertu........ M. Ripault s'est aussi beaucoup occupé des antiquités de l'Egypte; il avait, pour l'interprétation des hyéroglyphes, un système qui lui était propre et qui différait essentiellement de celui de Champollion. Les signes hyéroglyphiques, selon M. Ripault, ne représentaient pas des *mots*, mais des *idées*, et il appuyait son opinion des développemens les plus ingénieux. D'excessifs travaux, parmi lesquels il faut compter d'immenses recherches sur les nombres, les mesures, les mœurs, les arts et l'astronomie des Égyptiens, un Dictionnaire polyglotte, égyptien, arabe, hébreu, samaritain, chaldéen, etc., ont porté le dernier coup à une constitution déjà épuisée par la maladie. Il est mort à La Chapelle, le 12 juillet 1823, pleuré des siens, des pauvres et de tous ceux qui l'ont connu.

Quant à sa personne même, M. Ripault avait la taille petite, mais bien prise; sa physionomie était extrêmement agréable dans sa jeunesse; ses manières étaient gracieuses et de la meilleure compagnie : peu d'hommes ont porté plus loin la politesse obligeante et vraie, ainsi que l'art de faire valoir le mérite des autres. Il parlait avec une facilité, une abondance, une verve rares; il expliquait, avec une clarté merveilleuse et dans le style le plus élégant et le plus fleuri, les choses même les plus abstraites......... Les qualités de son cœur égalaient au moins celles de son esprit : doux, généreux, humain, bienfaisant, ce n'était pas seulement au sein de sa famille qu'il se plaisait à prodiguer et répandre les trésors de son âme aimante; ses vertus lui avaient encore concilié au dehors l'estime, l'affection et jusqu'au respect de tous ses concitoyens.

29 mai 1798, ou 10 prairial an VI.

Fête de la Reconnaissance, célébrée dans la commune d'Orléans.

Toutes les autorités civiles et militaires ayant été invitées par l'administration municipale, se sont réunies à la maison commune pour cette cérémonie instituée par la loi sur l'organisation de l'instruction publique du 3 brumaire an IV.

Le cortége s'est mis en marche dans l'ordre usité, mais de plus le chef d'escadron, commandant la gendarmerie, et les autres chefs de la force armée auxquels se sont joints plusieurs de nos braves défenseurs qui se trouvent ici, entre autres ceux de la 84ᵉ demi-brigade qui l'ont devancée et qui est attendue sous peu de jours dans nos murs, et enfin l'administration municipale, précédée du drapeau et environnée par un détachement de la garde nationale, et suivie des chefs de ses bureaux, des commissaires de police et d'un grand nombre d'employés.

Un peloton de vétérans nationaux et un piquet de cavalerie fermaient la marche du cortége qui s'est dirigé par la rue de la Réunion, la place de la République, autour de l'arbre de la Liberté, où il s'est arrêté et où un air patriotique a été chanté; il a pris ensuite les rues de la Liberté, de Hoche, et la place de la Réunion, où l'autel de la patrie était préparé, surmonté de la statue de la Liberté, environné de guirlandes de verdures, les drapeaux flottant au pourtour de la galerie.

Les autorités placées, et plusieurs airs patriotiques ayant été exécutés, le président de l'administration a prononcé un discours.

Ce discours, vivement applaudi, a été suivi de cris mille fois répétés de *Vive la République!* Une couronne de feuilles de chêne a été à l'instant posée sur la tête de la statue de la Liberté, tandis que la musique exécutait des chants civiques.

La fête s'est terminée par l'air *Ça ira*, après lequel les autorités se sont séparées, et la force armée les ayant respectivement reconduites s'est retirée dans ses quartiers.

Fait et rédigé, etc. (V. E. f° 36).

2 *juin* 1798, *ou* 14 *prairial* an VI. — L'administration municipale d'Orléans, officiellement informée du passage dans ses murs de la 84e demi-brigade, où se trouve incorporé le 1er bataillon du Loiret, et voulant donner aux braves défenseurs qui la composent des marques de la satisfaction que lui cause cet événement heureux, puisqu'il lui fournit l'occasion de leur manifester, au nom de nos concitoyens, sa gratitude pour le dévoûment généreux à la cause de la liberté, a résolu d'aller au-devant d'eux, de leur en offrir le tribut avec la couronne civique, et d'en réunir ensuite un certain nombre en un banquet fraternel : pour concerter les mesures nécessaires à ce projet, un membre de chacune des administrations centrale et municipale s'est transporté hier à Beaugency, à l'effet d'en conférer avec le chef de brigade.

Toutes les autorités civiles et militaires, ayant en conséquence été invitées à prendre part à cet acte de reconnaissance, se sont rendues à la maison commune, d'où elles sont parties avec nombre d'autres bons citoyens en grand cortége, précédées d'une musique nombreuse, de divers détachemens de la force armée et de la garde nationale pour se rendre au devant de la 84e demi-brigade ; elles l'ont rencontrée à l'extrémité du faubourg de la Loi ; et là, dans une courte halte, le président de l'administration centrale a peint en peu de mots à ces magnanimes soldats tous leurs titres à l'admiration publique et à notre reconnaissance particulière; car, parler des travaux immenses auxquels ils ont concouru, c'est rappeler leurs triomphes et nos obligations.

Ce discours, auquel participaient toutes les âmes, a été aussitôt couvert d'applaudissemens universels, et des cris de *Vive la République!*

Le cortége a repris de suite sa marche, battue par la double musique de la garde nationale et de la demi-brigade, au milieu d'un concours immense de citoyens de tout âge et de tout sexe qui affluaient de tous les points dans les rues du passage.

Arrivé place de la Réunion, et les autorités rendues sur l'estrade, la demi-brigade s'est rangée en bataille, au son des airs patriotiques successivement exécutés.

Le chef de brigade et les autres officiers supérieurs ayant terminé les évolutions et le partage des logemens, la troupe s'est séparée.

Le président de l'administration avait remis au chef de brigade le nombre de cartes convenu, avec invitation d'en faire la distribution aux défenseurs de tous grades, indiqué l'heure et le lieu du banquet civique dont les dispositions avaient été préparées au ci-devant évêché, dans une salle immense artistement décorée de verdure en festons, mêlée de drapeaux tricolores dans son pourtour; le plafond était de même orné de festons et de guirlandes. Ce local offait une table en fer à cheval de 180 couverts.

A mesure que les convives arrivaient, ils se rendaient dans le jardin d'où, après le signal convenu du service (un coup de fusil), ils se sont rendus dans la grande galerie du premier, lieu du banquet, chaque citoyen donnant le bras à l'un des guerriers; ils se sont placés dans l'ordre établi par les numéros et à la suite de leur entrée dans la salle.

Une gaîté franche, amicale, animait tous les convives, et le repas, dont les membres de l'administration municipale faisaient les honneurs, présentait la réunion d'une famille tendrement unie, de frères long-temps séparés et heureux de se retrouver.

Vers la fin du second service, la musique de la demi-brigade est venue mêler à l'harmonie de cette belle réunion, aux douces expressions de la reconnaissance et de l'amitié, les airs chéris des républicains. Toutes les âmes étaient *hilariées*, quand le président de l'administration municipale a averti que les santés allaient être portées ; elles l'ont été dans l'ordre suivant :

Par le chef de la brigade : *A la République française une et indivisible!*

Par le président de l'administration centrale du Loiret (Vinson) : *Au maintien de la Constitution de l'an* III *!*

Par le commandant d'un bataillon de la demi-brigade : *A la représentation nationale des deux conseils!*

Par le commissaire du pouvoir exécutif près le corps municipal (Boulland) : *Au directoire exécutif de France!*

Par le président de l'administration municipale d'Orléans : *A toutes les armées de la République : que la* 84e *demi-brigade soit notre organe près d'elles!*

Par un capitaine de grenadiers de la 84e demi-brigade : *A tous les fonctionnaires républicains, principalement à ceux de la ville d'Orléans!*

Par le citoyen Lebrun, membre du corps municipal d'Orléans : *Aux martyrs de la liberté : puisse le souvenir de leurs vertus servir à la consolider!*

Par le chirurgien de la brigade : *A l'immortelle journée du* 18 *fructidor : puisse-t-elle être la dernière secousse politique dans notre ordre social!*

Par un membre de l'administration centrale (Despomiers) : *A tous les peuples réunis en République ; à tous leurs amis et alliés!*

Par un aide-de-camp : *A l'anéantissement du peuple anglais : puisse le peuple de cette contrée, en recouvrant ses droits, ne voir dans les Français que des libérateurs et des frères!*

Par un jeune convive orléanais : *A toutes les républicaines qui, aux myrthes de l'amour, joindront la couronne de lauriers et la présenteront à nos braves défenseurs!*

Entre toutes les santés, couvertes des plus vifs applaudissemens, la musique exécutait diverses fanfares dont la variété portait l'enthousiasme dans tous les cœurs; les cris de *vive la République* se trouvaient mêlés aux charmes d'une mélodie tout-à-la-fois patriotique et guerrière.

L'un des convives orléanais a ensuite chanté les couplets suivans, adressés à ses concitoyens du 1er bataillon du Loiret, faisant partie de la 84e demi-brigade d'infanterie de ligne :

Enfans chéris de la Victoire,
Guerriers dont les bras courageux
Ont couvert la France de gloire
Et fait tant de peuples heureux,
Laissez reposer le tonnerre
Qui nous conquit la Liberté;
Oubliez un instant la guerre
Au sein de la fraternité.

Oubliez les camps, les alarmes;
Oubliez même vos travaux :
Pour savourer en paix les charmes
D'un jour, d'un instant de repos;
Ne songez plus à vos conquêtes
Que sur l'aspect de vos lauriers;
Et ne vous montrez dans ces fêtes
Que des amis, non des guerriers.

Bientôt la moderne Carthage
Va nous provoquer aux combats;
Bientôt votre bouillant courage
Va vous arracher de nos bras :
Sacrifiez ce jour paisible
A nos transports, à nos désirs,
Et jouissez, s'il est possible,
Autant que nous de ces plaisirs.

Vainqueurs de l'aigle germanique,
Bientôt, par de nouveaux succès,
Vous ferez à la République
Des amis de ces fiers Anglais :
En attendant ces jours prospères
Où tendent maintenant vos vœux,
Embrassez vos parens, vos frères
Que vos exploits rendent heureux.

Enfin, l'accolade fraternellement donnée et reçue, la société a quitté la table pour se rendre au jardin où le café l'attendait; une aimable confusion présidait à cette seconde scène du banquet: des groupes se sont formés, on s'est promené, et enfin l'heure du spectacle a amené successivement la séparation qui ne s'est opérée qu'au milieu des assurances et des protestations d'un souvenir et d'un attachement sans bornes, confondant tous ces sentimens dans l'amour de la patrie et des lois républicaines. (V. E, f° 39.)

3 juin 1798, ou 15 prairial an VI. — Le citoyen Chipault, chef d'escadron, commandant un régiment de hussards, et qui, né dans cette commune, vient rendre ses devoirs aux magistrats qui la dirigent; il est accueilli avec la distinction que lui méritent sa conduite, sa bravoure et ses services; il se retire ensuite et est conduit par deux membres (*). (V. E, f° 43.)

3 juin 1798, ou 15 prairial an VI. — Arrêté du gouvernement qui établit à Orléans un bureau de garantie pour faire l'essai et constater les titres des lingots, ainsi que des ouvrages d'or, d'argent, et pour recevoir les droits de marque établis par la loi y relative. Le bureau fut placé à la mairie. (1-4-6.)

15 juin 1798, ou 27 prairial an VI. — Un membre remet sous les yeux du conseil municipal la question déjà agitée de savoir s'il ne serait pas de la dignité de l'administration d'une commune aussi considérable que celle d'Orléans, que les membres qui la composent fussent décorés des écharpes indiquées par la loi du 3 brumaire an IV, et telles que les officiers municipaux les portaient antérieurement à l'ère républicaine. Vous avez vu, ajoute-t-il, par les procès-verbaux que vous vous êtes fait représenter, que ces écharpes leur furent fournies aux frais de la commune, par le motif que des fonctionnaires publics non salariés, et consacrant gratuitement leurs veilles à servir leurs con-

---

(*) M. Chipault, fils d'un chirurgien d'Orléans, brave militaire, se fit remarquer en avril 1799 par sa belle conduite envers S. S. le pape Pie VII, qui avait été mis sous sa garde par Napoléon. (*V.* cette date.)

citoyens, ne doivent pas prendre sur eux-mêmes les frais de la marque distinctive attribuée aux places qu'ils occupent; il propose, pour éviter de les faire porter sur les sous additionnels, déjà trop surchargés, qu'il soit fait une vente de divers objets mobiliers appartenant à la maison commune, qui lui sont inutiles et qui se détériorent journellement, pour le prix en provenant être employé à l'acquisition de ces écharpes qui demeureraient en propre à l'administration et passeraient successivement aux membres qui en viendraient remplir les fonctions.

La matière mise en délibération, le conseil arrête que la vente proposée aura lieu dans le plus court délai possible; qu'il sera fait l'acquisition de dix écharpes de la forme voulue par la loi, lesquelles demeureront comme mobilier à l'administration pour servir aux neuf membres qui la composent et au commissaire du directoire exécutif près d'elle;

Que les frais en seront provisoirement avancés et remplacés aussitôt après la vente des objets inutiles dans les magasins de la maison commune; nomme en conséquence deux de ses membres, les citoyens Lebrun et Basseville, chargés de visiter lesdits magasins et désigner au régisseur-général de la maison commune (le citoyens Geffrier, trésorier) les objets à vendre dans la forme qui sera ultérieurement prescrite par l'administration municipale; arrête, en outre, que le costume attribué au secrétaire lui sera également fourni. (V. E, f° 50.)

23 *juin* 1798, *ou* 5 *messidor an* VI. — Vu l'arrêté du directoire exécutif du 14 germinal dernier, qui prescrit des mesures pour la stricte exécution du calendrier républicain, portant, article 3 : Les administrateurs municipaux fixeront, à des jours déterminés de chaque décade, les marchés de leurs arrondissemens respectifs, sans qu'en aucun cas l'ordre qu'ils auront établi puisse être interverti sous le prétexte que les marchés tomberaient à des jours ci-devant fériés, l'administration municipale arrête :

Art. 1er Les marchés existant actuellement dans la commune d'Orléans sont supprimés à compter du 1er thermidor prochain.

Art. 2. A dater de ladite époque, les marchés pour les grains de toute espèce, pour les bœufs, vaches, veaux et porcs, pour le foin, paille, le bois, l'osier et les arbres, se tiendront, dans cette commune, trois fois par décade, les *tridi*, *sextidi et nonidi*.

Art. 3. Les dispositions des deux articles précédens ne sont point applicables aux menues denrées, telles que les herbages, les légumes, les fruits, le poisson, les œufs, laitage et autres comestibles, qui continueront à être exposés en vente et débités dans cette commune, aux lieux accoutumés, tous les jours de la décade sans exception.

Art. 4. Il sera donné la plus grande publicité au présent arrêté, surtout aux laboureurs.

Fait en la maison, etc. (V. E, f° 56.)

28 *juin* 1798, *ou* 10 *messidor an* VI. — Aujourd'hui, trois heures de relevée, les membres des diverses autorités constituées, tant civiles que militaires et établissemens publics, se sont réunis à la maison commune, sur l'invitation de l'administration municipale qui les y attendait, avec nombre de cultivateurs également invités pour la célébration de la fête de l'Agriculture, fixée à ce jour.

Le cortége s'est mis en marche au son d'une musique guerrière et patriotique, dans l'ordre ordinairement usité, mais de plus :

Un char de verdure, portant la statue de la Liberté couronnée d'épis et de fleurs, et les divers instrumens aratoires ;

La charrue attelée de quatre bœufs, ornée de verdure, conduite et suivie de cultivateurs décorés de rubans tricolores, tenant d'une main les ustensiles du labourage, et de l'autre un bouquet d'épis et de fleurs, leurs chapeaux ornés de feuillages et de rubans tricolores;

Enfin, l'administration municipale en grand costume (les membres décorés de l'échappe nouvellement reprise), précédée du drapeau de la garde nationale, de ses commissaires de police, suivie des chefs et employés de ses bureaux, et environnée d'un détachement de la garde nationale.

Chacun de ceux qui composaient le cortége portait en main une branche de chêne.

Après avoir fait le tour de la place, les autorités constituées sont montées sur l'estrade où l'autel de la patrie avait été préparé, ayant dans son pourtour des drapeaux tricolores flottans, la statue de la Liberté couronnée de fleurs et environnées de pampres et de verdure; à quelques pas des degrés étaient le char, la charrue, et les agriculteurs; en avant de l'autel, le président de l'administration municipale, monté sur le plus haut des degrés, et ayant désigné celui des laboureurs dont l'intelligence, la bonne conduite et l'activité, ont mérité d'être proposées pour exemple, a prononcé un discours.

Le discours achevé, les applaudissemens et des cris de *Vivent la République et l'agriculture!* se sont fait entendre à plusieurs reprises, tandis que la musique faisait retentir les airs toujours chéris des Français républicains.

Le cortége a de suite repris sa marche dans l'ordre ci-dessus rapporté, le laboureur désigné marchant à la droite du président de l'administration municipale, par les rues de Jean-Jacques-Rousseau, du Bourdon-Blanc, de Bourgogne, et s'est dirigé, après la porte de ce nom, le long de la rivière, sur un champ jachère qui avait été désigné, et vers lequel un peuple immense s'était porté. Arrivé là, et la force armée s'étant rangée autour, les laboureurs se sont mêlés parmi les citoyens qui la composent; l'échange momentané des ustensiles de labourage contre les fusils opéré au son des fanfares et des hymnes; la charrue, placée au milieu du champ et dirigée par les laboureurs, le président de l'administration municipale en a enfoncé le soc dans la terre, a tracé un long sillon; après lui, le président de l'administration centrale (Vinson), celui du tribunal criminel (Lebœuf), le général de brigade (Boivin), l'agent forestier (Viquy), et d'autres chefs de corps ont successivement dirigé la charue et tracé des sillons. Cette opération finie, le cortége a repris sa marche dans le même ordre, le vieil et respectable laboureur, toujours à côté du président de l'administration municipale, et est rentré par les rues de Bourgogne, de la Tour-Neuve, le port, jusqu'au pont, la rue Égalité, la place de la République, autour de l'arbre de la Liberté, et enfin par les rue et place de la Réunion, où, parvenu à l'autel de la patrie, les autorités occupant l'estrade, et les cultivateurs aux premiers degrés, le président de l'administration centrale a donné lecture d'un paragraphe de la lettre du ministre de l'intérieur, relative à la cérémonie, dans laquelle sont exprimés les sentimens que doivent inspirer à tout bon citoyen, les vertueux républicains qui exercent cet art si utile, le premier de tous, l'agriculture; il présente à l'assemblée du peuple et à son admiration les cantons de ce département qui sont le mieux cultivés, il cite entre autres celui de Chécy, notamment la partie qui se trouve entre la rivière et le canal, dont la tenue est au-dessus de tout éloge, pour la manière dont elle s'opère dans cette portion assez étendue, et qui s'administre comme un bien de famille divisé entre des frères plus unis par l'amitié que par le sang.

Il a ensuite proclamé les noms, et successivement couronné les agriculteurs présens dont les noms suivent:

Charles Bigotteau, Etienne Marguerit, Pierre Desbrosses, François Guichard, Altin Proust, Jacques Breton, Vincent Salmon, Jean-Jacques Granger, J.-B. Valdestin et Pierre Périllon.

Pendant cette intéressante cérémonie, la musique exécutait des airs et des fanfares, et elle s'est terminée par les airs *Où peut-on être mieux qu'au sein de sa famille?* et le *Ça ira;*

Les autorités ont été ensuite respectivement reconduites par les détachemens qui étaient allés les chercher.

Un orchestre aussitôt placé sur l'estrade a offert au public le plaisir de la danse, dont il a profité jusque vers dix heures, avec le calme et la sagesse la plus parfaite, et la joie la plus pure.

Fait et rédigé, etc. (V. E, f° 61.)

Juin 1798. — Mort de Sébastien-François Bouthier, né en 1738, savant helléniste. Il a laissé plusieurs manuscrits qui se trouvent à la bibliothèque publique d'Orléans, sa ville natale.

1er *juillet* 1798, *ou* 13 *messidor an* VI. — L'administration municipale d'Orléans, vu le rapport du citoyen Leroy, commissaire de police en cette commune, dressé sous les yeux et par les ordres du citoyen Millé, l'un de ses membres, portant que le citoyen Helmeult, serrurier, exerçant sa profession dans une petite boutique établie près la tour de St-Paul, s'est permis de réunir et faire brûler, en place de charbon de terre, une grande quantité d'os de morts, dans sa forge, en disant que c'était pour s'en débarrasser... qu'il résultait de ce brûlement journalier une fumée très-épaisse, qui, s'étendant sur tous les alentours, y répandait une odeur très-mauvaise et nuisible à la salubrité de l'air;

Considérant combien il importe au bon ordre et à la santé des citoyens d'empêcher des innovations aussi contraires aux lois et aux réglemens relatifs au respect pour les morts;

L'administration municipale, confirmant l'ordre donné audit citoyen Helmeult, de cesser à l'instant ce feu, arrête qu'il sera cité à la police municipale pour samedi prochain, nonidi 19 présent mois, et qu'à la diligence du même commissaire de police il lui est enjoint, en attendant l'issue du jugement à intervenir, d'enfouir sur-le-champ, dans une fosse tous lesdits ossemens qui restent encore, et cela d'une profondeur telle qu'il n'en puisse résulter aucun inconvénient, soit pour les voisins, soit pour lui-même, de laquelle opération ledit commissaire Leroy sera témoin, et en dressera procès-verbal qui sera rapporté à l'administration municipale pour être déposé au secrétariat. (V. E, f° 66.)

(La boutique de cet ouvrier était placée dans l'ancien cimetière de St-Paul, et appuyée sur la tour du clocher.)

14 juillet 1798, *ou* 26 *messidor an* VI. — Célébration de la fête du 14 juillet dans la commune d'Orléans. Aujourd'hui, cinq heures de relevée, les membres des diverses autorités constituées, tant civiles que militaires, et établissemens publics, se sont réunis à la maison commune sur l'invitation de l'administration municipale qui les y attendait pour la célébration de la fête.

Le cortége s'est mis en marche au son d'une musique guerrière et patriotique, précédé, environné et suivi de la force armée en station dans cette commune, et de la garde nationale, par la rue de la Réunion, la place de la République, où une station a été faite, et la strophe *Amour sacré de la patrie* de la *Marseillaise*, a été chantée au pied de l'arbre de la Liberté ; après quoi il a suivi la rue de la République jusqu'à la porte Jean, près le Mail, jusqu'à celle Madeleine, ensuite les rues de la Loi, du Tabourg, de Bourgogne, Martin-de-la-Mine, Parisis, et enfin place de la Réunion, où l'autel de la patrie était préparé, environné de drapeaux tricolores flottant dans son pourtour, surmonté de la statue de la Liberté, couronnée et environnée de verdure.

Les autorités rendues sur l'estrade, le président de l'administration centrale a prononcé un discours.

Des cris répétés de *vive la République* ont couronné ce discours, tandis que la musique exécutait des fanfares et des airs patriotiques.

Un membre de l'école centrale a pris la parole et a prononcé, au nom de cette école, un discours dans lequel il a rappelé l'époque mémorable du 14 juillet, et après avoir rendu hommage à la mémoire de ces héros qui ont jeté les fondemens de la liberté, il a ajouté qu'ils n'auraient rien fait pour nous, si nous n'avions assez de courage et d'énergie pour la conserver.

De là, il a passé aux moyens de fortifier l'esprit public et il a dit qu'un des plus surs était la fréquentation des écoles, où la jeunesse devait puiser les sentimens d'amour et d'attachement à la République, et les sublimes leçons de la valeur et de l'héroïsme ; il a fini en félicitant la commune d'avoir une administration sage, vigilante et éclairée, et dont les exemples et le civisme devaient lui inspirer un attachement inviolable aux lois, et la disposer aux sacrifices les plus généreux pour la prospérité de la République et le maintien des lois.

Des cris de *vive la République* ont couvert ce discours, auquel des fanfares et les airs chéris ont succédé.

Les autorités retirées, un orchestre a été établi sur l'estrade, et des danses se sont formées et ont duré, dans les expansions d'une joie pure et innocente, jusqu'à près de onze heures.

Fait et rédigé, etc. (V. E, f° 74.)

15 juillet 1798, ou 27 messidor an VI. — Visites domiciliaires et arrestation des ennemis de la République.

Le commissaire du pouvoir exécutif près l'administration municipale d'Orléans assemblée, dit :

« Citoyens,

« Vous avez reçu la loi du 18 présent mois, qui autorise les visites domiciliaires pour l'arrestation des agens de l'Angleterre, des émigrés rentrés et tous autres ennemis du gouvernement.

» L'arrêté du directoire du 19, et la circulaire du département du 23, nous prescrivent les mesures à prendre pour son exécution; concourons de tous nos moyens aux vues salutaires du gouvernement; employons tout ce que notre civisme et notre amour pour lui nous suggèrent; enfin, citoyens, redoublons de zèle et d'efforts pour déjouer les trames perfides de ses ennemis; poursuivons-les jusque dans leurs repaires les plus cachés et livrons-les à la justice des lois : déjà les réquisitions sont données à la force armée d'exécuter les ordres que vous leur donnerez.

« L'art. 2 de l'arrêté du directoire exécutif nous ordonne de désigner les lieux où les visites domiciliaires doivent s'effectuer.

« Je vous propose donc de faire, ce soir même, investir la salle de comédie par la force armée pour qu'à la sortie du spectacle la plus scrupuleuse inspection de tous les individus se fasse.

« Je vous en remets les moyens détaillés sur le bureau, et vous invite à y faire les changemens que vous croirez nécessaires et convenables.

« Cette opération finie, la force armée se transportera de suite, avec les commissaires de police, dans les hôtels, auberges et lieux publics de cette commune, particulièrement dans la salle et logement de la comédie, dans les cafés adjacens et de la place, chez les citoyens aubergistes et logeurs en gîtes ci-après désignés :

Chaslot, rue Vieille-Poterie, *au Singe Vert.*
Sallé, rue de la Liberté, *au Désir de la Paix.*
Caillau, rue de la Liberté, *au Drapeau chéri (ci-devant Dauphin).*
Linet, place de la République, *aux Trois Maures.*
Beaulieu, rue de la République, *au Lion d'Or.*
Hatté, rue de la Hallebarde, *au Lion d'Argent.*
Montelly, faubourg de la Liberté, *au Bon Laboureur.*
Gourdes, — *aux Trois Fermiers.*
Fouquet, — *au Ci-Dev. S-Aignan.*
Damont, — *au Cigne Blanc.*
Lassailly, — *au Ci-Dev. Ecu de France.*
Ligneau, — *au Mouton.*
Gauthier, — *au Soleil d'Or.*
Besson, rue de la Liberté, *au Loiret.*
Chassinat, traiteur, rue de la Levrette.
Renault, marché Porte-Renard, *au Ci-Devant St-Louis.*
Bernard, rue de la République, *au Renard.*
Lécuyer, rue de Bourgogne, *au Quois.*
Vᵉ Lambert, — *au Sauvage.*
Johanet, — *au Chapeau Rouge.*
Rousseau, — *au Chandelier d'Or.*
Gourdin, — *aux Ci-devant Trois Rois.*
Tournel, faubourg Marceau, *au Bœuf.*
Trioche, — *à la Pomme de Pin.*
Bussière, — *au Chêne.*
Leclerc, logeur, rue de l'Invisible, *au Chat Botté.*
Vincent Boiry, rue Creuse, *au Mouton Bêlant.*
Ballerot, rue de la Marmite, *à la Marmite.*
Rousseau, rue de la Réforme, *au Galant Compagnon.*
Lepinay, rue Pierre-Percée, *au Pou Couronné.*
Michel, dit La Joie, rue Vieille-Peignerie, *au Cadran Bleu.*
La citoyenne Menou, logeuse de maçons, rue Cosme, *aux Deux Pigeons.*

La citoyenne veuve Villegomblain, mère de compagnons, venelle Germain, *au Rendez-Vous des Bons Drilles*.

« Où tous les individus non-porteurs de papiers en bonne forme, ou porteurs de papiers suspects, et tout ennemi du gouvernement, seront arrêtés et traduits à la chambre centrale; les registres des logeurs et aubergistes seront représentés aux commissaires de police et gendarmes, par eux vérifiés et arrêtés, lesquels dresseront procès-verbal de la négligence coupable que lesdits logeurs auraient eue de ne pas y porter ceux qui sont logés chez eux.

« Et, pour assurer le fruit des mesures que je vous propose, je vous invite à faire trouver au bureau central de la commune, deux juges de paix pour interroger les suspects qui pourront y être traduits, et être ordonné ce qu'il appartiendra, et vous demande votre permanence au conseil jusqu'à la fin des opérations que j'indique. »

L'administration municipale, en adoptant les mesures proposées par le commissaire près d'elle, pour l'exécution de la loi précitée, arrête qu'elles seront exécutées.... Pourquoi copie du présent sera sur-le-champ remise aux commandans de la place, de la force armée, aux commissaires de police, au juge de paix et aux commissaires près cette administration, et envoyée à l'administration centrale du Loiret.

La délibération proposée par le commissaire du directoire exécutif ayant été arrêtée, et toutes les mesures d'exécution adoptées, les administrateurs municipaux se sont partagé entre eux la salle du spectacle et la permanence : trois membres se sont rendus à la loge de l'administration, à l'effet de maintenir l'ordre au besoin, rassurer nos concitoyens et leur annoncer que les mesures qui venaient d'être prises ne portaient aucunement sur eux. Des cartes avaient été préparées pour être délivrées sous le péristyle de la salle, en présence des officiers municipaux, par les commissaires de police, à tous les citoyens connus pour être de cette commune, et moyennant lesquelles le passage leur était ouvert, tant à la porte de la comédie, dont les issues étaient étroitement gardées, qu'à l'ouverture des rues aboutissant à la place de la Réunion, sur laquelle aucun citoyen ne pouvait pénétrer du dehors.

Le moment de la sortie du spectacle arrivé, tout s'est passé avec calme et dans l'ordre le plus parfait, ceux des étrangers qui s'y sont trouvés munis ou non de passeports étaient amenés à la maison commune, où des administrateurs en permanence rendaient aussitôt justice : six de ceux-là, dépourvus de papiers, ont été déposés dans l'une des salles de la maison commune, sous la surveillance d'une bonne garde.

La salle du spectacle évacuée, et visite faite dans toutes ses parties par les commissaires de police, accompagnés d'une force suffisante, ils sont venus déclarer qu'il ne s'y était rien trouvé, non plus que dans les cafés avoisinant.

L'administration a de suite donné ordre de faire relever tous les postes et de laisser la circulation libre ; ils ont reflué sur la maison commune, où la force armée s'est reposée en attendant l'heure indiquée par la constitution, pour donner suite aux mesures arrêtées, cette force devant accompagner les commissaires de police dans la visite ordonnée chez les aubergistes, logeurs en gîtes et autres lieux désignés dans l'arrêté précité, l'administration demeurant en permanence avec le commissaire du directoire exécutif, afin de parer aux événemens, s'il s'en présentait dans l'intervalle de cette première mesure à celle qui devait suivre.

16 juillet 1798, *ou* 28 *messidor an* VI. — Et le lendemain, cinq heures du matin, nous, administrateurs municipaux d'Orléans, d'après les mesures prises en conséquence de l'arrêté précité, il en est résulté :

1°, Du cernement de la salle de spectacle, que six citoyens ont été amenés devant nous comme n'étant munis d'aucun passeport ni papier ;

2°, Et de la recherche faite dans les auberges, chez les logeurs et dans tous les lieux indiqués, il en est résulté que vingt-trois ont été amenés devant nous également et successivement.

Tous lesquels citoyens ne s'étant point trouvés munis de passeports, l'administration a arrêté qu'ils seraient conduits par-devant le juge de paix de la chambre centrale pour être statué ce qu'il appartiendra.

Il s'est trouvé, parmi ces individus, trois ecclésiastiques assermentés, quatre Vendéens, cinq compagnons du devoir, deux vagabonds et un forçat libéré, qui ont été retenus, et quatorze autres qui ont été mis en liberté. (V. E, f°s 76, 78 et 6.)

16 juillet 1798, ou 28 messidor an VI. — Vu l'arrêté de l'administration centrale du Loiret, du 28 prairial dernier, l'administration municipale d'Orléans arrête que le citoyen Mirey, régisseur-général de la maison commune, pourvoira à ce que les meubles et effets de chacun des bureaux des barrières du droit de passe, dernièrement placés aux portes de la commune, soient transportés aux nouvelles barrières placées sur les limites de ladite commune; il fera faire telle diligence nécessaire pour que lesdits bureaux soient en activité le 1er thermidor prochain, à minuit. (V. E, f° 81.)

21 juillet 1798, ou 3 thermidor an VI. — L'administration municipale d'Orléans arrête qu'il sera fait, demain, une visite scrupuleuse et exacte dans toutes les maisons d'enseignement de la commune.

Cet arrêté, composé de huit articles, était remarquable par les deux qui suivent :

Art. 5. Les commissaires chargés de cette visite constateront, 1°, si les maîtres particuliers ont soin de mettre entre les mains de leurs élèves, comme base de la première instruction, les Droits de l'Homme, la Constitution et les livres élémentaires qui ont été adoptés par la convention nationale ; 2°, si l'on observe les décades, si l'on y célèbre les fêtes républicaines, et si l'on s'y honore du nom de citoyen ; 3°, si l'on donne à la santé des enfans tous les soins qu'exige la faiblesse de leur âge, si la nourriture est propre et saine, si les moyens de discipline intérieure ne présentent rien qui tende à avilir et à dégrader le caractère, si les exercices enfin y sont combinés de manière à développer le plus heureusement possible le caractère mâle d'un républicain, et les facultés physiques et morales.

Art. 8. Chacun des commissaires se procurera tous les renseignemens désirables sur les personnes de l'un et l'autre sexe qui tiennent des écoles primaires, maisons d'éducation ou pensionnat, sur leurs principes, leurs mœurs et leurs talens, enfin sur l'influence que ces établissemens ont sur l'esprit public. (V. E, f° 83.)

27 et 28 juillet 1798, *ou* 9 *et* 10 *thermidor an* VI. — Célébration de la fête de la Liberté dans la commune d'Orléans. (V. E, f°s 89 et 91.)

Comme en l'an IV, et conformément au programme, cette fête fut divisée en deux journées, mais elle eut lieu sur la place de la Réunion. Les discours furent prononcés, l'un par le citoyen Vinson, président de l'administration centrale, l'autre par le citoyen Jacob, président de l'administration municipale.

3o juillet 1798, *ou* 12 *thermidor an* VI. — L'administration municipale, informée de la disparition de deux prêtres condamnés à la déportation et transférés à la maison d'hospice d'Humanité, pour cause de maladie, arrête aussitôt que ladite maison sera investie et toutes les issues gardées; elle a, à cet effet, requis le commandant de la force armée d'y faire poser à l'instant des factionnaires;

Arrête, en outre, que les huit commissaires de police, accompagnés de douze gendarmes et de la force armée, se transporteront audit hospice et y feront la visite la plus scrupuleuse des cénacles de ladite maison... Il a été trouvé parmi les jardiniers de l'hospice un prêtre déguisé, condamné à la déportation; nous l'avons fait conduire à la maison des Minimes.

De suite, nous avons fait procéder à l'interrogatoire de toutes les personnes employées dans ladite maison, ainsi que de toutes les citoyennes ex-religieuses, sur l'évasion des sieurs Martin et Henry, prêtres condamnés à la déportation.

Expédition de tous les interrogatoires sera envoyée à l'administration centrale, ainsi qu'au directeur du jury, avec dénonciation desdits individus évadés. (V. E, f° 95.)

6 août 1798, *ou* 19 *thermidor an* VI. — Le citoyen Fromental (ex-vicaire épiscopal), au nom, et comme fondé de pouvoir du citoyen Joseph Pignon, ancien curé de St-Martin d'Abbat et ex-procureur de la commune d'Orléans, déclare que son intention est de transférer sa pension, ainsi que tous les arrérages échus jusqu'à ce jour, de la commune d'Orléans, où il a précédemment fait sa résidence, dans celle de Paris où il a fixé son domicile.

L'administration donne acte de ladite déclaration (*). (V. E, f° 111.)

10 août 1798, ou 23 thermidor an VI.

Célébration de la fête du Dix-Août dans la commune d'Orléans.

Aujourd'hui, quatre heures de relevée, les membres des diverses autorités et établissemens publics, le général et les autres chefs de la force armée en station dans cette commune, le commandant et les officiers du 1er bataillon

---

(*) Dans le plus fort de la révolution (1793 et 1794), le citoyen Pignon, alors procureur de la commune d'Orléans, avait chargé le nommé Bataille, concierge du club, de venir lui rendre compte de l'état de calme ou d'effervescence des esprits, et des motions plus ou moins incendiaires qu'on faisait à chaque séance. On l'a vu plusieurs fois, après avoir changé son costume ordinaire, accourir à la Société populaire affublé d'un pantalon de toile bleue, d'une veste blanche sur les épaules, d'un bonnet rouge sur la tête et chaussé de sabots, monter à la tribune, et, par des discours adroitement combinés, ramener les membres les plus forcenés à des sentimens modérés, et faire prendre aux discussions atroces et sanguinaires une tournure entièrement contraire à celle qui était à l'ordre du jour. (*Plusieurs témoins contemporains.*)

de la 30ᵉ demi-brigade, en séjour, ayant été invités à participer à la fête, tous réunis à la maison commune, le cortége s'est mis en route suivant l'ordre accoutumé, au son d'une musique guerrière et patriotique, un peloton de cavalerie ouvrant la marche avec la 1ʳᵉ compagnie de la 30ᵉ demi-brigade et des détachemens de vétérans en station, la garde nationale environnant les corps constitués, par la rue de la Réunion, place de la République, où une station a été faite, et la strophe : *Amour sacré de la patrie*, chantée au pied de l'arbre de la Liberté ; il a suivi, par la rue Egalité, le long du port jusqu'à la porte de la Tour-Neuve et rue du même nom, celle du Bourdon-Blanc, celle J.-J. Rousseau, et enfin place de la Réunion, le bataillon entier de la 30ᵉ demi-brigade marchant ensuite dans le meilleur ordre et la plus parfaite tenue.

Arrivé vers l'autel de la patrie, préparé au pied de l'arbre de la Liberté et surmonté de la statue de la Liberté, couronnée et environnée de festons mêlés de fleurs et de verdure, les autorités, placées sur l'estrade, et toute la force armée s'étant formée en bataillon carré sur la place, au son d'une musique nombreuse et guerrière, le président de l'administration centrale (Elie Vinson) a prononcé le discours qui suit :

« Citoyens,

« Le propre du commun des hommes est de ne juger des événemens que d'après quelques circonstances qui les ont précédés à des époques très-rapprochées : c'est ainsi qu'une multitude d'orateurs se sont tellement renfermés dans le cercle étroit de la journée du 10 août 1792, que le vulgaire n'a jusqu'à ce jour aperçu dans cette journée que le triomphe des hommes libres sur un roi constitutionnel.... Un roi constitutionnel ! comme si constitution libre et roi ou prince héréditaire étaient une alliance compatible !

« Comme si, en principe naturel et politique, ce monstrueux amalgame pouvait subsister !

« Il faut donc apprendre au peuple souverain que l'événement du 10 août était d'une nécessité indispensable, qu'il était nécessité par une morgue originelle, l'inquiétude et les angoisses de l'homme qui, avant la révolution, réunissait en lui seul les pouvoirs législatifs et exécutifs.

« Nécessité par les intrigues, les diaboliques machinations du clergé (l'orateur avait été grand-vicaire de Sainte-Croix), de la noblesse, de la robe, de la finance et des femmes qui formaient les conseils infatués d'un roi bêtement constitutionnel.

« Les historiens de cette sanglante journée qui s'en tiendront à ce qui se passe aux Tuileries, laisseront à l'écart une partie essentielle des faits qui confirment ce que nous disons des stratagèmes perfides des conseillers de Capet.

« Il est à notre connaissance que, dans les palais, les grands hôtels de Paris, les princes et seigneurs, ou leurs agens, tenaient depuis un mois, en chartre privée, toute la fournée vassale et main-mortable de leurs grandes seigneuries; les habits, les armes étaient là avec les êtres séduits ou imbéciles que l'on destinait à se porter au secours, non des hommes libres, mais de leurs lâches assassins.

« C'est ainsi que, dans le cabinet du château des Tuileries, on avait forgé et aiguisé les poignards qui devaient nous égorger et tuer la liberté par la main ingrate et parricide de celui qu'elle avait couvert de son égide et comblé d'indulgence et de bienfaits.

« Des siècles s'écoulent durant que les peuples gémissent dans l'esclavage; mais la nature et les veilles des sages font revivre les droits imprescriptibles de l'homme... Les despotes, les rois de la terre, à force de méchanceté et de tyrannie, accélèrent plus ou moins le retour de la liberté et de l'égalité.

« Qui le croirait!... la guerre de Westphalie engendra celle de l'Amérique septentrionale.

« Celle de l'Amérique excita chez nous la guerre de la liberté.

« C'est à vous, braves guerriers ici présens, qu'il appartient de nous raconter vos pénibles campagnes, vos privations, vos combats et vos victoires.

« Recevez, en ce jour solennel, les témoignages de notre gratitude, la manifestation du vif intérêt que vous.

nous inspirez. Cent et cent fois le sénat français a déclaré que vous avez bien mérité de la patrie : ces actes sont ceux de la reconnaissance nationale ; il est doux, il est bien doux pour nous d'avoir une occasion de vous dire que nous y participons de tout notre cœur.

« Vous l'avez entendue ainsi que nous, et vous ne l'oublierez pas cette prédiction, profondément pensée, du grand capitaine que nous chérissons avec vous, *Buonaparte* l'a dit : Lorsque la République française aura les meilleures lois organiques, toute l'Europe sera libre.... elle le sera, libre, par la valeur de nos invincibles guerriers.

« Ces guerriers, après leur avoir appris la tactique militaire, conservatrice de la liberté, remettront dans leurs mains, dégagées des chaînes de l'esclavage, notre contrat social comme un gage d'alliance et d'amitié.

« *Vive la République, vivent ses braves défenseurs!* »

Ce discours achevé, des acclamations et des cris universels de *vive la Liberté* se sont fait entendre ; la musique a exécuté divers airs patriotiques et après l'air *Ça-ira*. La force armée ayant défilé, les corps constitués se sont séparés et ont été respectivement reconduits suivant l'usage.

Fait, rédigé et signé, etc. (V. E, f° 112.)

14 *août* 1798, *ou* 27 *thermidor an* VI. — Le citoyen Accard, nommé, par arrêté du 21 présent mois, commissaire du directoire exécutif près l'administration municipale d'Orléans, en remplacement du citoyen Boulland, se présente au bureau et prête le serment de *haine à la royauté, attachement et fidélité à la République française, une et indivisible, et à la Constitution de l'an* III, et ensuite se place au bureau. (V. E, f° 117.)

15 *août* 1798, *ou* 28 *thermidor an* VI. — L'administration municipale, recevant à l'instant le *Bulletin des Lois*, où se trouve la loi du 17 du présent mois, relative à la célébration du décadi et des fêtes nationales, et l'arrêté du directoire exécutif du 18, qui en ordonne la publication solennelle ;

A arrêté que réquisition serait faite à l'instant au commandant de la force armée, en cette commune, pour que les tambours, les drapeaux et un détachement de la garde nationale, et toute la troupe stationnée ici, tant à pied qu'à cheval, soient réunis ce jour à la maison commune, à trois heures précises de l'après-midi, à l'effet de donner à la proclamation de cette loi toute la pompe prescrite par l'arrêté précité; qu'elle sera en même temps affichée en tel nombre qu'aucun de nos concitoyens n'en puisse prétendre cause d'ignorance et ait à s'y conformer;

Arrête, en outre, qu'il sera pris des mesures ultérieures pour s'assurer de l'exécution pleine et entière de ladite loi. (V. E, f° 119.)

17 août 1798, ou 30 thermidor an VI. — Célébration forcée du décadi.

L'an VI de la République, le 30 thermidor avant midi, en vertu de la loi du 17 thermidor présent mois, concernant les jours de repos du calendrier républicain, et à la requête, poursuite et diligence du commissaire du directoire exécutif, près l'administration municipale de la commune d'Orléans, nous soussigné, commissaire de ladite commune, certifions que, étant dans le cours de mes visites, ostensiblement décoré et accompagné de la force armée, étant parvenu sur le quai Charles, 9ᵉ section, nous aurions vu une charrette chargée de plusieurs futailles et de deux châssis; nous avons arrêté ladite voiture, avons demandé au conducteur à qui appartenait cette voiture, il nous a déclaré qu'elle était au citoyen Colas Brouville, raffineur, faubourg de la Liberté, rue des Murlins, n° 1ᵉʳ; nous avons observé audit voiturier qu'il contrevenait à l'art. 8 de la loi ci-dessus citée, pourquoi qu'il ait à dire audit citoyen Brouville que nous lui déclarions procès-verbal, pour être remis à qui de droit, et être condamné aux peines portées à l'art. 605 du Code des délits et des peines; dont acte, fait et rédigé le présent pour servir à valoir ce que de raison, les jour et an que dessus.
PRÉSIDENT. (Textuel.) (6.)

26 août 1798, ou 9 fructidor an VI. — Un membre de l'administration municipale a dit au conseil :

« Citoyens,

« J'ai à vous rendre compte d'un trait de dévoûment

dont a fait preuve un cavalier du 13ᵉ régiment en station en cette commune, pour l'exécution de la loi.

« Ce valeureux citoyen, nommé Roc-Joseph Ledan, natif de l'Ecluse, département du Nord, étant avec la gendarmerie à la recherche des marins fuyards et désobéissans, s'est précipité dans la rivière, le sabre entre les dents, pour en suivre un qui cherchait à s'évader; ramené à bord, ce fuyard lui étant échappé, il s'y est lancé de nouveau, bravant les flots et une grêle de pierres que faisaient pleuvoir sur lui des personnes placées sur le pont; l'a rattrapé, et conduit au lieu indiqué. Cette constance courageuse pour le triomphe de la loi, ne doit pas être passée sous silence, et il appartient à des magistrats républicains de publier une action aussi digne d'être connue.

« Je demande, citoyens, que ce généreux soldat soit invité à se rendre dans le sein du conseil pour y recevoir le tribut d'éloge que mérite son dévoûment à la chose publique, que l'accolade fraternelle lui soit offerte par votre président au nom du conseil, en témoignage de son estime et de sa satisfaction. »

Le conseil arrête à l'unanimité. (V. E, f° 128.)

27 août 1798, ou 10 fructidor an VI. — Célébration de la fête des vieillards dans la commune d'Orléans, (comme en l'an IV). Les vieillards couronnés furent les citoyens Vignolet père et Otho-Kerker, avec les citoyennes leurs épouses, dont la plus jeune avait 87 ans passés, le président, Vinson-Lucet, membre de l'administration centrale, leur donna l'accolade fraternelle en leur mettant la couronne sur la tête. (V. E, f° 29.)

4 septembre 1798, ou 18 fructidor an VI. — Célébration de l'anniversaire du 18 fructidor, en conformité de la loi du 2 de ce mois.

La fête ayant été annoncée dès le matin par le son de la cloche de la ville, et sept marrons ou pétards tirés de la plate-forme de la flèche du temple, les autorités constituées, tant civiles que militaires et établissemens publics, les intituteurs primaires et libres, invités par l'administration municipale, se sont réunis à la maison commune, quatre heures de relevée, toute la force armée, tant à pied qu'à cheval, en station en cette commune, rassemblée sur la place, avec un détachement, les tambours et la musique de la garde nationale; le moment du départ marqué par sept autres détonations de pétards, le cortége s'est mis en marche dans l'ordre accoutumé.

Et enfin, l'administration municipale, précédée de ses commissaires de police, du drapeau de la garde nationale, et environnée de détachemens de la même garde, suivie des chefs et employés de ses bureaux, la marche fermée par un peloton de cavalerie, s'est dirigée, au son d'une musique nombreuse, exécutant des airs patriotiques et guerriers, par les rues de Hoche et de la Liberté, sur la place de la République, où la strophe *Amour sacré de la Patrie* a été chantée près de l'arbre de la Liberté, et enfin par la rue de la Réunion. Dans le cours de la marche, les jeunes élèves des écoles, tant primaires que libres, faisant entendre, par intervalle, des cris de *Vive la République* en jetant leurs chapeaux et leurs bonnets en l'air, ces cris, effet de l'enthousiasme de cette jeunesse, l'espoir de la patrie, ont produit la sensation la plus vive dans le public, et s'il s'est rencontré, dans la foule immense qui affluait sur les lieux du passage, quelques êtres assez malheureux pour conserver encore des regrets sur l'ancien ordre de choses: combien n'ont-ils pas dû souffrir de ces purs élans patriotiques! Arrivé place de la Réunion où l'autel de la patrie était préparé, surmonté de la statue de la Liberté, couronnée et environnée de verdure et de fleurs, pendant que les autorités prenaient place, sept nouveaux coups se sont fait entendre; la musique exécutait des fanfares; ensuite un roulement de tambours ayant indiqué le moment de silence, le président de l'administration municipale a prononcé un discours.

Après ce discours, vivement applaudi et couronné par des cris unanimes et multipliés de *Vive la République!* la musique a exécuté plusieurs airs patriotiques en terminant par *Ça ira*. Les autorités se sont séparées; la force armée est rentrée dans ses quartiers; un orchestre s'est de suite établi sur l'estrade; les danses ont commencé; un peuple nombreux est demeuré sur la place, partie jouissant de la danse, d'autres circulant et exprimant leur joie par des cris de *Vive la République!*

Tandis que les dispositions se faisaient pour l'illumination, l'observateur républicain a dû éprouver une véritable jouissance, en voyant l'esprit public remonté dans cette commune à un degré satisfaisant. (V. E, f° 136.)

8 septembre 1798, ou 22 fructidor an VI.

L'ex-évêque du Loiret aux citoyens administrateurs municipaux d'Orléans.

« Louis-François-Alexandre Jarente, ci-devant évêque d'Orléans, vous expose qu'ayant besoin de prouver sa conduite politique depuis le commencement de la République, il attend de votre justice une attestation favorable.

« La soumission aux lois a été constamment pour lui un de ses premiers devoirs ; il n'hésita pas à prêter le serment exigé par la loi du 27 septembre 1790 ; il fit avec empressement, à cette époque, tous les sacrifices que les circonstances lui prescrivaient, et l'administration, dans le compte imprimé qu'elle rendit de sa première session, fit hommage à l'exposant de la tranquillité qui régnait dans le département du Loiret, en l'attribuant aux principes qu'il avait manifestés ; il fut successivement membre de la commune d'Orléans et président de l'administration départementale du Loiret, jusqu'au 14 frimaire ; la loi de ce jour ayant supprimé les présidens de département, ses fonctions, comme évêque, devenant inutiles à la République, il les abdiqua, et alla remplir, à Bordeaux, celle de garde-magasin d'un hospice militaire ; cet hospice ayant été supprimé, il fut placé dans les bureaux du ministre de la justice. Les besoins du gouvernement provisoire commandant la plus grande économie dans toutes les parties administratives, il y eut une réduction considérable dans les bureaux de ce ministère, et comme il était un des derniers employés, il fut compris dans la suppression ; il se rendit à Agen, où il a rempli, pendant l'an V, les fonctions de professeur de belles-lettres ; n'ayant d'autres moyens d'existence que le traitement de cette place, qui n'était pas exactement payé, il a été forcé de la quitter pour venir à Paris en solliciter une nouvelle.

« D'après cet exposé, citoyens administrateurs, Louis-François-Alexandre Jarente espère que vous ne refuserez pas de rendre à son civisme, à son amour pour la liberté et à son attachement à la République, la justice qu'il a droit d'attendre de vous.

« Salut et fratertinité.

« L.-F.-A. JARENTE. » (1-6.)

9 septembre 1798, *ou* 23 *fructidor an* VI. — Nous, administrateurs municipaux de la commune d'Orléans,

Certifions que le citoyen Louis-François-Alexandre Jarente, ci-devant évêque de ladite commune, s'est, dans tous les temps, montré ami de la liberté, à laquelle il a fait les plus grands sacrifices; que si, dans les premières années de la révolution, la commune d'Orléans et le département du Loiret ont été exempts de troubles religieux, et ont joui du calme et de la paix, ils en ont été principalement redevables à la conduite de l'évêque et à l'exemple qu'il a donné aux autorités et à tous les fonctionnaires publics de sa soumission aux lois; enfin, que les principes qu'il a hautement professés et ses actions ne permettent pas de douter de son civisme et de son attachement sincère à la République. (1-6.)

22 septembre 1798, ou 1er vendémiaire an VII.

Célébration de la fête anniversaire de la fondation de la République dans la commune d'Orléans.

Le 1er vendémiaire, onze heures du matin, toutes les autorités constituées, tant civiles que militaires, les fonctionnaires publics, les employés des diverses administrations, les membres des établissemens publics, et les instituteurs de la jeunesse, tant primaires que libres, avec leurs élèves, se sont réunis à la maison commune, sur l'invitation de l'administration municipale.

Ce jour, six heures du matin, à l'avertissement donné par sept coups de canon, toute la force armée, tant infanterie que cavalerie, s'est rassemblée sur la place de la Réunion, avec un détachement, les tambours et la musique de la garde nationale.

Toutes les personnes composant le cortége avaient en main une branche de chêne, et sept autres coups ayant annoncé le moment du départ, la marche s'est ouverte par un détachement de cavalerie, et dans l'ordre accoutumé, au son de nombreux instrumens et des airs patriotiques et guerriers, par la rue de la Réunion, place de la République, où une station a été faite, et la strophe *Amour sacré de la patrie* chantée devant l'arbre de la Liberté; il a suivi ensuite la rue Egalité, le quai Neuf, la rue de Recouvrance, place du Petit-Marché, la rue de la Hallebarde, place de la République, et enfin la rue et la place de la Réunion, où l'autel de la patrie, environné de drapeaux, était préparé et orné de la statue de la Liberté, couronnée de verdure. Les autorités réunies sur l'estrade, la force armée rangée sur la place, où un peuple immense s'était rassemblé; les instituteurs et leurs élèves formant un demi-cercle en avant des degrés, au milieu duquel se trouvaient également les jeunes gens destinés à la course de l'après-midi, *vétus de blanc ou de nankin*, et décorés uniformément de rubans tricolores, l'air a retenti de fanfares et de chants patriotiques, auxquels a succédé l'*Invocation à la Liberté*, après laquelle un roulement de tambours s'est fait entendre, et le président de l'administration municipale, prenant la parole, a lu au peuple assemblé la déclaration des droits et des devoirs, qui précède la Constitution de l'an III, et le premier article de cette Constitution; les membres du jury d'instruction présens, n'ont pu offrir à l'admiration publique aucun ouvrage en particulier, mais ils ont cité en général, comme un gage de la restauration des mœurs et de l'instruction publique, les différens discours prononcés par les élèves de l'École centrale, lors de la distribution des prix, parmi lesquels on a remarqué plus particulièrement ceux ci-dessous rappelés:

Le citoyen Charles Rabourdin, d'Orléans, élève du cours de Belles-Lettres, a ouvert la séance par un discours contenant les portraits de César et de Pompée, tirés de la *Pharsale*. Après les avoir mis en parallèle, il finit par vouer à l'exécration le traître qui tourna contre la Liberté des talens supérieurs, qu'il aurait dû employer pour la gloire et la prospérité de sa patrie.

Le citoyen Thérèse-René Courtois, d'Orléans, élève du cours d'histoire, prouve rapidement l'utilité de cette branche d'étude par des rapprochemens heureux; il met en évidence les avantages inappréciables des gouvernemens populaires, et prédit le plus heureux succès pour la grande expédition dirigée par le vainqueur d'Italie.

Le citoyen Louis-Dominique Latour, d'Orléans, élève du cours de langues anciennes, fait voir combien il est important de ne pas négliger l'étude des anciens auteurs: elle a formé ces écrivains du dernier siècle, qui ont érigé en vraie langue l'idiôme barbare et grossier de nos ancêtres. De là les principes du goût, l'élan vers le perfectionnement général, et les rapides progrès de la philosophie qui nous ont conduits à la République. « Est-ce en proclamant, s'est écrié le jeune élève âgé de seize ans, les droits de l'homme, sous l'étendard de la Liberté; est-ce au milieu de tant de superbes trophées, que l'on pourrait penser à éteindre le feu sacré, en reléguant dans les profonds abîmes de l'oubli et du mépris les titres primitifs de notre gloire et de notre bonheur? »

A la suite de ces diverses citations, des cris multipliés de *Vive la République!* ont succédé, et la réunion du matin s'est terminée par l'air *Ça ira*: les autorités constituées se sont séparées, et la force armée s'est retirée dans ses quartiers respectifs.

A quatre heures après midi, la force armée s'étant de nouveau rassemblée sur la place de la Réunion, avec le drapeau, le détachement, les tambours et la musique de la garde nationale, l'administration municipale, à laquelle se sont réunis divers membres des autorités constituées et fonctionnaires publics, est partie environnée et suivie de la force armée, précédée de la musique et au son des airs patriotiques, avec les jeunes gens inscrits pour la course, tous dans le costume indiqué, et décorés d'une ceinture tricolore ; devant eux étaient portés les sabres formant les prix destinés aux vainqueurs, par les rues de Hoche et de la Liberté. Parvenu à la porte du même nom, le cortége a pris le Mail, à droite, et l'a suivi jusqu'à l'enceinte préparée pour la course, vers laquelle s'était fait un rassemblement prodigieux, attiré par la nouveauté du spectacle. Rendus au lieu indiqué, trois membres de l'administration municipale, accompagnés du secrétaire et précédés d'une partie de la musique et des tambours, ont conduit les coureurs au point du départ, en parcourant l'arène. Arrivé là, le secrétaire a fait l'appel des inscrits, qui se rangeaient à mesure sur la ligne tracée ; le signal devait être un roulement de tambours et trois coups de baguette ; au dernier coup, les jeunes gens se sont élancés vers le but, où plusieurs membres étaient demeurés pour juger des prix : le premier qui s'est saisi du petit drapeau, signal de la victoire, est le citoyen Bardin (Simon) ; le second, le citoyen Miron (François) ; tous les deux ont été proclamés vainqueurs, aux acclamations de tous les assistans, l'air retentissant du bruit des tambours et de la musique, qui tour-à-tour célébraient leur triomphe. Le cortége a de suite repris sa marche dans le même ordre, pour revenir sur l'autel de la patrie les couronner ; les vainqueurs tenaient en main leur petit drapeau, marchaient en tête de leurs concurrens à la course ; il a suivi la rue de la Liberté jusqu'à la place de la République, la rue de la Réunion, et parvenus, place du même nom, sur l'autel de la patrie, le président de l'administration municipale, après quelques mots de félicitation à ces jeunes enfans de la patrie, a couronné les vainqueurs, leur a donné le baiser fraternel, et ayant remis à chacun d'eux le prix qui leur était destiné, les a engagés à en conserver et à réaliser l'inscription, en ne s'en servant que contre les ennemis de leur patrie.

Cette cérémonie terminée au bruit des airs chéris des Français, des acclamations et des cris de *Vive la République!* les autorités se sont retirées, ainsi que la force armée, et les danses ont commencé; un peuple nombreux est demeuré sur la place, les uns se livrant au plaisir de la danse, les autres circulant et témoignant leur satisfaction par des chants et des pétards pendant les préparatifs de l'illumination, et en attendant le feu d'artifice.

Enfin, à huit heures, les membres des autorités constituées, ceux des divers établissemens et fonctionnaires publics s'étant rassemblés à la maison commune, sont partis en masse, précédés de la musique, et se sont rendus sur l'estrade élevée près la maison du citoyen Rondonneau, pour les recevoir sur la place de la République, où un peuple innombrable affluait depuis long-temps, de même que dans les rues adjacentes. Aussitôt leur arrivée, un feu d'artifice très-bien ordonné a été tiré à la grande satisfaction du public, qui l'a manifestée par des acclamations de *vivent la République et la Constitution de l'an* III ! et cette journée mémorable s'est terminée par une illumination générale, non-seulement de tous les édifices publics, mais encore des maisons particulières.

Fait en la maison commune, etc. (V. F, f° 1ᵉʳ.)

24 septembre 1798, ou 3 vendémiaire an VII. — L'administration municipale d'Orléans rend un arrêté relatif à la salle de dissection qui venait d'être établie dans un des cénacles de la maison de St-Charles, au Portereau, tant pour la délivrance des corps morts, que pour la décence dans les cours, la salubrité et la propreté de l'amphithéâtre. (1-6.)

27 septembre 1798, ou 10 vendémiaire an VII.

Procès-verbal de la première célébration des mariages décadaires à Orléans.

Aujourd'hui, 10 vendémiaire, dix heures du matin, l'administration municipale, le substitut du commissaire du directoire exécutif et le secrétaire, revêtus de leur costume, se sont assemblés en la salle publique de la maison commune, en exécution de la loi du 13 fructidor dernier, où les futurs époux étaient réunis avec leurs parens, leurs amis et infinité d'autres citoyens. Là, conformément à l'art. 1er de ladite loi, il a été donné lecture des lois et actes de l'autorité publique, adressés à l'administration pendant le cours de la décade, ainsi que le bulletin décadaire à elle également envoyé par ordre du directoire exécutif.

Il a ensuite été donné connaissance aux citoyens, des naissances et décès qui ont été constatés, dans la commune d'Orléans, pendant le cours de la décade ; d'un consentement pour mariage, délivré par l'officier public, d'après le résultat d'un conseil de famille, à une citoyenne orpheline et mineure, conformément à la loi du 7 septembre 1793 ;

D'une première épreuve de divorce, pour cause d'incompatibilité d'humeur et de caractère entre d'eux époux.

Après avoir annoncé que onze publications de mariage ont eu lieu, dont cinq allaient s'effectuer, on est passé à la célébration.

Le président de l'administration municipale faisant les fonctions d'officier public et civil, à la suite de ces mariages, a fait aux jeunes époux une exhortation pleine d'onction, et dans laquelle il leur a peint, avec les couleurs les plus vraies, les mieux senties et les plus expressives, la sainteté du nœud qu'ils venaient de former en présence de l'Être suprême et sous l'autorité de la loi ; il leur a tracé, du même pinceau, les devoirs qui leur étaient imposés par ces actes pour leur bonheur mutuel. Cette exhortation vraiment paternelle, et puisée dans les principes de la vertu et de la saine raison, a été entendue par tous les assistans dans le silence d'une religieuse attention, et a porté dans les âmes une douce émotion, et le président ayant déclaré la séance levée, tous se sont retirés édifiés de la dignité et de la sainteté de l'acte dont ils venaient d'être témoins.

La cérémonie a été terminée par l'air *Ça ira* et *une valse* exécutés par la musique de la garde nationale. (V. ꝑ, f° 8 et n° 6.)

4 octobre 1798, *ou* 13 *vendémiaire an* VII. — L'administration municipale ayant reçu du département du Loiret les instructions relatives à la loi du 19 fructidor dernier, sur le mode de formation de l'armée de terre, et celle du 3 du présent mois, qui met deux cent mille conscrits en activité de service, avait fait les réquisitions nécessaires au commandant de la force armée en cette commune, pour que ce jour, huit heures très-précises du matin, les tambours de la garde nationale, toute la troupe stationnée ici, tant à pied qu'à cheval, se rendissent sur la place de la Réunion à l'effet d'accompagner l'administration et de donner à la promulgation de ces lois toute la pompe et la solennité qu'exige leur importance, ce qui a été exécuté avec l'ordre et la dignité convenables.

La proclamation dont la teneur suit a été aussitôt affichée avec profusion dans toute l'étendue de cette commune, afin qu'aucun n'en puisse prétendre cause d'ignorance.

Proclamation relative à la loi sur la conscription.

« Citoyens,

« Le corps législatif voulant assurer aux armées françaises la supériorité qu'elles ont si glorieusement acquise, et donner au gouvernement de nouveaux moyens pour triompher des ennemis de la République, a déterminé, par une loi à la date du 19 fructidor, le mode en vertu duquel l'armée de terre doit être formée.

« Vous avez entendu, Citoyens, la lecture de cette loi

qui vient d'être promulguée solennellement dans toute l'étendue de cette commune ; vous connaissez le principe dont elle émane, cette première base de l'ordre social, qui veut que tout citoyen soit défenseur-né de son pays, et qu'il se dévoue au maintien de la liberté, de l'égalité et de la propriété, toutes les fois qu'une autorité légitime l'appelle à la défendre.

« Ceux d'entre vous que la patrie désigne aujourd'hui pour combattre ses ennemis, n'ont pas besoin sans doute de nos invitations pour se hâter de remplir l'obligation que la loi leur impose en faisant inscrire leurs noms sur les tableaux de la conscription militaire ouverte dès ce jour dans les bureaux de la maison commune ; ils rougiraient de céder à toute autre impulsion qu'à celle du devoir. Ce n'est donc que pour leur faciliter l'exécution de la loi qu'on leur en retracera les principales dispositions.

Enrôlemens volontaires.

Les Français, depuis l'âge de dix-huit ans accomplis jusqu'à trente ans révolus, peuvent s'enrôler volontairement pour servir dans l'armée de terre ;

Ceux qui auront moins de dix-huit ans ne pourront s'enrôler, et on admettra seulement jusqu'à quarante ceux qui prouveraient qu'ils auraient déjà servi.

Conscription militaire.

La conscription militaire comprend tous les Français, depuis l'âge de vingt ans accomplis jusqu'à celui de vingt-cinq ans révolus.

« Et vous, Citoyens, dont les enfans et les pupilles sont dans l'âge de la conscription, ne souffrez pas qu'ils entreprennent d'éluder une obligation que l'intérêt public et leur intérêt particulier leur imposent également. Quels reproches n'auriez-vous pas à vous faire, si, par votre faiblesse ou votre condescendance, ces enfans chéris étaient privés de l'exercice de leurs droits politiques, du droit de succéder à leurs parens, et de leur admission aux emplois, ainsi qu'ils y seraient exposés, s'ils ne justifiaient pas de leur conscription en produisant le certificat exigé par les art. 54 et 55 de la loi ! »

Fait en la maison, etc. (V. F, f° 9.)

9 *octobre* 1798, *ou* 18 *vendémiaire an* VII. — L'administration municipale arrête que le local ci-devant Saint-Paterne, servant en ce moment au culte catholique, sera désigné pour la réunion des citoyens, la lecture des lois et actes de l'autorité publique, et la célébration des mariages les jours de décade ; nomme trois de ses membres, les citoyens Jacob, Mandet et Bruzeau, ses commissaires, à l'effet de prendre connaissance du local, et indiquer, de concert avec le citoyen Dubois, voyer de la commune, les dispositions propres à rendre ce local digne de son objet. (V. F, f° 16.)

2 *novembre* 1798, *ou* 12 *brumaire an* VII. — Le citoyen Disnematin, qui venait d'être nommé commissaire du directoire exécutif près l'administration municipale d'Orléans, en remplacement du citoyen Accard, se présente au bureau, et, après avoir prêté serment, prend place au milieu du conseil. (V. F, f° 37.)

6 *novembre* 1798, *ou* 16 *brumaire an* VII. — Le citoyen Lagardette, architecte de Paris, pensionnaire de la République à Rome, se présente à la séance, et dépose sur le bureau, comme un hommage au conseil et un tribut des sentimens qu'il porte à cette commune, le prospectus d'un ouvrage sur les ruines de *Pæstum*, qu'il est sur le point de publier ; il demande la permission de comprendre au nombre de ses souscripteurs la commune d'Orléans, et prie l'administration d'accepter un exemplaire de cet ouvrage.

L'administration accepte avec satisfaction (*). (V. F, f° 40.)

8 *novembre* 1798, *ou* 18 *brumaire an* VII. — L'administration municipale d'Orléans nomme pour la visite des conscrits de la commune, les citoyens Vivien, René Berthelin, Lefebvre-Caillaux, horloger, et Carraquin, tailleur.

Elle adjoint aussi à ce jury les deux officiers de santé Regnier et Chipault. (V. F, f° 43.)

(*) Lagardette est mort à Orléans. Son mausolée fut élevé par ses amis au cimetière Saint-Jean.

21 *novembre* 1798, *ou* 1er *frimaire an* VII. — Le président de l'administration municipale qui, par une première lettre avait prié le conseil d'accepter sa démission, déclare par une seconde, en réponse à l'invitation que lui avaient faite ses collègues, de ne pas se séparer d'eux, qu'il persiste dans cette résolution. L'administration ne pouvant plus espérer de conserver au milieu d'elle le citoyen Jacob, accepte sa démission; arrête que mention en sera faite au registre, et qu'il sera incessamment pourvu à son remplacement, et arrête de plus que le citoyen Lebrun, vice-président, en remplira provisoirement les fonctions. (V. F, f° 53.)

23 *novembre* 1798, *ou* 3 *frimaire an* VII. — Se sont présentés au bureau de l'administration municipale les citoyens instituteurs primaires admis par le jury primaire, savoir :

Chevauché, à St-Euverte; Philippon, à St-Paul; Lagaune, à St-Paterne; Jacquet, à St-Laurent; Gauthier, à St-Marceau; Deméré, à St-Marc.

Institutrices.

Les citoyennes Dugué, à St-Pierre-le-Puellier; Cochin, à St-Paul; Paris, à St-Paterne; Marie, à St-Laurent; Renouard, à St-Marceau; Boulogne, à St-Marc.

Lycée élémentaire.

Le citoyen Dupuis, enceinte du Temple, n° 6.

École secondaire.

Le citoyen Roget, enceinte du Temple, n° 7.

Lesquels instituteurs, institutrices et maîtres de pension ont prêté individuellement le serment ci-après:

Je jure haine à la royauté et à l'anarchie, attachement et fidélité à la République et à la Constitution de l'an III.

L'administration municipale d'Orléans a donné acte à chacun des individus ci-dessus de leur soumission à la loi. (1-6.)

4 *décembre* 1798, *ou* 14 *frimaire an* VII. — Les ministres du culte catholique, exerçant en chef dans les temples désignés provisoirement par les autorités compé-

tentes en cette commune, se présentent devant le conseil, d'après l'invitation qui leur en avait été faite. Admis dans son sein, le vice-président leur fait part du motif de leur réunion, et, dans un discours plein de confiance et d'aménité, il leur peint ce que l'administration attendait d'eux pour l'exécution des lois, dans le but de seconder les vues du gouvernement, en faisant coïncider les cérémonies religieuses avec les fêtes nationales et les instructions républicaines, en célébrant l'office, ces jours, dans leurs temples, et se servant de leur influence sur l'esprit des fidèles pour les y appeler, et les accoutumer, petit-à-petit, à respecter en même temps et les solennités religieuses et les solennités politiques..... Ils sont invités à renouveler l'affiche de leurs noms dans les temples, et l'acte de leur soumission aux lois, ainsi qu'elles le prescrivent.

Il leur est expressément recommandé de ne point célébrer la messe de minuit, afin d'ôter une occasion de rassemblemens nocturnes toujours inquiétans et dangereux pour la tranquillité; ils le promettent spécialement, ainsi que de donner, dans le plus court délai, les noms de ceux qui concourent avec eux aux fonctions du culte dans leur temple respectif; ils se retirent. (V. F, f° 69.)

5 *décembre* 1798, *ou* 15 *frimaire an* VII. — Sur le réquisitoire du commissaire du pouvoir exécutif, une force armée de dix hommes d'infanterie et de quatre cavaliers a été commandée pour accompagner les commissaires de police et donner force à la loi du 23 fructidor dernier, qui ordonne l'ouverture des boutiques les jours de marchés qui se trouvaient ci-devant fériés. (V. F, f° 71.)

6 *décembre* 1798, *ou* 16 *frimaire an* VII. — Un membre du conseil municipal a dit :

« Citoyens collègues,

« La retraite du citoyen Jacob a fait vaquer la place de président de l'administration municipale, à laquelle nous l'avions porté lors de notre installation; je pense qu'il importe à l'ordre et à l'exécution de la loi sur notre organisation de procéder à son remplacement. Je propose, en conséquence, au conseil de s'en occuper séance tenante. »

La proposition, mise aux voix par le vice-président, a été adoptée à l'unanimité.

Le scrutin a été de suite ouvert pour la nomination du président : il en est résulté que le citoyen Lebrun a été proclamé président de l'administration municipale d'Orléans, le citoyen Mandet vice-président, et le citoyen Roget substitut du commissaire du pouvoir exécutif.

Administration municipale en l'an VII : Lebrun président, Mandet vice-président, Basseville aîné, Millé, Delaloge-Ligny, C.-A. Dulac et J. Bruzeau, administrateurs municipaux; Disnematin, commissaire du pouvoir exécetif; Roget, son substitut, et Voilleaume secrétaire. (V. F, f° 72.)

13 *décembre* 1798, *ou* 23 *frimaire an* VII. — Vu l'arrêté de l'administration centrale du 9 de ce mois, par lequel l'administration municipale est invitée à célébrer désormais, dans les édifices nationaux de cette commune remis à l'usage des citoyens, en exécution de la loi du 11 prairial an III, les différentes fêtes établies par la loi du 3 brumaire an IV, et à envoyer à l'administration centrale l'état desdits édifices, les noms qu'ils portaient sous le rapport du culte catholique, et celui qu'il convient d'y substituer désormais, qui sera pour chacun d'eux celui de la fête pour la célébration de laquelle il aura été choisi,

L'administration municipale arrête :

Art. 1ᵉʳ. La fête de la Jeunesse sera célébrée dans l'église dite de St-Paul, celle des Époux dans l'église dite de St-Donatien, celle de la Reconnaissance et des Victoires dans l'église dite de St-Aignan, celle de l'Agriculture dans l'église dite de St-Marceau, celle de la Liberté dans l'église dite de Saint-Laurent, celle des Vieillards dans l'église dite de St-Paterne.

Art. 2. Les fêtes de la Fondation de la République, des 14 juillet et 10 août seront célébrées dans le temple décadaire.

Art. 3. Les édifices nationaux affectés au culte, dans la commune d'Orléans, autres que celui dit de Ste-Croix, nommé temple décadaire, par l'arrêté de l'administration centrale, sont nommés ainsi qu'il suit :

E. Desmaisons lith.

BENOIST LEBRUN
Architecte

Président de l'Administration Municipale d'Orléans, en 1799 et 1800

Recherches historiques sur la ville d'Orléans par Lottin père Vol. 6.e

Imp. Lemercier, Benard & C.e

Eglise de St-Paul, temple de la Jeunesse; église de St-Donatien, temple des Epoux; église de St-Aignan, temple de la Reconnaissance et des Victoires; église de St-Marceau, temple de l'Agriculture; église de St-Laurent, temple de la Liberté; église de St-Paterne, temple des Vieillards.

Art. 4. Copie du présent sera incessamment transmise à l'administration centrale avec invitation d'en approuver les dispositions..

Art. 5. L'exécution de l'art. 7 de l'arrêté de l'administration centrale, en ce qui concerne l'inscription à placer sur chaque édifice, du nouveau nom qui lui a été donné, est prise en considération. (V. F, f° 78.)

Conformément à l'art. 5 de l'arrêté ci-dessus, les dénominations des temples furent peintes sur un grand tableau et placées au-dessus de la porte principale de chaque église pour indiquer, d'une manière ostensible, à quelle solennité républicaine le temple était réservé.

18 *décembre* 1798, *ou* 28 *frimaire an* VII. — La police fait arracher sur les murs de plusieurs maisons, principalement rues d'Escures, de la Bretonnerie, de l'Evêché, etc., un placard séditieux portant les mots et le rébus qui suivent:

« Nos administrateurs sans-culottes d'Orléans; puis, dessinés au crayon rouge: une *lancette*, une *laitue* et un *rat* (l'an VII les tuera). » (1-6.)

21 *décembre* 1798, *ou* 1er *nivôse an* VII. — Les ministres du culte catholique, exerçant en chef dans les divers locaux affectés provisoirement à la célébration de leur culte, ayant fait parvenir à l'administration municipale, ainsi qu'ils en avaient pris l'engagement à la séance du 14 du dernier mois, la liste de ceux qui doivent exercer conjointement avec eux;

L'administration municipale a arrêté que ces listes seront, à leurs frais, de nouveau réaffichées au lieu des anciennes déclarations tombées de vétusté ou déchirées par malveillance dans chacun de ces temples, avec mention des actes de leur soumission aux lois des 7 vendémiaire an IV et 19 fructidor an V;

Que ces affiches seront posées, pour leur conservation,

sur un cadre de bois, et fixées dans le lieu le plus apparent et de manière à ce qu'il ne puisse y être porté atteinte.

Modèle de l'affiche qui sera placardée.

Noms des citoyens exerçant le culte catholique dans le temple dit de..., lesquels ont fait individuellement, devant l'administration municipale, la déclaration exigée par la loi du 7 vendémiaire an IV, et conçue en ces termes :

« Je déclare que la collection des citoyens français est le souverain, et je promets soumission et obéissance aux lois de la République. »

Ils ont de même prêté individuellement le serment prescrit par les lois du 19 fructidor an V, ainsi conçu :

« Je jure haine à la royauté et à l'anarchie,

« Attachement et fidélité à la République et à la Constitution de l'an III. »

Acte leur a été délivré de ces déclarations et soumissions, en foi de quoi nous, administrateurs municipaux d'Orléans, nous avons signé avec eux (*). (V. F, f° 85.)

25 *décembre* 1798, *ou* 5 *nivôse an* VII. — Vu l'arrêté pris le 2 frimaire dernier par l'administration municipale, pour consacrer à la célébration des fêtes nationales, différens édifices de cette commune, affectés au culte, ainsi qu'il était prescrit par la délibération de l'administration centrale, du 9 du même mois;

Vu pareillement la lettre de l'administration qui approuve toutes les dispositions de l'arrêté municipal, à l'exception de celle qui indique l'église de St-Donatien pour la célébration des Epoux, laquelle serait mieux placée dans le temple Décadaire, et qui demande que l'église de St-Donatien soit consacrée à une autre fête dont elle portera le nom;

L'administration municipale, en applaudissant aux motifs de l'administration centrale, arrête que la fête des Epoux sera célébrée dans le temple Décadaire;

Mais, considérant que l'église de St-Donatien, par sa

(*) Voir à la Bibliothèque publique les deux volumes reliés que nous y avons déposés.

situation et la difficulté des abords, n'est nullement propre à recevoir le nombreux cortége qui accompagne la célébration des fêtes nationales;

Considérant, en outre, que cet édifice, placé dans le voisinage des églises dites de Ste-Croix et de St-Paul, n'est pas nécessaire pour l'exercice du culte;

Considérant enfin, qu'il n'est pas entré dans l'intention des législateurs de sacrifier, sans nécessité, au culte, une trop grande quantité d'édifices nationaux qui peuvent être employés utilement à d'autres destinations, ou être vendus au profit du trésor public;

L'administration municipale arrête que l'administration centrale est invitée à interdire l'exercice du culte dans l'église de St-Donatien, et à ranger cette propriété nationale au nombre de celles qui peuvent être vendues ou être appliquées à quelque objet d'utilité publique. (V. F, f° 92.)

1799.

12 *janvier* 1799, *ou* 23 *nivôse an* VII. — Le commissaire du directoire exécutif, près l'administration centrale du Loiret, adresse aux commissaires du pouvoir exécutif, près les administrations municipales de cantons, une circulaire pour leur rappeler l'application de la loi qui oblige les notaires, comme fonctionnaires publics, à venir prêter le serment de haine à la royauté, le jour de la fête du 21 janvier prochain. (2-5.)

14 *janvier* 1799, *ou* 25 *nivôse an* VII. — Rapport au ministre de la police générale de la République :

Citoyen Ministre,

Ni la loi du 6 fructidor an II, ni l'arrêté du directoire du 19 nivôse an VI ne sont exécutés.

Il est plus que jamais du *bon ton* de ne pas se faire appeler par son nom de famille; on porte toujours un surnom précédé d'un *de*, et quand ils ne le feraient pas, tous ceux qui s'appellent exclusivement *honnêtes gens* ne manquent pas de le prononcer.

Cette manie de gens à brevets d'impertinence, se glisse

déjà chez les bourgeois non-savonnés pour se distinguer du peuple et pour afficher qu'ils sont attachés à la faction royaliste;

Les uns conspirent pour la royauté afin de pouvoir user librement de leurs priviléges, et les autres pour en obtenir.

Il est temps, citoyen ministre, d'arrêter ces abus, car ils sont un point de ralliement : tout homme qui porte un surnom ou qui fait précéder son nom d'un *de*, est à coup sûr attaché à la faction, par cela seul un étranger le reconnaît, c'est un mot d'ordre.

Il faut cependant convenir que le second *alinéa* de l'arrêté du 19 nivôse, laisse trop de latitude, d'après l'art. 2 de la loi du 6 fructidor.

Il est absolument nécessaire de défendre expressément toute adjonction au nom propre, et en outre de faire précéder le nom d'un *de*, à moins qu'il ne fasse partie de la composition intégrale du nom, justifié par les actes de naissance.

Le père et le fils portent nécessairement le même nom, mais ils ont une qualité distinctive.

S'il y a plusieurs frères, l'un et l'autre ne portent pas la même désignation, l'un est l'aîné et l'autre le cadet; il en est de même des filles.

S'il y a des familles différentes portant le même nom, elles se distinguent en ajoutant, ainsi qu'il est d'usage dans le commerce, le nom des femmes ou des prénoms.

Il faut encore prévenir un autre genre de *morgue:* il y a des gens qui ne se font appeler que par leurs prénoms; il convient donc d'ordonner que le nom propre sera toujours joint au prénom.

Ces explications sont nécessaires pour détruire la latitude de l'arrêté dont on abuse.

Il est de tous les temps, dès qu'on voit une loi, de chercher les moyens, non pas de l'exécuter, mais de s'y soustraire.

Tant qu'on ne fera pas d'exemple par quelques punitions, la loi ne sera pas exécutée.

Si les directeurs des postes avaient ordre de mettre au *rebus* toutes les lettres dont les adresses contiendraient des surnoms, ou lorsque les noms seraient précédés d'un *de* qui ne serait pas lié au nom, ce serait encore un moyen de plus pour y parvenir.

Les commissaires du pouvoir exécutif, les administrateurs civils et judiciaires, les officiers municipaux, les juges de paix n'y veillent point.

Il faudrait que la punition pût atteindre ceux qui ont la bassesse de flagorner ces honnêtes gens exclusifs.

Ci-joint une liste abrégée de ces incorrigibles dans la ville d'Orléans, la ville en est pleine.

Copie des noms des dix individus nobles et annoblis, les plus entêtés, qui ne veulent pas porter leurs noms de famille :

De la Malmaison, son nom est Carlier.
Mme d'Ambrun, — Ve Huet.
De Farville, — Garnier.
De Sailly, — Coqueborne.
De Froberville, — Huet.
De Guilleville, — Seurrat.
D'Illiers, — Patas fils.
De Mesliers, — Patas père.
De Gargillesse, — Dubreuil.
De Cambray, — Lambert.

Et mille autres incorrigibles ; certifié conforme : le ministre de la police générale,

Duval.

Pour copie conforme, le commissaire du pouvoir exécutif près l'administration centrale du Loiret.

M. Gentil. (1-2-6.)

21 *janvier* 1799, *ou* 2 *pluviôse an* vii. — Célébration de l'anniversaire de la mort de Louis XVI, et serment de haine à la royauté.

Cette cérémonie se fit, comme par le passé, sur la place de l'Etape, où le temple et l'autel de la patrie furent élevés.

Il fut chanté en chœur l'imprécation contre les parjures et l'invocation à l'Etre suprême qui suivent.

Pour la première fois les notaires d'Orléans, alors au nombre de vingt-neuf, figurèrent à cette fête républicaine.

Imprécations rédigées par les professeurs de l'école centrale et approuvées par l'administration départementale, pour être chantées dans toutes les communes du département du Loiret.

Air : *Veillons au salut de l'empire.*

Vous traîtres dont la bouche impie
Par des vœux que le cœur dément,
Ose, à l'autel de la Patrie,
Profaner la foi du serment :
    Arrêtez ! arrêtez !
    Vils partisans de l'esclavage ;
    Frémissez ! frémissez !
Souillé du plus noir des forfaits,
Votre nom devient un outrage ;
Qu'il soit en horreur aux Français.

Eh quoi ! des discordes civiles
Sans cesse agitant les flambeaux,
De vos frères vos mains serviles
Creusent à l'envi les tombeaux.
    Arrêtez ! etc., etc.

Dans la criminelle espérance
De lui forger de nouveaux fers,
Vous voulez replonger la France
Au sein des maux qu'elle a soufferts.
    Arrêtez ! etc., etc.

Que la langue du vil parjure
Soudain s'attache à son palais ;
Que sourd au cri de la nature
Son fils le renie à jamais.
    Arrêtez ! etc., etc.

Sous le masque de l'imposture
Il déguise en vain sa fureur ;
La paix est dans sa bouche impure
Et l'enfer au fond de son cœur.
    Arrêtez ! etc., etc.

Qu'au souvenir de ses victimes,
Il soit sans cesse tourmenté ;
Que le traître, en comptant ses crimes,
Soit de lui-même épouvanté.
    Arrêtez ! etc., etc.

Le désespoir est son partage ;
Qu'il gémisse de nos succès,
Et qu'il verse des pleurs de rage
Sur l'instant heureux de la paix.
  Arrêtez ! etc., etc.

(*La première strophe en chœur pour finir.*)

INVOCATION A L'ÊTRE SUPRÊME.

Air des Marseillais.

Être puissant dont la sagesse
Nous soumet tous aux mêmes lois,
Arme ta foudre vengeresse
Pour la défense de nos droits. (*bis.*)
Reçois les vœux d'un peuple libre,
Contemple tes nombreux enfans,
Qui lèvent leurs bras triomphans
Des rives du Rhin jusqu'au Tibre.
Grand Dieu, que tes bienfaits enchaînent tous les cœurs ;
Par toi, par toi de leurs tyrans les Français sont vainqueurs.

Tu dissipes la nuit obscure
Où l'univers était plongé,
Et la Vérité simple et pure
Foule à ses pieds le Préjugé. (*bis.*)
Tu souffles l'esprit de vertige
Sur les oppresseurs des humains ;
Le sceptre leur tombe des mains,
Dépouillé de son vain prestige.
Grand Dieu, etc., etc.

Par toi, la victoire fidèle
Suivra sans cesse nos drapeaux,
Une gloire toujours nouvelle
Ceindra le front de nos héros. (*bis.*)
Ils sauront briser les entraves
Des peuples de tout l'univers ;
Et l'homme, affranchi de ses fers,
Oubliera qu'il fut des esclaves.
Grand Dieu, etc., etc.

Daigne couronner ton ouvrage,
A nos vœux accorde la paix :
C'est le plus doux fruit du courage,
Le terme heureux de nos succès. (*bis.*)

Arbitre de nos destinées,
Fais luire à nos yeux ce beau jour;
Que, par le nœud de l'amour
Les nations soient enchaînées!
Grand Dieu, etc., etc.

24 janvier 1799, ou 5 pluviôse an VII. — Demande de certificat de civisme aux citoyens administrateurs municipaux de la commune d'Orléans :

« Citoyens,

« Henri-Justin Rochas vous expose que pour obtenir la récompense à plus de trente ans de service, dont dix dans la commune d'Orléans, il présente, à cet effet, une pétition au ministre de la guerre : il vous prie, citoyens administrateurs, de vouloir bien lui donner une attestation, en suite de la pétition au ministre, de sa conduite morale et civique depuis 1789, et qu'il a exercé des fonctions dans la commune jusqu'au 1er vendémiaire an VI.

« Salut et respect,
« HENRI ROCHAS. »

Les administrateurs municipaux de la commune d'Orléans certifient que le citoyen Henri-Justin Rochas a rempli, depuis la création de la gendarmerie nationale, les fonctions de capitaine dans cette arme, à la résidence d'Orléans ; qu'il s'est conduit dans ce poste avec le zèle et l'intelligence d'un brave militaire, et qu'il a concouru de tout son pouvoir à l'exécution des lois, au maintien de la tranquillité publique et à la répression des délits en ce qui le concernait.

Ils certifient, en outre, que dès les premiers instans de la République il s'est prononcé fortement pour la cause de la liberté, qu'il a rendu des services importans dans l'organisation de la garde nationale de cette commune, et que par son application à ses devoirs, une excellente moralité et les qualités qui distinguent l'honnête homme et le bon citoyen, il a su mériter l'estime publique et se concilier la bienveillance des autorités constituées.

Fait en séance, le, etc. (V. F, f° 138.)

8 février 1799, ou 20 pluviôse an VII. — Célébration des mariages décadaires dans l'église de Ste-Croix, comme à l'ordinaire.

La cérémonie étant finie, la musique a exécuté l'hymne des Marseillais.

Après un discours de l'un des administrateurs municipaux, la musique a joué l'air *Où peut-on être mieux qu'au sein de sa famille?* l'air *Ça-ira* et une *valse*; la séance a été levée et le cortége a repris sa marche vers la maison commune dans le même ordre qu'il avait observé au départ, l'air retentissant des chants guerriers et patriotiques. (V. F, f° 144.)

23 *février* 1799, *ou* 5 *ventôse an* VII. — L'administration municipale d'Orléans, par un arrêté, fait défense à tous citoyens de former aucun rassemblement, d'établir des marchandises en vente sur des échoppes roulantes ou autres dans les lieux accoutumés aux rassemblemens connus sous le nom de Corps-Saints ou Valeteries, ou sous les dénominations proscrites de Pardon-des-Carmes, de Ste-Croix, St-Euverte, des Chartreux et autres. (V. F, f° 157.)

6 *mars* 1799, *ou* 16 *ventôse an* VII. — Le commissaire du pouvoir exécutif observe au conseil municipal que le commissaire de police Grellet souffre que sa femme travaille avec des ouvrières, chez lui, les jours de décade, qui sont les jours de repos fixés par la loi.

L'administration municipale arrête que ce fonctionnaire public sera mandé, demain 17, devant le conseil pour y être vertement réprimandé. (V. F, f° 166.)

18 mars 1799, ou 28 ventôse an VII.

Lettre du commissaire du pouvoir exécutif près l'administration centrale du département du Loiret, aux commissaires du pouvoir exécutif, près les administrations municipales de cantons.

« Citoyens commissaires,

« Le ministre de la police générale m'annonce, par sa lettre du 23 de ce mois, qu'il est informé que, dans plusieurs cantons de ce département, les institutions républicaines ne sont pas respectées, que la cocarde nationale n'y est même pas portée par les fonctionnaires publics, que les décadis n'y sont point observés, et que les prêtres y célèbrent les fêtes et dimanches comme dans l'ancien régime; il ajoute que les prêtres osent même publier qu'ils en ont obtenu la permission du corps législatif.

« Je vous charge, citoyens commissaires, de vérifier ces faits dans vos cantons respectifs, et de me transmettre de suite, et sans le moindre retard, le résultat des renseignemens que vous aurez obtenus.

« Salut et fraternité, etc.

« M. Gentil. » (2-5.)

20 mars 1799, ou 30 ventôse an VII.

Célébration de la fête de la Souveraineté du peuple dans la commune d'Orléans.

Le 30 ventôse, onze heures du matin, les membres des diverses autorités, tant civiles que militaires, et les autres fonctionnaires publics de cette commune, se sont réunis à la maison commune pour la célébration de la fête fixée à ce jour dans toutes les communes de la République; des vieillards, des cultivateurs, des ouvriers, des négocians, des artistes et des hommes de lettres, invités à s'y rendre pour former les groupes indiqués; les instituteurs primaires et libres, également réunis; la force armée, tant infanterie que cavalerie, rassemblée sur la place, le cortége s'est mis en marche dans l'ordre accoutumé; mais de plus le commissaire de police, inspecteur à cheval, à la tête d'un piquet de cavalerie précédé des trompettes ; les cinq bannières portant les inscriptions et destinées à la décoration du temple ; les appariteurs portant des faisceaux ; au milieu des groupes, représentant l'Agriculture, l'Industrie, le Commerce, les Arts et Sciences, étaient portées à bras les tables de la Constitution, environnées par quatre cavaliers le sabre nu à la main, etc.

Le cortége, dans cet ordre, est parti de la place de la Réunion et a suivi la rue du même nom, la place de la République autour de l'arbre de la Liberté, les rues Egalité, de Bourgogne, de la Philosophie, de l'Ecrivinerie, et la place au midi du temple ; à son arrivée à la porte, deux colonnes d'infanterie qui y étaient placées se sont ébranlées, le tambour battant au champ, ont présenté les armes et sont demeurées en cet état pendant l'entrée du cortége, la musique faisant retentir le temple des airs chéris des Républicains.

Les autorités, les divers fonctionnaires publics, se sont rendus aux places qui leur étaient marquées ; les enseignes déposées aux lieux désignés et bien en évidence, offraient au public les inscriptions qu'elles portaient ; le pourtour du temple décoré de drapeaux tricolores ; vers l'extrémité supérieure était placée, sur l'autel de la Patrie, la statue de la Souveraineté (*), debout, portant sur la tête l'emblème de l'immortalité, et un cercle aux trois couleurs à la main ; celle du Peuple, représentée par un jeune enfant, était devant elle, assise et la tête ceinte d'une couronne de chêne et de laurier, tenant de la main droite un bouquet d'épis de blé, et de la gauche un niveau désignant l'Egalité, à ses pieds était enchaîné le Despotisme avec tous ses attributs.

Les groupes entouraient ces deux figures principales, et devant elles les appariteurs tenaient, abaissés, les faisceaux qu'ils portaient ; la musique exécutait des chants

---

(*) La statue de la Souveraineté était la Vierge des anciens Bénédictins ; celle du Peuple l'Enfant-Jésus, que l'on avait placé aux pieds de sa mère ; celle du Despotisme était le Satan que saint Michel tenait sous ses pieds : cette statue, avant la révolution, était placée sur l'autel de l'église Sainte-Catherine d'Orléans.

guerriers et des airs patriotiques ; à quelque distance en avant des parfums étaient brûlés sur un trépied.

Les présidens des administrations centrale et municipale sont montés à la tribune : le premier a commencé, le second a achevé la lecture de la proclamation du directoire exécutif, que des cris répétés de *Vive la République* ont couronnée ; le plus âgé des vieillards, faisant partie des groupes, s'est saisi des attributs du Despotisme et les a livrés aux flammes, les voûtes retentissant des cris de *Vive la République !* mêlés au son des instrumens.

Après la lecture d'une exhortation de l'administration municipale à ses concitoyens, de bien se pénétrer des instructions paternelles contenues dans la proclamation du directoire exécutif dont la lecture venait d'être faite, les corps constitués se sont séparés et sont respectivement reconduits par des détachemens de la force armée ; l'administration municipale, les autres fonctionnaires publics, les citoyens composant les groupes et la force armée reviennent à la maison commune précédés de la musique, des tambours et au son des airs républicains ; le président, en témoignant, au nom de l'administration, à la force armée et aux artistes, toute la satisfaction qu'elle éprouvait de leur zèle, les invite à se rassembler sur les trois heures après midi pour accompagner les autorités au tirage du prix d'adresse (un fusil de munition avec sa baïonnette), indiqué à cette heure même, lequel consiste à abattre un aigle et un léopard se caressant, exécuté en ferblanc peint : cet emblème était hissé au haut d'un mât placé à cet effet sous les murs du Mail, au bout de la rue Verte.

Et le même jour, trois heures de relevée, les divers détachemens de la force armée, tant infanterie que cavalerie, de la garde nationale, les tambours, la musique, rassemblés sur la place, l'administration municipale, plusieurs membres des autorités constituées et fonctionnaires publics venus isolément, et les chefs de la force armée, sont partis de la maison commune au son d'une musique guerrière et patriotique, par la rue de la Réunion, la place de la République, la rue de la Liberté et de là sur le Mail, où l'une des tours leur était réservée, en vue du lieu préparé pour le prix ; un peuple immense s'y était porté et présentait, sur toute l'étendue de cette belle promenade, l'aspect le plus intéressant. Les commissaires et le secrétaire de l'administration s'étant rendus sur le local où les concurrens devaient se disputer les prix, l'appel en a été fait et des numéros pris en nombre égal ayant été déposés dans un chapeau, où chacun a successivement pris le sien, l'enceinte ayant de suite été formée, le tir s'est ouvert par le numéro 1er et a été continué jusqu'au 52e et dernier. Les concurrens s'étant repris à trois fois sans que l'emblème, objet du prix, ait été abattu, la nuit étant venue, les commissaires ont déclaré aux candidats qu'il serait continué décadi prochain, et se sont retirés avec la force armée qui les accompagnait.

Ainsi s'est terminée cette fête où les citoyens de toutes les classes ont paru prendre le plus vif intérêt.

Fait et rédigé, etc. (V. F, f° 180.)

29 *mars* 1799, *ou* 9 *germinal an* VII. — L'administration municipale nomme le citoyen Démar, artiste compositeur de musique, dans la commune d'Orléans, pour toucher de l'orgue à la célébration de toutes les fêtes républicaines dans les divers temples où elles auront lieu, s'il y en existe. (V. F, f° 190.)

30 mars 1799, ou 10 germinal an VII.

Fête de la Jeunesse, célébrée dans la commune d'Orléans.

Aujourd'hui, onze heures du matin, toutes les autorités civiles et militaires, les divers fonctionnaires publics, les professeurs de l'école centrale, le jury d'instruction, les instituteurs primaires et libres, avec leurs élèves, se sont réunis à la maison commune sur l'invitation de l'administration municipale, pour la célébration de la fête de la Jeunesse, qui doit avoir lieu dans le temple ci-devant St-Paul.

Au moment de l'appel des corps et des fonctionnaires publics pour la formation du cortége, le citoyen Disnematin, commissaire du directoire exécutif près l'administration municipale, a interpellé le président sur ce que la clé du local des orgues de l'édifice ci-devant St-Paul, maintenant temple de la Jeunesse, a été retirée au citoyen Martin

Nioche, organiste de cette église pour l'exercice du culte catholique. Le président l'a invité à s'expliquer sur cet objet devant l'administration, ce qui a été fait dans la salle ordinaire des séances, en présence des fonctionnaires publics qui s'y trouvaient; il lui a été répondu que l'administration n'entendant point se servir des personnes attachées au service des jours ci-devant fériés, avait, par son arrêté de la veille, nommé un artiste amateur de la garde nationale, non salarié, pour toucher de l'orgue dans les temples consacrés aux fêtes nationales, quand il s'y en trouverait.

Sur quoi ledit commissaire a répondu avec chaleur que la liberté des cultes étant décrétée, il était bien étonnant qu'on s'opposât à ce que Martin, organiste de la ci-devant église Paul, fût privé de jouer à la fête nationale qui, pour la première fois se célébrait dans ce temple, que l'administration avait employé un subterfuge pour avoir la clé dudit orgue.

Le président de l'administration lui a dit qu'elle avait lieu d'être surprise que son commissaire se rendît le défenseur officieux de l'homme qu'il employait comme secrétaire, et qui abandonnait ses fonctions pour aller toucher de l'orgue les jours de fêtes et dimanches (vieux style); qu'il mesurait bien peu ses termes en accusant l'administration d'employer un subterfuge, et que son arrêté qui appelait un artiste patriote à toucher de l'orgue les jours de fêtes républicaines, était l'expression de son dévoûment à l'observance de tout ce qui peut rendre ces fêtes respectables.

L'appel fait, toute la force armée, tant infanterie que cavalerie et la garde nationale, rassemblée sur la place, le cortége s'est mis en marche dans l'ordre accoutumé.

Dans cet ordre, le cortége a fait le tour de la place de la Réunion pour se déployer; il s'est dirigé, par la rue Parisis, sur la place du temple Décadaire, où toutes les dispositions avaient été faites pour la plantation d'un arbre de la Liberté devant cet édifice. Toutes les autorités s'en étant approchées, tandis que la musique faisait retentir l'air de sons guerriers et patriotiques, le président de l'administration municipale a le premier saisi la bêche, et jeté sur ses racines quelques pellerées de la terre qui devait les couvrir; celui de l'administration centrale, ainsi que plusieurs des membres des autorités en ont fait autant. Le cortége a ensuite repris sa marche vers l'enceinte du temple, sur la place du Midi, les rues de l'Ecrivinerie et de Bourgogne, et s'est arrêté devant la principale porte d'entrée du Département, où un arbre devait aussi être planté; la même cérémonie s'est observée aux sons des instrumens. Là, les chefs de corps ayant de nouveau jeté de la terre sur les racines de l'arbre, le président de l'administration centrale (E. Vinson), a prononcé le discours suivant :

« Citoyens,

« L'arbre que nous plantons aujourd'hui a été choisi parmi les enfans d'une nombreuse famille, pour devenir sur cette place le signe vivant de notre liberté.

« C'est ainsi que, parmi les nations, le peuple français fut choisi pour être le premier à reconnaître toute l'étendue des droits de l'homme, et les mettre en pratique.

« Cet arbre grandira; il formera sa tête, il l'élèvera dans l'air nourricier et vers le Père de la nature.

« Notre République se consolidera de plus en plus sous la protection de l'Être suprême, par la sagesse de ses lois et la continuation de ses triomphes.

« L'arbre étendra ses rameaux, il prêtera son ombrage salutaire à ceux qui viendront se reposer sous son berceau verdoyant.

« La République française, forcée de combattre pour conserver sa liberté conquise, a étendu sa généreuse et puissante protection sur tous les sujets opprimés par les rois vaincus et mis en fuite; elle les a délivrés de toute espèce de tyrannie, et leur a offert pour exemple sa Charte constitutionnelle.

« Sous l'ombrage frais de notre arbre, les vieillards, les jeunes gens, les pères, les mères et les enfans viendront s'asseoir en cercle, et lorsque les défenseurs de la Patrie se trouveront réunis à ce groupe intéressant, ils diront les maux qu'ils ont soufferts, ils conteront leurs combats et leurs victoires; les vieillards vénérables raconteront ce qui s'est passé dans l'intérieur, et particulièrement les progrès de l'esprit public dans cette grande commune, la

célébration des fêtes décadaires et des fêtes nationales...
les invincibles guerriers échappés aux blessures ou couverts d'honorables cicatrices, les jeunes gens, les pères et les mères, les enfans écouteront en silence les respectables vieillards.

« La fête de la Jeunesse, que nous célébrons aujourd'hui à la suite de celle de la Souveraineté du peuple, et les bons résultats des assemblées primaires et communales de l'an VII, époque de l'inauguration de cet arbre, tiendront dans le récit des vieillards une place remarquable; *Vive la République!* »

Après ce discours, couvert par des cris de *vive la République*, la marche s'est continuée par les rues de la Philosophie, de la Vannerie, Coin-Maugas, traversant la rue Égalité, a suivi la rue du Tabourg, la place du Petit-Marché-Porte-Renard, est descendu la rue de Recouvrance jusqu'à la hauteur du temple de la Jeunesse, où le cortége est entré au son des orgues, sur lesquelles le citoyen Demar, artiste nommé à cet effet, touchait des airs républicains; les autorités, les fonctionnaires publics, ainsi que toutes les personnes composant le cortége, rendus aux places qui leur étaient destinées, et après l'exécution de différens morceaux de musique analogues à la fête, le président de l'administration municipale (Lebrun), a prononcé un discours, à la suite duquel des cris de *vive la République* ont été plusieurs fois répétés.

Le secrétaire a fait l'appel des élèves de l'Ecole centrale ainsi que des écoles primaires, désignés par les instituteurs comme s'étant le plus distingués dans leurs cours; ils se sont successivement avancés vers l'autel de la patrie, et ont reçu du président de l'administration municipale l'accolade fraternelle, la couronne, le prix d'encouragement et de récompense nationale qui leur était destiné; leurs noms ont été proclamés ainsi qu'il suit:

Ecole centrale, 1re *classe*. — Les citoyens Charles Rabourdin, Etienne Prévost, Thomas-René Courtois.

2e *classe*. — Leblois, Desiles, Tenas, Bonnet, Carpentier, Bessegnet, Robillard, Charles Dupin, Francheterre, Brossard-Lintry, Latour, Cahouet de Marolles.

3e *classe*. — François Huet, Delacroix, François

Lairtullier, Anne Marie Huet, Michel Bertin, J.-L. Bignon, Rouzeau-Monteau, Antoine Fournier, Cotelle, Etienne Auboin.

Ecoles primaires. — Les citoyens Pierre Prévost, J. B. Chauveau, Nicolas Griffon, Gaspard Boulay, Toussaint Mercier, Jules Champigneau, Jean-Joseph Cottin, Pierre Roucellay, Jean-Charles Ligneau, Jean-Henri Leduc, Symphorien Armand, Jacques Dumain, François Messier, Jean Lanson.

En sortant du temple, les membres des autorités ont observé, pour l'arbre de la Liberté disposé à être planté en avant de la principale porte, les mêmes cérémonies qui venaient d'avoir lieu pour les autres.

L'administration municipale, après avoir offert, par l'organe de son président, à la force armée et aux artistes, les témoignages de sa satisfaction pour leur zèle, les a invités à se rassembler, l'après-midi, sur les trois heures, pour accompagner les autorités et assister à la remise du prix d'adresse ouvert le jour de la Souveraineté du peuple.

Et ledit jour, sur les trois heures de relevée, au moment où les membres de l'administration municipale, réunis en la salle ordinaire de ses séances, avec plusieurs fonctionnaires public, se disposaient à se rendre sur le Mail, pour voir disputer le prix (du tir), on est venu en rapporter l'objet (un aigle et un léopard se caressant, en fer-blanc), qui venait d'être abattu par un vent très-impétueux qui s'était élevé. Comme il était impossible de le remonter à l'instant, la cérémonie du tir a été ajournée au 10 floréal prochain, jour de la fête des Epoux; la force armée a été congédiée, ainsi que la musique, et chacun des membres s'est retiré.

Fait et rédigé, etc. (V. F, f° 191.)

5 avril 1799, ou 16 germinal an VII. — Le curé d'Olivet, qui avait été renfermé à la conciergerie, à Paris, sous le règne de la terreur, et en était heureusement sorti à la mort de Robespierre, revient dans sa paroisse, et commet l'extrême imprudence de célébrer publiquement, et à l'extérieur de son église, les cérémonies usitées à la fête des Rameaux; dénoncé par quelques personnes du pays, il est, par jugement, condamné à un mois de prison, aux frais de la poursuite et à l'interdiction de ses fonctions curiales, attendu que les cérémonies religieuses, permises dans l'intérieur des temples, étaient rigoureusement défendues à l'extérieur. (3-6.)

11 *avril* 1799, *ou* 22 *germinal an* VII. — Talma et Mlle Vanhove, artistes du théâtre de la République, à Paris, viennent passer quelques jours à Orléans, et y donnent plusieurs représentations.

Ces deux célèbres tragédiens attirèrent constamment au théâtre une foule nombreuse.

Nous reproduisons ici une des annonces de ces représentations extraordinaires : ce document fera connaître en partie le personnel de la troupe dramatique de cette époque.

Les Artistes du théâtre d'Orléans

Donneront aujourd'hui 22 germinal,

Abonnement généralement suspendu, au bénéfice de la citoyenne JACOB,

Pour le début du citoyen TALMA et la citoyenne VANHOVE, premiers artistes du Théâtre Français,

ABUFAR,

OU LA FAMILLE ARABE,

Tragédie en cinq actes, dans laquelle le citoyen TALMA remplira le rôle de *Pharan*, la citoyenne VANHOVE, celui de *Saléma*. Cette pièce sera suivie de

LA DOT DE SUZETTE,

Opéra nouveau en un acte.

Entre les deux pièces, le jeune citoyen LOTTIN, exécutera un concerto de violon, de sa composition.

Dans *Abufar* : les citoyens *Dentremont*, *Ferrand* et *Lacomme* ; les citoyennes *Morlan* et *Jacob*.

Dans *La dot de Suzette* : les citoyens *Genti* et *Ferrand* ; les citoyennes *Adelle*, *Dollé* et *Huguenin*.

Les billets manuscrits sont supprimés.

En vertu de la loi du 7 frimaire an V, il sera perçu, en sus du prix de chaque billet, un décime par franc, au profit des Indigens.

On prendra aux Loges grillées et premières Loges, 3 fr.; aux Secondes, 2 fr. 80 centimes ; au Parquet, 2 fr. 25 cent., et aux Troisièmes Loges, 1 fr.

On commencera à cinq heures et demie.

C'est à la Salle ordinaire des Spectacles, place de la Réunion.

12 avril 1799, ou 23 germinal an VII.

État sommaire des dépenses de la commune d'Orléans pour l'an VII, dressé pour être mis sous les yeux du ministre des finances, en exécution de l'arrêté de l'administration centrale du Loiret, du 21 germinal an VII, et rédigé dans l'ordre tracé par la loi;

Savoir:

1°, De l'entretien du pavé, pour les parties qui ne sont pas grande route............	15,000^l	»^s	»^d
2°, De la voirie et des chemins vicinaux........................	7,200	»	»
3°, De l'entretien de l'horloge, des fontaines, puits communs, halles et autres édifices publics.........	3,000	»	»
4°, Des registres destinés à l'état-civil.........................	1,200	»	»
5°, De l'entretien des fossés, aquéducs et ponts à un usage et d'une utilité particulière à la commune...	1,200	»	»
6°, Des frais de reverbères, lanternes; de ceux relatifs aux incendies, de ceux de l'enlèvement des boues et autres objets de sûreté, propreté et salubrité publique...............	35,300	»	»
7°, Des traitemens de sept juges de paix et de leurs greffiers, et des frais de leurs bureaux............	12,450	»	»
8°, De celui du secrétaire de l'administration municipale..........	3,000	»	»
9°, De ceux des employés dans les bureaux......................	35,500	»	»
10°, De la contribution foncière et des réparations de la maison commune...........................	1,511	10	3
11°, Des frais de bureau, en papier, encre, plumes, chauffage, luminaire, impression et affiches....	10,500	»	»
A reporter........	125,861	10	3

Report..........	125,861^l	10^s	3^d
12°, Des ports de lettres et paquets par la poste...............	200	»	»
13°, Des frais des fêtes nationales et publiques, des réunions décadaires et de la tenue des assemblées primaires.....................	7,200	»	»
14°, De ceux concernant la garde nationale sédentaire.............	9,300	»	»
15°, Des écoles primaires......	1,200	»	»
16°, Des traitemens des commissaires de police, des inspecteurs, appariteurs, agens et serviteurs...	15,642	»	»
Arrêté le 23 germinal an VII..	159,403	10	3

18 avril 1799, ou 29 germinal an VII. — L'administration municipale d'Orléans, informée qu'une inculpation très-grave avait été portée contre elle au ministre des finances, a ordonné la rédaction d'une adresse et d'un mémoire justificatif, pour être remis à ce ministre par trois de ces membres, lesquels invoqueront les bons offices de la députation du Loiret, à l'effet d'obtenir une prompte justice; elle a nommé, pour cette mission, les citoyens Lebrun, Basseville et Millet, invités à se rendre de suite à Paris : ils seront également porteurs de deux expéditions de ce mémoire, l'une pour le ministre de l'intérieur, et l'autre pour celui de la police générale, afin de prévenir auprès d'eux toutes les impressions fâcheuses, et que la pureté et les bonnes intentions de l'administration ne puissent être altérées à leurs yeux ; charge ses commissaires de suivre cette affaire avec sagesse, prudence, et de manière à écarter d'elle toute suspicion (*).

(*) Il s'agissait d'une somme de 40,000 liv. dépensée pour les besoins pressans de la commune sans autorisation préalable.

20 avril 1799, ou 1ᵉʳ floréal an VII.

Installation du nouveau corps municipal d'Orléans.

Aujourd'hui, onze heures et demie avant midi, les citoyens Mandet et Basseville, élus par les assemblées communales de l'an VI, pour deux ans, avec les citoyens Lebrun, absent, et le citoyen Dulac, retenu chez lui par indisposition, les citoyens Millet, horloger, et Roger, ce dernier appelé par l'administration pour partager ses travaux, conformément à l'art. 188 de la Constitution, le citoyen Bruzeau, absent, tous les trois réélus par les assemblées communales qui viennent d'avoir lieu, avec les citoyens de Laloge de Ligny et Pelé, ainsi qu'il résulte du procès-verbal de recensement général des votes, fait à la maison commune, déposé sur le bureau, et dont lecture a été faite, ces derniers également présens et formant le complément de ladite administration, se sont réunis dans la salle ordinaire des séances, en présence du commissaire du directoire exécutif, et là, s'étant fait représenter, avant de commencer l'exercice de leurs fonctions, la loi du 3 brumaire an IV, relative au serment de *haine à la royauté*, etc., et celui de n'être porté sur aucune liste d'émigrés, ni parens d'émigrés; et, pour procéder à l'organisation de leur bureau, se sont constitués en assemblée, sous la présidence du citoyen Pelé, le plus ancien d'âge.

Il a été procédé ensuite à la nomination du président: au premier tour de scrutin, le dépouillement a donné quatre suffrages, sur six, au citoyen Lebrun, qui a été sur-le-champ proclamé; le citoyen Mandet a été nommé vice-président, et le citoyen Pelé, substitut du commissaire du directoire exécutif.

L'administration municipale ayant réélu, à la pluralité des voix, le citoyen Voilleaume pour son secrétaire, celui-ci a été appelé dans la salle, et a de suite pris séance pour continuer cette fonction qu'il exerçait depuis plusieurs années. (V. G, f° 1ᵉʳ.)

21 *avril* 1799, *ou* 2 *floréal an* VII. — L'administration municipale, convoquée extraordinairement par le vice-

président, sur une lettre à lui adressée par le commissaire du directoire exécutif, à l'effet de faire exécuter la loi du 28 germinal dernier, concernant les conscrits des 1re, 2e et 3e classes, leur visite et leur départ simultané, se constitue à l'instant en permanence, et arrête de suite les mesures les plus actives. (V. G, f° 4.)

24 avril 1799, ou 5 floréal an VII. — Se présentent au conseil municipal, et sont acceptés, les citoyens Pecantin-Sallé, pour la fourniture des sacs; Gallier-Sevestre, marchand de toile, pour la fourniture des chemises; Pierre-Joseph-Guillaume Jaubert et Louis Chartier, pour la fourniture des souliers. (V. G, f° 8.)

26 avril 1799, ou 7 floréal an VII. — L'administration centrale fait passer à l'administration municipale le montant du contingent, qui est de 280 conscrits pour la commune d'Orléans.

Les citoyens Chipault et Regnier, officiers de santé, sont appelés pour faire la visite des conscrits qui se déclarent infirmes. (V. G, f° 9.)

29 avril 1799, ou 10 floréal an VII. — Célébration de la fête des Époux dans le temple décadaire (Ste-Croix), avec les cérémonies qui avaient eu lieu l'année précédente. (V. G, f° 12.)

30 avril 1799, ou 11 floréal an VII. — Le pape Pie VI arrive en France. Ce souverain pontife, qui avait été arrêté avec environ quarante personnes de sa suite, pendant l'invasion de l'Italie par cinquante mille Français, sous les ordres du général Scherer, fut confié à la garde du colonel Chipault, Orléanais, fils aîné de M. Chipault, officier de santé à Orléans, rue des Grands-Ciseaux, n° 6. Ce brave militaire eut pour Sa Sainteté tous les égards et le respect dus au malheureux vieillard, chef de l'Église catholique.

Le Saint-Père, pour témoigner toute sa reconnaissance à M. Chipault, lui fit présent, lorsqu'il fut arrivé à Briançon, où il fut été conduit par lui, d'une riche tabatière ornée de son portrait, et d'une lettre de remercîment extrêmement flatteuse. (Nous avons vu cette lettre entre ses mains.) (4-5-6.)

5 mai 1799, ou 16 floréal an VII. — L'administration municipale, après avoir examiné les états de dépenses de l'an VII, rédigés par sa commission, en conformité des deux lois du 11 frimaire dernier, tant en ce qui est relatif aux dépenses de la commune, proprement dites, qu'en ce qui concerne les besoins des deux hospices et du bureau de bienfaisance de cette commune, et après l'avoir discuté article par article, arrête l'état des dépenses de la commune ainsi qu'il suit :

1°, Pour les dépenses de la commune, proprement dites, à la somme de................ 167,509 f. 50 c.

2°, Pour le supplément nécessaire aux hospices civils, la somme de..... 139,058 »

3°, Pour le supplément nécessaire au bureau de bienfaisance chargé de distribuer les secours à domicile..... 14,942 »

Total....... 321,509 50

(V. G, f° 21.) (*)

7 mai 1799, ou 18 floréal an VII. — Le citoyen Rigolot, ingénieur en second des ponts-et-chaussées du département du Loiret, se présente dans le sein du conseil municipal et dit :

« Citoyens,

« Profondément indigné, comme tout Républicain, de l'attentat inouï qui vient d'être porté au droit des gens par l'assassinat atroce des ministres français à Rastadt;

« Je viens déposer sur votre bureau 300 fr., en offrande et pour concourir à la vengeance proclamée dans le sein du corps législatif, et que le gouvernement doit exercer envers l'infâme maison d'Autriche. »

L'administration municipale admet l'offrande, et arrête que mention honorable sera faite en son registre de ce nouvel acte de dévoûment à la chose publique, donné par le citoyen Rigolot, que la somme sera portée par son secrétaire chez le receveur-général du département; ar-

___

(*) Ce compte est le premier que nous ayons trouvé fait en *francs* et *centimes*, et non en *livres, sous et deniers*.

rête, en outre, qu'il en sera rendu compte au ministre de l'intérieur et qu'expédition de la présente sera délivrée au citoyen Rigolot (*). (V. G, f° 22.)

7 mai 1799, ou 18 floréal an VII. — Le commandant de la garde nationale sédentaire d'Orléans, arrive dans l'une des cours de la maison commune, accompagné des officiers d'un détachement de cette garde, drapeau déployé, précédés des tambours et de la musique.

L'administration s'est rendue au milieu d'eux en grand costume, le vice-président, ayant à sa gauche le citoyen Joseph Lebrun (officier de santé), nommé chef de brigade, l'épée à la main, lui a fait prêter le serment, fait battre un ban, puis reconnaître à la troupe aux cris de *Vive la République!* (V. G, f° 23.)

8 mai 1799, ou 19 floréal an VII. — La fête de la ville n'a pas lieu : c'était la septième interruption. (1-4.)

13 mai 1799, ou 24 floréal an VII. — L'administration municipale d'Orléans, recevant à l'instant le n° 27 du *Bulletin des Lois*, contenant le manifeste du directoire exécutif sur l'assassinat des plénipotentiaires français au congrès de Rastadt, ainsi que les placards qui lui ont été transmis par l'administration centrale, arrête que ce manifeste sera solennellement publié et affiché demain, 25, trois heures précises après midi ; toutes réquisitions sont en conséquence faites, tant au commandant de la garde nationale qu'au chef de musique, etc.; elle ordonne et charge le régisseur-général de la maison commune de l'exécution de tous les mesures pour que le drapeau qui marchera devant elle dans cette publication, soit revêtu d'un long crêpe à la cravate, que les tambours soient voilés ; ils ne battront que de distance en distance, pour exprimer le deuil dont sont pénétrés tous les cœurs,

---

(*) Le congrès de Rastadt était dissous : les plénipotentiaires français, Jean-de-Bry, Bonnier et Robergeot, quittèrent cette ville le 9 floréal, à dix heures du soir, sous l'escorte de soldats autrichiens. Ces misérables les assassinèrent en route : Bonnier et Robergeot furent tués, Jean-de-Bry échappa à leur fureur.

Lorsque cet assassinat fut connu en France, il y excita une indignation générale : le gouvernement et le peuple en demandèrent vengeance.

la musique n'exécutera que des airs analogues à la circonstance.

Les écharpes des magistrats seront couvertes de crêpes, les employés de l'administration municipale la suivront dans cette lugubre cérémonie, avec les signes du deuil aux bras, ainsi que tous les officiers de la garde nationale, les artistes amateurs, le tambour-major, les commissaires de police, etc.; les soldats porteront l'arme basse. (V. G, f° 31.)

17 mai 1799, ou 28 floréal an VII. — Un corps de recrues des 1re, 2e et 3e classes, dont la majeure partie était de la commune d'Orléans, devant ce jour se mettre en route et se rendre à Chambéry, l'administration municipale s'est transportée au ci-devant évêché où les conscrits étaient réunis pour le départ; une distribution de fonds leur a été faite, les corps constitués, précédés de la musique et au son des airs patriotiques, sont allés les conduire jusqu'à l'extrémité du faubourg Bourgogne; après un discours d'exhortation civique, ils se sont mis en route en criant *Vive la République* et en chantant en chœur l'air suivant :

ARIETTE

DE CÉCILE ET JULIEN, OU LE SIÉGE DE LILLE.

L'amour, dans le cœur d'un Français,
L'amour est le bonheur suprême ;
Tous les instans sont pleins d'attraits
Auprès de la beauté qu'il aime; *(bis.)*
Mais au premier son du tambour
    Il sacrifie
    A sa Patrie
Son bien, sa vie et son amour. *(bis.)*

A s'acquitter de son devoir
Un bon Français trouve des charmes ;
De son amante au désespoir
On lui voit essuyer les larmes ;
Mais au premier son du tambour
    Il sacrifie
    A sa Patrie
Son bien, sa vie et son amour. *(bis.)*

Tout homme sage, avec regret
S'arme pour frapper et détruire;
Toujours actif et toujours prêt,
Des maux de la guerre il soupire; *(bis.)*
Mais au premier son du tambour
    Il sacrifie
    A sa Patrie
Son bien, sa vie et son amour. *(bis.)*

Qui sait délivrer son pays
Est vu comme un dieu sur la terre;
A l'objet dont il est épris
Le Français est jaloux de plaire; *(bis.)*
Mais au premier son du tambour
    Il sacrifie
    A sa Patrie
Son bien, sa vie et son amour. *(bis).*

J'aime qu'on désire la paix;
Aux humains elle est nécessaire;
J'aime qu'au déclin d'un jour frais
L'on s'égaye sur la fougère;
Mais je veux qu'au son du tambour
    L'on sacrifie
    A sa Patrie
Son bien, sa vie et son amour. *(bis.)*

28 mai 1799, *ou 9 prairial an* VII. — Sur la proposition d'un membre, l'administration municipale arrête qu'il sera placé, dans tous les temples et dans le lieu le plus apparent, des drapeaux tricolores pour rappeler aux citoyens que l'hommage qui se rend à l'auteur commun de la nature par les différens cultes, s'associe parfaitement avec l'exercice des bienfaisantes lois de la République française : elle charge son régisseur-général de l'exécution prompte du présent arrêté. (V. G, f° 43.)

29 mai 1799, *ou* 10 *prairial an* VII. — Célébration de la fête de la Reconnaissance et des Victoires dans la commune d'Orléans, avec les mêmes cérémonies que les années précédentes, seulement elle eut lieu au temple ci-devant St-Aignan, dédié à la Reconnaissance et aux Victoires. (V. G, f° 44.)

31 *mai* 1799, *ou* 12 *prairial an* VII. — Un membre de l'administration municipale a dit :

« Citoyens collègues,

« Le 18 germinal dernier nous avons été dénoncés au ministre de l'intérieur par le commissaire du directoire exécutif près notre administration.

« Voici, citoyens, les griefs portés contre nous:

Premier grief. — Injures et voies de fait contre le commissaire du directoire exécutif, étant en fonctions.

Deuxième grief. — Le commissaire est insulté et méconnu lorsqu'il réclame l'exécution des lois, le redressement de l'esprit public ; lui seul inspire l'amour des institutions républicaines ; il a eu de la peine à faire exécuter l'art. 7 de la loi du 23 fructidor, relatif aux jours fériés correspondans aux jours des marchés, qui enjoint d'ouvrir les boutiques.

Troisième grief. — Le commissaire seul poursuit sans relâche les prêtres réfractaires.

Quatrième grief. — Le commissaire seul poursuit les réquisitionnaires et les conscrits.

Cinquième grief. — Le commissaire seul s'est opposé à la tenue de la foire de St-Aignan et à la fête qui a eu lieu malgré lui.

Sixième grief. — La négligence d'afficher les déclarations faites par les ministres des cultes, en exécution de la loi du 7 vendémiaire an VII.

Septième grief. — D'avoir fait aux commissaires de police la défense d'obtempérer aux ordres du commissaire du directoire exécutif.

Huitième grief. — Pour faire paraître absent le commissaire du pouvoir exécutif, on imagina de mettre dans les actes et arrêtés pris en présence de sa personne : *Ouï le substitut.*

Neuvième grief. — Le bureau municipal transformé en chambre de conseil.

Dixième grief. — Le commissaire a inutilement requis l'exécution de la lettre du ministre de la guerre du 18 nivôse, relative à l'obligation, aux parens des jeunes militaires, de venir justifier de la présence de leurs enfans aux armées.

Onzième grief. — Refus de fermer la salle de spectacle pendant la tenue des assemblées primaires.

Douzième grief. — Refus de présenter, au commissaire du directoire, l'état des dépenses de l'an v et de l'an vi.

Treizième grief. — Suspension des ouvriers et fournisseurs, lorsque les dépenses de l'an vii se paient avec exactitude; les employés même reçoivent régulièrement tous les quinze jours les traitemens.

Quatorzième grief. — C'est avec une peine infinie que le commissaire est parvenu à faire exécuter la loi, par rapport au tableau des patentes de l'an vii.

Quinzième grief. — Déficit dans la caisse des contributions de l'an vii, et somme de douze mille francs déposée dans une caisse particulière dont le président a la clé (*). (V. G, f° 49.)

31 *mai* 1799, *ou* 12 *prairial an* vii. — L'administration municipale d'Orléans supprime la petite rue du Cloître de St-Pierre-Empont : cette rue tournait autour d'une île de maisons qui se trouve au couchant de ce cloître ; une porte en bois fut placée à chaque issue pour en interdire le passage, et le sieur André Bonneau, qui y avait sa demeure, rendu responsable de l'exécution de cet article. (1-6.)

31 *mai* 1799, *ou* 12 *prairial an* vii. — Berthevin, libraire et instituteur, à Orléans, fait jouer sur le théâtre de cette ville un drame lyrique intitulé *Médée*.

La musique de ce drame, d'un genre sombre et terrible, fut faite par Sébastien Demar, chef de la musique de la garde nationale d'Orléans. (5-6.)

2 *juin* 1799, *ou* 14 *prairial an* vii. — L'administration municipale d'Orléans, pour l'exécution de la loi du 22 floréal dernier, relative à l'assassinat des plénipotentiaires français à Rastadt, ayant fait réimprimer, au nombre de

---

(*) L'administration municipale répondit par un mémoire très-étendu aux quinze griefs portés contre elle par le commissaire du directoire exécutif Disnematin, et parvint à se justifier de ces inculpations, dont tout l'odieux retomba sur le dénonciateur, qui fut remplacé peu de temps après.

deux cents exemplaires, l'inscription qu'elle ordonne être placée dans tous les lieux publics, et dans l'endroit le plus apparent, arrête :

Ouï le substitut du commissaire du directoire exécutif (le commissaire ne paraissant plus depuis sa dénonciation), que huit exemplaires de cette inscription portant ces mots : *L'Autriche perfide a fait assassiner les plénipotentiaires français à Rastadt, le peuple français est appelé à punir cette injure.... Vengeance!... Vengeance!... Vengeance!...* seront affichées dans le temple Décadaire, connu précédamment sous le nom de Ste-Croix, et quatre seulement dans les autres temples; charge à cet effet son secrétaire de les adresser respectivement à chacun des principaux ministres qui y exercent, avec invitation de les y faire placer; il en sera de même adressé en nombre suffisant à tous les instituteurs, tant primaires que libres, qui seront tenus de les faire afficher, selon le vœu de la loi, dans les écoles; six exemplaires seront adressés aux entrepreneurs du spectacle, pour être affichés, tant dans les foyers que dans la salle.

Il en sera également placé dans les divers corps-de-garde et à la porte extérieure de chacun des membres de l'administration et du commissaire près d'elle. (V. G, f° 59.)

8 juin 1799, ou 20 prairial an VII.

Fête funèbre célébrée à Orléans en l'honneur des plénipotentiaires français assassinés à Rastadt.

Aujourd'hui, onze heures du matin, toutes les autorités civiles et militaires, et les divers fonctionnaires publics étant en cette place, se sont réunis à la maison commune, sur l'invitation de l'administration municipale, pour la célébration de la fête funèbre annoncée hier par plusieurs salves d'artillerie.

Le cortége s'est mis en marche au son d'une musique nombreuse, exécutant des airs lugubres et analogues au sujet; les tambours, voilés, battaient de distance en distance, des coups de canon se faisaient entendre de loin en loin; chacune des personnes le composant avait au bras gauche un crêpe noir et portait à la main une branche de chêne.

Le drapeau noir, sur lequel était écrit en lettres de feu le mot VENGEANCE! était porté par un officier de la garde nationale et environné par quelques citoyens, soldats de cette même garde.

La bannière départementale était ornée d'un long crêpe flottant.

Enfin, l'administration municipale, dont les membres portaient à leurs écharpes un crêpe mêlé aux couleurs nationales, était précédée du drapeau de la garde orléanaise, orné d'un long crêpe à la cravate. Le cortége s'est dirigé par la rue de la Réunion, place de la République, les rues de la Hallebarde, du Tabourg, de Bourgogne, jusqu'à la rue de l'Écrivinerie, l'enceinte du temple Décadaire, où il est entré par la porte du midi; les jeunes élèves, pendant la marche, ont, à plusieurs reprises, répété le cris de *Vive la République*, auquel ils ont ajouté: *Vengeance!*

Le temple Décadaire était décoré, dans son pourtour, de crêpes en festons, la statue de la Liberté était placée sur l'autel de la patrie avec des marques de deuil mêlées aux couleurs tricolores : derrière elle, et en divers lieux très-ostensibles du temple, on lisait cette inscription : *Le 9 floréal de l'an VII. à neuf heures du soir, le gouvernement autrichien a fait assassiner, par ses troupes, les ministres de la République française : Bonnier, Robergeot et Jean-de-Bry, chargés par le directoire exécutif de négocier la paix au congrès de Rastadt... Vengeance!*

Au milieu de l'enceinte s'élevait un mausolée entouré et couronné de cyprès, orné d'inscriptions analogues à ce sujet; en avant brûlaient, dans une cassolette, des parfums; à la droite de l'autel de la patrie, s'élevait, surmontée d'un drapeau tricolore et d'une couronne de chêne, *la colonne de Gloire*, destinée à recevoir les noms des braves défenseurs de ce canton, qui sont partis pour les armées après avoir été solennellement proclamés; à gauche, et en opposition, se trouvait *le poteau d'Infamie*, où les noms des lâches déserteurs ou conscrits non-partis ont été affichés, pour n'en être effacés qu'à mesure de leur départ et en présence du peuple assemblé aux fêtes décadaires.

Les membres des autorités, les divers fonctionnaires publics, et les autres personnes composant le cortége, respectivement rendus aux places qui leur étaient destinées, la musique de la garde nationale a exécuté, à grand orchestre, une marche lugubre de la composition des citoyens Demar et Mangin, dédiée aux mânes des plénipotentiaires français assassinés à Rastadt, après laquelle le président de l'administration centrale (E. Vinson) a prononcé un discours.

Après ce discours, que des cris de *Vengeance* et de *Vive la République* ont couronné, l'orchestre a exécuté une autre marche lugubre.

Le président de l'administration municipale (Lebrun) a ensuite prononcé le discours suivant :

« Citoyens,

« Familière à tous les crimes, la maison d'Autriche a mis le comble à ses forfaits : elle a commandé l'assassinat de trois ministres français, et elle a trouvé sans peine une légion d'esclaves pour l'exécuter !... Chez un peuple libre on n'eût pas trouvé un seul homme qui eût voulu se souiller d'un attentat aussi horrible.

« *Robergeot, Bonnier, Jean-de-Bry!* O vous, martyrs égorgés dans le temple de la paix! Citoyens chers, à jamais regrettables, c'est dans cette enceinte que nous venons honorer vos mânes et vos vertus par un deuil religieux; cette touchante cérémonie accroîtra, s'il est possible, la gratitude que nous devons à vos efforts pour donner à votre patrie et à tous les peuples, la paix que vos assassins ont refusée.

« Au lieu de la palme d'olivier dont nous devions vous décorer, nous venons jeter, sur une urne sanglante, des branches de cyprès; aux cantiques de joie succèdent des chants funèbres; les brillantes couleurs du plaisir sont remplacées par les voiles de deuil, par les crêpes de la douleur, emblèmes caractéristiques de la désolation universelle. »

A cette première partie ont succédé les hymnes en chœur chantés par les artistes lyriques du théâtre d'Orléans, accompagnés de la musique de la garde nationale.

Après ces hymnes, le président de l'administration municipale reprend la parole et prononce la seconde partie de son discours, dans lequel on remarque la citation historique qui suit :

« L'histoire vous dit qu'au lieu même où règne le tyran de l'Autriche, une reine barbare fit assassiner, il y a deux mille ans, des ambassadeurs romains; la nation romaine, outragée, courut aux armes, et, dans la même année, cette femme atroce fut dans les fers, et son empire fut détruit (*). »

Ce discours fini, il fut couronné par les cris de *Vengeance! Vengeance!... Vive la République!*

Une marche lugubre succède à ces cris, après laquelle le président annonce que la liste des braves conscrits et volontaires qui ont rejoint les drapeaux va être proclamée.

Le secrétaire en fait lecture à haute et intelligible voix ; elle est ensuite suspendue à la *colonne de Gloire;* pendant la signature, la strophe *Amour sacré de la Patrie* est chantée en chœur.

Les lâches déserteurs ou conscrits non-partis ont ensuite été nominativement désignés et affichés au *poteau d'Infamie;* pendant la signature de cette honteuse liste, un artiste lyrique a chanté un couplet de *Haine et de mépris à ces enfans indignes de la Patrie.*

Cet air achevé, le président a déclaré que le cortége allait reprendre sa marche dans l'ordre qu'il avait suivi ; il a invité chacun des membres à déposer, en passant au pied du mausolée, comme un hommage aux mânes des illustres victimes objet de la cérémonie, la branche de chêne qu'ils avaient en main, ce qui s'est exécuté. Sorti du temple, le cortége s'est dirigé vers la maison commune par la rue J.-J. Rousseau et la place de la Réunion ; arrivé à la maison commune, les corps constitués et autres se séparent et

---

(*) Dans la guerre d'Illyrie, la reine *Teutana*, qui avait fait piller les terres des Romains, fit assassiner, non pas avec l'épée, mais avec la hache et comme des victimes, les ambassadeurs qui avaient été lui demander justice. Vaincue par *Cnœus Fulvius Centimalus*, l'on appaisa les mânes des ambassadeurs par la mort des principaux d'entre ces peuples, dont on abattit la tête à coups de hache.

sont reconduits par les détachemens qui étaient allés les chercher. (V. G, f° 66.)

12 juin 1799, *ou* 24 *prairial an* VII. — L'administration municipale d'Orléans arrête les réglemens pour la garde nationale sédentaire de cette ville, parmi lesquels on remarque les suivans :

Art. 4. Les fonctionnaires publics non salariés par le gouvernement, exempts du service et du remplacement.

Art. 5. Les fonctionnaires publics salariés, exempts du service personnel et soumis au remplacement.

Art. 6. Les sexagénaires et les infirmes, à dire de chirurgiens, exempts de service et de remplacement.

Art. 15. L'administration municipale estime qu'il y a lieu de payer chaque remplaçant comme il suit :

Pour un service ordinaire de 24 heures, 1 fr. 50 c.;
Pour une patrouille, 75 c.

Art. 16. Il sera commandé, par chaque réunion décadaire, dix hommes par compagnie, et pour chaque fête nationale vingt hommes par compagnie. (V. G, f° 72.)

18 juin 1799, *ou* 30 *prairial an* VII. — Réunion décadaire comme à l'ordinaire ; mais, avant de lever la séance, le président a proclamé les noms suivans des citoyens natifs de la commune d'Orléans : Pierre Thomain, Jean-François Delorme, Germain Dumas et François Huyard, comme devant être effacés du poteau d'infamie où ils avaient été portés; il est allé ensuite les rayer solennellement, en présence du peuple, ainsi que le veut la loi pour tous ceux qui auront rejoint leurs drapeaux.

L'air *Ça ira* et une *valse* ayant été exécutés, la séance a été levée. (V. G, f° 70.)

20 juin 1799, *ou* 2 *messidor an* VII. — Vu la circulaire de l'administration centrale du Loiret, relatant une lettre du ministre de la police générale, le conseil arrête :

Art. 1er. Il sera, sans aucun délai, dressé un état des conscrits des diverses classes appelées aux armées par la loi du 3 vendémiaire et par celle du 20 germinal, et présumés restés ou rentrés dans leurs foyers.

Art. 2. Des garnisaires seront établis, jusqu'à nouvel

ordre, dans les maisons des parens qui seront désignés par l'administration comme favorisant l'absence de leurs enfans des bataillons de la République; ils en recevront le logement et les vivres, et de plus 3 fr. par jour.

Art. 3. L'exécution du présent arrêté sera concertée avec le commandant temporaire de la place, à qui expédition en sera, à cet effet, adressée, avec l'indication des maisons auxquelles il sera jugé applicable. (V. G, f° 81.)

25 juin 1799, *ou 7 messidor an* VII. — L'administration municipale, par un arrêté de ce jour, prévient les habitans de la commune d'Orléans, qu'à dater de nonidi prochain, 9 du présent mois, elle reprendra l'ancien usage de la taxe du pain, calculée sur le prix du blé vendu au marché du Martroi, et que cette taxe sera annoncée tous les décadis, à six heures du matin, dans tous les quartiers de la ville, par le son de la caisse, afin que tous les habitans soient prévenus à temps. (1-6.)

28 juin 1799, *ou* 10 *messidor an* VII. — Célébration de la fête de l'Agriculture dans la commune d'Orléans, avec les mêmes cérémonies que les années précédentes ; seulement, le cortége se rendit en avant de la raffinerie du citoyen Ladureau (aux Augustins), dans un champ désigné, pour tracer les sillons avec une charrue offerte par M. de Mautaudoin, propriétaire de la Source. (V. G, f° 85-6.)

30 juin 1799, ou 12 messidor an VII.

Réception du citoyen Roger-Ducos, membre du directoire exécutif.

L'administration municipale d'Orléans, qui avait pris ses précautions à l'avance pour être prévenue du passage en cette commune du citoyen Roger-Ducos, nommé membre du directoire exécutif, ayant été avertie qu'il devait coucher à Beaugency, et arriver sur les sept heures dans nos murs, en a sur-le-champ donné avis à l'administration centrale, ainsi qu'aux chefs de la force armée, et elle a pris toutes les mesures pour se porter à sa rencontre, et lui rendre les honneurs dus à sa dignité. Les administrateurs s'étant à cet effet réunis, se sont avancés dans le faubourg Madeleine, accompagnés d'une force armée nombreuse, tant à pied qu'à cheval, des tambours et de la musique de la garde nationale, exécutant des airs patriotiques et guerriers. Rendues là, elles ont fait halte et ont attendu l'arrivée ; des cavaliers et des gendarmes se sont portés en avant pour escorter la voiture annoncée. Bientôt les tambours ayant battu aux champs, tandis que le canon se faisait entendre et que la musique jouait *Où peut-on être mieux qu'au sein de sa famille*, le directeur a mis pied à terre, et a été aussitôt entouré par les membres des deux administrations, des autres fonctionnaires publics et des chefs de la force armée. Le président de l'administration centrale lui a porté les vœux et les hommages de tout le département, l'assurance des dispositions républicaines de tous les individus qui le composent; celui de l'administration municipale lui a présenté, au nom de la commune, l'hommage de tout son dévoûment aux lois de la République, et de sa fidélité à les exécuter. Ces discours, auxquels il a successivement répondu de la manière la plus aimable et la plus flatteuse, ont été couverts de cris nombreux de *Vive la République, le Corps législatif et le Directoire!* On s'est réciproquement donné l'accolade fraternelle.

Le citoyen directeur, invité à remonter dans sa voiture, a voulu marcher au milieu des autorités jusqu'au relai qui avait été ordonné sur la place publique. On s'y est donc rendu au bruit des fanfares et des airs chéris, la haie formée par la force armée, tant de la garde nationale que des vétérans nationaux et de la troupe de ligne, la gendarmerie ouvrant la marche et la cavalerie la fermant. Rendu sur la place, et le relai attelé, la musique a exécuté la *Marseillaise*, tandis que le citoyen directeur montait en voiture; des cris de *vive la République* l'ont suivi jusqu'au moment où sa voiture, entourée par les gendarmes chargés de l'accompagner, fut perdue de vue ; les autorités ne se sont retirées qu'à cet instant, ainsi que la force armée. (V. G, f° 90.)

1er *juillet* 1799, *ou* 13 *messidor an* VII. — A l'occasion des troubles dans plusieurs villes de France, et d'une sourde fermentation qui avait lieu à Orléans, les administrateurs municipaux de cette ville firent publier la proclamation suivante :

« Citoyens,

« Quelques malveillans s'agitent au milieu de vous; ils ne craignent point de laisser soupçonner leurs criminelles espérances, et l'on dirait que le but qu'ils se proposent est surtout de prouver au gouvernement que ce n'est pas à tort que cette commune a été si souvent calomniée... Déjà un placard séditieux a été affiché en deux endroits différens....... On dit même qu'une liste de signataires contre-révolutionnaires et désorganisateurs circule et se colporte........ Quel esprit de vertige a donc saisi ces hommes égarés par des suggestions perfides ! Ont-ils oublié que la France républicaine a triomphé plus d'une fois de l'Europe coalisée? qu'avec sa constitution elle ne peut éprouver que des revers passagers, et que la victoire, pour ne plus cesser de se rallier à ses drapeaux, n'attend d'elle qu'un dernier et généreux effort? Devraient-ils se dissimuler que cette horde de satellites du despotisme qu'ils appellent ne veut que du sang, de l'or et des esclaves? que ces seuls mots: *Es-tu Français?* seront pour tous également ce qu'ils ont été pour nos malheureux plénipotentiaires égorgés à Rastadt, un arrêt de mort!

« C'est donc à votre surveillance que nous dénonçons ces ennemis de l'ordre et du repos publics ; unissez-vous à vos magistrats pour en découvrir les instigateurs et les complices; songez que leurs coupables manœuvres appelleraient bientôt sur cette cité les maux incalculables d'une effrayante responsabilité ; et si la paix dont elle a joui jusqu'à ce jour vous est chère, dénoncez-nous aussi ceux qui, pour la troubler, sacrifient sans remords aux vœux insensés de leur égoïsme le bonheur et la tranquillité de tous. » (V. G, f° 92.)

2 juillet 1799, ou 4 messidor an VII.

Adresse des administrateurs municipaux d'Orléans au corps législatif.

« Citoyens Représentans,

« Le corps législatif avait perdu cette attitude imposante qui convient aux représentans d'une grande nation, et surtout aux délégués d'un peuple libre; mais il a, dans les derniers jours de prairial, rempli le vœu des Républicains, en développant une énergie sans laquelle n'y a ni représentation, ni estime, ni puissance.

« Les dangers de la patrie, citoyens législateurs, vous ont inspiré les seuls moyens capables de la sauver : c'est au zèle des administrations, au courage de nos armées, au patriotisme de tous les bons Français que vous en avez confié l'exécution. Votre attente ne sera pas trompée.... Une jeunesse pleine de courage se porte aux frontières pour combattre les tyrans coalisés; commandée par d'habiles généraux, animée par l'exemple de nos vieux guerriers et le souvenir de nos victoires, elle est sure de vaincre.

« Soldats républicains, vous prenez sur vous le soin de notre gloire; nous prendrons sur nous celui de votre bonheur, lorsqu'après avoir dissipé les hordes de barbares qui menacent notre territoire et nos propriétés, vous rentrerez dans le sein de vos familles pour y cueillir les fruits de la paix et recevoir le juste tribut de notre admiration et de notre reconnaissance.

« Une nation composée de trente millions d'individus dont les destinées reposent sur un sénat ennemi des factions et animé du seul amour de la patrie, sur un gouvernement digne de sa confiance, sur des soldats brûlans du saint enthousiasme de la Liberté, a quelque droit d'espérer que la victoire qui lui fut si long-temps fidèle, viendra se rattacher à ses drapeaux, et que du sein des orages naîtra enfin le règne de la justice, de la probité et de la Constitution.

« Telle est, citoyens législateurs, l'espoir des habitans de la commune d'Orléans, qui jurent, par notre organe, haine à la tyrannie, fidélité et obéissance aux lois, dévoûment sans bornes à la représentation nationale et au gouvernement républicain.

« Salut et respect,
    « *Les administrateurs.* » (V. G, f° 97.)

9 juillet 1799, *ou* 21 *messidor an* VII. — Petite révolte à Orléans, occasionnée par les rigueurs exercées par le commissaire du pouvoir exécutif, qui harcelait les conscrits retardataires d'une manière brutale; il fut poursuivi à coup de pierres, qui lui furent lancées par le peuple, et il ne dut son salut qu'à la force armée, qui vint à temps, et heureusement à son secours. (4-6.)

13 juillet 1799, ou 25 messidor an VII.

Publication faite à Orléans de la proclamation suivante :

Le directoire exécutif au peuple français.

« Républicains,

« La patrie est menacée ; l'ineptie et la trahison l'ont mise sur le bord de l'abîme ; nos ennemis ont conçu les plus vastes espérances; mais les patriotes veillent ; le corps législatif et le directoire exécutif vont déployer tous les moyens de salut public que la Constitution a remis entre leurs mains; le triomphe de la Liberté ne peut être douteux.

« Républicains, soyons unis; formons une alliance indissoluble; ne craignez de notre part ni ambition, ni arrière-pensée : nous voulons la République une et indivisible, la Constitution de l'an III, la Liberté, l'Égalité, le bonheur du peuple; tous ceux qui ont ces sentimens dans le cœur sont nos amis, et nous ne les abandonnerons jamais aux fureurs des réactions.

« Nous avons tous la même volonté; nous agirons tous de concert; les traîtres et les dilapidateurs seront punis, les ennemis de la liberté exclus des emplois, les patriotes appelés aux fonctions publiques; la guerre se poursuivra avec vigueur jusqu'à ce que la patrie soit affermie ; jamais les fondateurs de la République, jamais les mandataires du peuple français ne souffriront aucun traité indigne de lui.

« Républicains, le royalisme conspire avec audace : nous suivrons ses complots, nous dévoilerons ses trames, nous saisirons ses agens, nous punirons leurs crimes; vous, secondez-nous de toute votre énergie ; dévouons-nous ensemble pour la cause commune; jurons tous de nous ensevelir sous les ruines de la République, plutôt que de souffrir qu'il soit porté la plus légère atteinte à la liberté, et la patrie sera sauvée ! »

Le directoire exécutif arrête que la proclamation ci-dessus sera réimprimée et affichée.

SIEYÈS, président.
Le ministre de l'intérieur, QUINETTI. (1-4-5.)

14 juillet 1799, *ou* 26 *messidor an* VII. — Célébration de la fête du 14 juillet, dans la commune d'Orléans, au temple Décadaire, avec les mêmes cérémonies que les années précédentes. (V. G, f° 112.)

27 juillet 1799, *ou* 9 *thermidor an* VII. — Fête de la Liberté, célébrée dans le temple de la Liberté (Saint-Laurent), avec les mêmes cérémonies usitées l'année d'avant, et sa division en deux journées. (V. G, f° 149.)

28 juillet 1799, *ou* 10 *thermidor an* VII. — L'administration municipale, informée qu'un prêtre réfractaire exerce clandestinement le culte catholique dans une maison, cloître St-Étienne, n° 5, où un rassemblement fanatique se réunit; qu'il y prêche la révolte et le mépris des lois, la dissolution de la République, la perte des bons citoyens et des acquéreurs des domaines nationaux, arrête qu'il sera écrit sur-le-champ à l'officier de police judiciaire, pour lui dénoncer cette découverte, et le requérir d'user de tous les moyens que la loi met dans ses mains, à l'effet de parvenir à l'arrestation de cet ennemi public, et y donner telle suite qu'il appartiendra, le prévenant que les commissaires de police et la gendarmerie sont requis de l'assister, de lui prêter main-forte au besoin (*). (V. G, f° 154.)

1er *août* 1799, *ou* 14 *thermidor an* VII. — Vu les nouvelles peu rassurantes, reçues de Paris, l'administration municipale d'Orléans arrête que des postes seront établis de suite aux endroits ci-après :

A la porte Bannier, à la porte Bourgogne, à la porte du Pont et à la poste aux chevaux ;

De plus, qu'un livre sera destiné à enregistrer tous les voyageurs, tant à pied, qu'à cheval ou en voiture, qui se présenteront aux portes de la ville. (V. G, f° 157.)

3 *août* 1799, *ou* 16 *thermidor au* VII. — Sur l'observation d'un membre, et vu l'inutilité de l'estrade de l'autel de la patrie, qui avait été dressée sur la place de la Réunion pour la célébration des fêtes qui ont maintenant lieu, soit dans le temple Décadaire, ou dans ceux qui leur sont plus spécialement désignés, l'administration municipale arrête que cette estrade sera démolie, et les matériaux qui la composent remis dans les magasins de la maison commune ; charge le régisseur général de faire opérer de suite cette démolition. (V. G, f° 159.)

8 *août* 1799, *ou* 21 *thermidor an* VII. — Le citoyen Pelé, l'un des membres de l'administration municipale, ayant été nommé par le directoire exécutif son commissaire près l'administration centrale, en remplacement du citoyen Gentil, se présente en cette qualité, prête serment et va prendre son poste au département. (V. G, f° 163.)

10 *août* 1799, *ou* 23 *thermidor an* VII. — Le citoyen Lorillard, de cette commune, se présente dans le lieu ordinaire des séances de l'administration municipale, où les membres étaient réunis, et attendaient les corps constitués pour la célébration de l'anniversaire du 10 août ; il a déposé sur le bureau deux pièces, l'une ayant pour titre *le Mariage du Capucin*, et l'autre *le Devoir et la Nature*, dont il a fait hommage au nom de l'auteur *Benoist-Volmerange*, son beau-frère, né en cette commune.

(*) La maison de l'abbé Filliatre ayant été cernée, il fut pris dans son lit.

L'administration municipale reçoit avec sensibilité l'offre qui lui est faite, et, par l'organe de son président, en témoigne toute sa gratitude au citoyen Lorillard, et l'invite à en faire parvenir l'expression à son beau-frère; elle arrête que mention en sera faite en son registre, comme un gage des sentimens de l'attachement que conserve le citoyen Benoist-Volmerange pour la cité où il a reçu le jour, et qu'en signe de la satisfaction et de la reconnaissance de ses magistrats, expédition de la présente délibération lui sera adressée. (V. G, f° 164.)

10 août 1799, ou 23 thermidor an VII.

Célébration de la fête du 10 août dans la commune d'Orléans.

Aujourd'hui, avant midi, toutes les autorités constituées, les fonctionnaires publics, les chefs de la force armée, les instituteurs primaires et libres, avec leurs élèves, se sont réunis à la maison commune, sur l'invitation de l'administration municipale, pour la célébration de l'anniversaire du 10 août.

Le cortége s'est mis en marche dans l'ordre accoutumé, pour se rendre au temple décadaire, disposé à cet effet, et décoré dans son pourtour en guirlandes de verdure; l'autel de la patrie orné de fleurs mêlées de verdure artistement distribuées, surmonté de la statue de la Liberté, la tête couronnée de l'emblème de l'immortalité; à ses pieds était le buste du *Brutus romain*, ayant à ses côtés *les deux Brutus français* (Voltaire et J.-J. Rousseau), tous trois la tête ceinte de lauriers; au-dessus de leurs images on lisait : *Un autre Tarquin abuse de l'autorité que lui avait laissée le peuple; de nouveaux Brutus fondent la République.*

Toutes les autorités placées, la musique a exécuté différens airs patriotiques; ensuite, les artistes lyriques ont chanté en grand chœur l'hymne du 10 août, dont un roulement a annoncé la fin et marqué le silence pour le discours du président de l'administration municipale.

Après ce discours, que de nombreuses acclamations, des cris unanimes et répétés de *vive la République* ont couvert, la musique a exécuté diverses fanfares; *la Marseillaise* a succédé avec des accompagnemens nombreux pendant la strophe *Amour sacré de la Patrie*.

Toutes les autorités, debout et découvertes, ainsi que tous les assistans, ont montré avec quelle religieuse ferveur tous les vœux lui étaient portés.

Le cortége a repris sa marche dans l'ordre qu'il avait suivi, et est revenu à la maison commune, où il s'est séparé. (V. G, f° 164.)

12 *août* 1799, *ou* 25 *thermidor an* VII. — A l'ouverture de la séance du conseil municipal, le président a dit :

« Citoyens,

« Les journaux annoncent que le corps législatif a prêté sur l'autel de la patrie le nouveau serment prescrit par la loi du 12 thermidor présent mois; je propose qu'à cet exemple respectable, chacun de nous le prête à l'instant. »

La proposition unanimement adoptée, le président, tous les membres, ainsi que le commissaire du pouvoir exécutif et le secrétaire prêtent le serment ainsi conçu :

Je jure fidélité à la République et à la Constitution de l'an III; *je jure de m'opposer de tout mon pouvoir au rétablissement de la royauté en France, et à celui de toute espèce de tyrannie.*

Ce devoir rempli aux cris de *vive la République*, l'administration arrête que mention en sera faite au registre; elle arrête en outre que les chefs et employés de ses bureaux, le voyer de la commune, ainsi que toutes les personnes à elle attachées, se présenteront demain à la séance pour y prêter individuellement ce même serment. (V. G, f° 168.)

14 *août* 1799, *ou* 27 *thermidor an* VII. — Publication et affiches de la proclamation du directoire exécutif, du 28 messidor dernier, relative aux nouvelles mesures métriques et à la distribution des mètres pour remplacer les aunes dans les boutiques et magasins des marchands vendant à cette dernière mesure de longueur. (V. G, f° 170.)

15 *août* 1799, *ou* 28 *thermidor an* VII. — L'administration municipale d'Orléans adresse à ses administrés une

circulaire pour les engager à souscrire dans l'emprunt de cent millions demandés par le gouvernement. (V. G, f° 172.)

23 août 1799, *ou* 6 *fructidor an* VII. — Vu la lettre adressée le 5 de ce mois à l'administration municipale, par le citoyen Darotte, receveur des domaines nationaux, à Orléans, lequel contient envoi de la copie d'une ordonnance délivrée le 3 thermidor dernier, par le président du tribunal criminel du département du Loiret, par laquelle *Joseph Merat*, négociant à Orléans, est dit *rebelle à la loi*, et en conséquence déchu du titre de citoyen français, et que ses biens demeureront séquestrés au profit de la République;

Vu l'art. 464 du Code des délits et des peines,

L'administration municipale arrête que le citoyen Paul, son commissaire, procédera, sans délai, à l'apposition des scellés sur les meubles, effets, titres et papiers appartenant à Joseph Merat, accusé contumace, et au bail des biens immeubles qu'il peut posséder. (V. G, f° 178.)

27 août 1799, *ou* 10 *fructidor an* VII. — Célébration de la fête de la Vieillesse, dans la commune d'Orléans, dans le temple de la Vieillesse (St-Paterne), avec les cérémonies usitées.

Les vieillards couronnés furent les citoyens Vignolet père, Digard, Bonneau, Proust, Chotard et la citoyenne Proust. (V. G, f° 180.)

4 *septembre* 1799, *ou* 18 *fructidor an* VII. — Fête anniversaire du 18 fructidor, célébrée à Orléans, dans le temple Décadaire, avec les mêmes cérémonies que l'année précédente. (V. G, f° 189.)

8 *septembre* 1799, *ou* 22 *fructidor an* VII. — Il est donné lecture d'une lettre de l'administration centrale du Loiret, en date du 19 courant, relative à la formation de la colonne mobile de la garde nationale.

L'administration municipale arrête que le commandant et l'adjudant-général seront invités à se rendre demain dans le sein du conseil, pour être entendus sur cet objet important, à l'effet d'y statuer dans le plus court délai. (V. G, f° 197.)

8 septembre 1799, ou 28 fructidor an VII.

Écrit royaliste et contre-révolutionnaire adressé aux autorités constituées d'Orléans.

ARMÉE ROYALE. — AU NOM DE LOUIS XVIII.

DIEU  ET LE ROI.

« Nous vous prévenons, Messieurs, qu'à notre entrée dans votre pays, ceux qui seront pris les armes à la main, seront fusillés sur-le-champ, comme traîtres à la patrie ; et vous, membres des autorités, s'il se fait quelques arrestations, vous en répondrez sur votre tête.

« N'êtes-vous donc pas las de charger de chaînes des malheureux qui ne respirent que la paix et la tranquillité ?

« O monstres! craignez notre entrée, ou vivez, si vous vous comportez mieux que vous n'avez fait jusqu'ici.

« Signé en conseil général et royal,
« BONNEVAL, secrétaire du Roi; BOURNIER, chef du conseil; BOURENER, FOURNIER, membres du conseil.

« Pour copie conforme à la minute :
« LEGER, secrétaire en chef.

« *Vive Louis XVIII!*

« Armée royale du Maine, de Normandie, Anjou, etc. » (1-2-6.)

9 *septembre* 1799, ou 23 *fructidor an* VII. — Le chef de brigade de la garde nationale d'Orléans, appelé dans le sein du conseil de l'administration municipale, relativement à la formation de la colonne mobile, se présente. Après avoir conféré, l'administration arrête que ledit chef de brigade sera invité à convoquer successivement

le commandant, les capitaines et le *garçon* de chaque bataillon, pour se rendre vers elle, à commencer par le premier, demain 24, à neuf heures du matin ; le second, le même jour, cinq heures de relevée, et ainsi de suite, chaque jour, jusqu'à la fin, pour procéder à l'examen du contrôle général, et en distraire, conformément à la loi du 18 prairial an IV, ceux qui, par leur âge, leurs infirmités ou leur indigence, sont inhabiles au service et hors d'état de payer les frais d'un remplaçant ; pour, cette opération finie, former de suite la colonne mobile. (V. G, f° 198.)

12 *septembre* 1799, *ou* 26 *fructidor an* VII.—En conséquence de la lettre du ministre de la police générale, du 6 courant, transmise au conseil municipal par l'administration centrale, avec invitation d'user de tous les moyens de précaution et de prudence pour l'exécution, en cette commune, de la loi du 26 thermidor dernier, qui autorise le directoire exécutif à faire, pendant un mois, des visites domiciliaires, à l'effet de s'assurer des embaucheurs, des émigrés rentrés, des égorgeurs et des brigands, il a été arrêté qu'après demain, 28 courant, quatre heures précises du matin, il serait fait des visites domiciliaires dans toutes les maisons désignées par les commissaires de police, et telles autres qui pourraient encore venir à sa connaissance ; que toutes réquisitions seront faites tant aux juges de paix, aux commissaires, à la force armée, qu'à la garde nationale et à la gendarmerie, et de faire trouver, ledit jour, quatre heures du matin, 84 hommes prêts à exécuter les ordres de l'administration. (V. G, f° 200.)

13 *septembre* 1799, *ou* 27 *fructidor an* VII. — Vu l'arrêté de l'administration centrale, en date de ce jour, et parvenu au conseil, séance tenante, lequel porte :

Art. 1er. Il sera fourni, sans délai, par les citoyens les plus aisés de la commune d'Orléans, et mis à la disposition du garde-magasin des effets militaires, ceux ci-après désignés : quatre cents bois de lit, matelas, traversins, couvertures et huit cents paires de draps.

Art. 2. L'administration municipale d'Orléans est invitée, et au besoin requise, sous sa responsabilité, et dans les vingt-quatre heures, de faire la répartition entre les citoyens aisés de la commune, des objets ci-dessus désignés.

Voulant, sans aucune perte de temps, remplir les dispositions de cet arrêté, l'administration municipale a délibéré que, séance tenante et sans désemparer, il serait procédé à la confection de l'état des citoyens dans le cas de concourir à la fourniture des objets susdits, et de la quotité répartie à chacun d'eux ; qu'ils en seraient sur-le-champ avertis par un commissaire de police, et qu'aussitôt après avoir achevé et dressé ledit état, il en serait envoyé expédition, tant à l'administration centrale qu'au commissaire des guerres à Orléans. (V. G, f° 201.)

14 septembre 1799, ou 28 fructidor an 7. — A quatre heures du matin, le juge de paix et la force armée, réunis avec la gendarmerie, ont reçu, du président de l'administration municipale, la liste des maisons désignées comme suspectées de recéler des individus dans le cas porté par la loi relative aux visites domiciliaires.

Ils se sont mis de suite en marche, et l'administration est demeurée en permanence.

Il est résulté des procès-verbaux dressés par le juge de paix qu'il n'a rien été trouvé de contraire à l'ordre ni aux lois, si ce n'est pourtant la déclaration du citoyen Fouché le jeune, qui rapporte avoir trouvé chez les filles Lenormand, rue de Mes-Chevaux, dans une chambre au premier, une cachette pratiquée dans l'épaisseur du mur, ayant une porte fermant à clé, recouverte d'une tapisserie pareille à celle de ladite chambre, de la hauteur de 7 à 8 pieds, sur un de profondeur et 18 à 20 pouces de large ; ladite porte garnie de cinq verroux et de deux crochets servant à la fermer en dedans, tant à droite qu'à gauche de l'ouverture : dans laquelle cachette il a trouvé un fusil de munition chargé, marqué sur la joue gauche des lettres L. R., un sabre et quatre vieux pistolets de petit calibre, qu'il a confisqués, et qu'il dépose sur le bureau. (V. G, f° 202.)

16 septembre 1799, ou 30 fructidor an VII.

Fête funèbre pour la mort du général Joubert.

A onze heures du matin les autorités civiles et militaires se sont réunies à la maison commune pour la célébration de la pompe funèbre ordonnée dans tous les cantons de la République, par la loi du 19 de ce mois, en l'honneur du général Joubert, mort sur le champ de bataille de Novi (Italie), le 28 thermidor dernier. Le cortége s'est mis en marche dans l'ordre usité pour les autres fêtes; il s'est dirigé, au son d'une musique lugubre, vers le temple décadaire, dans lequel toutes les dispositions étaient faites; l'autel de la patrie était décoré de verdure et de trophées funéraires; la statue de la Liberté était ceinte d'un crêpe, ainsi que les bustes de Brutus, de Voltaire et de Rousseau; au milieu de l'enceinte s'élevait un cénotaphe entouré de cyprès; quatre urnes funéraires marquaient les quatre angles, et dans des cassolettes, placées sur les deux faces, brûlaient des parfums; des guerriers, dans l'attitude de la douleur, entouraient ce monument; la musique a exécuté des airs lugubres et a accompagné l'air : *Mourir pour la Patrie*, dont le refrain était répété par toutes les bouches. Un roulement de tambours ayant ensuite indiqué le silence, le président de l'administration municipale a prononcé un discours analogue, après lequel les artistes ont chanté *l'Invocation à la Liberté;* le chant du départ a été ensuite exécuté en grand chœur, et des cris mille fois répété de *Vive la République!* ont retenti dans toute l'enceinte; enfin le président a déclaré la cérémonie terminée et a invité tous les membres, en prenant leur rang pour le retour, à déposer sur les bases du cénotaphe les branches de cyprès qu'ils portaient en signe d'hommage au héros que nous pleurons. (V. G, f° 204.)

22 septembre 1799, ou 1er vendémiaire an VIII.

Fête de la Fondation de la République en France.

A onze heures avant midi toutes les autorités, tant civiles que militaires, les divers fonctionnaires publics, se sont réunis à la maison commune sur l'invitation de l'administration municipale, ainsi que les instituteurs primaires et libres des deux sexes, avec leurs élèves, pour la célébration de l'anniversaire de la fondation de la République.

Le cortége s'est mis en marche dans l'ordre usité, pour se rendre au temple Décadaire, où son entrée a été marquée par une salve d'artillerie; l'autel de la patrie était décoré avec éclat et majesté; la statue de la Liberté était ornée de ses emblèmes ordinaires; au milieu, on lisait l'inscription prescrite par la loi du 17 fructidor :

« *Le peuple, debout, est armé contre ses ennemis extérieurs et intérieurs, pour l'intégrité de son territoire et le maintien de la Constitution de l'an* III. »

Au pied de la statue était le Brutus romain et les deux Brutus français, la tête ceinte de couronnes de chêne; aux deux extrémités de l'autel s'élevaient deux colonnes en marbre d'où partaient des guirlandes en fleurs qui, attachées à l'un des piliers, allaient de chaque côté rejoindre les colonnes de Gloire et de Sciences, et de là rattachées aux piliers parallèles, venaient embrasser *l'autel de la Concorde*, élevé en face celui de la Patrie, et sur les bases duquel on lisait : « *Paix à l'homme juste, à l'observateur fidèle des lois!* » Au milieu de cet autel s'élevait une statue tenant d'une main les tables des Droits de l'homme et de la Constitution, sur lesquelles elle se reposait, de l'autre l'emblème de la Concorde, figuré par deux poignets se serrant fortement. Autour de ce monument étaient placés les bustes des grands hommes qui, par leurs écrits, ont préparé la révolution.

Les militaires blessés environnaient cet autel.

Toutes les autorités, tant civiles que militaires, et les divers fonctionnaires publics rendus aux places qui leur étaient destinées, un roulement s'est fait entendre, et la musique a exécuté un air patriotique en grand chœur; cet air fini, le président de l'administration centrale a prononcé un discours, vivement applaudi, après lequel les artistes lyriques ont chanté un grand chœur, l'*Hymne de la Fondation*. Ce chant fini, le président de l'administration municipale a prononcé un discours qui s'est terminé ainsi :

« Il me reste, citoyens, un devoir bien doux à remplir : je vais proclamer honorablement les noms des conscrits qui ont obéi à la loi. »

Ils ont été proclamés à l'instant, et *le Chant du Départ* a été exécuté.

« Après avoir satisfait au sentiment de mon cœur, reprend le président, pourquoi une si douce jouissance est-elle altérée par une autre proclamation de ceux qui se sont soustraits à la loi de la conscription ? C'est une tache d'infamie que je vais déverser sur ces lâches : la loi l'ordonne, j'obéis. »

Après les avoir désignés, il invite leurs parens à les faire partir, et les agens de l'autorité à donner main-forte à la loi.

« Je ne terminerai pas cette pénible fonction sans porter dans vos cœurs, et sans l'éprouver moi-même, un soulagement à cette dernière proclamation par celle des noms des citoyens qui, appelés par leur fortune à venir au secours de la patrie, se sont empressés de payer leur cotisation à l'emprunt forcé dont l'unique destination est pour subvenir à l'habillement, équipement et entretien de nos militaires, conscrits et aux besoins des armées. »

Après cette proclamation, des cris répétés de *Vive la République* se sont fait entendre ; les artistes ont exécuté un air patriotique, à la suite duquel les deux présidens, après avoir annoncé qu'ils allaient faire le nouveau serment civique et invité l'assemblée à le répéter avec eux, se sont rendus sur l'estrade de l'autel de la Concorde, et là, en se donnant la main, ont prononcé ensemble et à haute voix :

« *Je jure fidélité à la République et à la Constitution de l'an III. Je jure de m'opposer de tout mon pouvoir au rétablissement de la royauté en France, et de toute espèce de tyrannie.* » Tous les assistans, ayant répété ces paroles, se sont écriés simultanément et en secouant leurs chapeaux : *Je le jure! Vive la République!*

Une fanfare a suivi, pendant laquelle les présidens étant revenus prendre leurs places, un orateur s'est rendu sur l'estrade devant l'autel de la Concorde, a lu dans son entier la proclamation du directoire exécutif au peuple français.

Le président de l'administration municipale a ensuite annoncé que les noms des citoyens conscrits qui ont obéi à la loi allaient être une seconde fois proclamés : l'orateur les a tous nommés sur l'autel de la Concorde.

Des airs patriotiques ont été exécutés, ensuite l'air *Çà-ira* a terminé cette cérémonie, pendant la durée de laquelle le canon s'est fait entendre de distance en distance. Le président ayant déclaré la séance levée, chaque autorité a repris son rang, et le cortége a suivi sa marche dans l'ordre premier pour se rendre à la maison commune où toutes les autorités se sont séparées et ont été reconduites par les détachemens qui étaient allés les chercher ; la force armée s'est retirée dans ses quartiers, laissant une garde pour faire respecter les dispositions du temple Décadaire qui est resté ouvert tout le jour au peuple empressé de le visiter. (V. H, f° 1.)

23 septembre 1799, ou 2 vendémiaire an VIII. — L'administration municipale d'Orléans fait publier avec pompe la loi portant peine de mort contre tout français qui accepterait des conditions de paix tendant à modifier la Constitution républicaine et à altérer le territoire de la patrie. (4-6.)

26 septembre 1799, ou 5 vendémiaire an VIII. — La citoyenne veuve d'Ambrun demande, par une pétition, à recueillir la succession de feu son mari : l'administration municipale d'Orléans passe à l'ordre du jour, attendu que d'Ambrun est décédé sans avoir été rayé définitivement de la liste des émigrés, et arrête que la succession dudit d'Ambrun sera sur-le-champ ouverte au profit de la République. (V. H, f° 10.)

28 septembre 1799, ou 7 vendémiaire an VIII. — Les inspecteurs nommés pour l'octroi municipal d'Orléans se présentent au bureau municipal pour l'organisation de la perception de cet octroi ; l'administration rend un arrêté composé de dix-huit articles dont voici les principaux :

Art. 1er. Il sera établi neuf bureaux de recette.

Art. 2. Ces bureaux seront placés dans les lieux ci-après désignés :

1°, A l'entrée du pont ; 2°, à la porte de la Liberté ;

3°, à la porte Madeleine; 4°, à la porte de la Côte-d'Or; 5°, à la porte Jean; 6°, à la porte Vincent; 7°, à la porte de la Tour-Neuve; 8°, à Recouvrance; 9°, aux Aydes.

Art. 3. Dans chaque bureau, il y aura deux employés, dont l'un fera la perception, et l'autre en sera le contrôleur.

Art. 11. Outre les bureaux de recette, il sera placé, à l'extrémité de chaque faubourg, un bureau de conserve ou de surveillance.

Art. 15. Il sera placé un bureau de conserve dans les endroits suivans :

1°, Le Portereau Tudelle; 2°, le Portereau Marceau; 3°, le Portereau du Coq; 4°, le faubourg Madeleine; 5°, le faubourg Jean; 6°, le faubourg Vincent; 7°, le faubourg de la Côte-d'Or.

Frais de perception.

Traitement du préposé en chef............	3,000 fr.
Celui de son commis...............	1,000
Ses frais de bureau.................	300
Deux inspecteurs à 2,000 fr. chaque...	4,000
Cinq receveurs à 1,200 fr............	6,000
Cinq contrôleurs à 1,000 fr..........	5,000
Quatre contrôleurs à 800 fr..........	3,200
Quatre receveurs à 1,000 fr..........	4,000
Sept bureaux de conserve à 900 fr.....	6,300
50 fr. de frais de bureau alloués à chacun des inspecteurs, receveurs et contrôleurs, vingt en total, ci...............	1,000
Loyer de neuf maisons pour loger les employés des neuf bureaux de perception, à 400 fr. leur prix moyen................	3,600
Registres et impressions.............	3,000
Total................	40,400 fr.
A quoi il faut ajouter pour frais de construction des barrières et clôtures, et pour garnir les bureaux des ustensiles nécessaires, une somme de.....................	11,800
Total général.......	52,200 fr.

29 septembre 1799, *ou* 8 *vendémiaire an* VIII. — Le secrétaire rend compte au conseil municipal du dépôt fait en ses mains, par l'un des artistes amateurs de la société dite de Pierre-Lentin (*), d'une somme de 260 fr. 75 c. produit d'une représentation donnée par eux hier au profit des indigens de cette commune, avec prière à l'administration municipale de vouloir bien en faire elle-même la distribution.

Le conseil arrête la mention honorable et civique, au registre de ses délibérations. (V. H, f° 15.)

Ce don avait été précédé de la lettre suivante écrite par un des sociétaires à l'administration.

« Nous avons l'honneur de vous prévenir que demain, 5 vendémiaire, nous sommes dans l'intention de donner, *au bénéfice des indigens*, une représentation d'*Eugénie*, drame, d'*Arlequin tout seul*, vaudeville, et *des Projets de mariage*, comédie : la société me charge de vous renouveler l'assurance du plaisir qu'elle aurait à vous voir partager ses délassemens.

« Pour la société,

« BAUDRY. » (6.)

9 octobre 1799, *ou* 18 *vendémiaire an* VIII. — Vers sept heures du matin, les facteurs de la poste aux lettres d'Orléans présentent à tous les habitans de cette ville un petit bulletin imprimé portant la nouvelle suivante :

« Le général Bonaparte vient d'arriver en France, son vaisseau, parti d'Egypte sous pavillon danois, l'a débarqué à St-Raphaël, de là il est passé à Fréjus, ville de Provence, après une traversée de quarante-huit jours, au milieu des vaisseaux anglais qui croisaient dans la Méditerranée. » (4-6.)

(*) La petite église de Saint-Pierre-Lentin avait été, après sa suppression, disposée en salle de bal et de spectacle. Une société d'amateurs y donna, pendant plusieurs années, des représentations qui furent suivies avec empressement. M. G......-D....., et avec lui, MM. B...., C......, G....., P..., L........., G......; mesdames G......, F......, P... G....., C......, de St-J....., révélèrent un talent qu'ont souvent applaudi les artistes les plus éminens. Nous avions l'honneur de diriger l'orchestre de ces représentations.

27 octobre 1799, *ou* 5 *brumaire an* VIII. — Le citoyen Dutartre, employé aux transports de la marine, se présente devant l'administration municipale avec une lettre du ministre, portant mission audit employé de se rendre sur-le-champ à Orléans, pour y arrêter 30,359 livres de poudre, chargée à Essonne et destinée pour Nantes ; de faire décharger le bateau sur lequel elle se trouve, et qu'il ait à requérir, des autorités d'Orléans, un magasin pour la déposer, ainsi que de lui prêter main-forte au besoin.

L'administration municipale désigne les magasins du citoyen Pichault, commissionnaire des poudres et salpêtres dans la commune. (V. H, f° 35.)

31 octobre 1799, *ou* 9 *brumaire an* VIII. — Vu la loi du 4 vendémiaire dernier, qui ordonne une levée extraordinaire pour le service des armées, du trentième des chevaux, mulets, etc., existant dans tous les départemens de la République, l'administration municipale nomme plusieurs commissaires pour faire le recensement de tous ceux qui existent chez tous les propriétaires, détenteurs ou gardiens de chevaux dans la commune d'Orléans. (V. H, f° 37.)

11 novembre 1799, *ou* 20 *brumaire an* VIII. — L'administration municipale d'Orléans, en revenant de la réunion décadaire et de la célébration des mariages, à la maison commune, publie solennellement, sur la place de la Réunion, le décret de la translation du corps législatif à Saint-Cloud, ainsi que des proclamations et des événemens politiques qui ont précédé et suivi ces actes ; elle charge les commissaires de police de continuer cette proclamation sur les autres places publiques, principaux points et lieux accoutumés dans toute l'étendue de la commune, afin qu'elle soit notoire et connue de tous les administrés, qui ne peuvent manquer d'applaudir aux mesures prises par le conseil des Anciens pour le salut de la République et du gouvernement : la force armée a suivi cette publication pour la rendre plus imposante. (V. H, f° 49.)

Décret dont l'administration municipale a ordonné l'insertion dans ses registres.

AU NOM DE LA RÉPUBLIQUE FRANÇAISE.

Le conseil des Anciens, en vertu des art. 102, 103 et 104 de la Constitution, décrète ce qui suit :

Art. 1er. Le corps législatif est tranféré dans la commune de Saint-Cloud; les deux conseils y siégeront dans les deux ailes du palais.

Art. 2. Ils y seront rendus demain, 19 brumaire à midi, toute continuation de fonctions et de délibérations est interdite ailleurs et avant ce temps.

Art. 3. Le général Bonaparte est chargé de l'exécution dudit décret : il prendra toutes les mesures nécessaires pour la sûreté de la représentation nationale.

Le général commandant la 17e division militaire, la garde du corps législatif, les gardes nationales sédentaires, les troupes de ligne qui se trouvent dans la commune de Paris, dans l'arrondissement constitutionnel et dans toute l'étendue de la 17e division, sont mis immédiatement sous ses ordres et tenus de le reconnaître en cette qualité: tous les citoyens lui prêteront main-forte à sa première réquisition.

Art. 4. Le général Bonaparte est appelé dans le sein du conseil pour y recevoir une expédition du présent décret et prêter serment : il se concertera avec les commissaires inspecteurs des deux conseils.

Art. 5. Le présent décret sera de suite transmis, par un messager d'Etat, au conseil des Cinq-Cents et au directoire exécutif; il sera imprimé, affiché, promulgué et envoyé dans toutes les communes de la République par des courriers extraordinaires.

Le conseil des Anciens décrète, en outre, aux Français, l'adresse qui suit :

« Français,

« Le conseil des Anciens use du droit qui lui est délégué par l'art. 102 de la Constitution, de changer la résidence du corps législatif;

« Il use de ce droit pour enchaîner les factions qui prétendent subjuguer la représentation nationale, et pour vous rendre la paix intérieure;

« Il use de ce droit pour amener la paix extérieure que vos longs sacrifices et l'humanité réclament.

« Le salut commun, la prospérité commune, tel est le but de cette mesure constitutionnelle qu'ils ont rempli.

« Et vous, habitans de Paris, soyez calmes; dans peu la présence du corps législatif vous sera rendue.

« Français, les résultats de cette journée feront bientôt foi si le corps législatif est digne de préparer votre bonheur et s'il le peut.

« *Vive le peuple, par qui et en qui est la République!*

« Le 18 brumaire an VIII de la République française,

    « CORNET (du Loiret), président; DELNEUF-
    COURT et CHABOT, secrétaires; BOUTEVILLE,
    ex-secrétaire.

    « Pour expédition conforme :

        « GOHIER, président.

« Certifié conforme : le ministre de la justice,

        « CAMBACÉRÈS. » (4-6.)

Journée du 18 brumaire an VIII, *ou 9 novembre 1799.*

Tous les membres du directoire exécutif donnent leur démission à l'exception de Sieyès.

Bonaparte, arrivé à Paris depuis environ un mois, entre dans l'assemblée du corps législatif; il est sur le point d'être assassiné par le député Aréna : le grenadier Thomé reçoit le coup qui lui était destiné.

Murat, beau-frère de Bonaparte, à la tête de cent grenadiers, dissout le conseil des Cinq-Cents, en entrant dans la salle l'arme au bras.

Les membres du conseil des Cinq-Cents, oubliant leur premier devoir, celui de savoir mourir sur leurs chaises curules pour défendre les intérêts de la patrie, n'opposèrent ni résistance, ni protestations... Saisis de terreur, ils prirent précipitamment la fuite, et se sauvèrent par les portes, les fenêtres et par toutes les issues qui s'offraient à eux ; on les voyait fuir à travers le parc et les bois de St-Cloud, jetant çà et là, afin de n'être pas reconnus, les signes d'une dignité avilie.

Bonaparte, à peine chargé par le conseil des Anciens du commandement de Paris, adresse au peuple et à l'armée une proclamation dans laquelle on trouve ces énergiques paroles :

« Qu'a fait le directoire de cette France que j'ai laissée si brillante? dans quel état je la retrouve !... Je vous avais laissé la paix, je retrouve la guerre ; je vous avais laissé des conquêtes, et l'ennemi presse vos frontières ; j'ai laissé vos arsenaux garnis, et je n'ai pas trouvé une arme : vos canons ont été vendus ; le vol a été érigé en système ; les ressources de l'Etat sont épuisées ; on a eu recours à des moyens vexatoires, réprouvés par la justice et le bon sens ; on a livré le soldat sans défense.... Où sont-ils les braves, les cent mille camarades que j'ai laissés couverts de lauriers ? que sont-ils devenus? *Ils sont morts...* » (4-6.)

13 *novembre* 1799, *ou* 22 *brumaire an* VIII. — L'administration municipale d'Orléans, en conséquence de l'arrêté de l'administration centrale du Loiret, reçu hier, invite toutes les autorités, tant civiles que militaires, et les divers fonctionnaires publics, à se rendre à une heure pré-

cise après midi, pour ajouter, par leur présence, à la pompe et à la solennité de la publication des lois des 19 et 20 présent mois (relatives aux événemens du 18 brumaire, à la nomination des consuls, etc., etc.), de l'arrêté des consuls de la République, ainsi que de l'arrêté de l'administration centrale pris dans cette circonstance. Le cortége s'est formé, et, au son d'une musique guerrière, il s'est porté sur les diverses places publiques, et les points principaux de cette commune où la publication de ces lois et arrêtés a été faite avec la plus grande solennité, au milieu d'un concours immense de citoyens, et aux cris de *Vive la République! Vivent les Consuls!* qui ont été répétés avec enthousiasme à chaque point de la publication. De retour devant la maison commune, les autorités se sont séparées, la garde nationale et la force armée se sont retirées. (V. H, f° 51.)

Cette journée amena les résultats immédiats suivans :

Gouvernement consulaire en France, abolition du directoire exécutif par le conseil des Anciens, création d'une commission consulaire exécutive composée de : Sieyès, ex-directeur; Roger-Ducos, ex-directeur; et le général Bonaparte.

Exclusion de soixante-six membres du corps législatif, et son ajournement au 1er ventôse (20 février 1800.)

Création de deux commissions provisoires législatives, composées chacune de vingt-cinq membres.

Lebrun est nommé président de la commission intermédiaire des Anciens.

Lucien Bonaparte. frère puîné du général-consul, de celle des Cinq-Cents; Berthier, ministre de la guerre; Gaudin, ministre des finances; Laplace, ministre de l'intérieur; Talleyrand-Périgord, ministre des relations extérieures; Cambacérès, conservé ministre de la justice; Forfait, ministre de la marine; Maret, secrétaire-général des consuls. (4-6.)

Ce fut à cette époque que les commissaires du directoire exécutif près les diverses administrations, furent désignés sous le titre de commissaires du gouvernement. (V. H, f° 51.)

— Un étranger, grand partisan des Vendéens, et leur agent

à Orléans, fripon qui avait obtenu du crédit parmi les personnes de la ville qui soutenaient ces révoltés, dépose son bilan, et laisse de nombreuses victimes de la confiance qu'il avait inspirée à de certaines personnes. (5-6.)

15 novembre 1799, *ou* 24 *brumaire an* VIII. — Le citoyen Peigné, ex-adjudant-général, résidant dans cette commune, se présente au conseil municipal d'Orléans, et dépose sur le bureau une lettre à lui adressée par le général Dutry, chargé par le général en chef de l'armée d'Angleterre du commandement de la colonne mobile du département du Loiret, portant mission de commander les sept compagnies réunies, tirées des colonnes mobiles des cantons d'Orléans, Meung, Beaugency, Patay et Montargis. (V. H, f° 53.)

16 *novembre* 1799, *ou* 25 *brumaire an* VIII. — Un membre de l'administration municipale d'Orléans, au nom de la commission nommée pour préparer une adresse aux deux commissions intermédiaires législatives des deux conseils, et aux consuls de la République, en propose la rédaction en ces termes :

« Citoyens représentans,

« L'administration municipale d'Orléans partageait l'anxiété commune ; elle gémissait avec tous les républicains probes, les vrais amis de la patrie, des fermens de discorde que des malveillans entretenaient dans le sanctuaire des lois ; elle a ressenti la plus grande joie à l'heureuse nouvelle des mesures fermes et vigoureuses par lesquelles vous avez encore une fois sauvé la République, et mis un terme à cette lutte désastreuse; elle a béni, comme toute la France, le génie bienfaisant qui a inspiré ces mesures salutaires, et la profonde sagesse qui les a exécutées.

« Nous venons, citoyens représentans, vous porter, au nom de tous nos concitoyens, le tribut de notre reconnaissance pour le bienfait que vous venez d'opérer, et l'hommage de notre dévoûment sans bornes à la République une et indivisible, fondée sur la liberté, l'égalité et le système représentatif, comme au gouvernement qui vient d'être institué. *Vive la République!* » (V. H, f° 54.)

Adresse aux citoyens consuls de la République française.

« Citoyens consuls,

« La France entière, avec une constitution et des lois qui lui promettaient le bonheur, gémissait sous le joug de quelques intrigans dont les intentions perverses l'eussent infailliblement conduite à sa perte ; ils étaient parvenus, à force de trahisons ou d'ineptie, à la faire descendre de ce haut point de gloire où la vaillance et les nombreux triomphes de nos armées l'avaient élevée ; mais le génie qui les conduisit si souvent à la victoire, après avoir affranchi, par sa sagesse, des contrées lointaines, est rendu à son pays ; il va, de concert avec les hommes éclairés qui partageront ses sollicitudes, dissiper tous les nuages, rendre le calme à la patrie, et donner la paix au monde.

« Les administrateurs municipaux vous présentent le tribut de leur reconnaissance et l'hommage de leur éternel dévoûment. *Vive la République! vivent les Consuls!* »

L'administration municipale adopte la rédaction des deux adresses ci-dessus. (V. H, f° 54.)

18 *novembre* 1799, *ou* 27 *brumaire an* VIII. — Le citoyen Blanchard, aéronaute, ayant établi son cabinet de physique à la salle Pierre-Lentin, fait placarder sur les murs d'Orléans, une affiche à la suite de laquelle on lisait le *nota bene* suivant :

« Le citoyen Maison, directeur de ce curieux cabinet, physiquement convaincu que ce genre d'expérience scientifique, qui a remporté les suffrages de tout ce qu'il y a de plus savant dans les deux mondes, ne peut avoir ni intérêt ni attrait pour une certaine classe qui préfère un Gilles, un Pierrot et un Polichinelle à des travaux enfantés par l'art et le génie, prie ces personnes de ne pas venir s'ennuyer à voir des expériences qui ne sont pas à leur portée. L'auteur, qui est avantageusement connu dans les deux hémisphères, en travaillant cinq années consécutives à la confection de ces chefs-d'œuvre, n'a pas prétendu plaire à tout le monde (il en connaît trop l'impossibilité) ; mais seulement aux savans, aux connaisseurs et aux amateurs.

« Cette note s'adresse directement aux personnes qui, en reconnaissance des billets d'invitation qu'elles ont reçues, ont eu la platitude de témoigner, dans la salle même, leur ineptie et leur peu de goût pour les beaux arts. »

L'administration municipale, ayant vu dans cet article une insulte faite au public d'Orléans, a cité le sieur Maison à paraître à sa barre pour y recevoir une verte mercuriale et l'ordre de son expulsion de la ville sur l'heure même. (V. H, f° 56.)

24 novembre 1799, ou 3 frimaire an VIII. — L'administration municipale d'Orléans, s'occupant des moyens d'agrandissement dont la place dite du Grand-Marché peut-être susceptible, et qui résultent de la démolition de l'église Hilaire, nomme les citoyens Mandet et Basseville, deux de ses membres, pour, de concert avec le voyer de la commune, examiner le *commodo* et l'*incommodo* des échoppes qui, étant adossées à ladite église, sont demeurées au milieu de cette place, et pour, sur leurs rapports, être statué à cet égard ce qu'il appartiendra. (V. H, f° 61.)

Le secrétaire ayant annoncé que le *Bulletin* n° 327 venait de parvenir à l'instant, qu'il contenait entre autres lois, celle qui prescrit la formule du *nouveau serment* à prêter par tous les fonctionnaires publics, la lecture en a été ordonnée et faite, et l'administration a unanimement arrêté que le serment serait à l'instant même prêté par tous les membres présens : le président a commencé, et chacun des membres, le commissaire du pouvoir exécutif et le secrétaire ont individuellement prononcé les paroles suivantes : « *Je jure d'être fidèle à la République une et indivisible, fondée sur l'égalité, la liberté et le système représentatif.* » L'administration en a pris acte.

Elle a arrêté, en outre, que le conseil, les chefs et employés de ses bureaux, les commissaires de police, le voyer de la commune, le régisseur de l'illumination et toutes les personnes attachées à l'administation, se présenteront demain à la séance et rempliront le même devoir ; que le serment sera répété décadi prochain, en séance publique et décadaire, en présence du peuple. (V. H, f° 61.)

1er *décembre* 1799, *ou* 10 *frimaire an* VIII. — Réunion décadaire dans le temple portant cette dénomination, et serment de tous les fonctionnaires publics civils et militaires, ainsi que de tous les citoyens salariés par le gouvernement.

La séance, ouverte par les cris de *vive la République* et l'air du *Serment républicain*, a été terminée par *la fanfare de St-Cloud* et l'air *Ça ira*. (V. H, f° 66.)

2 *décembre* 1799, *ou* 11 *frimaire an* VIII. — Sur le compte rendu au conseil municipal d'Orléans, de l'arrivée en cette ville de trois cents déserteurs polonais, destinés à former un corps de volontaires pour le service de la République ;

Considérant que ces déserteurs, à peine échappés de sous les drapeaux ennemis, se trouvent dans un tel état de dénûment et de malpropreté, qu'il serait aussi peu convenable que peu sûr de les répartir chez les habitans, l'administration arrête que la caserne des Buttes sera disposée sur-le-champ pour les recevoir. (V. H, f° 67.)

3 *décembre* 1799, *ou* 12 *frimaire an* VIII. — L'épouse du citoyen Pelé, commissaire du gouvernement près l'administration centrale du Loiret, se présente dans le sein du conseil et y reçoit l'accueil qu'elle avait droit d'en attendre ; elle vient, dit-elle, demander si son fils unique, Alexandre Fournier, âgé de 17 ans, est compris dans la colonne mobile : sur l'assurance affirmative qui lui en est donnée, elle témoigne sa joie et le désir de le voir avec le citoyen Viquy, son ami, dans les compagnies destinées à marcher les premières.

L'administration municipale, touchée du dévoûment civique dont cette mère tendre fait preuve en cette occasion, arrête que mention en sera faite au procès-verbal, comme une preuve des sentimens patriotiques dont elle est animée. (V. H, f° 68.)

8 *décembre* 1799, *ou* 17 *frimaire an* VIII. — Un Anglais, prisonnier de guerre à Orléans, voleur de deux chemises, est condamné à deux ans de travaux et à une heure d'exposition. Il fut placé sur l'échafaud, qui était très-élevé, dans un état de nudité presque complet. Un jeune Orléanais (M. Gaudry), ému de la position de ce malheureux, qui avait le corps couvert de neige et qui trem-

blait de tous ses membres, court chez lui, prend une de ses redingotes, une cravate, un bonnet, et, à la vue des gendarmes, monte sur l'échafaud et habille lui-même le patient des vêtemens qu'il avait apportés, le tout aux regards du peuple d'Orléans, étonné de cette action de bienfaisance extraordinaire, qui se termina par le don d'une pièce de monnaie que ce jeune homme mit dans la main du malheureux étranger. (6.)

9 *décembre* 1799, *ou* 18 *frimaire an* VIII. — L'administration municipale, vu l'étendue et le mauvais état des croisées du temple dit de Sainte-Croix, affecté aux réunions décadaires, le froid excessif qu'on y éprouve, le danger qui en résulterait pour les citoyens, surtout pour les époux, leurs parens et leurs témoins, qui sont obligés de s'y rendre à l'avance, et par conséquent d'y rester long-temps, arrête que, pendant tout l'hiver, les réunions décadaires auront lieu au petit temple dit de l'Hospice d'Humanité, précédemment disposé à cet usage, et que des *poéles* y seront placés afin d'en rendre l'occupation agréable aux citoyens dans ces momens utiles où ils viennent prendre connaissance des lois et des actes du gouvernement, et même d'autres objets qui leur est important de connaître. (V. H, f° 73.)

10 *décembre* 1799, *ou* 19 *frimaire an* VIII. — Les électeurs, réunis à la salle du tribunal (église des Ursulines), sous la présidence du citoyen Légier, élisent pour députés les citoyens Cornet (du Loiret), sénateur ; Gillet de la Jacqueminière, tribun ; Appert, Guérin (du Loiret), Légier (*), législateurs.

Sous la nouvelle constitution, le gouvernement était composé de trois consuls : Bonaparte, Cambacérès et Lebrun; d'un sénat conservateur, composé de soixante-deux membres âgés de 40 ans; d'un tribunat, composé de cent membres âgés de 25 ans; d'un corps législatif, composé de trois cents membres âgés de 30 ans.

(*) Voir 3º vol. de la révolution, pages 48, 257, 283, 388, 421, 425 et 426 ; 4º vol., page 167, et la Notice biographique à l'époque du décès de M. Légier, le 8 août 1838.

THOMAS PHILIPPE LÉGIER,

Ancien Membre du Corps Législatif,
Conseiller à la Cour Royale d'Orléans,
Membre de l'Académie de cette ville, etc.

Né à Blois en 1757, mort à Orléans en 1838.

Recherches hist. sur Orléans par Lottin père.
4.º Vol. de la 2.ª partie page 274.

Les députés du département du Loiret furent fixés au nombre de cinq au lieu de sept, et divisés comme dessus.

13 *décembre* 1799, *ou* 22 *frimaire an* VIII. — La Constitution de l'an VIII est signée avec de grandes cérémonies par les trois consuls et les membres des commissions législatives.

13 *décembre* 1799, *ou* 22 *frimaire an* VIII. — L'administration municipale d'Orléans nomme les citoyens Lebrun, Basseville, municipaux, et le citoyen Dubois, voyer de la commune, pour faire le tableau qui leur est demandé par l'administration centrale, des édifices non-aliénés et rendus au culte, de ceux qui ont été vendus et démolis, ou leur destination actuelle, afin de connaître ceux dont la commune d'Orléans est encore en possession à l'époque du 22 frimaire présente année, an VIII de la République.

Sainte-Croix, cathédrale, rendue au culte.
Saint-Pierre-en-Sentellé, paroisse, rendue au culte,
Saint-Paterne, *id.*
Saint-Maclou, *id.*
Notre-Dame-de-Recouvrance, *id.*
Saint-Paul, *id.*
Saint-Donatien, *id.*
Saint-Pierre-le-Puellier, *id.*
Saint-Aignan, *id.*
Saint-Laurent, *id.*
Saint-Vincent, *id.*
Saint-Marceau, *id.*
Saint-Marc, *id.*
Chapelle de l'Hôpital, rendue à la maison.
Chapelle des Aydes, rendue au culte.
Chapelle de l'Hôtel-Dieu, rendue à la maison.
Saint-Pierre-Lentin, destiné au culte protestant (salle de spectacle).
Saint Mesmin, ancienne paroisse, servant de magasin.
Saint-Eloi, *id.*
Saint-Pierre-Empont, chapitre et paroisse, servant de magasin.
Saint-Euverte, monastère et paroisse, *id.*
Saint-Benoît-du-Retour, paroisse, *id.*
Le Petit-Saint-Michel, chapelle, *id.*
Le Calvaire, couvent de femmes, *id.*
Saint-Jacques, chapelle, *id.*
Les Minimes, couvent d'hommes, destiné pour la Bourse du commerce.
Les Jacobins, *id.*, caserne d'infanterie.
Le Bon-Pasteur, couvent de femmes, destiné pour la bibliothèque.
Sainte-Catherine, paroisse, démolie.
Saint-Michel, *id.*, servant de salle de spectacle.

Saint-Victor, paroisse, démolie.
Saint-Hilaire, *id.*
Saint-Liphard, *id.*
La Conception, *id.*
Notre-Dame-du-Chemin, paroisse, servant à divers objets.
La Visitation, couvent de femmes, démoli.
Les Ursulines, *id.*, servant à divers objets.
L'Oratoire, couvent d'hommes, *id.*
Les Récolets, *id.*, démoli.
Les Carmes, *id.*
Les Petits-Carmes, couvent d'hommes, servant à divers objets.
Les Bénédictins, *id.*
Les Chartreux, *id.*
Les Capucins, *id.*
Les Augustins, *id.*
Les Carmelites, couvent de femmes, démoli.
Saint-Loup, *id.*
La Madeleine, *id.*
Saint-Sauveur, chapelle, démolie.
Le Petit-Saint-Loup, *id.*
Sainte-Anne, *id.*
Deux chapelles du grand cimetière, *id.*

Récapitulation.

Temples rendus au culte. 17
— servant à divers objets 19
— démolis.. 17
                                              ――
                                              53
                                              ══

13 *décembre* 1799, *ou* 22 *frimaire an* VIII. — Le président de l'administration municipale d'Orléans, informé, sur les 3 heures après midi, de l'arrivée en cette commune du citoyen Vacher, ex-membre du conseil des Anciens, et délégué des consuls de la République dans le département du Loiret,

Tous les membres, réunis à 5 heures, se sont transportés accompagnés du chef de brigade, de son adjudant et d'un détachement de la garde nationale, à la maison de l'Egalité (hôtel du Loiret), où le citoyen délégué est descendu, et là, par l'organe du président, ils lui ont présenté l'expression de la joie qu'ils avaient de le posséder dans cette cité, où sa réputation de sagesse et d'intégrité l'avait précédé.

Après une réponse gracieuse, le citoyen Vacher a annoncé qu'il viendrait demain dans son sein, et qu'il attendait d'elle la plus grande franchise sur tous les objets qui lui sont relatifs ; il les invitait à se reposer ; ils s'y sont refusés, ne voulant pas interrompre plus long-temps les importans travaux dont il est occupé, et ils se sont retirés accompagnés du vénérable délégué qui n'a voulu les quitter qu'à la porte de son appartement. (V. H, f° 78.)

4 décembre 1799, ou 23 frimaire an VIII. — A deux heures après midi, le citoyen Vacher, délégué des consuls de la République, entre dans la salle du conseil. « Je viens, dit-il, au milieu de vous pour conférer sur les heureux effets des journées des 18 et 19 brumaire dernier, recueillir des renseignemens sur les dispositions des esprits dans votre arrondissement, sur la moralité des divers fonctionnaires publics qu'il renferme ; j'ai compté, pour le succès de mes opérations, sur le secours des bons citoyens, et notamment sur celui des personnes qui composent les administrations : vous me parlerez donc avec franchise et vous me donnerez vos idées pour la confection et la sûreté des notes qu'il importe à ma mission, comme à l'ordre public, que je réunisse.

« Ma mission est moins officielle qu'elle n'est confidentielle ; j'ai entendu dire tant de bien de vous de tous les côtés que cela me donne une entière confiance, et c'est avec des amis que je viens m'entretenir.

« Je sais que vous n'êtes pas en bonne intelligence avec l'administration centrale, et je désire en connaître les motifs : l'impartialité la plus absolue est dans mon âme, c'est ma règle suprême, et je ne fixerai mon opinion qu'après un examen mûr et réfléchi des droits de chacun. »

Le président, après lui avoir témoigné, dans les expressions les plus franches, l'assurance qu'inspirait la présence d'un homme aussi pur, aussi honnête, lui a dit que la première cause de la désunion des deux administrations venait de la population de cette commune portée, contre l'évidence, par le département, à 50,000 âmes, dans la vue d'augmenter le traitement de ses membres, etc.

Le citoyen délégué a dit : « Vous êtes aussi en querelle avec le commissaire du gouvernement près de vous ; il est venu ce matin chez moi ; il m'en a parlé ; je l'ai entendu, et je désire vous entendre aussi sur ce qui s'est passé entre vous.

Le président a répondu que toutes les tracasseries de ce commissaire venaient principalement du refus formel que nous lui avons manifesté de donner notre approbation au choix qu'il avait fait, pour son secrétaire, d'un homme en qui nous ne pouvions avoir confiance.

Le citoyen délégué, avec tous les témoignages d'une entière satisfaction, a dit : « Hé bien! désignez-moi, parmi vos concitoyens, ceux qui, par leur moralité et leurs lumières, sont à vos yeux dignes du choix du gouvernement. »

Touché, comme tous ses collègues, d'une marque aussi douce d'abandon et de confiance, le président lui a dit que l'administration se ferait un devoir d'y répondre.

Le citoyen Vacher s'est retiré; l'administration municipale tout entière l'a reconduit jusqu'à la porte extérieure de la maison commune, et, après les témoignages les plus sensibles d'une estime réciproque, ils se sont séparés. (V. H, f° 79.)

17 décembre 1799, ou 26 frimaire an VIII.

Publication de l'acte constitutionnel dans la commune d'Orléans.

A midi, le citoyen Meunier (du Loiret), ex-membre du conseil des Cinq-Cents, en ce moment à Orléans, toutes les autorités constituées, tant civiles que militaires et fonctionnaires publics, se sont réunis à la maison commune sur l'invitation qui leur en avait été faite par l'administration municipale pour la publication solennelle de la constitution et de la loi du 22 présent mois; la force armée, tant infanterie que cavalerie, les vétérans, les tambours, la musique de la garde nationale, et un détachement étaient rassemblés sur la place.

Le cortége s'est formé dans l'ordre qui suit (*) :

(*) Cette cérémonie étant la dernière de cette seconde partie de notre travail, nous avons cru nécessaire de nommer les membres qui y assistèrent.

Le commissaire de police inspecteur (Lavielle), un piquet de cavalerie, deux tambours, un peloton d'infanterie de ligne.

Tribunal criminel. — Lebœuf, président; Rousseau, commissaire du guvernement; Pelé, juge; Fougeron, l'aîné, juge; Rozier fils, greffier; Cholet, commis-greffier; Royer le jeune, huissier-audiencier; Bourbon le jeune, huissier-audiencier; Cornet, garde-bureau.

Tribunal civil. — Ronceray, président; Baschet-Compain, Petau-Lasneau, Johanneton père, Leblond, Dangleberme, Bouron, juges; Isambert-Saint-Aignan, Jossey, Darlon, suppléans; Dumuys, commissaire du gouvernement; Fouqueau-Pussy, substitut; Bruneau, greffier.

Tribunal de commerce. — Benoît Hanapier, président; Hureau-Bachevilliers, Moreau jeune, Aignan, Robillard fils, juges; Bonnet, Nicodeau, huissiers-audienciers.

Justices de paix. — Chaufton, juge; Ferrières, greffier (1er arrondissement).

Foucher le jeune, juge; Chauveau, greffier (2e arrondissement).

Sicard, juge; Gable, greffier (3e arrondissement).
Pisseau, juge; Ladinde, greffier (4e arrondissemet).
Leurière, juge; d'Arlon, greffier (5e arrondissement).
Gaudry, juge; Asselin, greffier (6e arrondissement).
Lemesle, juge; Lair, greffier (7e arrondissement).

Agence forestière. — Viquy, maître particulier; Lebreton, commissaire; Lecauchoix, garde-marteau; Lheureux, greffier en chef.

Bureau de garantie. — Binot, contrôleur.

Bureau de bienfaisance. — Lesourd-Luisy père; Sergent Benoist, Lafosse, Creusillet, Cretté-Sarrebourse, membres; Porcher père, receveur.

Commission des hospices civils. — Basly, Demadières-Curé, Julien, Legrand-Douville, Fuet l'aîné, membres; Gorand, receveur.

Ingénieurs en chef et ordinaires des ponts-et-chaussées. — Limay père, inspecteur-général; Boucher, ingénieur en chef; Rigolot, Limay fils, ingénieurs ordinaires.

Davesiès, directeur des domaines; Paulmier, directeur

des contributions; Doyen, receveur-général; Chéron, conservateur des hypothèques; Bonnardeau, inspecteur des loteries.

Préposés en chef et inspecteurs du droit d'octroi. — Gentil-d'Ouzouer, directeur; Archambault, secrétaire; Roger, Béchard, inspecteurs.

Jury d'instruction publique. — Boucher, Chaufton, Pataud, l'aîné; Brucy, secrétaire.

Ecole centrale. — Moisard, Defay-Boutherou, Bardin, Genty-Duhaume, Prozet, Liger, Cotelle, Déméré, Philippon, professeurs.

Administration centrale. — Vinson-Lucet, président; Despommiers, Bouhebent, Ballot, Guérin, administrateurs; Pelé, commissaire du gouvernement; Bignon, secrétaire.

Administration municipale. — Lebrun, président; Millé, Basseville l'aîné, C.-A. Dulac, J. Bruzeau, Mandet, Delaloge-Ligny, administrateurs; Disnematin, commissaire du gouvernement; Voilleaume, secrétaire.

Commissaires de police. — Lavieille, président; Laumonier-Gitonville; Leclerc-Montmoyen, Johanneton fils.

Les employés de l'administration municipale : Gérard-Desbordellières, directeur de la poste aux lettres; Moreau, directeur de la poste aux chevaux.

La marche, terminée par un peloton de cavalerie, s'est dirigée par la rue de Hoche, à l'extrémité de laquelle il a été fait lecture de la Constitution et de la loi précitée, que des cris de *vive la République* et l'air *Ça ira* ont couronné. La marche s'est suivie par cette même rue de la Liberté jusqu'à la place de la République, où une seconde lecture a eu lieu; elle a ensuite continué par les rues de la Hallebarde, de Recouvrance, sur le pont, où il s'est fait une nouvelle lecture; puis le port jusqu'à la Tour-Neuve, où une publication s'est encore faite; enfin, les rues de la Tour-Neuve, du Bourdon-Blanc, de J.-J. Rousseau, jusqu'à la place de la Réunion, où une nouvelle promulgation a été solennellement faite, ainsi que la proclamation des consuls aux Français, après quoi le président de l'administration municipale a prononcé un discours; il l'a terminé en criant *Vive la République! vive la Constitution de l'an* VIII. Les acclamations générales et les cris multipliés de *vive la République*, qui ont retenti à chaque station ont suffisamment manifesté la satisfaction avec laquelle le peuple de cette commune recevait ce nouveau pacte social, fondé sur la base de la liberté et de l'égalité, objet constant de ses vœux. La cérémonie s'est terminée là ; des détachemens ont été formés pour reconduire chacun des corps, et l'administration municipale rentrée dans le lieu de ses séances avec l'ex-représentant Meunier (du Loiret), les registres ouverts, en exécution de la loi, pour l'acceptation de la Constitution, ayant été apportés sur le bureau, le citoyen Meunier a, le premier, apposé sa signature sur celui de l'acceptation ; le président et tous les membres de l'administration municipale en ont fait autant, ainsi que le commissaire du gouvernement et le secrétaire, les chefs et employés des bureaux. Le registre a été de suite reporté au secrétariat pour y demeurer ouvert à tous les citoyens pendant les trois jours fixés par la loi. (V. H, f° 81.)

23 *décembre* 1799, *ou* 2 *nivôse an* VIII. — Vu la pétition présentée au bureau municipal par les citoyens Boudot-Germon et Lottin, le premier amateur, le second professeur, au nom de plusieurs artistes musiciens, tendant à ce qu'il leur soit permis de former un concert d'abonnés dans la salle dite des Conférences (chapelle Sainte-Anne) rue de J.-J. Rousseau (Evêché), l'administration municipale s'empresse, avec plaisir, de satisfaire au vœu des pétitionnaires. (V. H, f° 87.)

24 *décembre* 1799, *ou* 3 *nivôse an* VIII. — L'administration municipale d'Orléans ordonne aux commissaires de police de protéger le cours des petites pièces de monnaie portant la dénomination de centimes, que les marchands en détail refusaient de recevoir en paiement. (V. H, f° 88.)

31 *décembre* 1799, *ou* 10 *nivôse an* VIII. — Hiver très-rigoureux et très-malheureux, qui durait depuis plus de deux mois sans interruption et avec une grande ténacité. (4-6.)

— L'administration municipale d'Orléans ordonne la destruction des petits jardins et vide-bouteilles qui existaient sur les tours de la porte Bannier, et qui étaient loués par elle à divers particuliers, non-seulement parce qu'ils gênaient la vue des promenades, mais aussi parce qu'ils étaient devenus des lieux de débauche. (4-6.)

— Mort de Louis-Nicolas Legrand, natif d'Orléans, jésuite au collége catholique d'Augsbourg : il a laissé plusieurs ouvrages estimés. (5.)

1800.

1ᵉʳ *janvier* 1800, *ou* 11 *nivôse an* VIII. — Les habitans de la Turcie St-Laurent, *extrà-muros*, exposent, par une pétition, à l'administration municipale d'Orléans, que leur quartier ne jouit pas de l'avantage des reverbères, et que cependant ils contribuent comme les habitans de l'intérieur de la ville aux frais de l'éclairage de la commune depuis que cette dépense s'acquitte sur les centimes additionnels; ils demandent que l'administration fasse éclairer leur quartier en ordonnant qu'il y soit placé un nombre suffisant de reverbères.

Les citoyens des autres faubourgs ayant suivi l'exemple de ces premiers, l'administration municipale obtempéra à leur demande : des reverbères furent placés dans tous les faubourgs d'Orléans. (V. H, f° 93.)

2 *janvier* 1800, *ou* 12 *nivôse an* VIII. — L'administration municipale d'Orléans, informée qu'une commission administrative est nommée dans le sein du sénat conservateur pour déterminer les arrondissemens des administrations locales, arrête que deux de ses membres se rendront, sans délai, à Paris pour éclairer la commission administrative du sénat conservateur sur les motifs qui doivent déterminer le déplacement des tribunaux et autorités centrales dans la commune d'Orléans, donner à cet égard tous les renseignemens et faire toutes les démarches auprès de qui il appartiendra.

Les citoyens Lebrun, président de l'administration, et

Mandet, officier municipal, sont nommés pour remplir cette mission importante, qu'ils acceptent. (V. H, f° 94.)

3 janvier 1800, ou 13 nivôse an VIII. — Il est donné lecture, au conseil municipal d'Orléans, d'une pétition du citoyen Rogier, cessionnaire et fondé de pouvoir du citoyen Bridet, porteur d'un brevet d'invention pour l'élaboration des matières fécales, et leur conversion en poudre végétative propre à servir d'engrais, tendant à obtenir que toutes les matières à extraire des fosses d'aisance de cette commune soient mises à sa disposition et versées par les vidangeurs dans un lieu de dépôt qu'il s'offre de fournir à ses frais, à l'effet de convertir lesdites matières en poudre végétative.

L'administration municipale nomme les citoyens Lebrun, Basseville et Bruzeau pour faire leur rapport sur cette demande, qui est favorablement accueillie. (V. H, f° 95.)

9 janvier 1800, ou 19 nivôse an VIII. — L'administration municipale, convaincue par l'expérience qu'il importe à la célérité ainsi qu'à la sûreté des recouvremens de l'impôt, d'en confier la recette à un receveur nommé *ad hoc,* nomme le citoyen Geffrier-Desiles receveur des contributions directes de la commune d'Orléans. (V. H, f° 99.)

11 janvier 1800, ou 21 nivôse an VIII. — Le secrétaire du conseil municipal donne lecture du n° 342 du *Bulletin des Lois,* dans lequel se trouve l'arrêté des consuls de la République, en date du 7 courant, qui détermine le serment à prêter par les fonctionnaires publics; aussitôt après sa promulgation, le citoyen Basseville, faisant les fonctions de président, se lève et prononce le serment ci-après : « *Je promets fidélité à la Constitution!* » Tous les membres présens, le commissaire du gouvernement et le secrétaire le répètent successivement.

L'administration arrête que les chefs et employés de ses bureaux et les commissaires de police viendront demain satisfaire à ce devoir, et qu'il sera écrit aux divers fonctionnaires publics, aux ministres des cultes, etc., etc., qu'ils aient à se présenter dans le sein de l'administration, à l'effet de donner au gouvernement la garantie de leur civisme en prêtant ce nouveau serment. (V. H, f° 100.)

18 janvier 1800, ou 28 nivôse an VIII. — Les ministres du culte catholique, exerçant dans les divers temples de cette commune, se sont présentés ce jour pour prêter le nouveau serment relatif à l'acceptation de la Constitution de l'an VIII, sont admis dans l'ordre qui suit :

Temple de St-Paul. — Jean-Baptiste Barbazan, chef; Félix Tremblay, Laurent Tremblay, Nicolas Desvignes, Louis-Euverte Rouault, Claude Olivier, Mathurin-Pierre Loiseau, François Pavis, Louis Pilté.

Temple de St-Paterne. — Charles-Jules-César Charles, chef; Louis-Aignan Limosin, Louis-Marie-Hector Meunier, Louis-Etienne Bardon, Michel Deslandes, Guillaume-Louis Louvel, Pierre-Jacques Duroussin, Joseph Bernard, Charles-René-François Perdoulx, Martin Vesque.

Temple de Ste-Croix. — Jean Bourdon, chef; Pierre-Charles Gouron, André-Constantin Grégoire, Jean-François Mouton, Barthélemi Bouzeau, Marie-Nicolas Fournier.

Temple de St-Vincent. — Philippe Vesque, chef; Julien Chiquant.

Temple de St-Marceau. — Claude-Etienne Babey, chef; Jean-Balichon.

Temple de St-Marc. — Ange-Jean-François Boict, chef; Jean Bonny.

Temple de St-Donatien. — Jean-Baptiste-Pierre Soret, chef; J.-J. Colignon, Charles Levée, Henri-Gabriel Neveux, Guillaume-Etienne Rousselet, Etienne-Hubert Destat, Guillaume Robert, Pierre-Louis Rozier, Paul Vallerand.

Temple de St Aignan. — Claude-Nicolas Houzé, Louis-Alexandre Prudhomme, Jean Blainvillain, Charles-Alexandre Bertheau, Sébastien Demar, Louis Danglebernes.

Maison de bienfaisance. — Jacques-François Joseph, Jean-Antoine Bougier, Nicolas Asselin, Joseph Porcher, François-Alexandre Veillard, Mathieu-Ignace Laurent.

Chapelle des Aydes. — Jean-de-Dieu Ibache, Joseph Parard.

Culte protestant. — Jacques Fabre, ministre; Léonard Meunier, aide du ministre. (V. H, f° 104-107.)

18 *janvier* 1800, *ou* 28 *nivôse an* VIII. — Préliminaires de la paix de la Vendée, annoncés à Orléans par un aide-de-camp du général Brune qui avait été envoyé dans ces contrées sous le titre de général en chef de l'armée de l'Ouest. Cet aide-de-camp était envoyé en courier à Paris, les présenter à l'acceptation des consuls.

5 *février* 1800, *ou* 16 *pluviôse an* VIII. — Vu la lettre de l'administration centrale, en date d'hier 15, relative au départ de la force armée en station dans cette commune, et qui escortait les voitures publiques, la nécessité de suppléer, à ce moyen de sûreté générale, par des mesures propres à préserver ces voitures de toutes atteintes de la part des brigands ou mal intentionnés qui pourraient se réunir, notamment dans la forêt, et exposer les voyageurs à des dangers qu'on ne saurait trop se hâter de prévenir;

L'administration municipale arrête qu'à compter de demain, 17, tous les propriétaires et entrepreneurs de voitures publiques seront tenus de se concerter pour que, provisoirement et jusqu'à ce qu'il en soit autrement ordonné, leurs diligences, sur quelque route que ce soit, partent ensemble, afin de pouvoir en imposer et se donner secours au besoin. Les hommes placés la nuit à la garde des portes refuseront d'ouvrir à celles des voitures qui se présenteront isolément.

Lesdits entrepreneurs ne pourront recevoir ni donner place à des voyageurs qu'après avoir fait exhiber les passeports.

Le commandant de la garde nationale sédentaire est invité à redoubler de surveillance pour la tranquillité publique, et à faire faire de fréquentes patrouilles de nuit et de jour. (V. H, f° 120.)

7 *février* 1800, *ou* 18 *pluviôse an* VIII. — Fin malheureuse d'un célèbre appareilleur. Pierre-Antoine Robert, dit le *père Robert*, natif de Paris, appareilleur, conducteur des travaux des tours de Ste-Croix d'Orléans, homme du plus grand mérite, et auquel on doit le fini et la perfection de ce chef-d'œuvre, meurt à l'hôpital d'Orléans où il avait

été placé par charité; cet homme habile était malheureusement pour lui d'une inconduite extrême qui lui avait fait en partie perdre la vue et qui l'avait réduit à la plus affreuse misère (*). (4-6).

20 *février* 1800, *ou* 1er *ventôse an* VIII. — L'administration municipale d'Orléans, considérant que toutes les mesures qui tendent à assurer la tranquillité publique sont confiées par les lois à la vigilance et à l'autorité des corps municipaux;

Considérant qu'il importe au maintien du bon ordre de prévenir, par des précautions sages, les abus qui pourraient se commettre dans les travestissemens qui étaient ci-devant d'usage à l'époque présente de l'ancien calendrier;

Arrête de défendre tout travestissement et bals publics dans toute la commune d'Orléans, etc. (V. H, f° 132.)

5 *mars* 1800, *ou* 14 *ventôse an* VIII. — Vu la lettre des commerçans de cette commune, par laquelle ils préviennent l'administration municipale qu'ils tiendront à l'avenir leurs assemblées dans la ci-devant église des Minimes, depuis 8 heures jusqu'à 10 heures du matin. L'administration municipale donne acte aux pétitionnaires de leur déclaration, et arrête qu'elle les autorise à se réunir pour traiter des affaires de commerce, aux lieux et heures indiqués par eux, en se conformant aux lois.

Premiers administrateurs de cette réunion : MM. Bignon aîné; Rimbault-Hubert; Crignon-d'Ouzouer; Vignat aîné; Huquier-Germon : Nicodeau, receveur-concierge. (V. H, f° 144 et n° 5.)

14 *mars* 1800, *ou* 23 *ventôse an* VIII. — Vu le compte présenté par les chefs de l'état-major de la garde nationale

---

(*) Nous n'avons pu voir sans un sentiment pénible cet artiste savant, âgé de 69 ans, vêtu d'un habit gris, uniforme des pauvres de l'hospice, et, quelques mois avant sa mort, monté à l'extrémité d'une échelle, la truelle à la main, crépissant, à l'extérieur du rempart de la porte Saint-Jean, les enfaîteaux des murs de clôture de la maison de La Croix, lui qui avait eu de gros appointemens, plus de cent ouvriers sous ses ordres, et qui alors ne se servait que de compas, d'équerres et de crayons.

d'Orléans, de l'emploi des sommes versées en leur bureau pour le remplacement des citoyens au service de ladite garde, depuis le 1er floréal an vi, jusques et compris le 30 thermidor an vii, le conseil municipal reconnaît, d'après les pièces justificatives, que la recette faite au bureau de l'état-major de la garde nationale, pendant l'espace de temps ci-dessus déterminé, s'élève à la somme de.................................. 28,686 fr. 45 c.

La dépense de remplacement à celle de.................................. 28,664   95

Reste en caisse.......... 21 fr. 50 c.

dont le versement est ordonné être fait à la caisse de remplacement tenue à l'administration municipale. (V. h, f° 149.)

20 *mars* 1800, *ou* 29 *ventôse an* viii. — Ouï le rapport de la division des contributions, et en exécution de l'article 9 de la loi du 3 frimaire an vi, l'administration municipale d'Orléans, nomme pour commissaires répartiteurs des impositions de l'an viii, les citoyens Cheron, Genty Duhaume, Barré-Bussière, Pierre Godion, Piédor-Dumuis, ainsi que deux de ses membres, Basseville l'aîné et Bruzeau. (V. h, f° 153.)

22 *mars* 1800, *ou* 1er *germinal an* viii. — Vu la pétition de la commission des hospices civils de cette commune, tendant à obtenir pour l'exercice du culte catholique le libre usage de la chapelle dite de l'Hôtel-Dieu, et l'arrêté des consuls de la république, du 7 nivôse dernier;

Considérant que la demande de la commission des hospices est autorisée par les lois et l'arrêté précités;

L'administration municipale arrête que la chapelle dite de l'Hôtel-Dieu est remise, pour l'exercice du culte, à l'usage des pétitionnaires, à la charge par eux de prendre cet édifice dans l'état où il se trouvera après que l'administration municipale en aura extrait les charpentes et autres effets mobiliers qu'elle y avait placés pour célébrer les réunions décadaires, et de se conformer en tout aux dispositions des lois.

Les citoyens Mirey et Dubois sont chargés de l'exécution du présent arrêté. (V. H, f° 54).

23 mars 1800, ou 2 germinal an VIII. — L'administration municipale d'Orléans rend un arrêté relatif à la police des ports, et à la place des sept bateaux à lessive qui s'étaient établis sur la Loire depuis peu de temps.

Un des articles défendait aux marchands de bois, de charbon, planches, charniers, cercles, etc., de placer leurs marchandises à plus de six pieds en avant de leurs propriétés, chantiers ou clôtures.

Un autre divisait les ports en quinze parties, à commencer du fort Alleaume à l'est, à aller à Saint-Laurent à l'ouest, tant pour le déchargeage que pour la garde des bateaux.

Le dernier désignait la place des bateaux à lessive ainsi qu'il suit :

Le 1er vis-à-vis la rue de la Tour-Neuve; le 2e vis-à-vis la rue des Bouchers; le 3e entre la porte du Soleil et celle du Petit-Puits; le 4e vis-à-vis le puits de Saint-Christophe; le 5e vis-à-vis la rue du Cours-aux-Anes; le 6e vis-à-vis la rue Rose; le 7e vis-à-vis le jardin de la ville. (1-6).

24 mars 1800, ou 3 germinal an VIII. — Sur le rapport fait à l'administration municipale des écarts indiscrets auxquels s'est livré le citoyen Bourdon, principal ministre du culte catholique, au temple dit Sainte-Croix, en employant dans le sermon qu'il a prononcé hier, des dénominations odieuses et tendantes à ranimer les haines parmi les citoyens, il a été mandé devant le conseil; interpellé de déclarer s'il était vrai qu'il se fut oublié à ce point, que, ministre d'un Dieu de paix, il ait osé provoquer la désunion en rappelant des souvenirs fâcheux et en employant des expressions proscrites par le gouvernement; il a avoué qu'il s'était laissé trop emporter par la chaleur de son zèle, qu'il l'avait senti trop tard et s'en était repenti, et qu'il priait l'administration de vouloir bien lui pardonner. Le vice-président, au nom de l'administration, l'a fortement réprimandé de cet écart scandaleux et lui a enjoint d'être plus circonspect à l'avenir. (V. H, f° 156).

29 mars 1800, ou 8 germinal an VIII. — Le citoyen Lebrun, président de l'administration municipale d'Orléans, de retour de Paris, vient au milieu de ses collègues et leur renouvelle l'assurance donnée dans sa lettre du 6, que l'arrivée du *préfet du Loiret* (le citoyen Maret, de Dijon, le premier nommé à cette place) est pour ce jour. La séance ouverte, la question s'agite sur les honneurs à lui rendre; deux membres sont députés vers l'administration centrale pour avoir son avis; ils rapportent qu'elle s'en remet à la sagesse du conseil. Le général Sautter est invité à se rendre dans le sein de l'administration municipale. La question est de nouveau agitée; après en avoir conféré, il a été convenu que le général enverrait, par un gendarme, l'ordre à la brigade d'Artenay d'entourer et escorter la voiture du préfet jusqu'à Chevilly, le même ordre à celle de Chevilly pour Orléans; que l'ordonnance le précéderait en toute diligence pour annoncer son arrivée.

L'administration a arrêté, qu'attendu l'incertitude de l'heure, l'inconstance du temps, et pour ne pas mettre le préfet dans le cas de descendre de sa voiture et parcourir à pied des rues peu praticables par la pluie, elle irait l'attendre avec l'administration centrale au Département; que toute la musique et un détachement de la garde nationale, précédés du drapeau, l'y accompagneraient et se rendraient à cet effet à la maison commune, à cinq heures précises après midi; que le canon, placé à l'entrée du Mail, vers la porte de la Liberté (ci-devant Bannier), signalerait par une salve de plusieurs coups le moment où l'ordonnance paraîtrait pour annoncer son arrivée; qu'à l'instant où la voiture entrerait dans la ville des salves se feraient entendre à plusieurs reprises; que le détachement de la garde nationale borderait la haie à la porte du Département, et que la musique exécuterait, à l'instant du pied-à-terre, l'air: *Où peut-on être mieux qu'au sein de sa famille?*

Les ordres sont de suite expédiés au commandant de la garde nationale pour l'exécution de ces mesures. Deux membres, les citoyens Millé et Basseville sont invités à se rendre près l'administration centrale pour l'en informer.

A cinq heures du soir, la musique, les vétérans et le détachement de la garde nationale se sont rassemblés sur la place de la maison commune ; les membres de l'administration, réunis en la salle ordinaire des séances, ayant pris la détermination d'attendre le premier signal pour se porter au-devant du préfet et l'accompagner à l'administration centrale, ce changement de mesure est de suite communiqué par deux membres aux administrateurs du département; l'administration municipale demeure dans cette attente jusqu'à neuf heures, où, ayant été informée par les voitures publiques qu'il n'avait été rien rencontré sur la route qui annonçât que le préfet dût arriver, elle a congédié la musique, le détachement de la garde nationale, et s'est elle-même retirée. (V. H, f° 160.)

29 *mars* 1800, *ou* 8 *germinal an* VIII. — Une députation des notaires publics de la commune d'Orléans, se présente dans le sein du conseil ; elle vient inviter, au nom du corps, l'administration à faire déterminer au juste l'état de la population de la ville d'Orléans, attendu qu'elle doit servir de base au cautionnement qu'ils ont à fournir.

La députation est invitée à faire cette demande par écrit. (V. H, f° 160.)

30 *mars* 1800, *ou* 9 *germinal an* VIII. — A une heure et demie, l'administration municipale étant en séance, l'on vient l'avertir que le préfet, attendu hier, arrive en ce moment et va passer devant la maison commune. Tous les membres présens se décorent de leurs écharpes et se portent sur la place; il venait de la traverser; ils se rendent au Département, où il devait descendre. Après l'avoir salué, ils reviennent à leur poste. (V. H, f° 162).

1er *avril* 1800, *ou* 11 *germinal an* VIII. — En conséquence de la lettre reçue hier du préfet du Loiret, dans laquelle il annonçait à l'administration municipale qu'il la recevrait de deux heures à quatre, les ordres ont été donnés au commandant de la garde nationale pour que la musique et un détachement de cette même garde se rendissent à la maison commune à une heure et demie précise ; elle s'y est transportée en grand cortége à l'heure indiquée. En entrant dans l'enceinte du Département, la musique a exécuté l'air *Où peut-on être mieux qu'au sein de sa famille?*

L'administration, parvenue dans le local où le préfet donnait son audience, le président de cette même administration lui a adressé la parole en ces termes :

« Citoyen préfet,

« La commune d'Orléans s'est réjouie avec toute la France de l'heureuse crise qui a placé le héros de l'Italie à la tête du gouvernement ; elle a vu dans les mémorables journées de brumaire le germe des événemens qui doivent enfin terminer la révolution, et assurer au peuple les avantages de la liberté pour laquelle il a fait de si nombreux sacrifices.

« Une partie de ses espérances vient de se réaliser, et les prompts succès que le gouvernement a obtenus dans les départemens de l'Ouest, sont un présage de ceux qui couronneront ses efforts pour la pacification générale de l'Europe.

« C'est aux talens militaires du premier consul, c'est à la juste confiance que son grand caractère et ses brillantes destinées inspirent aux braves armées de la République, que nous devons la défaite de nos ennemis ; mais nous devrons à la profonde connaissance qu'il a des hommes et au choix heureux qu'il en sait faire pour les placer à la tête de toutes les parties de l'administration, un non moins grand avantage que la cessation du fléau de la guerre : celui de donner au gouvernement une assiette fixe et durable, de réunir tous les cœurs dans la profession des mêmes sentimens, d'attacher tous les Français à l'amour du régime constitutionnel et de faire fleurir sur le sol de la liberté, les arts, le commerce et tous les avantages de la paix.

« Nous avons, citoyen préfet, une preuve de la sagacité qui a dirigé le choix du premier consul dans la nomination qu'il a faite de votre personne pour administrer le département du Loiret ; la commune d'Orléans, qui vous présente par notre organe les assurances de son dévoûment, se félicite en particulier de vous posséder dans son sein.

« Elle verra sous vos auspices luire sur son horizon les jours de paix et de bonheur qui lui furent annoncés par le conquérant de l'Egypte. Eh ! comment ne pourrait-elle pas compter sur des années prospères avec un premier magistrat tel que vous, citoyen préfet, qui, investi de toute la confiance du gouvernement et environné de l'estime publique, vient dans ses murs protéger l'industrie de ses habitans, rendre à leur commerce son ancienne splendeur et affermir le règne de la justice et des lois !

« Tels sont, citoyen préfet, les bienfaits qu'attend de votre administration une ville qui compte dans son sein un grand nombre d'amis sincères de la liberté, qui doit être mise au premier rang de celles qui furent les plus soumises aux lois, les plus ennemies des factions, les plus calmes au milieu de la tourmente révolutionnaire, et qui mérite surtout d'être distinguée par son attachement à ses magistrats lorsqu'ils ont su mériter sa confiance et son estime. »

Le préfet a répondu :

« Citoyens,

« Je suis infiniment sensible à tout ce qui m'est personnel dans ce que vous venez de me dire ; il est hors de doute que je viens pénétré du désir de faire le bien, que je mettrai tous mes soins à atteindre ce but et à mériter en même temps la confiance et l'estime des Orléanais ; je porte dans mon cœur ce vœu et la volonté bien prononcée de remplir les intentions du gouvernement. Il veut que l'on fasse exécuter les lois avec bonté et avec fermeté s'il est nécessaire, car il faut qu'elles soient exécutées. Continuez, citoyens, à administrer cette commune, à y maintenir l'ordre et la tranquillité comme vous l'avez fait jusqu'ici ; bientôt il vous sera donné des successeurs : quand vous quitterez vos fonctions pour retourner dans vos foyers, vous y reporterez une satisfaction bien douce, l'estime de vos concitoyens et surtout la vôtre. »

Après cette réponse, l'administration municipale s'est retirée et est revenue à la maison commune. Le président, au nom de l'administration, a invité les artistes musiciens et le détachement de la garde nationale à revenir à cinq heures précises pour l'accompagner à l'administration centrale, où elle devait se rendre pour assister à l'installation du préfet.

A cinq heures de relevée, la musique, les tambours et

le détachement de la garde nationale s'étant rassemblés devant la maison commune, l'administration en est partie au son des airs patriotiques et s'est rendue dans le lieu des séances du département, où tous les corps étaient également réunis: l'installation du préfet a eu lieu en leur présence et au milieu des cris de *vive la République* (*). La cérémonie finie, l'administration municipale est revenue à la maison commune; la force armée, ainsi que les artistes musiciens, ayant reçu les remercîmens de l'administration par l'organe de son président, se sont retirés. (V. h, f° 163).

Nouvelle organisation administrative.

Par la loi du 28 pluviôse an VIII, concernant la division du territoire de la République française et celle de l'administration, ledit territoire européen de la République est divisé en départemens et arrondissemens communaux, conformément au tableau ci-après:

Administration de département. — Il y a dans chaque département un préfet, un conseil de préfecture et un conseil général de département, lesquels remplissent les fonctions exercées autrefois par les administrations et commissaires du gouvernement. Le préfet est chargé seul de l'administration.

Le conseil de préfecture prononce sur les demandes des particuliers tendantes à obtenir la décharge ou la réduction de leur cote de contributions directes, etc.

Le conseil général de département s'assemble chaque année; l'époque de sa réunion est déterminée par le gouvernement; la durée de sa session ne peut excéder quinze jours; il nomme son président et son secrétaire.

Il fait la répartition des contributions directes entre les arrondissemens communaux du département, etc.

Administration communale. — Dans chaque arrondissement communal, il y a un sous-préfet et un conseil d'arrondissement composé de onze membres.

(*) Par cette installation, l'administration centrale du département, composée des citoyens Vinson-Lucet, président; Despommiers, Bouhebent, Ballot, Guérin, administrateurs; Pelé, commissaire du gouvernement, et Bignon, secrétaire, fut entièreement renouvelée.

Le sous-préfet remplit les fonctions exercées autrefois par les administrations municipales et les commissaires de canton, etc.

Le conseil d'arrondissement s'assemble chaque année ; l'époque de sa réunion est déterminée par le gouvernement ; la durée de sa session ne peut excéder quinze jours.

Des nominations. — Le premier consul nomme les préfets, les conseillers de préfecture, les membres des conseils généraux de département, le secrétaire-général de préfecture, les sous-préfets, les membres des conseils d'arrondissement, les maires et adjoints des villes de plus de cinq mille habitans, les commissaires-généraux de police et préfets de police dans les villes où il en est établi.

Les membres des conseils généraux de département et ceux des conseils d'arrondissemens communaux sont nommés pour trois ans ; ils peuvent être continués.

Préfecture du département du Loiret. — J.-P. Maret, préfet ; Souque, secrétaire-général.

Conseil de préfecture. — Brillard, Meunier, d'Orléans, et Savard, de Beaugency.

Chefs de bureau. — Guyot, ordre public ; Pignon, contributions ; Jousse-Fontanière, domaines nationaux et émigrés ; Gillot, sous-préfectures ; Moutié, archiviste.

Conseil général du département. — Basty, d'Orléans ; Fleureau-Guillonville, *idem*, Dugaignau de Champvallins, *id.*, Vinson, *id.*, Laisné-Villevêque, *id.*, Triozon-Després, de Montargis ; Dery, de Montargis ; Meignen, de Courtenay ; Gaudru, de Monthuy ; Villiers-Raucour, de Gien ; Baucheron-Boissoudy, de Sully ; Rolland-Chambaudoin ; Fougeroux-Secval, de Vrigny ; Pellerin-Laboissière, de Boiscommun ; Duchalais, négociant à Beaugency ; Hubert-Piédor, de Meung.

Sous-préfectures. — Lambert, à Pithiviers ; Messange, à Montargis ; d'Artonne, à Gien.

Conseil d'arrondissement. — Miron, négociant à Orléans ; Poupaille, négociant à Orléans ; Bigot-Latouanne, propriétaire ; d'Argent, propriétaire à Meung ; Lemaigre, de Cléry ; Tardif des Granges, de Beaugency ; Roussel-Despourdon, de Sully ; Poinclou, de la Ferté-St-Aubin ;

Gallard, d'Artenay; Lasneau, d'Orléans; Delahaye, d'Orléans. (V. H, f° 163 et 4.)

2 *avril* 1800, *ou* 12 *germinal an* VIII. — L'administration municipale ayant reçu, sur les 10 heures, une proclamation du préfet du Loiret aux citoyens de ce département, en date du 11, une adresse et un arrêté relatifs au complément de l'armée de terre, dont la publication devait être faite ce jour, a fait expédier sur-le-champ les ordres nécessaires pour y donner toute la pompe possible; les membres ont été invités à se réunir à quatre heures précises à l'effet d'y concourir.

A quatre heures, des détachemens, tant de la garde notionale que de la force armée en station en cette commune, les tambours et la musique s'étant rassemblés devant la maison commune d'administration, en sont partis et se sont rendus sur la place de la République, devant la préfecture, et successivement dans tous les lieux accoutumés, où ladite publication a été solennellement faite; de retour à la maison commune, les détachemens et les artistes musiciens ont reçu des témoignages de satisfaction pour leur zèle et se sont retirés. (V. H, f° 164.)

6 *avril* 1800, *ou* 16 *germinal an* VIII. — Les citoyens Capitan et Tassin-d'Auton, commissaires des propriétaires réunis pour la fourniture des chevaux exigés pour le contingent de cette commune, se présentent au conseil municipal pour répondre à la lettre qui leur a été adressée hier, et déclarent qu'ils ont donné des ordres à leurs marchands pour que les six qui restent à présenter, sur les quarante-cinq demandés, le soient dans le plus court délai, invitant cependant l'administration à user envers les récalcitrans des moyens de rigueur pour les obliger à concourir dans ce nombre pour au moins quatre.

L'administration municipale arrête qu'il sera pris envers ces derniers toutes les mesures convenables. (V. H, f° 166.)

6 *avril* 1800, *ou* 16 *germinal an* VIII. — Les citoyens Lebrun, président de l'administration municipale, et Delaloge-Ligny, administrateur, rapportent au conseil qu'ayant été informés hier soir que le citoyen Louis Bonaparte, ve-

naît d'arriver dans nos murs et qu'il était au spectacle des amateurs (salle Pierre-Lentin), ils s'y sont rendus et lui ont offert, au nom de l'administration, tous les bons offices dont ils étaient capables; ils en ont reçu l'accueil le plus amical. Il désirait rester inconnu au milieu de cette réunion de citoyens, mais bientôt il fut aperçu, et son nom vola de bouche en bouche. Une scène de la pièce des *Amans rivaux d'eux-mêmes*, dans laquelle un officier français qui vient de se distinguer sous les yeux du maréchal de Saxe, à la bataille de Fontenay, demande un baiser à une soubrette, au nom de son général, celle-ci répond : *J'aime les héros, moi!* L'officier français (représenté par M. Guillon) ajouta, en montrant de la main *Louis Bonaparte*, dans une loge à droite et très-près du théâtre : *Ah! vous aimez les héros! vous êtes bien tombée, car aujourd'hui nous sommes en famille!* Le public saisit avec avidité cette application heureuse, et marqua, par les applaudissemens, et les *bravos* les plus multipliés, la satisfaction qu'il éprouvait de posséder dans cette assemblée un jeune militaire déjà distingué, et le frère du héros, l'amour et l'espoir de la patrie.

Ils ajoutent, qu'après le spectacle ils l'ont accompagné chez le préfet qui y assistait également, et à qui il désirait faire une visite ; qu'ils l'ont reconduit ensuite à son hôtel ; qu'en général il a paru extrêmement satisfait de l'accueil qu'il a reçu en cette ville dans le peu d'intans qu'il y a passé, et qu'il emporte l'idée la plus avantageuse du bon esprit de ses habitans, et de leur attachement au gouvernement ; le président ajoute encore qu'il a cru devoir lui faire donner une sérénade par les artistes et musiciens du théâtre.

L'administration municipale, satisfaite du rapport et des soins que se sont donnés en cette occasion les citoyens Lebrun et Delaloge-Ligny, les a remerciés, et arrête que mention en sera faite au registre.

Elle arrête, en outre, qu'il sera offert aux artistes musi- du grand théâtre qui ont concouru à la sérénade une somme de 24 francs, et qu'une lettre leur sera adressée en la personne du citoyen Demar, chef, en témoignage de satisfaction. (V. H, f° 167.)

7 avril 1800, ou 17 germinal an VIII. — Par une nouvelle fixation, la population du département du Loiret est arrêtée à 290,000 âmes.

Les appointemens des principaux administrateurs de la préfecture étant calculés sur le montant de cette population, leur taux fut arrêté ainsi qu'il suit, et par an :

Pour le préfet.............................	16,000 fr.
Pour le secrétaire de la préfecture....	5,500
Pour chacun des sous-préfets, à 3,000 f., pour trois............................	9,000
Pour chaque conseiller, 1,600 fr., pour trois............................	4,800
Frais de bureau pour la préfecture....	5,500
Frais de bureau pour chaque sous-préfet, 2,500 fr., pour trois..................	7,500
Frais pour tous les chefs de bureau et employés........................	35,250
Total, par an......	83,550 fr.

11 avril 1800, ou 21 germinal an VIII. — M. le préfet du Loiret ayant demandé qu'on lui fit passer un rapport sur les divers établissemens existant dans la ville d'Orléans, ce travail, divisé en deux parties, lui est envoyé comme ci-après :

PREMIER RAPPORT.

Etablissemens de bienfaisance. — Ces établissemens sont au nombre de quatre, dans la commune d'Orléans :

1°, Le ci-devant Hôpital-Général, aujourd'hui maison de bienfaisance, servant d'asile aux vieillards indigens, aux infirmes de tout âge et de tout sexe hors d'état de travailler pour vivre, aux fous et épileptiques, aux enfans abandonnés et aux orphelins de la patrie ;

2°, Le ci-devant Hôtel-Dieu, aujourd'hui hospice d'Humanité, où sont admis et traités les malades indigens ;

3°, Le bureau de bienfaisance, chargé de la distribution des secours à domicile ;

4°, Les consultations gratuites de médecine.

Commission des hospices. — La maison de bienfaisance et l'hospice d'Humanité sont administrés par une commission de cinq membres, sous la surveillance immédiate de l'administration municipale, conformément à la loi du 16 vendémiaire an v.

Ces deux établissemens avaient des propriétés considérables, et qui suffisaient abondamment à leurs besoins ; la presque totalité de ces biens a été vendue en vertu de la loi du 23 messidor an II ; depuis que cette vente a été effectuée, les deux hospices se sont soutenus par les secours qu'ils ont reçus du gouvernement à différentes époques et par des avances que leur a faites l'administration centrale sur la recette des contributions, jusqu'à la mise en activité, au mois de vendémiaire an VIII, de l'octroi de bienfaisance et municipal accordé à la commune d'Orléans par la loi du 26 fructidor an VII.

Dans l'état des dépenses de la commune d'Orléans pour l'an VII, fourni par la municipalité à l'administration centrale, en exécution des lois précitées, approuvé par cette administration et mis sous les yeux du ministre de l'intérieur, pour l'obtention de l'octroi, le supplément annuel de fonds reconnus nécessaires pour le service et l'entretien des deux hospices, s'élève à la somme de 140,000 fr.; mais il s'en faut de beaucoup que cette somme puisse être mise à la disposition de la commission dans le cours de l'an VIII, attendu que le produit réel de l'octroi est jusqu'à présent bien inférieur à celui que l'on avait espéré. Le service des hospices serait donc tous les jours à la veille d'être compromis, si ces établissemens, précieux à l'humanité, ne trouvaient des ressources puissantes dans l'activité, l'intelligence et l'économie des membres de la commission, dont le dévoûment et le zèle infatigables méritent la reconnaissance des autorités constituées et des bons citoyens.

L'état de gêne où se trouvent actuellement les hospices doit être attribué, en grande partie, au retard que met le gouvernement dans l'envoi des fonds qu'il doit à la commune, tant pour la nourriture et l'entretien des orphelins de la patrie, dont les dépenses doivent être acquittées par le trésor public, suivant toutes les lois, et notamment celle du 11 frimaire an VII, précitée, que pour les militaires malades qui sont, à défaut d'hôpital militaire, reçus et traités dans l'hospice civil.

Les avances faites et non payées par le ministre de l'intérieur, pour les orphelins de la patrie, s'élèvent en ce moment à la somme de 85,979 fr.; celles pour les militaires malades dues par le ministre de la guerre, à la somme de 25,050 fr. 25 c.; la commission a pareillement avancé pour la nourriture des fous et des épileptiques dans tout le département, qui ne peuvent pas être une charge de la commune d'Orléans, au moins une somme de 24,000 fr. Ces trois objets réunis présentent un total de 135,029 fr. 25 c. qui sont dus aux hospices par le trésor public.

Maison de bienfaisance. — La maison de bienfaisance est vaste, spacieuse, bien aérée, située dans un quartier favorable, à l'extrémité ouest-nord-ouest de la ville; la nourriture y est composée d'alimens sains, distribués dans une quantité suffisante (on pourrait adopter les soupes à la Rumford, les pauvres y gagneraient et la commune ferait une économie considérable qui lui permettrait de donner asile à un plus grand nombre d'indigens; l'administration municipale s'occupe de cette institution bienfaisante qui a passé de Munich à Genève, à Lausanne, à Neuchâtel et à Marseille, et qui a été adoptée avec succès à Paris par les membres du bureau de bienfaisance de la division du Mail, au mois de pluviôse dernier); on voit sur tous les visages un air de contentement, indice non équivoque de la santé et du bien-être. Le *Berceau*, bâtiment isolé, destiné aux enfans de l'âge le plus tendre, est remarquable par l'ordre et la propreté qui y régnent; en un mot, la bonne tenue de cet établissement fait l'éloge des administrateurs, des agens subalternes et surtout de la citoyenne Bardy, officière en chef.

Le local destiné aux infirmes serait susceptible de quelque agrandissement; on désirerait aussi que la partie si essentielle des travaux auxquels peuvent être appliqués les infirmes et les enfans, chacun suivant son âge et sa force, fût considérablement améliorée, et que quelques tentatives fussent essayées pour la guérison des fous et des épileptiques. L'administration municipale et la commission ne négligeront rien de ce qui est en leur pouvoir, à l'effet de remplir ces trois objets et d'améliorer toutes les autres parties du service, lorsque l'octroi, perfectionné, ou les secours du gouvernement les mettront à portée de suivre les vues philantropiques des membres de ladite commission, et d'appliquer, à un établissement aussi utile, des fonds plus considérables.

Les individus nourris et entretenus dans la maison de bienfaisance sont actuellement au nombre de douze cent quatorze, y compris les employés, et quatre cent vingt-deux enfans à la charge de l'Etat.

Hospice d'Humanité. — Cet hospice a le triple inconvénient d'être placé au centre de la ville, d'être dominé au midi par les voûtes et le vaste bâtiment de la ci-devant cathédrale, et d'être trop resserré dans toutes ses dimensions; il résulte de cet état de choses que les salles ne sont ni en assez grand nombre, ni assez spacieuses, ni suffisamment aérées, que le défaut de circulation d'air les rend insalubres, que les malades sont souvent placés deux à deux dans le même lit, que certains genres de maladies ne peuvent y être guéris que très-difficilement, que les convalescences sont longues et pénibles, et qu'un lieu destiné à rendre la santé à la classe la plus infortunée des citoyens, peut devenir un foyer de contagion très-dangereux pour la généralité des habitans. A différentes époques, le conseil municipal s'est occupé du déplacement de l'Hôtel-Dieu, notamment dans le cours de l'an v; mais ces projets sont restés sans suite, ce qu'on doit attribuer principalement à la difficulté de trouver, dans l'arrondissement de la commune, un local qui réunisse tous les avantages désirables, à la crainte de s'engager dans des dépenses énormes, et surtout à l'impossibilité de se procurer, dans des circonstances difficiles, les fonds nécessaires pour un objet qui peut être placé au premier rang de ceux d'utilité publique, mais dont l'urgence n'est pas également démontrée à tous les yeux.

Les membres de la commission ont mis, à soutenir cet établissement, le même zèle que pour la maison de bienfaisance, et leurs efforts, puissamment secondés par des officiers de santé d'un mérite reconnu, et par des infirmiers qui réunissent, aux connaissances propres à leur état, une moralité irréprochable et un dévoûment sans bornes, ont réussi jusqu'à ce jour à le maintenir sur un très-bon pied, et à ne rien épargner dans les secours et les soulagemens dus à l'humanité souffrante, **malgré leur état de gêne et d'embarras sous le rapport des fonds dont ils manquent très-souvent.**

Il y a aujourd'hui cent soixante malades à l'hospice d'Humanité, non compris les militaires, qui sont au nombre de quatre-vingts.

Les fonctions des membres de la commission des hospices sont gratuites; ils nomment, hors de leur sein, un receveur qui jouit d'un traitement annuel de 2,400 fr.

Les membres actuels sont les citoyens Legrand-Douville, Pajot, Julien, Marcel et Crignon-Désormeaux; le citoyen Gorrand, avoué, receveur.

Secours à domicile. — Ces secours sont distribués par un bureau de bienfaisance créé par la loi du 7 frimaire an v, composé de cinq membres dont les fonctions ne sont pas payées, et d'un receveur à qui la loi n'assigne point de traitement, mais n'interdit point la faculté d'en recevoir un : le receveur actuel exerce ses fonctions gratuitement.

Le bureau n'a d'autres revenus que quelques parties de rentes inscrites sur le grand-livre, les dons volontaires des citoyens, sa part sur le produit du droit attribué par les lois, aux indigens, sur les billets d'entrées aux spectacles, concerts, bals, etc., etc., montant annuellement à environ 9,000 fr., et ce qui lui a été accordé dans le produit de l'octroi de bienfaisance.

Les membres du bureau, par leur lettre du 15 germinal an VII, ont déclaré à l'administration municipale que plus de cinq mille indigens participaient aux secours, et ont demandé, sur l'octroi, un supplément de fonds de 30,000 fr. L'administration centrale, d'après l'avis de l'administration municipale, n'a accordé qu'un supplément de 15,000 fr., c'est-à-dire le vingtième du produit brut de l'octroi, qui, selon l'aperçu envoyé au ministre, devait s'élever à 300,000 fr.; mais comme l'octroi ne rapporte pas, à beaucoup près, cette somme, le bureau de bienfaisance ne touchera pas en l'an VIII les 15,000 fr. qui lui ont été alloués, mais seulement le vingtième du produit de l'octroi; il tient ses séances rue J.-J. Rousseau, au bureau des consultations gratuites de médecine, fondé par le citoyen Petit, médecin.

L'administration municipale saisit ici, avec empressement, l'occasion de payer un tribut de reconnaissance aux citoyens qui composent actuellement le bureau, et au receveur, qui se dévouent à l'administration des revenus de bienfaisance et à leur distribution avec le zèle soutenu et ce noble désintéressement qui caractérisent le véritable patriotisme.

Les membres sont les citoyens Sergent-Benoist père, Creusillet-Pelletier, Lesourd-Luisy père, Petau-Lafosse et Cretté, ex-administrateur du district d'Orléans; le citoyen Porcher père, receveur.

Consultations gratuites de médecine. — Le citoyen Petit, médecin, décédé le 30 vendémiaire an III, a fondé, dans la commune d'Orléans, sa patrie, par deux actes des années 1786 et 1790, un bureau de consultations gratuites de médecine en faveur des pauvres.

Le revenu de cet établissement consiste en des contrats de rente sur les aides et gabelles; le citoyen Petit s'en était réservé l'usufruit pendant sa vie, et à sa mort ces contrats ont été inscrits sur le grand-livre et déclarés propriétés nationales; quatre médecins aux honoraires de 800 fr. chacun, et un concierge avec un traitement de 500 fr., sont attachés par les titres de fondation à cette œuvre de bienfaisance; ces honoraires et traitement n'ont jamais été payés, et les médecins n'ont pas cessé pour cela de remplir les intentions du fondateur en ce qui les concerne; ils donnent, à des jours et heures réglés, des consultations aux indigens qui se présentent, dans un bâtiment qui a été construit à neuf sur un terrain donné par la commune, rue de J.-J. Rousseau.

L'administration municipale a, jusqu'à ce jour, inutilement réclamé, auprès des autorités supérieures, la mise en possession des revenus attachés à la fondation du citoyen Petit, afin d'être à portée de payer aux médecins et au concierge les arrérages du traitement qui leur sont légitimement dus; ses diligences à cet égard sont constatées par les lettres qu'elle a adressées à l'administration centrale le 1ᵉʳ pluviôse an IV, au ministre de l'intérieur, les 14 et 24 floréal an V, et par sa pétition au corps législatif, en date du 6 ventôse an VI. L'administration a seule accueilli favorablement les demandes réitérées du corps municipal, ainsi qu'il est prouvé par ses arrêtés des 10 pluviôse an IV et 13 ventôse an VI. Les pétitions adressées au ministre et au corps législatif sont restées sans suite et sans réponses.

Les médecins qui remplissent les intentions du citoyen Petit, leur confrère, avec un désintéressement aussi généreux, sont les citoyens Hardouineau, Latour, Lanoix et Baussier.

DEUXIÈME RAPPORT. — *Prisons.*

La loi exige que les prévenus, les accusés, les condamnés soient enfermés, les premiers dans une maison d'arrêt, les seconds dans une maison de justice, les autres dans une maison de détention ; les condamnés pour délits qui sont du ressort de la police correctionnelle, doivent encore être séparés des condamnés pour crimes, et il faut par conséquent une maison de correction : Orléans ne possède que deux prisons, celle Hilaire et celle des Ursulines.

Prison Hilaire. — Cette prison subsistait dans l'ancien régime ; elle sert aujourd'hui de maison d'arrêt et de maison de justice ; elle sert aussi à renfermer les condamnés aux fers qui attendent le passage de la chaîne. Il serait long et douloureux de détailler tous les vices de cet établissement, sous le rapport de la sûreté, de la salubrité, de l'exiguïté du local, et les inconvéniens graves qui en résultent : la maison n'est pas sûre ; elle est adossée à plusieurs maisons particulières par lesquelles les détenus peuvent s'évader, et se sont souvent évadés ; elle n'est pas saine ; il n'y a ni préau d'une étendue proportionnée au nombre d'individus qu'elle contient, ni courant d'air, ni infirmerie ; ces inconvéniens, joints à l'exiguïté du local, y entretiennent un méphitisme toujours subsistant qui occasionne de temps à autres des épidémies dont les détenus et les citoyens préposés à leur garde sont fréquemment victimes : en très-peu de temps, deux concierges, dans la force de l'âge, ont succombé à l'effet de la contagion ; les corps administratifs, sensiblement affectés d'un vice de localité aussi opposé aux lois rendues, l'influence de la liberté sur le régime des prisons, que contraire aux principes de l'humanité et de la justice, se sont souvent occupés des moyens d'y apporter le remède convenable; mais leurs efforts, ainsi que ceux de l'ingénieur en chef du département, qui a mis sous les yeux du ministre de l'intérieur des projets et des plans de construction conformes aux vœux de la loi, sont toujours restés impuissans.

Ce que les administrateurs ont pu et dû faire pour améliorer le sort des détenus, ils l'ont fait ; la loi chargeant d'une manière expresse les officiers municipaux de la police des maisons d'arrêt, l'administration municipale nomme dans son sein deux commissaires auxquels elle confie spécialement la surveillance et l'inspection de ces maisons. Les commissaires y font des visites fréquentes, s'assurent si personne n'est enfermé illégalement, si les lois et réglemens sont observés, si la vigilance des gardiens est sans cesse active pour prévenir les tentatives d'évasion, si les détenus sont traités avec douceur et humanité, s'ils reçoivent une nourriture saine et dans une quantité suffisante; les commissaires entendent leurs plaintes et réclamations; ils accueillent pareillement les rapports du concierge sur le régime intérieur et les différens besoins de la maison. Ils en réfèrent à l'administration municipale, qui soumet le tout avec son avis à la décision de l'administration supérieure, laquelle peut seule autoriser les dépenses et fournitures reconnues nécessaires.

A Saint-Hilaire, les femmes sont séparées des hommes: chaque détenu reçoit pour son coucher, tous les quinze jours, une botte de paille du poids d'un myriagramme; le pain est d'une bonne qualité, la ration est du poids de 75 décagrammes ; outre la ration de pain, les détenus indigens non condamnés reçoivent tous les jours la soupe et une ration de viande apprêtée, du poids de 25 décagrammes. Tous les ans, à l'entrée de la mauvaise saison, l'administration centrale autorise l'achat d'une quantité de bois et de charbon pour le chauffage des détenus de l'un et l'autre sexe. Elle a aussi fait faire à différentes reprises des vêtemens à leur usage; on les change de chemises tous] les sept jours en été et tous les quinze jours en hiver. Un officier de santé est attaché à la maison et reçoit du trésor public un traitement modique; les drogues et médicamens sont fournis par la pharmacie de l'hospice d'Humanité. La garde de la prison est confiée à un détachement de la garde nationale sédentaire.

Le concierge actuel est un homme estimable qui remplit parfaitement son devoir, et joint à beaucoup de vigilance pour prévenir les évasions, la douceur et la fermeté nécessaires dans son emploi.

Le nombre des détenus de toutes les classes est actuellement de 38, savoir: 23 condamnés, 8 accusés et 7 prévenus.

L'état de situation donné par le concierge sera joint au présent rapport; il contient le tableau des détenus et celui des employés.

Prison des Ursulines, ou maison de détention. — Cette maison était ci-devant un couvent de religieuses, comme l'indique sa dénomination. Le dépôt de mendicité y fut transféré de Saint-Charles en 1792. Elle a été convertie par les ordres du ministre de l'intérieur en maison de détention, et l'on y renferme séparément les hommes condamnés à cette peine et les femmes condamnées à la réclusion; les condamnés pour délits qui sont du ressort du tribunal de la police correctionnelle, y sont aussi renfermés, mais séparément et dans les infirmeries. La loi n'accorde aux uns et aux autres que le pain et l'eau, et elle ordonne qu'ils seront appliqués à des travaux forcés dont le produit doit servir principalement à leur procurer une nourriture meilleure et abondante. Ce dernier vœu du législateur n'est rempli aux Ursulines que d'une manière très-incomplète; les détenus de l'un et de l'autre sexe se plaignent du peu d'ouvrage qu'on leur donne et de ne gagner que de 30 à 40 centimes par décade. Cet objet doit être pris en très-grande considération par le gouvernement, parce que de l'activité des travaux dépend et le bien-être des détenus et les tentatives d'évasion moins fréquentes, ce qui contribuerait par conséquent à la tranquillité et à la sûreté de la maison. Le pain est d'une bonne qualité; la ration est du poids de 15 décagrammes. Les détenus sont couchés seul à seul dans des gaillottes (petites séparations en planches sur un grand lit-de-camp) faites en charpente, et ont une paillasse, un matelas, un traversin et une couverture. Les femmes ont, outre le coucher ci-dessus, chacune deux draps; l'administration centrale a fait confectionner dans le courant de l'an VII plusieurs parties de vêtemens à l'usage tant des hommes que des femmes. Il est urgent que les paillasses soient renouvelées et que l'administration supérieure donne des ordres à cet effet.

Les soupes à la Rumfort, dont il est question dans les renseignemens rédigés par l'administration municipale, le 18 de ce mois, sur les établissemens de bienfaisance, seraient surtout bien convenablement établies dans l'une et l'autre prisons de Saint-Hilaire et des Ursulines, sous le double rapport d'une économie sensible pour le trésor public, et d'une meilleure nourriture pour les détenus; mais cette institution salutaire nécessiterait pour la construction des fourneaux et chaudières (dont les frais s'élèvent à environ 800 francs), des avances de fonds que l'autorité supérieure peut seule ordonner: l'administration municipale, qui ne doit que proposer des vues et exprimer son vœu, sollicite, à cet égard l'attention d'un gouvernement bienfaisant que les magistrats du peuple et les pères des pauvres n'ont jamais réclamée en vain.

La maison renferme actuellement 35 condamnés par jugemens des tribunaux correctionnels du département du Loiret, et 63 condamnés criminellement, dont 40 seulement par jugement du tribunal criminel du Loiret, 8 par celui du Cher, 3 par celui d'Eure-et-Loir, 1 de l'Aube et 1 de la Haute-Vienne, qui ont été transférés récemment de Bourges, de Chartres, de Troyes et de Limoges. L'administration municipale ignore les motifs de ces transfèremens, dont l'administration a sans doute connaissance.

La maison des Ursulines réunit les avantages d'une bonne situation, de l'isolement et d'un grand courant d'air, d'où résulte celui de la salubrité. Elle possède, dans une vaste enceinte, différens corps de bâtimens, dont un à quatre étages et 21 croisées de face, et plusieurs préaux avec un très-grand jardin ; mais elle laisse beaucoup à désirer sous le rapport de la sûreté, parce qu'elle n'est pas solidement construite ; aussi les évasions y sont-elles bien plus fréquentes que dans la prison Hilaire. Sa garde est ordinairement confiée à une compagnie de vétérans nationaux.

L'état de situation qui a été fourni par le concierge, et qui sera joint au présent rapport, présente, outre l'état nominatif des détenus et le motif de leur détention, le tableau des employés de tout genre et leur traitement; il est à remarquer que différentes parties du service intérieur les moins importantes sont confiées à des détenus, de la bonne conduite desquels on s'est assuré. Cette mesure a été autorisée par l'administration centrale.

Le concierge a été nommé par arrêté de l'administration centrale du 16 frimaire an VII, sans le concours de l'administration municipale, qui était absolument nécessaire aux termes de l'art. 572 du code des délits et des peines. Cette dernière administration regrette de n'avoir pas à rendre sur le compte du citoyen Clément un témoignage pareil à celui qu'elle a rendu ci-dessus à la conduite du concierge de Saint-Hilaire ; elle manquerait à son devoir si elle taisait les insubordinations réitérées dont il s'est rendu coupable envers les commissaires municipaux inspecteurs des prisons, dans l'exercice de leurs fonctions, et l'abus qu'il fait de la cantine pour donner à boire et à manger à des personnes du dehors, délit qui compromet la sûreté de la maison, et pour vendre à des prix exorbitans les denrées de première nécessité aux détenus qui s'en plaignent hautement. L'administration a instruit de tous ces faits l'administration centrale ; le préfet est invité à se faire représenter le dossier pour juger la conduite de la municipalité et asseoir son opinion sur la moralité du concierge.

La maison des Ursulines n'est pas seulement maison de détention confiée à la surveillance de l'administration municipale, comme toutes les autres prisons civiles; elle renferme dans son sein le dépôt et la prison militaire, dont la police appartient au commandant de la place et au commissaire des guerres ; à cet égard, l'administration municipale se permet seulement d'observer que les militaires y détenus sont tous pêle-mêle dans une grande salle, couchés sur une poignée de paille, au nombre quelquefois de 40 à 60, et qu'ils sont si resserrés, que le mauvais air peut occasionner des maladies très-graves, et même des épidémies dangereuses, d'autant plus que les galeux et les vénériens ne sont point séparés de leurs camarades. Des motifs d'humanité, de prudence et d'ordre font désirer que ce dépôt soit établi dans un bâtiment militaire sous la surveillance du commissaire des guerres.

Maison de Saint-Charles. — Saint-Charles est un vaste bâtiment situé sur la rive gauche de la Loire, à peu de distance d'Orléans, qui, depuis le transfèrement du dépôt de mendicité, est resté à la disposition du ministre de la guerre, qui en a fait tantôt un hôpital militaire, tantôt un dépôt de prisonniers de guerre, tantôt une caserne de conscrits. Il n'est pas occupé en ce moment. (V. н, f° 169.)

14 avril 1800, ou 24 germinal an viii. — Vu le rapport des commissaires de police, relatif aux jeux qui se sont établis sur la place de la République (*), duquel il résulte qu'il s'y perd des sommes considérables ; que, notamment, un militaire y avait perdu, la veille, 85 francs; vu les inconvéniens graves qui résultent de la tolérance des jeux dont il est question, qui sont un piége tendu à la jeunesse et une occasion de rassemblement qui pourraient compromettre la tranquillité publique, l'administion municipale arrête que tous les jeux quelconques qui se tiennent sur la place de la République, ou en tel lieu que ce soit de cette commune, cesseront à l'instant, sous peine de confiscation, et que les auteurs seront traduits devant les tribunaux. (V. н, f° 177.)

14 avril 1800, ou 24 germinal an viii. — James Thayer et Henriette Beck, son épouse, résidans à Orléans, à la manufacture de coton de la porte Bourgogne, et actionnaires de cet établissement, achètent au peintre Prevot, inventeur du premier *panorama*, le privilége d'être seuls possesseurs de son secret.

(*) Jeu de *loto*.

Peu de temps après cette découverte, ces deux Anglais allèrent se fixer à Paris, et élevèrent dans la capitale, sur le boulevart Montmartre, le premier spectacle de ce genre en Europe (6).

15 *avril* 1800, *ou* 25 *germinal an* VIII. — Le corps municipal, vu le rapport du commissaire de police inspecteur Lavielle, en date du jour d'hier, constatant les attentats commis par une foule de citoyens (sous la conduite du citoyen Filliatre, procureur), contre les dispositions faites en vertu des lois, dans le temple dit de Sainte-Croix, affecté par arrêté de l'administration centrale aux réunions décadaires et à la célébration des mariages;

Considérant que ces dispositions ont été jugées nécessaires pour donner à ces réunions et aux cérémonies qui en sont la suite toute la pompe dont elles sont susceptibles;

Considérant, qu'outre les mesures à prendre contre les délinquans, et dont la suite est confiée au ministère public, il est de la dignité du conseil d'ordonner que ces travaux soient sur-le-champ rétablis dans leur état primitif, sauf à en faire supporter les frais à qui de droit, parce qu'il importe à l'autorité d'en imposer à la malveillance et de montrer à nos concitoyens qu'on ne s'écarte pas impunément du respect dû aux magistrats, organes de la loi;

L'administration municipale arrête que toutes les dispositions dont il est question. seront de suite rétablies dans l'état où elles étaient avant l'attentat; charge le citoyen régisseur de la maison commune de l'exécution de la présente, et d'y employer tous les ouvriers qu'il jugera nécessaires, afin que tous les travaux y relatifs soient achevés avant décadi prochain. (V. H, f° 178.)

28 *avril* 1800, *ou* 8 *floréal an* VIII. — L'administration municipale, avertie en séance de l'arrivée en cette ville du conseiller-d'état général Brune, venant des départemens de l'Ouest, et qu'il était descendu à l'hôtel du *Lion-d'Argent*, a arrêté qu'elle s'y rendrait en corps pour lui offrir, au nom des habitans de cette commune, tous les témoignages de la satisfaction que causait sa présence

dans nos murs. Elle a donné ordre qu'un détachement de la garde nationale se rendît de suite à la maison commune avec le drapeau et quelques tambours. Ce détachement rassemblé, elle s'est mise en marche pour s'y rendre. Arrivée sur la place de la République, où le général était sur le point de son départ, le président lui a dit que la ville d'Orléans, partageant la reconnaissance publique, lui en portait par son organe le juste tribut, et pour les hauts faits d'armes dont il s'est illustré, et surtout pour l'heureuse pacification des départemens de l'Ouest qu'il venait d'opérer par sa sagesse; gloire d'autant plus douce qu'elle avait arrêté l'effusion du sang et lui avait mérité le titre inappréciable de *bienfaiteur de l'humanité*.

Il a répondu, avec cette grâce et cette franchise militaire qui constituent le vrai guerrier, que la plus douce récompense que pouvait souhaiter celui qui avait eu le bonheur d'être utile à son pays, était celle qu'il éprouvait en ce moment par la démarche touchante des magistrats d'une ville aussi intéressante et aussi précieuse à la République. Ils se sont réciproquement donné l'accolade fraternelle. Il est monté en voiture et est parti. Tous les citoyens réunis en grand nombre sur la place, ont donné des marques de la plus sincère allégresse.

L'administration municipale est revenue à la maison commune dans l'ordre du départ.

5 mai 1800, ou 15 floréal an VIII. — A l'ouverture de la séance, présidée par le citoyen Basseville, l'un des membres, le secrétaire donne lecture d'une lettre du commissaire du gouvernement près l'administration (Disnematin), dans laquelle il rappelle qu'à l'époque du 12 floréal dernier, il a remis sur le bureau une décision du ministre de l'intérieur, en date du 6 du même mois, qui détermine positivement l'incompatibilité des fonctions municipales qu'exercent le citoyen Lebrun, cumulativement avec celles d'entrepreneur des travaux publics, d'architecte de la commune et d'adjudicataire des barrières, et ordonne son remplacement. Il ajoute qu'il n'a pas insisté alors sur cet objet, parce que le commissaire central l'a invité à suspendre toute réquisition à cet égard, ce qu'il a fait pour montrer sa subordination envers son chef;

mais qu'aujourd'hui les fonctions de celui-ci ayant cessé, il requérait formellement l'exécution de la décision du ministre.

Le président lui répond que le conseil se fera rendre compte de cette affaire; le commissaire insiste pour que l'exécution ait de suite son effet, sinon qu'il s'adressera au préfet. — Sans doute, lui est-il dit, une dénonciation, c'est votre usage. Il répond avec beaucoup de chaleur, fait des menaces personnelles et des provocations au sieur Basseville. Le citoyen Lebrun, président, arrive en ce moment et la lettre est de nouveau lue.

L'administration arrête que le dossier de cette affaire lui sera mis sous les yeux, et invite les membres de la division de l'ordre public à la mettre à portée de s'en occuper dans le plus court délai possible.

6 mai 1800, ou 16 flloréal an VIII. — Le citoyen Basseville, l'un des membres de l'administration municipale, a dit:

« Citoyens collègues,

« Les menaces qui m'ont été faites hier au conseil par le commissaire du gouvernement près notre administration, ont eu leur effet. Le soir, revenant de me promener avec mon épouse sur le bord de la rivière, au-dessus du lieu dit le *Jardin de la Folie*, faubourg Bourgogne, j'ai été abordé par ledit commissaire, portant sur sa figure tous les signes de la passion et de la colère, et, sans respect pour la compagne, la mère de famille à qui je donnais le bras, il a osé porter sur moi une main assassine. Dégagé des bras de mon épouse, j'ai pu repousser ses attaques réitérées jusqu'à un fossé, où nous sommes tombés tous deux. Secouru par deux charretiers, seuls témoins de cette scène horrible, j'ai été retiré des mains de cet ennemi furieux, que mes libérateurs voulaient exterminer.

« Je viens déposer dans votre sein le récit de cette scène scandaleuse, d'autant plus douloureuse pour moi, au moment d'être remplacé, que le chagrin que j'en éprouve ne peut être adouci que par l'espoir que j'ai que vous plaindrez un collègue qui a partagé avec vous le fardeau des tourmens éternels que nous a fait éprouver l'auteur de cet attentat. »

L'administration municipale arrête que le rapport du citoyen Basseville sera adressé au préfet du Loiret, avec prière de le prendre en considération, et de peser, dans sa sagesse, les moyens d'éviter à une administration qui n'a jamais eu en vue que le bien public, les dégoûts dont elle n'a cessé d'être abreuvée depuis l'existence près d'elle du citoyen Disnematin. (V. H, f° 195.)

8 mai 1800, ou 18 floréal an VIII. — La fête de la Ville, ou de la Pucelle, n'a pas encore lieu cette année : c'était la huitième interruption. (4-6.)

8 mai 1800, ou 18 floréal an VIII. — L'administration municipale d'Orléans, vu l'arrêté des consuls de la République, du 29 ventôse an VIII, portant :

Art. 1er. Il sera élevé dans chaque chef-lieu de département, sur la plus grande place, une colonne à la mémoire des braves du département, morts pour la défense de la patrie et de la liberté.

Art. 2. Sur cette colonne seront inscrits les noms de tous les militaires domiciliés dans le département qui, après s'être distingués par des actions d'éclat, seraient morts sur le champ de bataille ;

Vu pareillement la lettre du préfet du département du Loiret, du 11 présent mois, par laquelle il charge l'administration municipale de recueillir et de faire passer, avec tous les détails nécessaires, les noms des militaires de son arrondissement qui sont morts sur le champ de bataille après s'être signalés par des actions d'éclat,

L'administration municipale arrête :

Art. 1er. Il sera ouvert, au secrétariat de la municipalité, un registre destiné à inscrire les noms des braves d'Orléans qui sont morts sur le champ de bataille pour la défense de la patrie et de la liberté, après s'être distingués par des actions d'éclat.

Art. 2. Les parens de ces braves, leurs amis et tous ceux qui peuvent avoir connaissance de leur mort honorable et des actions d'éclat qui l'ont précédée, sont invités, par l'administration, à se présenter sans délai à son secrétariat pour y donner les renseignemens nécessaires à la tenue du registre mentionné dans l'art. 1er.

Art. 3. Le relevé de ce registre, contenant les noms des braves d'Orléans et des actions par lesquelles ils se sont signalés, sera adressé au préfet pour le mettre à portée de remplir, à leur égard, les dispositions de l'art. 6 de l'arrêté des consuls. (V. H, f° 196.)

10 mai 1800, ou 20 floréal an VIII.

Installation du maire et des adjoints remplaçant l'administration municipale d'Orléans.

A une heure après midi, à la suite de la réunion décadaire et de la célébration des mariages dans le temple de Sainte-Croix, et immédiatement après l'exécution de l'air *Ça ira*, qui a terminé la cérémonie, l'administration municipale s'est rendue à la préfecture, où le préfet (Maret, de Dijon), le secrétaire-général de la préfecture (Souque), le maire d'Orléans (Crignon-Désormeaux), et ses adjoints (Petit-Sémonville, Delaloge-Deligny) étaient réunis.

La marche était ouverte par le commissaire de police inspecteur, les tambours de la garde nationale, un peloton de hussards, à pied, la musique et le drapeau de la garde nationale, le général Sauter et son état-major; la haie était bordée tant par la garde nationale que par les hussards; les commissaires de police, le secrétaire de l'administration municipale (Voilléaume), l'administration municipale; venait ensuite le préfet, accompagné du secrétaire-général de préfecture. Une force imposante fermait la marche.

Le cortége, au son d'une musique guerrière et patriotique, a parcouru, au milieu d'une foule immense de citoyens, manifestant une vive satisfaction de voir ce magistrat, les rues Bourgogne, Egalité, la place de la République, la rue de la Réunion, et enfin la place du même nom; des salves d'artillerie se faisant entendre de distance en distance. Arrivés dans la grande salle de la maison commune, le préfet et les autorités ayant pris les places qui leur avaient été préparées, le maire et les adjoints sur des fauteuils, en face de l'estrade; la musique, placée dans une salle voisine, a exécuté l'air *Où peut-on être mieux qu'au sein de sa famille?* après lequel un roulement ayant appelé le silence, le préfet a pris la parole et s'est exprimé en ces termes :

« Citoyens,

« Le peuple français, en acceptant la Constitution de l'an VIII, a reconnu le besoin d'une nouvelle organisation administrative, la loi du 28 pluviôse l'a déterminé : un maire et des adjoints remplacent, dans les grandes communes, les administrateurs municipaux ; le choix de ces magistrats appartient, pour Orléans, au premier consul, et je vous présente, comme élus par lui, les citoyens Crignon-Désormaux, pour la place de maire ; les citoyens Delaloge-Ligny, Petit-Sémonville, Dufresné l'aîné, pour celles d'adjoints du maire.

Le secrétaire-général va faire lecture des arrêtés de nomination ; il les remettra au secrétaire de l'administration municipale pour être enregistrés.

Le secrétaire-général a donné lecture des ampliations dont suit la teneur :

« Au nom du peuple français,

» Du 24 floréal an VIII de la République française une et indivisible.

« Bonaparte, premier consul de la République, arrête ce qui suit :

« Le citoyen Crignon-Désormeaux, négociant et administrateur des hospices, est nommé maire de la ville d'Orléans, en remplacement du citoyen Tristan qui n'a pas accepté.

« Le citoyen Dufresné l'aîné, ex-officier municipal, est nommé troisième adjoint du maire d'Orléans.

« Le ministre de l'intérieur est chargé de l'exécution du présent arrêté.

« En l'absence du premier consul :

« Le deuxième consul,

« CAMBACÉRÈS.

« Pour ampliation :

« Le préfet du département du Loiret,

« J.-P. MARET. »

DEUXIÈME ARRÊTÉ.

« Au nom du peuple français,

« Du 21 germinal an VIII de la République française une et indivisible.

« Bonaparte, premier consul de la République, arrête ce qui suit :

« Les citoyens Delaloge-Ligny et Petit-Sémonville, sont nommés adjoints du maire de la commune d'Orléans.

« Le ministre de l'intérieur est chargé de l'exécution du présent arrêté.

« Le premier consul,

« BONAPARTE. »

Le préfet a repris la parole et a dit :

« Citoyens administrateurs,

« Le maire va, en votre présence, faire la promesse de fidélité à la Constitution ; il recevra ensuite celles de ses adjoints ; vous aurez alors à faire au maire la remise de tous les papiers et registres relatifs à votre administration, ainsi que ceux concernant l'état-civil ; vous aurez encore à faire un état mobilier appartenant à la commune, lequel est remis à la disposition du maire et de ses adjoints.

« Citoyens administrateurs, le moment où l'exercice de vos fonctions va cesser est arrivé : ainsi que vous le désirez depuis long-temps, vous allez être rendus à vos affaires personnelles. Le gouvernement vous remercie du zèle que vous avez porté dans l'administration qui vous a été confiée... Je puis le dire aussi, sans crainte d'être démenti, vos concitoyens vous remercient de la tranquillité dont, par vos soins, la commune d'Orléans a joui ; vous pouvez bien, citoyens administrateurs, emporter le regret de n'avoir pas fait, pour l'amélioration des finances de votre commune, tout ce que vous aviez projeté ; mais nul n'a le droit de s'en plaindre à vous : ce sont les circonstances qui vous environnaient qui vous ont empêché d'opérer des économies nécessaires alors, indispensables aujourd'hui ; il vous manquait ce dont vos successeurs vont jouir, l'appui d'un gouvernement fort et juste, qui soutiendra de son autorité les magistrats courageux qui entreprendront de faire le bien ; vos successeurs pourront être ces magistrats courageux; vous applaudirez à leurs travaux, vous les aiderez en leur communiquant les renseignemens dont ils pourront avoir besoin.

« Citoyens administrateurs, on s'attache à ceux auxquels on a rendu des services ; d'après cela vous devez être aujourd'hui plus affectionnés à la commune d'Orléans qu'au moment où vous en êtes devenus les magistrats ; vous devez donc désirer que le bien que vous avez fait soit maintenu, que celui que vous avez voulu faire ait lieu : la moralité de vos successeurs, leur attachement pour leurs concitoyens, tout vous l'assure ; il doit vous être personnellement agréable de voir parmi eux un de vos collègues dont vous savez que le zèle égale la probité.... de voir que les choix du premier consul ont porté sur des hommes qui, comme citoyens, jouissent de l'estime publique, qui, comme administrateurs des hospices et de la commune, ont déjà commandé la reconnaissance publique.

« Citoyen maire et citoyens adjoints, le choix du gouvernement vous assure de l'estime qu'il a pour vous ; vous justifierez sa confiance, et celle dont vos concitoyens vous environne ; il doit exister des relations très-intimes entre vous et moi ; je me flatte qu'elles seront toujours agréables pour nous et utiles à la commune d'Orléans.

« J'invite le citoyen maire à s'avancer pour faire la promesse de fidélité à la Constitution. »

Des cris de *vive la République* ont couronné son discours.

Avant que le maire s'avançât, le président de l'administration municipale a prononcé le discours suivant :

« Citoyens,

« Le gouvernement français, régénéré par la crise salutaire qui doit hâter le retour de l'ordre et de la paix au sein de la République, donne aujourd'hui de nouveaux magistrats à cette commune.

« Citoyens, il ne reste plus à vos anciens magistrats qu'un vœu à exprimer, celui qui fut toujours dans leurs cœurs et qu'ils manifestèrent constamment dans l'exercice de leurs fonctions, c'est de voir la République triomphant de tous ses ennemis, leur dicter, avant qu'il soit peu, les conditions d'une paix solide et honorable pour le peuple français. *Vive la République!* »

Le maire s'est approché de l'estrade et a fait la promesse de fidélité à la Constitution ; étant monté au fauteuil que lui a cédé le président de l'administration municipale, à la droite du préfet, pour se porter à la gauche, il a dit :

« Citoyens,

« *Si la confiance dont le premier consul nous a honorés, en nous appelant à remplir la place de magistrats du peuple dans la commune d'Orléans*, nous a imposé l'obligation de nous rendre au vœu du gouvernement, nous ne nous dissimulons cependant point combien seront grands nos devoirs, et ce n'est qu'en tremblant que nous acceptons ces honorables fonctions.

« L'amour du bien public et le désir d'être utiles à nos concitoyens nous guideront dans toutes nos démarches : fiers de mériter leur approbation, nous donnerons tous nos soins à l'exécution des lois, et si les circonstances exigeaient, des habitans de cette grande cité, de nouveaux sacrifices, nous tâcherions de les adoucir par les égards de l'honnêteté que tout magistrat doit à ses administrés.

« *Le nouvel ordre de choses qui, depuis plusieurs mois, a fait renaître les espérances des bons citoyens*, va être consolidé par une paix honorable et désirée par tous les véritables amis de l'ordre, *déjà ce citoyen respectable, ce magistrat éclairé, ce héros si cher à la France, le premier consul s'avance à pas de géant à la tête de nos armées pour forcer nos ennemis à une paix qu'il leur a offerte et qu'ils ont refusée*. Dans le moment où nos frères d'armes vont déployer leur courage, notre devoir sera de rester à notre poste et de remplir avec zèle les obligations que nous nous sommes imposées.

« Qu'il nous sera aisé, citoyen préfet, de remplir le but que nous nous proposons en suivant vos conseils et vos sages avis !

« Depuis le peu de temps que la commune d'Orléans vous possède dans son sein, elle a déjà ressenti les douces influences de votre gouvernement paternel : si l'exemple peut instruire les hommes, s'il manie à son gré leurs volontés, qui peut exciter plus vivement que vous, en eux, l'amour du bien public ? C'est en le pratiquant que votre cœur se développe : que nous offre-t-il ? droiture dans les sentimens, exactitude dans les devoirs, douceur dans la société, zèle dans l'amitié, modestie dans les honneurs, enfin toutes les qualités rares si nécessaires à l'homme en place... Vous les avez reçues en naissant, comme un héritage paternel que vous avez partagé avec votre frère, ce digne magistrat, cet homme vertueux que la confiance du gouvernement a appelé à une des places les plus éminentes.

« Secondé dans vos travaux par le secrétaire de préfecture, vous trouverez en lui les lumières du législateur, les avis d'un sage et les conseils d'un ami ; en un mot, tout ce qui vous entoure, même dans le secret du cabinet, vous offrira les moyens de contenter votre belle âme, en faisant le bonheur de tous vos administrés.

« Et vous magistrats, à qui nous allons succéder, emportez, en vous retirant, les lauriers de l'estime et de la reconnaissance que je vous offre au nom de tous les habitans d'Orléans ! Votre tâche est remplie ; vous avez, par une administration sage, prudente et éclairée, fait le bonheur d'une cité populeuse dont la tranquillité n'a jamais été troublée pendant votre gestion ; rejoignez vos familles, et jouissez-y des plaisirs qui, en accompagnant la pureté de l'âme, sont la récompense de l'honnête homme, du bon père de famille et du citoyen vertueux.

« En recevant les rênes de votre administration, notre premier devoir est de rendre hommage aux talens de vos collaborateurs, à ces citoyens zélés, ces chefs de bureaux, ces employés qui, en entrant dans vos vues bienfaisantes, ont su faire exécuter et respecter vos décisions avec l'honnêteté et la délicatesse qui concouraient si bien avec la sagesse qui les dictait.... C'est au nom de tous mes concitoyens que je leur paie le tribut dû à leurs qualités administratives et personnelles ; si l'économie sévère dont le gouvernement nous a donné le premier l'exemple, nous force à leur demander quelques légers sacrifices, nous ne le ferons que de concert avec eux, parce qu'en leur prouvant que leurs privations diminueront les charges de leurs concitoyens, nous leur en adoucirons l'amertume.

« Qu'il nous soit permis de témoigner en mon particulier à mes anciens collègues dans l'administration des hospices, ici présens, le regret que j'ai de me séparer d'eux: si je puis me rendre utile dans les nouvelles fonctions où je suis appelé, je le devrai à leur exemple, à leurs leçons et à la pureté de leurs principes.

« Citoyen général (Sautter), citoyen commandant la garde nationale (Lebrun), et vous tous officiers composant l'état-major, vous qui savez si bien allier les vertus de citoyens aux talens militaires, veuillez continuer de concourir avec nous à la sûreté et à la tranquillité de la ville.

« J'invite, au nom du bien public, tous les citoyens de cette grande commune à nous aider de leurs avis: les discussions éclairent toujours ; chacun a ses richesses particulières, et l'estime s'accroît ; l'amitié s'entretient par l'utilité réciproque ; les erreurs s'évanouissent à la lueur de la raison, et son triomphe sera durable dans les états tel que le nôtre, dans lequel tous les intérêts particuliers cèdent à l'intérêt général.

« Le vœu le plus cher à nos cœurs sera rempli si, à la fin de notre gestion, nous avons mérité l'estime et l'amitié de tous nos administrés (*). »

Ce discours terminé, le préfet ayant donné l'accolade fraternelle au maire et à l'ex-président, ils se la sont donnée réciproquement. Des cris de *vive la République* ont succédé ; le maire a, aussitôt après, invité les adjoints à s'approcher pour la promesse de fidélité à la Constitution; ils l'ont prononcée et sont montés aux places qui leur étaient destinées ; ils ont embrassé leurs prédécesseurs, tandis que la musique exécutait l'air *Ça ira*.

La séance levée par le préfet, il a été reconduit dans

(*) M. Crignon-Désormeaux n'entra en fonctions qu'après avoir secrètement, et par le canal de M. le vicomte d'Hardouineau, adressé à Louis XVIII, à Mittau, un acte qui contenait l'expression de sa fidélité au roi. (*Voir* à la date du 3 février 1816.)

le même ordre par la nouvelle administration et les ex-administrateurs.

Au retour, les maire et adjoints se sont réunis en la salle ordinaire des séances, où, après quelques instans de conférence, le citoyen Voilleaume, secrétaire de la précédente administration, est appelé, et reçoit, par l'organe du maire, l'invitation de continuer provisoirement ses fonctions; il offre, avec l'expression de sa sensibilité et de sa gratitude, l'assurance de son zèle et de son empressement à mériter la confiance du conseil. Délibérant ensuite sur les objets d'urgence, considérant que les fonctions d'officier public sont permanentes et de tous les instans, le citoyen Delaloge-Ligny, l'un de ses membres, y est nommé provisoirement; il est en même temps prié de continuer la surveillance des maisons d'arrêt et de détention. Passant à la vérification des caisses des divers comptables, il a été constaté qu'il existait :

1°, En celle des contributions, livres tournois....................	37,460 f.	7 c.
2°, En francs....................	17,288	97
3°, Celle de l'octroi..............	4,316	35
4°, Caisse municipale............	150	»
5°, Caisse des veuves et filles......	1,750	48
6°, Celle des passeports et certificats de résidence....................	324	» »
7°, Celle de l'état-civil............	13	92
Total......	61,303 f.	79 c.

Les livres de compte ont été successivement arrêtés par l'administration sortante, et visés des maire et adjoints; et, par suite, procédant à la reconnaissance de tous les registres et papiers déposés, tant au secrétariat que dans les divisions, ils ont été aussitôt remis à la disposition du maire et des adjoints, ainsi que tous les meubles et effets appartenant à la maison commune, dont l'inventaire leur a été mis sous les yeux. Cette opération terminée, il restait le cabinet du commissaire du gouvernement dont la visite a été remise à un autre jour. Le citoyen maire a levé la séance et l'a ajournée au lendemain à midi, heure fixée par le conseil pour l'ouverture de ses séances ordinaires, qui auront lieu chaque jour jusqu'à deux heures.

Fait et rédigé les jour, mois et an que dessus.

 Signé, LEBRUN, ex-président de l'administration municipale; CRIGNON - DÉSORMEAUX, maire; DUFRESNÉ l'aîné, PETIT-SÉMONVILLE; DELALOGE-LIGNY, adjoints.

Maires et adjoints. — Les maires et les adjoints nouvellement nommés remplissent les fonctions administratives, exercées avant par l'agent municipal et l'adjoint, relativement à la police et à l'état-civil; ils remplissent les fonctions qu'exerçaient les administrations municipales de canton, les agens municipaux et adjoints.

Il y a un conseil municipal dans chaque ville.

Le nombre de ses membres est de dix dans les lieux dont la population n'excède pas cinq mille; de trente dans ceux où la population est plus nombreuse, comme à Orléans.

Ce conseil s'assemble chaque année le 15 pluviôse, et peut rester assemblé quinze jours.

Il règle la répartition des travaux nécessaires à l'entretien et aux réparations des propriétés qui sont à la charge des habitans, etc.

Les maires et les adjoints sont nommé par le premier consul pour cinq années entières et consécutives; ils peuvent être continués.

Les membres des conseils municipaux sont nommés par les préfets pour trois ans; ils peuvent être continués.

Les préfets peuvent suspendre de leurs fonctions les membres des conseils municipaux.

Formation définitive du corps municipal de la ville d'Orléans.

Crignon-Désormeaux (négociant), maire; Delaloge-Ligny (chamoiseur), Delaage - Demeux (propriétaire), Colas de La Noue (négociant), Dufresné l'aîné (serrurier), adjoints.

M. Petit-Sémonville, secrétaire, ayant donné sa démission d'adjoint, il avait été remplacé par M. Demeux.

Conseil municipal:

Les citoyens Vandebergue-Champguérin ; Tassin-Hudault, négociant; Jacques Mainville, négociant ; Lebrun, architecte ; Dulac, propriétaire; Tassin-Villiers, négociant; Ladureau, négociant; Gaudry-Hanapier, fabricant; J. Bruzeau, pépiniériste; Villemare, ancien militaire; Boucher, ingénieur en chef; Septier, bibliothécaire; Arnoult-Rivière, négociant; Ravot, raffineur; Granger-Crignon, fabricant; Landré-Hatton, vinaigrier ; Dupuis, instituteur; Rabelleau, notaire ; Mandet, commissionnaire; Moreau, homme de loi; César-Berthel, négociant ; Baguenault-de-Viéville, négociant; Creusillet, corroyeur; Prozet, pharmacien ; Basseville l'aîné, couvreur; Paterne Frinault, propriétaire ; Boudot-Germon, propriétaire; Ligneau-Grand-Cour, marchand de vin; Callier, orfèvre; Millet, horloger.

24 juin 1800, ou 5 messidor an VIII.

Concours relatif aux succès de armées françaises en Italie, donné aux élèves de l'école nationale d'architecture, à Paris.

On propose aux élèves un monument historique élevé sur l'une des places de Dijon, à la gloire de l'armée de réserve.

Cette armée, composée presque entièrement d'hommes qui n'avaient jamais servi, offre une espèce de phénomène : la grandeur et la rapidité de ses travaux, et la suspension d'armes si honorable qui en a été la suite. Ce phénomène a paru devoir être décrit et conservé dans nos annales, et c'est ce qui a donné l'idée du programme qui vous est proposé.

Le dessin du monument aura au plus quatre décimètres de hauteur et au moins trois ; on ne détermine pas ses autres dimensions.

Ceux des élèves qui croiront devoir le considérer comme l'un de ceux que le gouvernement va faire élever à nos invincibles armées, pourront lui donner la forme d'une colonne triomphale; ceux qui auront une opinion différente lui donneront une autre forme, mais telle cependant qu'il présente une seule masse, qui puisse illustrer et embellir une place de Dijon. On va indiquer divers bas-reliefs qu'il pourrait offrir aux spectateurs.

L'un de ces bas-reliefs représenterait Bonaparte montrant, à l'armée assemblée à Dijon, et affligée de n'être que l'armée de réserve, la route glorieuse de l'Italie ; quelques-uns indiqueraient diverses circonstances de son passage si hardi et si périlleux du mont Saint-Bernard, et de sa marche rapide jusqu'à Marengo.

Un autre représenterait le premier consul traçant le plan de cette bataille et posant, faute de murailles, pour couvrir les flancs de notre armée, deux redoutes d'une nouvelle espèce, et composées des grenadiers de la garde consulaire.

Les premiers momens de cette bataille célèbre qui nous furent d'abord défavorables, ne doivent point être oubliés.

Un bas-relief du monument doit représenter l'ennemi débouchant, le 25 prairial, sur les deux ponts de la Bormido, et forçant à reculer les premières de nos troupes qui se présentèrent à lui.

Deux armées également braves qui se disputent longtemps tour-à-tour l'avantage, ne présentent rien d'assez déterminé pour être noté par l'histoire. Un moment, cependant, dans ce combat si sanglant, semble offrir un sujet à la peinture : c'est la tentative inutile que firent nos soldats pour éloigner leur chef du plus fort de l'action.

Peu après le milieu de cette mémorable journée, on vit un évènement bien heureux et en même temps bien douloureux pour nous : Desaix, à la tête de la colonne qui s'empresse de se réunir à lui, ouvre l'armée ennemie et, comme Epaminondas à Mantinée, est fappé par la mort au moment où il est couronné par la victoire.

Enfin, l'un des bas-reliefs pourrait représenter Bonaparte montrant, sur une carte à l'envoyé de Mélas, qui lui propose une armistice, les places que l'ennemi, si elle a lieu, doit alors lui livrer, places qui assurent la liberté de l'Italie et font présager la paix : la paix, le cri de guerre de nos armées victorieuses et que l'humanité réclame au nom de tant de peuples !

Les esquisses seront remises, dans la journée, au concierge de l'École; elles seront exposées et jugées décadi prochain, à midi. Le prix sera une médaille de Duvivier, frappée en l'honneur de Bonaparte, à l'occasion de sa première victoire en Italie, et offerte par cet artiste à l'Institut national.

Celui des concurrens qui a remporté le prix est François Pagot d'Orléans, élève du citoyen Lagardette.

(Extrait des journaux de l'époque, et *voir*, en 1803, à la date du 28 septembre, l'article relatif au grand prix d'architecture, décerné par la classe des beaux-arts de l'Institut national de France à ce jeune artiste.)

25 *juin* 1800, *ou* 6 *messidor an* VIII. — M. Bernier, curé de la petite paroisse de St-Laud, d'Angers, l'un des chefs des Vendéens, ayant contribué à la pacification de la Vendée, est appelé par le premier consul Bonaparte, à Paris, pour remplir une mission importante près la cour de Rome. (8-78.)

12 *juillet* 1800, *ou* 23 *messidor an* VIII. — Arrêté du maire d'Orléans qui autorise le sieur Rogiet et ses associés, à former leur établissement de poudrette, ou poudre végétale, dans la maison de Barbotte, faubourg-St-Marceau, et à vendre cet engrais dans tout le département. (4-30.)

14 *juillet* 1800, *ou* 25 *messidor an* VIII. — Anniversaire de la fête républicaine du 14 juillet, jour de la prise de la Bastille et de la première confédération nationale de 1790. Cette fête fut célébrée à Orléans comme les années précédentes; seulement les canonniers volontaires de cette ville, qui n'avaient plus de pièces, firent usage de celles que leurs camarades de Beaugency venaient de leur envoyer. (4-76-59.)

Il fut payé 259 fr. pour les frais de transport des deux pièces de canon envoyées de Beaugency, et pour la dépense des gardes qui les avaient escortées jusqu'à Orléans. (4-77.)

27 *juillet* 1800, *ou* 8 *thermidor an* VIII. — Mademoiselle Raucourt, célèbre tragédienne, vient jouer sur le

théâtre d'Orléans; elle excite l'enthousiasme des spectateurs, surtout dans le rôle de Phèdre. (10-76-77.)

23 août 1800, ou 5 fructidor an VIII.

RAPPORT DU COMMISSAIRE DE POLICE LAVIELLE.

Noms des citoyens qui ne portent point la cocarde nationale.

Les citoyens Julien, demeurant à l'Oratoire; Hervé fils aîné, rue du Colombier; Gable, greffier du juge de paix Sicard, rue Ste-Anne (rosette noire); Prudot-Hollier, négociant, marché Porte-Renard; Gougis fils, rue Bannier; Corsange, négociant, *idem* ; Thiellet, raffineur d'antimoine, portereau Tudelle, quai Neuf; Mignan, marchand, faubourg St-Marceau, place de la Bascule; Privé-Hachin fils, rue du Colombier; Diot, dit le Bossu, marchand de vin; Couteau fils, marchand de bois, ou marinier, près la Tour-Neuve; Lorion fils aîné, rue Bannier; Lebert, fils du vitrier, rue Ste-Catherine; Gourgoulin le jeune, couvreur, rue du Bourdon-Blanc; Moisard, dit le Borgne, rue St-Paul; Trançon, fils du charcutier, porte St-Vincent; Bahour, artiste musicien du grand spectacle; Hofmann, artiste musicien, rue de la Cerche; Mareau l'aîné, marchand de draps, rue Ste-Catherine; Goibeau-Mathieu, rue Pomme-de-Pin; Lottin, artiste musicien, rue du Pot-de-Fer; Benoît Papin, négociant, rue Egalité; Grivot l'aîné, négociant, rue de Recouvrance; Brouville le jeune, à la porte Bannier; de Gautray, cocarde noire en forme de chicorée, marché à la Volaille; Sauger, aux Buttes; Gabaret, cafetier, rue St-Pierre, Joubert, fournisseur des convois militaires, au Séminaire; Guyon, homme de loi, rue de la Charpenterie, chez le citoyen Billard, tanneur.

Certifié véritable : à Orléans, le 5 fructitor an VIII de la République.

LAVIELLE.

23 *septembre* 1800, *ou* 1er *vendémiaire an* IX. — Fête anniversaire de la fondation de la République, la première fois célébrée sous l'administration d'un préfet. Cette fête fut ordonnée comme le porte la proclamation qui suit:

Programme.

Art. 1ᵉʳ. Le cinquième jour complémentaire, à six heures du soir, le bruit du canon annoncera la fête du lendemain.

Art. 2. Le 1ᵉʳ vendémiaire, à six heures du matin, une nouvelle salve d'artillerie se fera entendre et le canon continuera, conformément à l'instruction adressée au maire d'Orléans.

La garde nationale d'Orléans et la garnison prendront les armes.

Divers détachemens seront distribués pour servir d'escorte aux autorités constituées, et pour former la garde de police du temple Décadaire.

Les détachemens d'escorte seront rendus aux lieux où siégent les autorités constituées à onze heures et demie du matin ; celui pour la garde de police sera rendu à onze heures au temple, dont jusqu'alors les portes auront été fermées ; il veillera à ce que les places destinées aux autorités restent vides.

Le surplus de la garde nationale et de la troupe de ligne sera rendu à midi au temple Décadaire, pour y border la haie, depuis la porte d'entrée à l'ouest jusqu'à l'enceinte destinée aux autorités ; l'excédant, s'il y en a, sera rangé en bataille dans les bas côtés du temple, de manière à envelopper extérieurement l'enceinte destinée aux autorités.

Art. 3. Les autorités civiles et militaires se rendront à midi au temple Décadaire ; elles occuperont les places qui leur seront destinées.

Cérémonies au temple.

L'hymne des Marseillais sera joué par la musique de la garde nationale ;

Les artistes du théâtre et les chœurs exécuteront : *Veillons au salut de l'Empire ;*

Un roulement de tambours ;

Un des professeurs de l'école centrale prononcera un discours ;

Les artistes et les chœurs du théâtre exécuteront l'invocation à la Liberté de l'hymne des Marseillais ;

Le préfet proclamera les noms des dix départemens qui ont été jugés dignes de la reconnaissance nationale;

Un roulement de tambours annoncera que la cérémonie est terminée.

Art. 4. Les autorités civiles et militaires rejoindront leurs escortes qui les accompagneront jusqu'aux lieux où elles siégent.

Art. 5. A six heures du soir, on représentera au grand théâtre *Fénélon et la Piété filiale*;

Les trois vétérans nationaux et les trois vétérans de la garde nationale, désignés par leurs camarades pour assister à la fête du matin, occuperont des places d'honneur au théâtre.

Les élèves ayant eu des prix à l'école centrale et les douze élèves désignés par les instituteurs des écoles primaires, accompagnés par un professeur et un instituteur, occuperont des places d'honneur au grand théâtre; le professeur et l'instituteur les réuniront à la maison commune pour être conduits au théâtre par le maire.

Art. 6. A neuf heures du soir, il y aura un feu d'artifice sur le duit, au-dessus du pont, illumination générale, et sur la place devant le temple Décadaire, orchestre de musiciens pour la danse jusqu'à minuit.

Nota. Les pièces du feu d'artifice feront face au midi, au levant et au nord.

Art. 7. Les autorités civiles et militaires et autres fonctionnaires sont invités à assurer l'exécution du présent, chacun pour ce qui le concerne.

Arrêté le 2e jour complémentaire, an VIII de la République française, une et indivisible.

J.-P. MARET.

Par le préfet, le secrétaire général de la préfecture,
SOUQUE.

27 septembre 1800, *ou* 5 *vendémiaire an* IX. — Le grand séminaire qui avait été métamorphosé en prison pour les prêtres insermentés, en atelier de cordonnerie pour l'armée, en caserne pour la garnison, pour la gendarmerie, est loué à un écuyer, nommé Joanny, qui y établit son manége. (76-77-10-8.)

29 septembre 1800, *ou* 7 *vendémiaire an* IX. — Le préfet du Loiret, par un arrêté de ce jour, divise la ville d'Orléans en quatre quartiers, tant pour la facilité de la police que pour la promptitude des secours en cas d'incendie. (3-76.)

Cette division fut ainsi formée :

Première division du sud-est, formée des habitations contenues dans la portion de la ville à partir du Martroi, la rue Royale, les quais, jusqu'au fort Alleaume, du fort Alleaume à la porte Bourgogne, de la porte Bourgogne à la place de l'Etape, en passant par la rue St-Euverte et la rue de l'Evêché, de la place de l'Etape au Martroi, point de départ, en passant par la rue d'Escures, et de plus le faubourg du Portereau.

Deuxième division du sud-est, à partir du Martroi, rue Royale à droite jusqu'au pont, le quai jusqu'à la porte St-Laurent, de cette porte à celle de St-Jean, de celle de St-Jean au Martroi, par la rue des Minimes, et de plus le faubourg Madeleine.

Troisième division du nord-ouest, à partir du Martroi, rue des Minimes à droite jusqu'à la porte St-Jean, de cette porte, à celle Bannier, de la porte Bannier au Martroi, point de départ, en passant par la rue Bannier, et de plus le faubourg St-Jean et le faubourg Bannier.

Quatrième division du nord-est à partir du Martroi, rue Bannier à droite jusqu'à la porte Bannier, de cette porte à celle St-Vincent, de la porte St-Vincent à celle Bourgogne, et de cette porte Bourgogne au Martroi, en passant par le champ et la rue St-Euverte, la rue de l'Evêché, l'Etape, la rue d'Escures et le Martroi, point de départ; de plus les faubourgs St-Vincent, St-Marc et Bourgogne. (3.)

30 septembre 1800, *ou* 8 *vendémiaire an* IX. — La belle statue de Louis XI qui ornait son tombeau à Cléry, et qui avait été faite en 1623 par Bourdin, célèbre sculpteur, né à Orléans, est enlevée de cette petite ville pour être déposée au musée des monumens français, à Paris, rue des Saints-Pères. Elle fut retrouvée dans une écurie, couchée sur des ordures et du fumier, où elle avait été jetée lors de la destruction du mausolée par les sans-culottes.

10 *octobre* 1800, *ou* 18 *vendémiaire an* ix. — Première tentative pour assassiner le premier consul Bonaparte, par Demerville, Cérachi et autres prévenus qui sont arrêtés sur-le-champ dans Paris. (15-83.)

23 *octobre* 1800, *ou* 1er *brumaire an* ix. — Arrêté du maire d'Orléans relativement à l'entreprise des vidanges des fosses d'aisances de la ville, contenant les obligations de l'entrepreneur, pour les heures du travail, les voitures, les tinettes, la propreté des chantiers et le lieu du dépôt des matières fécales, ainsi que les époques du paiement de l'adjudication qui a été faite au sieur Lécuyer, moyennant la somme de 6,527 fr. (3-4-30-80.)

29 *octobre* 1800, *ou* 7 *brumaire an* ix. — Boîte aux lettres établie à la mairie d'Orléans, entre la porte de cet hôtel, et celle du corps-de-garde, pour la facilité des habitans de la partie Est de la ville. Le bureau général étant placé alors rue des Minimes, non loin de la porte Saint-Jean. (4-76.)

Les lettres furent levées plusieurs fois par jour à des heures différentes pour le départ des divers courriers; telle fut l'origine des boîtes secondaires établies dans cette ville depuis cette époque. (77.)

9 *novembre* 1800, *ou* 18 *brumaire an* ix. — Ouragan terrible à Orléans qui dura une partie de cette journée; le vent était au sud-ouest et poussé avec une telle force que plusieurs bateaux, sur la Loire, faillirent sombrer. (8-10-80.)

11 *novembre* 1800, *ou* 20 *brumaire an* ix. — Lucien Bonaparte, frère du premier consul, envoyé en Espagne comme ambassadeur français, passe par Orléans, où il est reçu avec une grande distinction.

4 *décembre* 1800, *ou* 13 *frimaire an* ix. — Arrêté du maire d'Orléans, relatif aux enseignes, à leurs saillies sur la voie publique, lequel ordonnait qu'elles seraient placées à un décimètre du mur, et que toutes celles qui existaient à une plus grande distance seraient replacées dans les vingt-quatre heures. (4-10.)

8 décembre 1800, *ou* 17 *frimaire an* IX. — Arrivée à Orléans de don Nicolas Chélix, envoyé extraordinaire du roi d'Espagne, avec une suite assez nombreuse et quinze chevaux superbes que ce souverain donnait au premier consul Bonaparte. La dépense de cet envoyé, de ses gens et de ses chevaux, coûta à la ville, pour deux jours seulement, la somme de 2,061 fr. (4-15-59-80-77.)

24 *décembre* 1800, *ou* 3 *nivôse an* IX. — Seconde tentative pour assassiner le premier consul Bonaparte, au coin de la place du Carrousel, par le moyen d'une machine infernale.

La nouvelle de cet événement fut annoncée par un courrier extraordinaire, envoyé à Orléans avec l'ordre au préfet et au maire de fermer les portes de la ville, pour arrêter indistinctement toutes les personnes et les voitures qui arriveraient de Paris : ce qui fit que la garde des portes fut confiée à des citoyens choisis, et l'on chargea les commissaires de police de visiter scrupuleusement les passeports des voyageurs. (43-4-8-76-77.)

24 *décembre* 1800, *ou* 3 *nivôse an* IX. — Mort de Thomas-Aignan Desfriches, habile dessinateur, natif d'Orléans, inventeur de la manière de dessiner sur des tablettes plâtrées, avec de la mine de plomb et un grattoir. Parmi le grand nombre de ses compositions, on cite celle achetée 1,000 fr. par le grand-duc de Toscane pour l'offrir au pape Pie VI, et une vue d'Orléans qui fut gravée par Choffard. (4-77-80.)

1801.

1er *janvier* 1801, *ou* 11 *nivôse an* IX. — Ce jour, fut ouvert à Flux, près Beaugency, dans le château de madame de Saint-Foix, nièce de l'abbé de Condillac, par Simon Lasseux, maire de Beaugency, Nicolas-François Turpetin, juge de paix du canton, et Jacques-Nicolas Pellieux, officier de santé, un paquet scellé de cinq cachets aux armes de l'abbé de Condillac; sur ce paquet était écrit : « Les papiers qui sont sous cette enveloppe ne sont point de moi, c'est un dépôt ; la personne qui me l'a confié veut qu'il ne soit ouvert qu'après ce siècle révolu, et j'ai promis de faire tout ce qui est en mon pouvoir pour que sa volonté ait son effet ; je défends donc d'ouvrir ce paquet avant l'an 1800 fini, et j'en fais dépositaire celui ou celle que je nomme mon héritier.

« Au château de Flux, le 1ᵉʳ juin 1776.

« *Signé*, l'abbé de Condillac. »

Les cachets rompus, on a reconnu que leur enveloppe contenait un manuscrit de J.-J. Rousseau.

Cet ouvrage, écrit et corrigé de sa main, était intitulé : *Rousseau juge de Jean-Jacques*, et dédié à la Providence, avec cette épigraphe : « *Barbarus hic ego sum, quia non intelligor ulli.* (Ovid. Trist.)

12 janvier 1801, *ou 22 nivôse an* ix. — Fabrication des premières monnaies en argent et en or à l'effigie du premier consul Bonaparte, divisées en pièces de 40 fr. et 20 fr. en or, et de 5 fr., 2 fr., 1 fr., 50 cent. et de 25 cent. en argent. (15-76.)

Les premières que l'on vit à Orléans représentaient la tête de Bonaparte ayant les cheveux coupés à la *Titus*, et autour : *Bonaparte, premier consul.*

Le revers représentait la liberté coiffée d'un bonnet phrygien, avec cette légende : *République française*, et pour exergue : 5 *fr.* Ce modèle de pièces ainsi gravé ne parut pas long-temps, Bonaparte étant devenu empereur sous le nom de Napoléon, et la République ayant fait place à l'empire. (76-77-80.)

16 janvier 1801, *ou 26 nivôse an* ix. — Arrivée à Orléans de trente-neuf députés, déportés hors le territoire français par ordre des consuls ; ils furent déposés dans les prisons de St-Hilaire, et repartirent le lendemain matin pour faire place à d'autres qui étaient annoncés pour quelques jours après.

18 janvier 1801, *ou 28 nivôse an* ix. — Trente-quatre députés, déportés hors la France, arrivent encore à Orléans pour y coucher une nuit et repartir pour le lieu de leur embarcation ; parmi ces derniers se trouvait le général Hesse, qui avait été gouverneur d'Orléans en 1793. (76.)

2 mars 1801, *ou* 11 *ventôse an* ix. — Par ordre de la police d'Orléans, toutes les petites boutiques ou échoppes de fripiers, de cordonniers et de merciers qui étaient placées sur le Martroi, depuis la rue des Minimes jusqu'à la hauteur de la rue Royale, en formant l'équerre vers la rue Bannier, ainsi que celles placées devant St-Pierre jusqu'aux rues Sainte-Anne et de la Levrette, le tout au nombre de plus de cent-cinquante, ouvertes tous les jours, sont interdites et placées en partie dans la halle près le Grand-Marché. (4-76.)

6 mars 1801, *ou* 15 *ventôse an* ix. — Conformément à l'arrêté des consuls, portant qu'il y aura chaque année, à Paris, une exposition publique des produits de l'industrie française, le préfet du Loiret fait afficher dans la ville, et même prévenir à domicile les principaux manufacturiers et artistes, que cette exposition publique aurait lieu les cinq jours complémentaires de l'an ix (18, 19, 20, 21 et 22 septembre 1801), et que ceux qui désiraient y exposer quelque chose eussent à l'en avertir. (3-76-83.)

14 mars 1801, *ou* 23 *ventôse an* ix. — Arrêté du maire d'Orléans, qui ordonne que les marchands ferrailleurs qui venaient d'être éloignés de la place du Martroi, étaleraient leurs marchandises dans le cloître nord de Sainte-Croix, vis-à-vis le ci-devant grand cimetière, qui venait d'être agrandi par la démolition des petites maisons qui, avant, ne laissaient qu'un passage étroit pour entrer dans la rue de l'Evêché. (4-30.)

22 mars 1801, *ou* 2 *germinal an* ix.— Les bâtimens qui jadis servaient de magasins et de greniers à blé au ci-devant chapitre de St-Aignan d'Orléans, lesquels étaient placés à l'est, et près de cette église, ayant été vendus à un négociant de la ville, sont disposés en salle de spectacle qui servit d'abord à des comédiens amateurs, puis à une troupe d'artistes adolescens qui furent pendant long-temps fort suivis du public; par suite, cette salle étant devenue vacante, le propriétaire, mal dans ses affaires, fit faillite, et cette propriété passa entre les mains des créanciers qui la louèrent comme magasin. (76-77.)

24 avril 1801, ou 4 floréal an ix. — Le sieur Bachou, marchand de salines à Orléans, demande, par une pétition adressée au maire, Crignon-Désormeaux, que l'on fasse disparaître du portail de Sainte-Croix l'inscription qui portait ces mots : « *Le peuple français reconnaît l'Etre suprême et l'immortalité de l'âme.* (4.)

27 avril 1801, ou 7 floréal an ix. — Commencement des fondations pour élever sur la place du Martroi la colonne Départementale du Loiret, sur laquelle devaient être placées des tables d'airain destinées à faire connaître à la postérité la plus reculée les noms des braves du département morts pour la défense de la patrie ; les travaux, à peine arrivés à la hauteur du pavé, prêts à recevoir la première pierre, furent abandonnés et les fouilles comblées. (3-4-59-76-80.)

29 avril 1801, ou 9 floréal an ix. — Réduction du nombre des juges de paix d'Orléans : ils furent fixés à cinq pour la ville et la banlieue, au lieu de huit ; cette réduction fut faite par les habitans assemblés dans chaque arrondissement. Les cinq arrondissemens furent ainsi désignés :

1er *canton, arrondissement de l'est,* comprenant toute la partie orientale de la ville, située entre les faubourgs Bourgogne, St-Marc et St-Vincent, et une ligne tirée de la porte Bannier, passant par la rue Bannier, la rue Royale et aboutissant à la culée du pont.

2e *canton, arrondissement de l'ouest,* toute la partie occidentale de la ville, située entre les faubourgs St-Marceau, St-Laurent, la Madeleine, St-Jean, Bannier et la limite du 1er arrondissement.

3e *canton, arrondissement du sud,* le faubourg St-Marceau, Olivet, St-Cyr-en-Val, St-Denis-en-Val, St-Hilaire-St-Mesmin, St-Jean-le-Blanc, St-Nicolas, St-Mesmin et St-Pryvé.

4e *canton, arrondissement du nord-ouest,* les faubourgs St-Laurent, Madeleine, St-Jean et Bannier, Boulay, Chaingy,

Chanteau, Fleury, Ingré, La Chapelle-St-Mesmin, St-Jean-de-la-Ruelle, Saran.

5ᵉ *canton, arrondissement du nord-est*, les faubourgs St-Vincent, St-Marc et Bourgogne, Boigny, Bou, Chécy, Combleux, Donnery, Mardié, Marigny, St-Jean-de-Braye et Semoy.

Les juges de paix furent :

1ᵉʳ arrondissement, canton de l'est, Foucher jeune.

2ᵉ arrondissement, canton de l'ouest, Chollet.

3ᵉ arrondissement, canton du sud, Gaudry.

4ᵉ arrondissement, canton du nord-ouest, Coyau.

5ᵉ arrondissement, canton du nord-est, Caillard.

2 *mai* 1801, *ou* 12 *floréal an* ix. — M. Lacué, conseiller d'Etat, passe par Orléans : les autorités lui firent une réception brillante, et un dîner splendide eut lieu à la mairie. (4-76.)

8 *mai* 1801, *ou* 18 *floréal an* ix. — La fête de la Pucelle n'a pas lieu encore cette année : c'était la neuvième interruption. (4-77.)

26 *mai* 1801, *ou* 6 *prairial an* ix. — Cambacérès, deuxième consul, passe par Orléans ; il est reçu avec distinction et les honneurs dus à son rang ; il dîna à la mairie et coucha à la préfecture, qui avait été illuminée à cette occasion.

26 *mai* 1801, *ou* 6 *prairial an* ix. — L'église et le couvent des Minimes, d'Orléans, qui avaient servi de prison politique, puis de maison de détention pour les prêtres, pour les sans-culottes, les révolutionnaires et autres, sont adjugés à un sieur Gay, qui y établit une manufacture de couvertures.

11 *juin* 1801, *ou* 22 *prairial an* ix. — Etablissement d'un bureau central de police à Orléans, placé dans l'hôtel de la mairie ; ce bureau est tenu par le chef des commissaires de police, qui y tient séance tous les jours de neuf heures du matin à quatre heures du soir. (4-76-30.)

14 *juillet* 1801, *ou* 25 *messidor an* ix. — Fête de la Concorde et du 14 juillet, célébrée avec plus de pompe qu'à

l'ordinaire à Orléans, par ordre du maire de cette ville, suivant le programme ci-après, arrêté par lui.

Art. 1er. La fête de la Concorde sera célébrée dans les murs de cette cité, le 25 messidor (14 juillet).

Art. 2. Le 24, à six heures du soir, le bruit du canon et le son de la cloche annonceront la fête du lendemain.

Art. 3. Le 25, à cinq heures du matin, une nouvelle salve d'artillerie, et d'heure en heure le canon continuera de se faire entendre jusqu'à midi.

Art. 4. La garde nationale et la garnison prendront les armes, le lieu de rassemblement sera à l'hôtel de la mairie, à onze heures et demie précises, et toutes les autorités constituées, civiles et militaires, s'y rendront sur l'invitation du maire; il leur sera envoyé des détachemens de la garde nationale aux lieux où elles siègent, pour les escorter jusqu'à la mairie; toutes les autorités réunies, le maire se transportera à la préfecture avec un détachement de la garde nationale, pour accompagner le préfet; le surplus de la garde nationale et de la garnison se réunira sur la place de la Réunion (l'Etape) pour former deux haies à l'instant du départ.

Le local servant aujourd'hui de *Muséum* et tenant à l'école centrale (église du collége), est choisi pour le lieu où doit se faire la cérémonie.

Art. 5. A midi précis, le cortége se mettra en marche pour se rendre audit lieu, et prendra par la rue de la Réunion (d'Escures), la place de la République (le Martroi), la rue Egalité (rue Royale), la rue de la Faverie, la rue Ste-Catherine et le cloître St-Maclou; la marche sera ouverte par un commissaire de police, un groupe de vétérans et un détachement de la garde nationale, les autorités constituées prendront les rangs qui leur sont dus.

Art. 6. Arrivées au lieu de la cérémonie, les autorités civiles et militaires occuperont les places qui leur seront destinées.

Art. 7. La musique de la garde nationale, les artistes et les chœurs du théâtre exécuteront alternativement des morceaux de musique analogues à la fête.

Un roulement de tambours annoncera le discours de

l'anniversaire du 14 juillet, qui sera prononcé par un professeur de l'école centrale.

Les artistes et chœurs exécuteront plusieurs morceaux de musique, qui seront terminés par un roulement de tambours annonçant le départ du cortége.

Art. 8. Les autorités et fonctionnaires publics, précédés et suivis de la garde nationale et troupes de ligne, en sortant du Muséum dans l'ordre qu'ils occupaient, se rendront à la mairie par la rue des Petits-Souliers, celles des Grands-Ciseaux et Saint-Martin-de-la-Mine.

Art. 9. Rendus à la mairie, chaque autorité retournera au lieu de ses séances avec l'escorte qui était allée la chercher.

Art. 10. A six heures du soir, spectacle *gratis* où quatre vétérans de la garde nationale, quatre vétérans nationaux, neuf élèves de l'école centrale, accompagnés d'un professeur, et douze des écoles primaires accompagnés d'un instituteur, occuperont des places d'honneur.

Art. 11. A neuf heures du soir, illumination générale de la ville, et particulièrement aux lieux des autorités constituées.

Art. 12. Il sera dressé des tentes dans le ci-devant grand cimetière, avec orchestre de musiciens pour la danse, jusqu'à minuit.

Art. 13. Les autorités civiles et militaires, et autres fonctionnaires publics, sont invités à procurer l'exécution du présent, chacun pour ce qui le concerne.

Fait en l'hôtel de la mairie, le 12 messidor an IX de la République française.

CRIGNON-DÉSORMEAUX, *maire*.

1er *août* 1801, *ou* 13 *thermidor an* IX.— Arrêté du gouvernement consulaire, portant établissement d'une bourse de commerce à Orléans. Les principaux articles étaient ainsi conçus:

Art. 1er. Il y aura une bourse de commerce dans la ville d'Orléans, département du Loiret.

Art. 2. Provisoirement, la tenue de la Bourse aura lieu dans le local que les commerçans se sont procuré.

Art. 3. Les fonctions d'agent de change et de courtier

ne pourront être cumulativement exercées par les mêmes individus.

Art. 4. Le nombre des agens de change ne pourra être au-dessus de quatre; celui des courtiers de commerce pour les marchandises et le roulage ne pourra être au-dessus de quinze.

Le cautionnement des agens de change est fixé à six mille francs pour chacun; celui des courtiers de commerce à celui de quatre mille francs, avec rente de quatre pour cent payés par le gouvernement (*).

11 *octobre* 1801, *ou* 19 *vendémiaire an* x. — Le corps municipal d'Orléans établit dans cette ville une école gratuite d'écriture et d'arithmétique, et nomma pour directeur le sieur Dinomé; cette école prit la dénomination des *Vingt-Quatre*, parce qu'il ne pouvait pas y avoir d'élèves au-delà de ce nombre, qui était toujours au complet. (4-76-77.)

14 *octobre* 1801, *ou* 22 *vendémiaire an* x. — Par autorisation du premier consul Bonaparte, les sœurs de la Charité ou de la Sagesse, sont rétablies en France; celles qui vinrent à Orléans furent réparties dans les principales paroisses de la ville, et furent, comme avant la révolution, chargées de tenir les classes, ou écoles chrétiennes de charité pour les filles.

9 *novembre* 1801, *ou* 18 *brumaire an* x. — Fête anniversaire du 18 brumaire, célébrée à Orléans à cette époque avec une grande pompe, et remarquable par le programme de cette fête et la proclamation du maire de cette ville, affichée trois jours avant :

« Citoyens,

« Quelle fête plus solennelle que celle qui doit être célébrée le 18 de ce mois! Après douze ans de troubles et d'agitations, elle nous promet paix et bonheur; elle nous fait espérer de voir renaître bientôt notre ancienne splendeur; notre agriculture, notre commerce, nos arts vont refleurir; nous allons enfin voir fixer à jamais le rang que

---

(*) La Bourse fut ouverte rue d'Iliers, dans l'ancienne église de la communauté des Minimes, que les négocians avaient louée à M. Miron-Gay, possesseur de ce bien national.

nous avons toujours occupé ; malgré toutes les puissances coalisées, leurs nombreuses armées nous attaquant au dehors, leurs intrigues fomentant des dissensions dans l'intérieur, malgré nos propres discordes politiques et religieuses, nous conserverons le titre de première nation de l'Europe.

« Nous devons tous ces bienfaits au courage de nos soldats, à la sagesse de notre gouvernement et à son premier chef, à ce génie tutélaire qui, après s'être couvert de gloire et de lauriers à la tête de nos armées, après avoir formé l'entreprise la plus hardie, qu'il sacrifia bientôt pour une plus digne de lui, volant des bords du Nil aux rives de la Seine, vint nous rappeler au bonheur. Deux années lui suffisent pour écraser les factions qui nous déchiraient, et forcer nos ennemis, même les plus redoutables, à signer une paix honorable, sachant par une sage politique unir les intérêts de l'état aux vœux des particuliers, en rétablissant le calme dans la conscience des uns, sans rien faire perdre de la puissance de l'autre ; il a forcé à la reconnaissance, et rallié autour de lui, les partis les plus opposés et les esprits les plus acharnés. Ses travaux les plus pénibles sont enfin terminés : tous ses soins vont se porter sur l'intérieur, en réformant les lois devenues nulles ou insuffisantes, en encourageant les arts et les sciences, en rendant à l'agriculture des bras qui sont désormais inutiles pour la défense de la patrie, en mettant de l'économie dans toutes les parties de l'administration.

« Nous devons encore au premier consul une reconnaissance particulière pour le choix qu'il a fait du magistrat qui administre ce département avec autant d'intégrité que de justice.

« Vous ne pouvez donc, citoyens, que voir d'un œil satisfait les réjouissances publiques qui sont ordonnées, et je vous invite à y contribuer par tout ce qui dépendra de vous, et à prendre part à celles arrêtées par le programme qui suit ; vous prouverez par là au gouvernement votre attachement ; nous nous trouverons heureux d'avoir été choisis pour vos administrateurs et récompensés de nos travaux et de notre dévoûment au chef de l'état. »

Programme de la fête.

Art. 1ᵉʳ. Le 17 brumaire, à midi, le son de la cloche et une salve d'artillerie annonceront la fête du lendemain.

Art. 2. Le 18, jour de la fête, tous les citoyens seront tenus de fermer leurs boutiques et magasins pendant toute la journée.

Art. 3. A six heures du matin, et d'heure en heure alternativement, jusqu'à midi, le son de la cloche et le bruit du canon se feront entendre.

Art. 4. Il sera établi sur l'Etape des jeux d'adresse, pour lesquels il sera distribué des prix.

Art. 5. A quatre heures du soir, grand bal public et *gratis*, dans la grande salle de spectacle.

Art. 6. A cinq heures, illumination générale de la ville : en conséquence, il est enjoint à tous les citoyens d'illuminer le devant de leurs habitations, et les autorités constituées y sont invitées pour le lieu de leurs séances.

Art. 7. Aucune voiture ne pourra circuler, le jour de la fête, dans les rues qui aboutissent à la place de la Réunion (l'Etape), savoir : rue de la Réunion (rue d'Escures), rue J.-J. Rousseau (de l'Evêché), celle de la Bretonnerie et la rue Parisis.

Art. 8. Il est enjoint aux commissaires de police de veiller à l'exécution du présent, en ce qui a rapport aux mesures de police.

Il sera fait toutes réquisitions pour l'établissement des gardes de police jugées nécessaires.

Fait en l'hôtel de la mairie, le 15 brumaire an x de la République française.

CRIGNON-DÉSORMEAUX, *maire*.

16 *novembre* 1801, *ou* 25 *brumaire an* x. — Publication de la paix continentale, faite à Orléans avec pompe, enthousiasme et cris réitérés de : *Vive Bonaparte ! vive le premier consul !*

Ordre de la marche pour la publication de la paix.

Le cortége partira de l'hôtel de la mairie à onze heures du matin, et parcourra les places et rues ci-après indiquées, savoir :

Place de la Réunion (l'Etape), première proclamation; rue de la Bretonnerie, rue Bannier et place de la porte Bannier, à l'entrée du faubourg, deuxième proclamation; rue Bannier, place de la République (Martroi), troisième proclamation; rue d'Iliers, rue de Mes-Chevaux, place de la Croix-Morin, quatrième proclamation; rue de la Loi (des Carmes), place du Marché de la Porte-Renard, cinquième proclamation; rue de Recouvrance, au bas de la rue, sur le port, sixième proclamation; le port, le pont, place de la Demi-Lune, septième proclamation; le pont, le port de la Poterne, place de la Tour-Neuve, huitième proclamation; rue de la Tour-Neuve, place du carrefour de la rue Bourgogne, neuvième proclamation; rue Bourgogne, place du Coin-Maugas, dixième proclamation; rue Egalité (Royale), place de la République (Martroi), rue de la Réunion (d'Escures), et le cortége rentrera à la mairie.

Le soir le spectacle sera *gratis*, et il y aura orchestre sur la place de la Réunion, depuis sept heures du soir jusqu'à minuit.

Fait à l'hôtel de la mairie, le 23 brumaire an x.

CRIGNON-DÉSORMEAUX, *maire*.

Le cortége était composé de tout le corps municipal, des commissaires de police, d'une partie de la garde nationale et de la garnison; le tout précédé de la musique militaire et des tambours (76-77-4-80).

1802

7 *mars* 1802, *ou* 16 *ventôse an* x. — Renouvellement par cinquième du Corps législatif et du Tribunat. Le département du Loiret s'étant trouvé par le sort dans la série de ceux qui devaient renouveler leur députation, les électeurs furent réunis et nommèrent les députés ci-après:

M. Cornet, sénateur (réélu); M. Gillet de la Saugerie,

tribun (réélu); Appert, Guérin, Delahaye (d'Orléans), tous trois législateurs.

1ᵉʳ *avril* 1802, *ou* 11 *germinal an* x. — Etienne-Alexandre Bernier, ancien curé de Saint-Laud d'Angers, ex-chef de Vendéens, qui avait été chargé par le gouvernement français d'aller à Rome pour arrêter les articles du concordat avec le pape Pie VII, est à cette époque nommé, par le premier consul Bonaparte, évêque d'Orléans, avec l'espoir d'être cardinal.

5 *avril* 1802, *ou* 15 *germinal an* x. — Le corps législatif adopte le concordat arrêté entre le pape Pie VII et les trois consuls; le cardinal Caprara, envoyé à cet effet en France, est autorisé à exercer les fonctions de légat *à latere*.

8 *avril* 1802, *ou* 18 *germinal an* x. — Suppression des décades, par ordre du gouvernement, et rétablissement des dimanches pour jours de repos.

11 *avril* 1802, *ou* 21 *germinal an* x. — Etienne-Alexandre Bernier, qui venait d'être nommé, par le premier consul Bonaparte, évêque d'Orléans, est sacré par le cardinal Caprara, légat *à latere* en France, dans l'église de Notre-Dame de Paris.

26 *avril* 1802, *ou* 6 *floréal an* x. — Amnistie accordée aux émigrés français, sur la demande du premier consul Bonaparte; peu de temps après, plusieurs chefs des premières maisons de la ville, qui avaient été forcés de s'expatrier pendant la tourmente révolutionnaire, reviennent à Orléans. (76-77-83-80.)

8 *mai* 1802, *ou* 18 *floréal an* x. — La fête de Ville, ou de la Pucelle d'Orléans, n'a pas encore lieu cette année; c'était la dixième interruption. (4-77.)

10 *mai* 1802, *ou* 20 *floréal an* x. — Arrêté des consuls, portant que le peuple français sera consulté sur cette question : Napoléon Bonaparte sera-t-il consul à vie? Un registre est ouvert à Orléans et revêtu de signatures. (4-15-83-76.)

19 *mai* 1802, *ou* 29 *floréal an* x. — Bonaparte, premier consul, demande et obtient une loi portant création d'une Légion-d'Honneur. (15-83.)

La décoration de cet ordre fut portée, pour la première fois, à Orléans, par l'évêque Bernier, auquel Bonaparte l'avait accordée peu de temps après sa nomination épiscopale. (77-76-8-80.)

25 *mai* 1802, *ou* 5 *prairial an* x. — Par ordre du premier consul Bonaparte, et en conformité d'un des articles du concordat, l'évêché de Blois (Loir-et-Cher), est réuni à celui d'Orléans. (4-15-76.)

19 *juin* 1802, *ou* 30 *prairial an* x. — Arrêté du maire d'Orléans, relatif à la place et au loyer des chaises sur le grand Mail; cette promenade est divisée en six parties, qui furent numérotées et tirées au sort par les personnes qui voulaient exposer des siéges aux promeneurs. (4-77.) (30.)

4 *juillet* 1802, *ou* 15 *messidor an* x. — L'évêque Bernier fait son entrée dans la ville; la cérémonie qui se fit dans la cathédrale de Sainte-Croix fut pompeuse; les anciens usages ne furent plus observés; le serment à Saint-Aignan pour les droits de chapitre, la délivrance des prisonniers, le droit d'être porté à bras par quatre seigneurs, et autres usages extraordinaires, déjà inusités depuis long-temps, ne furent plus repris; une messe en musique, de Mehul, fut exécutée à grand orchestre sous la direction de M. Lottin; tous les corps constitués, civils, militaires et religieux assistèrent à la prise de possession de l'évêque. (4-76.)

Cette cérémonie, simple, mais imposante, était très-désirée à Orléans, privée depuis dix ans et demi de pasteurs. L'ancien évêque, de Jarente d'Orgeval, ayant abdiqué le 11 décembre 1793, le siége vacant fut tenu, pendant ce temps, par des vicaires-généraux. (8-10-76-80.)

— Le même jour de l'installation de l'évêque Bernier dans son évêché d'Orléans, il parut dans cette ville une ode en vers français contre ce prélat, par laquelle on lui reprochait son ambition, sa conduite sanguinaire dans la

Vendée; on lui rappelait, avec des expression d'une violence extrême, l'usage impie qu'il avait fait du Christ et du poignard contre des Français ses frères; il fut même répandu sur le pavé de la porte de son palais épiscopal, rue de l'Évêché, plusieurs seaux de sang. (*Histoire de France*, par l'abbé Montgaillard.)

Cette vengeance fut attribuée à plusieurs habitans d'Angers, de Chollet, de Saumur et autres endroits de la Vendée, qui étaient depuis quelques jours à Orléans, et qui publiquement appelaient l'évêque Bernier l'assassin de leurs enfans, le massacreur de leurs familles. (76-77.)

5 juillet 1802, ou 16 messidor an x. — Premier enterrement fait publiquement à Orléans, avec les anciennes cérémonies de l'église; le corps du défunt fut enlevé par les prêtres, avec la croix, les cierges, les chantres et les enfans de chœur, ou *benedicamus*. Cette cérémonie parut tellement nouvelle dans cette ville, que tout le monde était aux portes et aux fenêtres; le peuple escorta le convoi de l'église de St-Paul au cimetière de la porte St-Jean, où le dépôt du corps se fit au grand étonnement des enfans qui n'avaient jamais vu cette cérémonie. (76-77-80.)

22 juillet 1802, ou 3 thermidor an x. — Le docteur Petit, célèbre médecin, né à Orléans, fondateur de l'établissement des consultations gratuites de médecine et de jurisprudence, placé rue de l'Évêché, ayant été inhumé, en 1794, époque de sa mort, sans les cérémonies religieuses, les églises étant fermées à cette époque, les docteurs de la ville font faire un service pour le repos de son âme; l'évêque Bernier y officia et y prononça une oraison funèbre très-remarquable, en présence d'un nombre très-considérable d'assistans. (76-77.)

23 juillet 1802, ou 4 thermidor an x. — L'évêque d'Orléans et le maire invitent, l'un par un mandement, l'autre par une proclamation, tous les catholiques de la commune à venir au secours de l'église de Ste-Croix, qui n'avait ni linge, ni un seul vase pour célébrer l'office divin; ces invitations et les demandes particulières des prêtres de la ville et du diocèse eurent un résultat plus que suffisant. (4-10-8-76.)

26 *juillet* 1802, *ou* 7 *thermidor an* x. — L'évêque d'Orléans interdit, non sans beaucoup de peine, tous les oratoires ou petites chapelles qui existaient dans les maisons particulières, et qui s'étaient établis pour la commodité des personnes riches, qui trouvaient très-agréable de pouvoir suivre les offices sans sortir de leur chambre. (8-10-77.)

2 *août* 1802, *ou* 14 *thermidor an* x. — Sénatus-consulte organique, qui déclare que le peuple français nomme et le sénat proclame Napoléon Bonaparte premier consul à vie.

Quelques jours après cette décision du sénat, il fut affiché sur les murs d'Orléans, et proclamé solennellement dans la ville et par tout le département un imprimé ainsi conçu :

« Napoléon Bonaparte, premier consul à vie, etc.

« Le sénat conservateur, réuni au nombre prescrit par l'art. 110 de la Constitution,

« Délibérant sur le message des consuls de la République, du 10 de ce mois,

« Après avoir entendu le rapport de sa commission spéciale, chargée de vérifier les registres des votes émis par les citoyens français;

« Vu le procès-verbal fait par la commission spéciale, et qui constate que 3,577,259 citoyens ont donné leurs suffrages, et que 3,568,885 citoyens ont voté pour que Napoléon Bonaparte soit nommé consul à vie;

« Considérant que le sénat, établi par la Constitution, organe du peuple pour etc., etc.,

« Décrète ce qui suit :

« Art. 1er. Le peuple français nomme, et le sénat proclame Napoléon Bonaparte premier consul à vie.

« Art. 2. Une statue de la Paix, tenant d'une main le laurier de la victoire, et de l'autre le décret du sénat, attestera à la postérité la reconnaissance de la nation.

« Art. 3. Le sénat portera au premier consul l'expression de la reconnaissance, de l'amour et de l'admiration du peuple français.

« BARTHÉLEMY, président; VAUBOIS,
et FARGUES, secrétaire. »

Arrêté du Préfet du département du Loiret du 17 thermidor an x de la République française.

« Vu la lettre du ministre de l'intérieur, du 16 de ce mois, contenant envoi du sénatus-consulte du 14, qui proclame Napoléon Bonaparte consul à vie ;

« Vu le sénatus-consulte précité, arrête :

« Art. 1ᵉʳ. Le sénatus-consulte du 14 de ce mois sera imprimé en tête du présent.

« Art. 2. Il sera solennellement publié dans toutes les communes du département, le 27 de ce mois, par les maires et adjoints, et dans les communes chefs-lieux d'arrondissemens, par le préfet et les sous-préfets.

« Art. 3. Tous les fonctionnaires civils et militaires seront invités à assister à cette publication.

« Art. 4. Les discours du président du sénat et la réponse du premier consul seront imprimés à la suite du présent.

« Fait à Orléans, les jour et an susdits.

« J.-P. MARET.

« Par le Préfet :
« Le secrétaire-général de la préfecture,
« SOUQUE. »

Suivait le discours du président du sénat au premier consul ; suivait aussi la réponse du premier consul. (3-4.)

6 août 1802, ou 18 thermidor an x. — *Te Deum* chanté en musique et avec grande pompe dans la cathédrale de Ste-Croix d'Orléans, en action de grâces de la nomination de Bonaparte premier consul à vie. (4-76-77.)

8 août 1802, ou 20 thermidor an x. — Chaleur extraordinaire ; le thermomètre de Réaumur s'éleva à vingt-neuf degrés. (77-80.)

20 août 1802, ou 2 fructidor an x. — Toussaint Louverture, chef des hommes de couleur révoltés de Saint-Domingue, passe à Orléans avec Christophe, son aide-de-camp, sous l'escorte de cinquante dragons qui le conduisaient à Gy, près Besançon, lieu de détention. (15-43-76-77.)

1er *septembre* 1802, *ou* 14 *fructidor an* x. — M. Payen, docteur en chirurgie, natif d'Orléans, ouvre dans cette ville, rue du Bourgneuf, un cours gratuit d'anatomie, qui fut très-suivi, vu le talent du jeune professeur. (76-77.)

3 *septembre* 1802, *ou* 16 *fructidor an* x. — Le corps municipal d'Orléans, d'après l'avis du maire, donne aux officiers de la garnison un superbe dîner, servi à l'hôtel de la mairie, en réjouissance de la nomination de Bonaparte en qualité de premier consul à vie. (4-76-77.)

25 *septembre* 1802, *ou* 3 *vendémiaire an* xi. — Un troupeau de moutons d'Espagne, nommés mérinos, de la plus grande beauté, les premiers vus à Orléans, passe par cette ville pour être conduit à Châteauneuf; il y avait six brebis pour un bélier; leur nombre réuni pouvait s'élever à six cents bêtes environ. (77.)

8 *octobre* 1802, *ou* 16 *vendémiaire an* xi. — L'évêque d'Orléans nomme pour ses deux premiers grands-vicaires, MM. Blain et Barbazan; le premier avait été prêtre insermenté, dit réfractaire, et le second, prêtre assermenté. Cette nomination fut regardée comme le résultat d'une politique adroite. (8-10-76.)

28 *octobre* 1802, *ou* 6 *brumaire an* xi. — M. Maussion, docteur en chirurgie, d'Orléans, ouvre son cours d'accouchement gratuit, dans le local de l'ancien collége de chirurgie, rue du Sanitas, près le Mail. (6-38-80.)

9 *novembre* 1802, *ou* 18 *brumaire an* xi. — Anniversaire du 18 brumaire, célébré avec pompe à Orléans, et remarquable par le repas qui termina la fête. La solennité en avait été annoncée dans la ville par une proclamation du maire, qui avait fait un article particulier pour annoncer ce premier dîner. (4-76-80.)

22 *novembre* 1802, *ou* 1er *frimaire an* xi. — Un sieur Olivari, pauvre physicien, arrive à Orléans, et fait annoncer son ascension dans un ballon qu'il avait exposé aux regards du public dans l'ancien jeu de paume, près l'ancien grand cimetière. Ce malheureux ayant fixé ce jour pour son expérience, qu'il avait préparée dans l'enceinte du grand cimetière, se place dans la nacelle, dans laquelle

il se balançait, irrésolu de s'élever dans les airs; il est enfin forcé de partir par les huées des spectateurs, dont plusieurs, en notre présence, eurent la cruauté de se porter sur lui la canne levée. A peine élevé de cent toises, le ballon s'enflamma, et précipita son conducteur dans une pièce de vigne, à Fleury, éloigné d'une petite lieue d'Orléans; il fut écrasé par sa chute; les cicatrices qui étaient à ses mains firent voir les efforts qu'il avait faits pour lutter contre la mort. Un pauvre vigneron, près duquel il tomba, faillit périr de peur, et fut même quelque temps sans pouvoir rappeler sa raison, troublée par la chute d'un homme qui, selon lui, était tombé du ciel sur la terre. (6-76-77-80.)

24 *décembre* 1802, *ou* 3 *nivôse an* xi. — Une épidémie très-meurtrière se déclare à Pithiviers, petite ville du département du Loiret; elle fut si dangereuse, que le gouvernement y envoya, de Paris, deux docteurs célèbres de l'École de médecine, et le préfet du Loiret, M. Maret, y fit aussi passer MM. Payen et Lanoix père, docteurs à Orléans. (3-4-76-80.)

— Mort de Jogues de Guedreville (Auguste-Georges), natif d'Orléans. (80.)

1803.

3 *janvier* 1803, *ou* 13 *nivôse an* xi. — Un assez grand nombre de prêtres de la ville et des environs se réunissent chez l'évêque d'Orléans, et, après une conférence avec ce prélat, ils se rendent tous au conseil municipal, à l'hôtel de ville, et y prêtent, entre les mains du maire, le serment de fidélité à Bonaparte consul à vie et aux lois de la République. (4-76-77-80.)

4 *janvier* 1803, *ou* 14 *nivôse an* xi. — Création des sénatoreries en France, ou apanage des sénateurs. Plus

tard, le département du Loiret fut désigné comme chef-lieu d'une de ces sénatoreries. (76-83-85.)

12 janvier 1803, ou 22 nivôse an XI. — Les religieuses qui dirigeaient l'Hôtel-Dieu d'Orléans, et qui avaient été forcées de quitter cette maison pendant la tourmente révolutionnaire, sont rappelées par l'évêque, qui les réinstalle avec de grandes cérémonies, et qui donne en même temps le voile blanc à plusieurs novices. (4-76.)

Les dames charitables qui avaient pris soin de cet hospice en l'absence des sœurs, reçurent les remercîmens de l'évêque et les regrets des pauvres malades qu'elles avaient soignés avec une attention toute particulière. (76-80.)

15 janvier 1803, ou 25 nivôse an XI. — Etablissement à Orléans d'un bureau central de bienfaisance, placé à l'évêché, dont l'évêque Bernier était le président, et M. Boillève-Pompon le trésorier. Ce bureau distribuait aux personnes charitables de la ville, et au prix modique de deux sous chacune, des cartes de soupe, de pain et de légumes, qui étaient délivrées aux malheureux, lesquels venaient les recevoir en nature, dans un local de l'Hôtel-Dieu, dont la porte ouvrait au sud, sur la place Ste-Croix, près les tours. On avait établi dans cet endroit des chaudières énormes pour faire les soupes économiques, dites à la Rumford, et cuire les légumes, le tout sous l'inspection des sœurs de cette maison, qui les distribuaient aux porteurs des petits bons, lesquels s'asseyaient par terre, autour du cloître, avec les enfans, souvent au nombre de plusieurs centaines, pour manger les alimens qui leur avaient été donnés. (4-10-76-77.)

10 février 1803, ou 21 pluviôse an XI. — Le conseil général de la commune d'Orléans fait des réglemens pour la police intérieure de l'école municipale gratuite de dessin de cette ville, et en ordonne de suite la mise à exécution. (4-6-30-77.)

— Arrêté du maire d'Orléans, qui ordonne la décharge de tous les bateaux chargés qui sont sur la Loire, dans l'étendue de la commune, et cela dans les vingt-quatre heures du présent avertissement, ainsi que l'enlèvement des trains de bois et de mâts, dans la crainte d'une très-forte débâcle, le fleuve étant pris par les glaces dans toute sa largeur, et dans une très-grande étendue. (4-30-77.)

13 *février* 1803, *ou* 24 *pluviôse an* XI. — Arrêté du préfet du Loiret, relatif aux précautions à prendre pour rendre l'effet de la débâcle que l'on attendait le moins malheureux possible, et pour faire distribuer, sur les bords de la Loire, des pelles, des pioches, des brouettes, des hottes, etc., etc., afin de réparer les chaussées, si quelque malheur arrivait. (3-80.)

— Mort de Seurrat de la Boulaye, un des fondateurs de l'académie d'Orléans, ex-député à l'assemblée nationale en 1789, pour la noblesse orléanaise, et membre du côté droit. (8-10.)

15 *février* 1803, *ou* 26 *pluviôse an* XI. — Le corps municipal d'Orléans, par une pétition, demande au premier consul Bonaparte, l'autorisation de faire élever un monument en l'honneur de Jeanne-d'Arc, pour remplacer celui qui avait été détruit pendant la révolution. (4-76-77.)

18 *février*, *ou* 29 *pluviôse an* XI. — Le premier consul Bonaparte approuve le rétablissement du monument de Jeanne-d'Arc à Orléans ; l'apostille à la pétition du corps municipal est en entier de sa main, et ainsi conçue :

« La délibération du conseil municipal m'est très-agréable ; l'illustre Jeanne-d'Arc a prouvé qu'il n'est point de miracle que le génie français ne puisse opérer, lorsque l'indépendance nationale est menacée ; unie, la nation française n'a jamais été vaincue : mais nos voisins, abusant de la franchise, et de la loyauté de notre caractère, semèrent constamment parmi nous ces dissensions d'où naquirent les calamités de l'époque où vécut l'héroïne française, et tous les désastres que rappelle notre histoire. »

Le ministre de l'intérieur Chaptal, souscrivit de suite pour une somme de 5,000 fr. (4-80.)

22 *février* 1803, *ou* 3 *ventôse an* XI. — L'évêque d'Orléans écrit au premier consul pour demander l'exécution du projet qu'il avait de rétablir les cérémonies religieuses qui avaient autrefois lieu en mémoire de la délivrance d'Orléans par la Pucelle.

Il est autorisé par le premier consul à rétablir les cérémonies religieuses pour la fête de Ville. Cette autorisation lui est annoncée par le ministre des cultes, dans une lettre ainsi conçue :

« J'ai présenté au premier consul, monsieur l'évêque, votre projet de rétablir les cérémonies religieuses qui avaient autrefois lieu en mémoire de la délivrance d'Orléans par la Pucelle. Il approuve entièrement ce projet, et il a trouvé dans votre proposition un nouveau témoignage de votre empressement à faire concourir la religion à tout ce qui peut être honorable pour la nation française.

« J'ai l'honneur de vous saluer,

« Portalis. »

8 *mars* 1803, *ou* 17 *ventôse an* xi. — Souscription ouverte à la mairie d'Orléans pour les frais du monument à élever à la mémoire de Jeanne-d'Arc ; cette souscription fut proposée non-seulement aux Orléanais, mais aussi à tous les Français. Le citoyen Baguenault, banquier, à Paris, fut chargé de recevoir les souscriptions des étrangers.

Des médailles d'argent et de bronze furent promises aux souscripteurs, selon le montant de leur offrande, qui ne pouvait être moindre de 50 fr. (4-17.)

10 *mars* 1803, *ou* 19 *ventôse an* xi. — Jury médical, institué à Orléans par une loi particulière ; ce jury, composé de dix membres, médecins, chirurgiens et pharmaciens, était divisé en plusieurs sections, chargées chacune de l'examen des sages-femmes, de la visite chez les pharmaciens, droguistes, épiciers et herboristes du département. (3-4-28-38.)

Loi sur l'exercice de la médecine et rétablissement du doctorat.

15 *mars* 1803, *ou* 24 *ventôse an* xi. — L'église de Saint-Vincent, faubourg nord-est d'Orléans, qui avait été mise en vente et non adjugée, est rendue au culte et rétablie dans son premier état de splendeur par les dons des paroissiens. (3-4-76.)

16 *mars* 1803, *ou* 25 *ventôse an* xi. — Loi sur le notariat, publiée et mise à exécution à Orléans. (4-85.)

25 *mars* 1803, *ou* 4 *germinal an* XI. — Le département du Loiret est taxé à la somme de 2,901,000 fr. pour sa cote-part dans les impôts de cette année, cette somme était ainsi formée :

   Impôt foncier............ 2,330,000 fr.
   Impôt mobilier........... 373,100
   Portes et fenêtres......... 197,900

    Total général..... 2,901,000 fr.

27 *mars* 1803, *ou* 6 *germinal an* XI. — Le chef-d'escadron au 8ᵉ régiment de dragons en garnison à Orléans, nommé Thiériard, est assassiné à une heure du matin, rue de l'Evêché, en sortant du café tenu par le sieur Sergent, place de la Réunion ; la police et la justice firent les perquisitions et les informations les plus rigoureuses, sans pouvoir découvrir l'assassin qui laissa un couteau, instrument de son crime, dans le sein de sa victime ; les soldats du régiment furent pendant quelque temps en assez grande fermentation par suite de la mort de leur chef, ce qui donna de vives inquiétudes aux autorités d'Orléans.

Plusieurs mois après, le bruit courut en ville que le meurtrier du chef-d'escadron de dragons, était une Orléanaise, jeune fille de l'âge de 15 ans, désespérée de ses infidélités.

1ᵉʳ *avril* 1803, *ou* 11 *germinal an* XI. — Service solennel dans l'église cathédrale de Sainte-Croix d'Orléans pour le repos de l'âme du général Leclerc, beau-frère du premier consul Bonaparte, décédé le 2 novembre 1802 à St-Domingue, où il commandait l'armée française. A ce service, l'évêque d'Orléans, Bernier, prononça une oraison funèbre remarquable par l'enthousiasme qu'il fit paraître pour Bonaparte et sa famille. Il lui donna le nom d'envoyé du ciel. (4-76-80.)

19 *avril* 1803, *ou* 29 *germinal an* XI. — L'évêque d'Orléans fait rouvrir l'église de Notre-Dame-de-Recouvrance, comme succursale. (6-76.)

27 *avril* 1803, *ou* 7 *floréal an* XI. — Arrêté du gouvernement, portant, qu'il sera établie une Chambre de commerce à Orléans, et qu'elle sera constituée conformément

aux dispositions de l'arrêté du 24 décembre 1802. (4-15-30-85.)

6 mai 1803, *ou* 16 *floréal an* xi. — Par ordre du gouvernement, l'école centrale prend le nom de lycée; les nouveaux règlemens faits alors, arrêtaient que les élèves seraient conduits militairement, porteraient un habit d'uniforme, la cocarde aux couleurs nationales, qu'ils seraient divisés par compagnies et escouades, que l'exercice, les récréations, le lever, le coucher, la rentrée dans les classes et les promenades, seraient indiqués par le son du tambour et non par celui d'une cloche; que les dimanche, jeudi et les autres jours de congés, seraient destinés à la manœuvre du fusil et aux marches militaires, sous un instructeur vétéran; enfin, que les anciennes punitions seraient remplacées par la prison, les arrêts et les *pensum*. (4-20.)

Cet établissement fut affecté aux départemens du Loiret, d'Indre-et-Loire et de Loir-et-Cher. (4-20.)

La chapelle fut d'abord placée à l'Hôtel-Dieu, dans celle de cet hospice, puis à St-Pierre-en-Sentelée, lorsque cette dernière fut rendue au culte catholique, en 1805; puis après dans l'église qui dépendait du collége.

8 mai 1803, *ou* 18 *floréal an* xi. — Rétablissement de la fête de Ville, ou de la Pucelle, qui avait été interrompue pendant dix années consécutives; cette fête, autorisée par le premier consul Bonaparte, d'après la demande que lui en avait faite l'évêque d'Orléans, Bernier, fut remarquable par la réédification d'un monument provisoire en l'honneur de l'héroïne. (4-76-80.)

La cérémonie fut très-brillante. (4.)

Dès le 28 avril, il fut lu dans les églises d'Orléans, et même du diocèse, un imprimé intitulé :

Mandement de Monsieur l'évêque d'Orléans, ordonnant le rétablissement de la fête de la délivrance d'Orléans par Jeanne-d'Arc, connue sous le nom de Pucelle d'Orléans.

« Etienne-Alexandre-Jean-Baptiste-Marie Bernier, par la miséricorde divine, et la grâce du Saint-Siége, évêque d'Orléans,

« Au Clergé et aux Fidèles de notre diocèse, salut et bénédiction en Jésus-Christ Notre Seigneur.

« Quel heureux jour, nos très-chers frères ! etc., etc.

« A ces causes, et en vertu de l'autorisation spéciale du gouvernement, nous ordonnons que la fête religieuse établie en cette ville en mémoire de sa délivrance par Jeanne-d'Arc, connue sous le nom de Pucelle d'Orléans, continuera d'être célébrée le 8 mai de chaque année, sous le rit, et avec les cérémonies d'usage.

« La procession qui a lieu ce même jour, se rendra de notre église cathédrale à celle de St-Marceau, en suivant l'ordre et la marche qui sont indiqués par le programme de la fête, arrêté par le citoyen préfet, de concert avec nous, et approuvé par le gouvernement.

« Le clergé de toutes les églises de cette ville sera tenu d'assister à cette procession, et devra, pour cet effet, être rendu dans notre église cathédrale, ce même jour, 8 mai, avant neuf heures et demie du matin.

« Le clergé de chaque église marchera pendant la procession, dans l'ordre suivant :

« Les enfans de l'hôpital-général ouvriront la marche, et seront suivis du clergé de la succursale des Aides, de Notre-Dame-de-Recouvrance, St-Marceau, St-Laurent, St-Marc, St-Vincent, St-Donatien, St-Aignan, St-Paterne, St-Paul et la cathédrale.

« Il sera célébré, le lendemain, neuf mai, dans notre église cathédrale, un service funèbre pour le repos de l'âme de Jeanne-d'Arc, et des guerriers qui sont morts pendant le siége d'Orléans, et dans les combats livrés sous sous ses murs.

« Sera notre présent mandement, imprimé, lu et publié aux prônes des messes paroissiales de cette ville, le dimanche qui suivra immédiatement sa réception.

« Donné à Orléans, sous notre seing, notre sceau, et le contre-seing de notre secrétaire, le 28 avril 1803 (8 floréal an XI).

« † ETIENNE-ALEXANDRE, évêque d'Orléans.

« Par mandement : LELARGE, secrétaire. »

La veille de cette fête, eut lieu la cérémonie de l'inauguration de la statue provisoire de Jeanne-d'Arc. Cette statue, modelée en plâtre, fut placée sur le milieu de la place de la République, entre les rues Egalité et Bannier.

Cette inauguration fut annoncée par une proclamation du maire, ainsi conçue :

« Le maire d'Orléans prévient ses concitoyens qu'en vertu de l'autorisation du préfet du Loiret relative à l'inauguration du monument provisoire élevé à Jeanne-d'Arc, dite la Pucelle d'Orléans, sur la principale place de cette ville, cette cérémonie civile, à la pompe de laquelle ils sont invités à contribuer par leur présence, aura lieu à six heures du soir, demain, 10 floréal, veille de la fête de cette illustre héroïne.

« Fait en l'hôtel-de-ville, le 16 floréal an xi.

« CRIGNON-DÉSORMEAUX, maire;
« PETIT-SÉMONVILLE, secrétaire. » (4-77.)

L'ordre de la fête fut annoncé quelque temps avant d'avoir lieu par une affiche ainsi rédigée :

Programme pour la célébration de la fête de la Pucelle d'Orléans.

Le maire d'Orléans,

Considérant que si la France entière doit admiration et reconnaissance à Jeanne-d'Arc, dite la Pucelle d'Orléans, pour sa valeur et son dévouement généreux, les Orléanais doivent l'honorer comme leur libératrice, et lui donner, à ce titre, un témoignage spécial de leur gratitude;

Considérant que le gouvernement a approuvé la proposition de rétablir à Orléans la fête qui s'y célébrait chaque année en l'honneur de cette héroïne;

Considérant, enfin, que cette fête a toujours été religieuse, civile, et que dès lors elle doit se faire par le concours des diverses autorités;

Après en avoir conféré avec le général commandant la subdivision du Loiret, pour ce qui concerne la partie militaire, et avec monsieur l'évêque d'Orléans, pour ce qui a rapport à la partie religieuse de cette cérémonie, arrête, pour ce qui concerne le civil :

Art. 1er. La fête de la délivrance d'Orléans, par Jeanne-d'Arc, dite la Pucelle d'Orléans, sera célébrée le 18 floréal prochain, et les années suivantes, le jour du calendrier républicain, correspondant au 8 mai, vieux style.

Art. 2. Les invitations à tous les corps laïques et ecclésiastiques, seront faites par le maire, lequel ordonnera tout ce qui tient au détail de la fête.

Art. 3. La veille de la fête, à midi précis, une musique guerrière se fera entendre pendant une heure, sur la tour de la ville; la cloche du beffroi sonnera dans tous les intervalles du repos de la musique, et de quart en quart d'heure, jusqu'au coucher du soleil.

A la même heure de midi, il sera fait une décharge de boîtes pour annoncer la fête.

Art. 4. Le jour de la fête, au lever du soleil, la cloche du beffroi sonnera, de quart en quart d'heure, jusqu'à la rentrée de la procession.

Art. 5. A neuf heures, les corps et autorités constituées recevront des escortes d'honneur, suivant l'usage, pour les accompagner à l'église cathédrale, où ils doivent être rendus à neuf heures et demie, et prendre les places qui leur sont destinées.

Art. 6. A onze heures, après les cérémonies religieuses de l'église, la procession se mettra en marche dans l'ordre suivant :

En tête : un commissaire de police; un détachement de troupes à cheval et leurs trompettes; un détachement de la garde nationale.

Sur deux lignes : les pauvres des deux sexes de l'hôpital; le clergé dans l'ordre établi ci-dessous aux articles concernant la partie religieuse.

Après le clergé, la musique de la troupe de ligne, celle de la garde nationale.

Au centre : le préfet, à sa droite, le général commandant la subdivision du Loiret, à sa gauche, le président du tribunal d'appel; suivront, l'état-major de la place et les employés des administrations militaires, sur deux de front.

Sur deux lignes : à droite du préfet, le secrétaire-général de la préfecture, les conseillers de préfecture; les membres du conseil général du département; le lycée; les chefs du service public; dans l'ordre civil, le maire, les adjoints et le secrétaire de la mairie ; les membres de la commission des hospices ; les membres du bureau central de bienfaisance ; ceux des bureaux particuliers de bienfaisance ; les directeurs et inspecteurs de l'octroi.

A gauche du préfet, tous les tribunaux, précédés de leurs huissiers, les juges-de-paix, les notaires, les avoués, suivront la hiérarchie des pouvoirs, en commençant par le tribunal d'appel.

La marche sera terminée par un détachement de la garde nationale et un détachement de troupes à cheval.

La garnison entière en haie des deux côtés du cortége.

Art. 7. Le cortége sortira de la cathédrale par la porte septentrionale, suivra la rue de l'Évêché, la place de l'Étape, la rue d'Escures, le Martroi, la rue Égalité, le pont, la Grande-Rue-St-Marceau jusqu'à l'église.

Art. 8. Après la station, le cortége se remettra en marche, en continuant la rue St-Marceau jusqu'à l'embranchement du chemin neuf, suivra ce chemin, le pont et la même route qu'en allant, et rentrera dans Ste-Croix par la même porte latérale.

Art. 9. En allant et au retour, au passage de la procession, sur la place des Tourelles, et au bout du pont, du côté de St-Marceau, il sera fait une décharge de boîtes.

Art. 10. La procession rentrée à Ste-Croix, et toutes les cérémonies religieuses terminées, chaque corps, ou autorités constituées, sera reconduit par l'escorte qui l'aura amené.

Art. 11. Le soir, illumination générale de la ville ; il sera dressé sur la place de l'Étape des mâts de cocagne, et à la chute du jour il sera tiré un feu d'artifice sur la place du Martroi.

Art. 12. Le lendemain de la fête, à dix heures du matin, il sera chanté, dans l'église cathédrale, un service solennel et en musique, en commémoration des citoyens morts pendant le siége ; tous les corps constitués, civils et militaires, y assisteront comme le jour de la fête.

Pour ce qui concerne la partie religieuse :

Art. 1er. A dix heures, l'orateur choisi par M. l'évêque prononcera le panégyrique.

Art. 2. Après le discours, on célébrera l'office du jour.

Art. 3. Les curés et desservans de la ville d'Orléans, et les chanoines de la cathédrale, prendront rang aussitôt après les pauvres de l'hôpital.

Le célébrant occupera la place que lui assigneront les usages de l'église; si M. l'évêque assiste à la procession sans officier, il occupera la place qu'il aura désignée parmi les ministres du culte.

Le reste du clergé, comme il est dit ci-dessus.

Fait et arrêté à la mairie d'Orléans, le 4 germinal an XI de la république.

CRIGNON-DÉSORMEAUX, maire.

Le panégyrique fut prononcé par M. Corbin, chanoine grand-chantre. Le représentant de la Pucelle, ou *puceau*, ne fut pas rétabli. Un grand repas fut donné à la mairie. Ce fut pour la première fois à Orléans, qu'au nombre des divertissemens on vit des mâts de cocagne. (4-3-76-80.)

17 mai 1803, *ou 27 floréal an* XI.— Le conseil municipal d'Orléans vote par acclamation la construction d'une frégate, estimée 300,000 fr., pour être offerte au premier consul Bonaparte, qui allait avoir une guerre maritime à soutenir contre les Anglais; cette somme de 300,000 fr. fut complétée au moyen d'un emprunt volontaire, dont les coupons furent fixés à 300 fr.

17 mai 1803, *ou 27 floréal an* XI.— M. Genty-Duhaume, ex-professeur au collége, ex-législateur, homme de beaucoup de mérite, est nommé proviseur du lycée d'Orléans; M. Blanvillain fut nommé censeur; M. Chaussard, professeur de belles-lettres; l'abbé Derban, aumônier; l'abbé Septier, procureur-gérant.

3 juin 1803, *ou 14 prairial an* XI. — Arrêté du maire d'Orléans pour la police de la bourse de commerce de cette ville; divers changemens ont eu lieu à cette époque dans les heures d'ouverture, de fermeture, etc. (4-30.)

12 juin 1803; *ou 23 prairial an* XI. — L'évêque d'Orléans rétablit dans cette ville la célébration publique de la Fête-Dieu, qui avait été interrompue depuis 1790. Elle se fit avec une grande pompe; le prélat y officia en personne, il fut construit des reposoirs magnifiques, et des chœurs de chanteurs et de musiciens, formés en groupe, au centre du cortége, exécutaient des motets en symphonie à chacune des stations. (6-76-77-80.)

14 juin 1803, *ou* 25 *prairial an* xi. — M. Deloynes de Morest, d'Orléans, secondé par un nommé Pierre Poutteau, maçon, et l'abbé Desparins, ancien prêtre de St-Sulpice de Paris, avait sauvé pendant les troubles de la révolution, et lors de la profanation de l'église de St-Aignan, une grande partie des reliques de ce saint patron de la ville. Il en fait ce jour-là remise à l'évêque d'Orléans, qui fit de suite dresser un procès-verbal authentique de ce dépôt précieux. (10-8-76.)

15 juin 1803, *ou* 26 *prairial an* xi. — L'évêque d'Orléans, tout le clergé de la ville et une grande affluence de fidèles, se rendent processionnellement, à l'heure de midi, chez M. Deloynes de Morest, et enlèvent les reliques de St-Aignan de sa maison, rue Ste-Anne, où il avait été, depuis quelques jours, construit une chapelle ardente; elles sont portées avec pompe sur le grand autel de la cathédrale de Ste-Croix, pour y rester exposées aux regards et à la vénération des personnes pieuses jusqu'au lendemain jeudi.

16 juin 1803, *ou* 27 *prairial an* xi. — Le jeudi, à cinq heures du soir, translation des reliques de St-Aignan, de Ste-Croix, à l'église de ce saint patron et protecteur d'Orléans; cette cérémonie, plus imposante et plus pompeuse que la veille, avait attiré dans la ville un grand nombre de fidèles de toutes les paroisses du département. (8-10-76-77.)

17 juin 1803, *ou* 28 *prairial an* xi. — L'évêque d'Orléans, ayant eu connaissance que la châsse de Ste-Christine existait encore intacte, chez un brocanteur de la ville qui l'avait achetée en 1793, en fit l'acquisition et la donna à l'église de St-Vincent, faubourg nord-est d'Orléans, dans l'intention d'instituer une fête en l'honneur de cette sainte fille, vierge et martyre, et protectrice des petits enfans. (8-76-80.)

1er *juillet* 1803, *ou* 12 *messidor an* xi. — Arrêté du préfet du Loiret, relatif à la propagation de la vaccine dans son département : un des articles portait, que les pensionnaires et même les élèves externes ne pouvaient être reçus dans les établissemens publics et les maisons particulières, sans avoir été vaccinés ;

Que les détenus dans les diverses maisons de détention, subiraient de suite cette opération, etc., etc.

Enfin, qu'un comité de vaccine gratuite serait sur-le-champ établi à Orléans, dans la salle des consultations du docteur Petit, rue de l'Évêché, pour vacciner les pauvres, tous les premiers mardis de chaque mois, et qu'une séance extraordinaire aurait lieu tous les trois mois où est le dépôt de vaccine confié à deux docteurs vaccinateurs. (2-28-38-80.)

24 *juillet* 1803, *ou* 5 *thermidor an* XI. — Institution de la fête de Ste-Christine, dans l'église de St-Vincent, faubourg d'Orléans, par l'évêque. La première célébration, qui eut lieu ce jour, se fit avec une pompe tout extraordinaire et un étonnant concours de fidèles ; on estima à plus de 6,000 le nombre des enfans qui passèrent sous la châsse. (8-10-76-80.)

1er *août* 1803, *ou* 13 *thermidor an* XI. — Une sécheresse extrême et malheureuse occasionna des maladies pestilentielles dans les environs d'Orléans, qui fut assez heureux pour ne pas en être attaqué.

Cette sécheresse fut telle, qu'elle éveilla la sollicitude du gouvernement ; il ordonna aux autorités des villes d'enjoindre aux habitans de faire jeter de l'eau fraîche pendant les grandes chaleurs, savoir : à huit heures du matin, à midi, à cinq heures du soir. (4-30.)

4 *août* 1803, *ou* 16 *thermidor an* XI. — Établissement d'un télégraphe sur la plate-forme de la Tour-de-Ville d'Orléans, d'après les procédés de M. Chappe, qui en était l'inventeur : il faisait partie de la ligne de Paris à Bayonne. (3-4-77-80.)

10 *août* 1800, *ou* 22 *thermidor an* XI. — Le sieur Foxlow, anglais de nation, chef de la manufacture de coton, près la porte Bourgogne, à Orléans, ayant reçu des bouquets de ses ouvriers le jour de sa fête, St-Dominique, les régale en masse ; une seule et même table, placée de-

vant sa maison, dans l'enclos de sa fabrique, reçut près de 800 ouvriers qui furent servis avec profusion, à la vue d'une partie des habitans d'Orléans, qui voulurent jouir du spectacle d'une fête à l'anglaise ; elle finit par un feu d'artifice. (8-10-76.)

17 *août* 1803, *ou* 29 *thermidor an* xi. — Arrêté du maire d'Orléans, relatif aux places que doivent occuper les cordiers de la ville, sur les remparts et fossés extérieurs; il fixe le montant de leurs locations, qui variaient de 80 fr. à 100 fr., suivant l'étendue du terrain concédé. (4-30.)

27 *août* 1803, *ou* 9 *fructidor an* xi. — Mort de M. Prozet, habile chimiste et pharmacien, ex-échevin d'Orléans et membre de plusieurs sociétés savantes. (76-77.)

1er *septembre* 1803, *ou* 14 *fructidor an* xi. — En vertu de la bulle du cardinal Caprara, légat *à latere* en France, plusieurs prêtres qui avaient pris femmes pendant la révolution, reçurent la bénédiction religieuse des mains de M. Blain, grand-pénitencier à Orléans. (8-10-38-76.)

5 *septembre* 1803, *ou* 18 *fructidor an* xi. — Loi qui désigne les départemens devant fournir à la dotation de la sénatorerie d'Orléans, savoir :

1°, Le département du Loiret, chef-lieu de sénatorie ;
2°, Le département de Loir-et-Cher ;
3°, Le département d'Indre-et-Loire. (4-3-15-28-38.)

6 *septembre* 1803, *ou* 19 *fructidor an* xi. — Établissement d'un bureau pour l'échange des monnaies, placé par le corps municipal d'Orléans, chez le sieur Hanapier, orfèvre, rue Royale ; plus tard, tous les orfèvres de la ville eurent le même privilége. (4-76-80.)

28 *septembre* 1803, *ou* 5 *vendémiaire an* xii. — Le sénateur Roger-Ducos, est nommé par le premier consul à la sénatorerie d'Orléans. (4-15-76-85.)

28 *septembre* 1803, *ou* 5 *vendémiaire an* xii. — M. Pagot, jeune orléanais, fils d'un entrepreneur de bâtimens dans cette ville, remporte à Paris, le premier grand-prix d'architecture, sur un sujet donné par les membres de l'Institut de France. Ce sujet était un port destiné à plu-

sieurs canaux de navigation intérieure et dans l'enceinte duquel serait placé un monument à la gloire de Bonaparte, premier consul.

M. Pagot fut appelé à Orléans pour remplir la place d'architecte d'Orléans, sa ville natale, qu'il a embellie de monumens remarquables dont nous donnerons la description au fur et à mesure de leur construction.

Séance publique et distribution des grands-prix de peinture, sculpture, architecture et de composition musicale, etc., etc.

Architecture. — La classe des beaux-arts de l'Institut national avait proposé, pour sujet du grand-prix de cette année, aux élèves en architecture, *un port destiné à recevoir plusieurs canaux de navigation intérieure, dans l'enceinte duquel serait placé un monument à la gloire du premier consul.* Six projets ont été rendus, et chacun devait avoir pour but de remplir fidèlement les données du programme auquel on avait ajouté les articles suivans :

« Le port ne doit être masqué par aucun édifice du
« côté de la rivière, mais peut être borné aux côtés oppo-
« sés par des bâtimens à l'usage du commerce, comme
« douane, bourse, halles, bureaux de perception, mai-
« sons d'habitation pour les négocians, portiques, etc.; il
« doit, en outre, être abordé par de grandes routes et de
« vastes promenoirs.

« Le bassin de réunion où les bateaux arriveraient doit
« être environné de chemins de hallage, de quais vastes
« et commodes. Dans le lieu le plus apparent sera placé le
« monument élevé par la reconnaissance nationale à la
« gloire du premier consul.

« Ce monument doit être à la fois simple et majestueux;
« on laisse au choix des élèves la forme et l'espace que
« doit renfermer tout ce qui est ci-devant énoncé, ainsi
« que la distribution des objets de détail, pourvu que
« cet espace ne contienne pas plus de 90,000 mètres su-
« perficiels.

« Les élèves sont avertis qu'un projet tel que celui-ci,
« doit tirer toute la magnificence de la grande disposi-
« tion en masses principales, de la beauté des formes, de

« la convenance des détails et de la sagesse des distri-
« butions. »

Telles étaient les conditions essentielles de ce programme, qui ouvrait une belle carrière au génie, et lui laissait toute la latitude possible pour produire un magnifique ensemble.

Quatre élèves ont adopté pour leur port la forme demi-circulaire, avec des rues et des canaux tendans au centre, qui rappellent un peu le projet conçu par feu Louis, architecte, sur le terrain du Château-Trompette, à Bordeaux.

Un autre a fait choix d'une forme à pans coupés. Un seul a employé la forme carrée, si convenable à l'architecture par sa simplicité et la facilité de son exécution : c'est aussi ce projet qui a mérité l'unanimité des suffrages de ses juges, et obtenu le grand-prix décerné à son auteur, M. *François Pagot* (*), *né à Orléans*, élève en premier lieu de M. Labarre, et depuis deux ans, de MM. Legrand et Molinos. Il est attaché au département, en qualité d'inspecteur des bâtimens. C'est la première fois que ce jeune homme concourait pour le grand-prix. La pureté de la composition, une grande sagesse, tous les besoins du programme satisfaits et un caractère mâle d'architecture distinguent ce projet, rendu d'ailleurs sans aucune espèce de prétention, quoique l'effet général en soit satisfaisant.

Le monument principal est un Temple de la Gloire, ou basilique des fastes, dont le frontispice présente un arc triomphal, les portiques et autres monumens accessoires l'accompagnent sans lui nuire, et leur aspect offre, dans sa régularité, le coup-d'œil le plus noble et le plus pittoresque par la variété de l'ordonnance; enfin, ce projet académique *est susceptible d'exécution*, sans exiger d'autres changemens que ceux de quelques détails, que l'étude

---

(*) Le 17 nivôse an XII, un arrêté du gouvernement l'exempte du service militaire.

Le 4 pluviôse suivant, le ministre de l'intérieur lui écrit :

« Le gouvernement a jugé, citoyen, que les élèves des écoles des
« beaux-arts qui ont remporté le grand prix dans le concours de l'an XII,
« pouvaient, sans prendre les armes, être utiles à l'état et le servir digne-
« ment par leur talent; il vous a en conséquence exempté du service mi-
« litaire. Vous trouverez ci-joint cette exemption. CHAPTAL. »

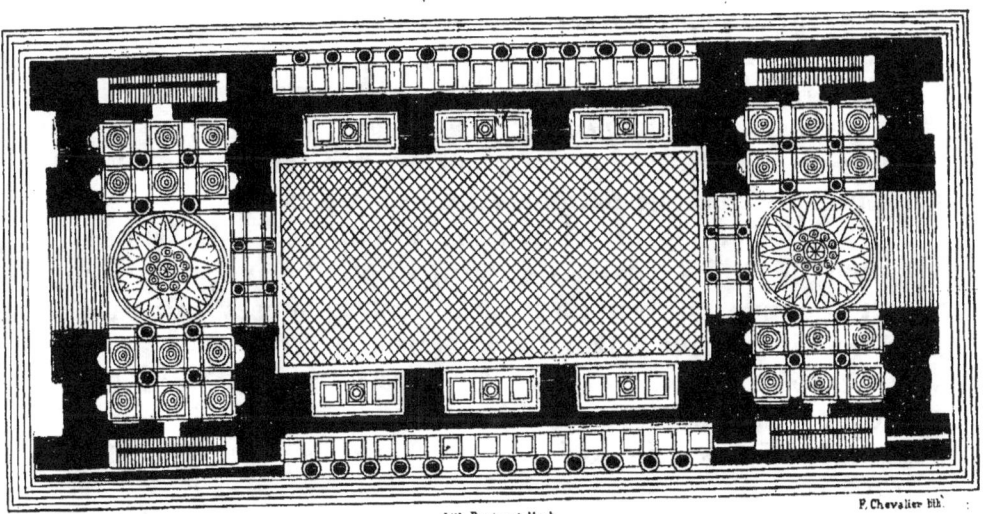

Pagot inv.

Lith. Danuourt-Huet.

P. Chevalier lith.

*Recherches historiques
sur la ville d'Orléans
Par M. Lottin père.*

réfléchie et le temps nécessaire à leur épuration, y amèneraient nécessairement.

On a remarqué qu'en général, les projets de cette année, sont plus sagement composés que ceux des années précédentes et qu'ils ne présentent, la plupart, aucune de ces bizarreries et de ces écarts d'imagination qu'il est si ordinaire de rencontrer dans les concours, et que les élèves croient justifier en les décorant du beau nom de génie, oubliant sans doute que le génie de l'architecture consiste principalement dans l'heureux emploi du terrain, dans l'exacte observation des convenances, et dans l'absence de toutes les inutilités dont on charge ridiculement une décoration, qui n'est pas toujours grande, pour être gigantesque.

(Extrait du tome second, n° 52, d'un ouvrage intitulé : *Nouvelles des arts, peinture, sculpture, architecture et gravure*, par C.-P. Landon, ancien pensionnaire de la république à l'École nationale des beaux-arts.)

6 *octobre* 1803, *ou* 13 *vendémiaire an* XII. — Le jeune Leber, fils d'un vitrier de la rue Ste-Catherine, qui dès cette époque cultivait la littérature avec succès, fait paraître une ode sur la bataille de Marengo. (76-77.)

8 *octobre* 1803, *ou* 15 *vendémiaire an* XII. — Mort de Jacque de Mainville, propriétaire et créateur de la belle manufacture de toiles peintes, située près le pont d'Olivet. (76-80.)

10 *octobre* 1803, *ou* 17 *vendémiaire an* XII.— Arrêté du maire d'Orléans relatif au chargement des voitures de roulage sur la voie publique, ainsi conçu :

Art. 1er. Il est défendu à tous aubergistes, marchands et autres particuliers, de laisser stationner dans les rues des voitures de roulage ou particulières, même sous le prétexte de n'avoir point d'emplacement pour les remiser.

Art. 2. Il sera tracé,

1°, Sur le terrain en face des tours de la cathédrale ;

2°, Dans le cloître St-Pierre-Empont ;

3°, Sur le cloître St-Sulpice ;

4°, Sur le champ St-Euverte ;

5°, Dans la partie de la rue du Colombier, en face de la maison de la Croix, à partir de la rue des Bons-États ;

6°, Sur l'emplacement de la maison n° 10, rue Pierre-Percée, des emplacemens qui seront bornés par des poteaux disposés de manière à laisser le passage nécessaire pour la libre entrée des personnes et des portes ouvertes sur lesdites places. (4-30.)

27 *octobre* 1803, *ou* 4 *brumaire an* XII. — Publication faite à Orléans, du traité par lequel la France cède la Louisiane, aux États-Unis, moyennant la somme de 60,000,000 de francs, payables en deux années. (4-15-43 85.)

4 *novembre* 1803, *ou* 12 *brumaire an* XII. — Établissement à Orléans d'un directeur du cadastre chargé de faire arpenter et expertiser les terres du département, afin de parvenir à une répartition plus juste de la contribution foncière. (4-15-80.)

13 *novembre* 1803, *ou* 21 *brumaire an* XII. — Arrêté du maire d'Orléans, portant règlement pour la compagnie des pompiers de la ville, l'exercice des pompes et l'ordre de faire placer une plaque à la porte de la demeure de tous les chefs. (4-30-76.)

1er *décembre* 1803, *ou* 9 *frimaire an* XII. — Publication de l'arrêté du gouvernement, relatif aux livrets dont les ouvriers de tous les états, travaillant en qualité de compagnons, devaient être pourvus. (4-30.)

19 *décembre* 1803, *ou* 27 *frimaire an* XII. — Grand scandale dans l'église de St-Aignan d'Orléans. L'évêque Bernier, bénissant les deux cloches de cette église, l'une appelée Victorine, l'autre Alexandrine, au moment où le prélat levait le bras pour jeter l'eau bénite sur lesdites cloches, deux jeunes gens, présens à la cérémonie, quittèrent le temple, en criant : *Ne restons pas ici, il va sonner le tocsin de la Vendée.* (Bibliothèque publique, M. l'abbé P.)

— Taboureau de Montigny (François-Pierre), avocat, natif d'Orléans, meurt cette année.

1804.

4 janvier 1804, *ou* 13 *nivôse an* XII. — La société des francs-maçons d'Orléans, qui avait été désunie et dispersée, se rassemble de nouveau; le préfet, le maire, plusieurs administrateurs et plusieurs habitans en firent partie.

Cette nouvelle réunion plaça sa loge rue des Anglaises, dans l'ancienne église des Carmélites, local qui avait déjà servi à cet usage. (80.)

5 *janvier* 1804, *ou* 14 *nivôse an* XII. — Le citoyen Darnault-Maurant, imprimeur d'Orléans, fait paraître le premier numéro d'un journal périodique intitulé : *le Conservateur des hypothèques d'Orléans.*

6 *janvier* 1804, *ou* 15 *nivôse an* XII. — Par ordre du premier consul Bonaparte, les pasteurs protestans, en France, sont assujettis à un costume particulier, et des appointemens fixes leur sont payés par le trésor public.

19 *janvier* 1804, *ou* 28 *nivôse an* XII. — Troisième tentative pour assassiner le premier consul Bonaparte, par Georges Cadoudal et autres conspirateurs qui furent successivement arrêtés.

Le courrier qui apporta cette nouvelle à Orléans, avec une vitesse incroyable, était porteur d'ordres remis au préfet Maret, et relatifs à la surveillance des passeports des voyageurs qui revenaient de Paris.

24 *janvier* 1804, *ou* 3 *pluviôse an* XII. — *Te Deum* et messe solennelle à Orléans, pour remercier le ciel de la conservation des jours du premier consul Bonaparte. L'église de Ste-Croix, où cette cérémonie fut faite, était remplie de troupes et de peuple : les corps constitués, le clergé, les diverses administrations et fonctionnaires publics firent éclater leur joie et leur enthousiasme pour le chef du gouvernement.

11 *février* 1804, *ou* 21 *pluviôse an* XII. — Arrêté de la Chambre du commerce d'Orléans, relatif aux bons de sous ou monnaie de billon, dont l'usage s'était tellement mul-

tiplié, qu'il n'y avait mince débitant qui n'en eût sur la place et en circulation, pour des sommes plus élevées que la totalité de leur fortune ; il fut donc ordonné, d'après l'avis du préfet et du maire :

1°, Que les bons de sous seraient écrits sur papier frappé du timbre proportionnel ;

2°, Tirés à l'ordre et endossés par celui qui les donnerait en paiement ;

3°, Qu'on serait autorisé à les refuser si ces formalités n'avaient pas été remplies. (4-30.)

25 *février* 1804 *ou 5 ventôse an* XII. — Etablissement de la direction des droits-réunis à Orléans, dont M. Delaage-Demeux fut le premier directeur-général, et dont les bureaux furent ouverts rue de la Bretonnerie.

28 *février* 1804, *ou 8 ventôse an* XII. — Publication faite à Orléans, de la loi qui détermine la largeur des jantes pour les roues des voitures de roulage attelées de plus d'un cheval.

10 *mars* 1804, *ou* 19 *ventôse an* XII. — Ouverture du jubilé accordé par le pape Pie VII, à la France, à l'occasion du concordat.

21 *mars* 1804, *ou* 30 *ventôse an* XII. — Le corps législatif adopte le projet de loi concernant la réunion des lois civiles en un seul corps de lois, sous le nom de *Code civil des Français*.

Ce code, si précieux pour la France, est promulgué à Orléans et mis de suite en vigueur.

21 *mars* 1804, *ou* 30 *ventôse an* XII. — Assemblée générale du corps municipal d'Orléans, pour arrêter la fête de l'érection d'un nouveau monument qu'on se proposait d'élever sur le Martroi, en l'honneur de Jeanne-d'Arc.

29 *mars* 1804, *ou 8 germinal an* XII. — M. Claude Deloynes-d'Autroche, traducteur d'Horace, fait imprimer une traduction de l'Enéide.

30 *mars* 1804, *ou* 9 *germinal an* XII. — Le curé de Fleury, petit bourg près et au nord d'Orléans, ce jour qui était le vendredi-saint, s'avisa, pour relever la religion de ses paroissiens campagnards, de leur donner le specta-

cle d'une des époques de la vie de Jésus-Christ. Il était revêtu d'une longue robe blanche, la tête couverte d'épines, la figure barbouillée de sang, les mains liées et un roseau dans l'une d'elles, ayant près de lui le bedeau, représentant saint Simon et quatre enfans de chœur qui le battaient de verges. Après avoir fait plusieurs fois le tour de l'église à l'extérieur et du cimetière à la vue de tous les fidèles agenouillés, il se chargea d'une croix de grand chemin, qu'il traîna à genoux jusqu'à l'autel, où étant arrivé, il se fit essuyer la figure par sa servante, qui figurait sainte Véronique, laquelle fit voir un mouchoir représentant la tête du Christ, puis se coucha sur la croix pendant quelques minutes, et se releva pour prononcer un sermon analogue à cette cérémonie, que l'évêque d'Orléans, Bernier, et le préfet Maret, désapprouvèrent d'une manière très-énergique. (8-10-76-80, bibliothèque publique, manuscrits de M. l'abbé Pataud.)

RÉSUMÉ.

Notre travail, relatif aux événemens qui se sont passés à Orléans, pendant la révolution de 1789 à 1804 époque de l'Empire, étant terminé, il ne reste plus qu'à nous résumer et à faire connaître à nos concitoyens les motifs qui nous l'ont fait entreprendre, et les souhaits que nous faisons pour que le but patriotique auquel nous avons tendu soit atteint.

On ne sait où commence l'histoire de la révolution : son véritable préambule, c'est peut-être l'histoire de la monarchie tout entière. L'existence d'un peuple peut se comparer à la vie d'un homme, il naît, il croît, il prospère ou languit, il a ses maladies, ses guérisons, ses rechutes, et il meurt après avoir donné la vie à un peuple nouveau : la nation de l'ancien régime n'existe plus, une nation nouvelle la remplace ; il s'agit de savoir comment elle est née, et pour cela, il faudrait prendre les choses d'aussi loin que possible.

Dans la vie des nations, tout se tient, tout s'enchaîne ; les événemens font naître les événemens, les croyances et les situations politiques forment des hommes, ces hommes embrassent de nouvelles croyances et se placent dans de nouvelles situations; plus tard, les opinions remplacent les croyances, et les institutions succèdent aux situations politiques; de bizarres combinaisons sociales, établies, par le hasard, par la force, ou par l'erreur, doivent avec le temps, être renversées par la loi, c'est-à-dire la raison écrite. L'expression des idées et des besoins du plus grand nombre, l'intérêt général, le partage aussi égal que possible, entre les hommes, des avantages et des charges de l'existence sociale, tel est l'objet de la loi; on dispute sur une foule de théories diverses, qui cependant s'accordent en ce point. Les uns cherchent le principe de l'ordre social dans le droit, les autres le trouvent dans le devoir; ceux-ci dans la raison, ceux-là dans la croyance, on n'est pas d'accord sur le siége de la souveraineté, sur son exercice, sur ses attributs; il est une chose devant laquelle toutes les doctrines, tous les systèmes doivent cependant s'abaisser, c'est l'intérêt général, manifesté par l'opinion du plus grand nombre.

La révolution française est l'application de cette idée; elle ne fut autre chose que la manifestation solennelle de l'intérêt général; les situations et les antécédens faisant place au règne de l'opinion et de la loi, nous avons vu ce changement s'opérer au milieu d'orages terribles, et, malgré des résistances obstinées, nous l'avons vu se consolider à travers les dangers, les embûches, les passions, les erreurs, les intérêts, les ambitions de quelques-uns, longtemps en opposition avec les intérêts et les besoins de presque tous. Nous avons frémi au récit d'excès déplorables que des positions critiques, des ressentimens, et des méfiances ne sauraient excuser et qui ne sont compensées que par des actions sublimes; nous avons trouvé des momens de vertige et de délire; de la corruption et de la déception; des schismes et des épurations dans les partis lorsqu'ils ont eu le pouvoir; des alliances monstrueuses entre les partis extrêmes quand ils ne l'avaient pas; les opinions se pliant aux circonstances; la faiblesse endurcie par la peur; l'injustice enhardie par l'indifférence; l'égoïsme, audacieux quand il est pauvre, timide ou apostat quand il est riche; enfin, nous avons vu le désintéressement et la bonne foi souvent dupes de l'avarice et de l'hypocrisie. La nation nouvelle, conçue pendant un despotisme déchu, a été enfantée dans d'affreuses douleurs; mais en 1804 (30 ventôse an XII), époque où nous nous arrêtons, elle était forte, pleine de gloire et d'espérance, elle était le résultat le plus réel de la révolution, et ce résultat semblait devoir subsister long-temps.....

L'impartialité la plus rigoureuse a toujours guidé notre plume, et nous avons fait en écrivant abnégation de tous sentimens politiques, afin de retracer fidèlement et sans partialité, des scènes où la passion se montre à chaque instant avec tant de violence.

Dans l'intention que le récit des événemens historiques qui se sont passés dans notre ville natale, pendant la révolution de 89 à 1804, ne soient ni dénaturés, ni accompagnés de citations mensongères, de calomnies ou de médisances, nous avons recueilli nos documens dans plusieurs milliers de pièces-authentiques, manuscrites et administratives déposées à la bibliothèque publique. C'est ainsi que nous avons gardé ce caractère de modération, de franchise et de vérité dont nous nous sommes constamment fait une loi pendant tout le cours de notre ouvrage.

Puisse notre travail, qui retrace les horreurs de la révolution, les calamités, la misère et les vexations qui ont affligé nos pères, rappeler nos concitoyens à des sentimens pacifiques et patriotiques, qui seuls peuvent ramener dans notre belle France, la tranquillité, l'urbanité, la concorde et l'amour de la patrie !

Tel est notre vœu le plus ardent, tel est aussi l'espoir qui nous a soutenu dans notre travail et dans nos recherches. (34-76-77-83.)

FIN DU 4ᵉ ET DERNIER VOLUME DE LA 2ᵉ PARTIE.

TABLE GÉNÉRALE ET ALPHABÉTIQUE

Des Matières contenues dans les quatre volumes de la 2ᵉ partie,

DU 1ᵉʳ JANVIER 1789 AU 30 MARS 1804.

Le chiffre romain indique le volume, le chiffre arabe marque la page.

A.

Académie des Sciences, I, 91-107.
Accapareurs, II, 281.
Acceptation de la Constitution, I, 296.
— de la Constitution de l'an VIII, IV, 281.
Accident arrivé à la Déesse de la Liberté, II, 429.
Accident affreux arrivé chez un artificier, IV, 112.
Accident arrivé dans la prison des Minimes, IV, 153.
Accolade fraternelle, III, 8.
Achat de rentes, I, 276.
Acquisition de blé, I, 90-22-47-171.
— de biens ecclésiastiques, III, 164-171.
Actes civils mis en ordre, I, 448.
Action barbare des Parisiens, I, 355-356.
Action généreuse de plusieurs administrateurs, II, 86-92.
Action sanguinaire de deux sans-culottes, II, 380.
Action généreuse de M. l'abbé Mérault, II, 439.
Adhésion à l'adresse relative à la délivrance de Madame royale, III, 356.
Adjoins au maire d'Orléans, IV, 318-321.
Administrateurs du département, II, 265-277.
Administrateurs du département, (*voir* Département).
Administrateurs municipaux, (*voir* Corps municipal).
Administrateurs du District, (*voir* District).
Administrateurs du District, II, 278.
— de l'Hôtel-Dieu, II, 5-72.
— de l'hôpital, II, 75-76-101.
— des hospices, rendant leurs comptes, IV, 12.
Administrations recomplétées, III, 173-218-424-434.
Administrations d'Orléans complètes et organisées par le représentant Duval, III, 265.
Administration municipale, en 1797, IV, 122-143 ; — en 1798, 167 ; — en 1799, 233.
Administration municipale renouvelée, IV, 106.
Administration du département en octobre 1797, IV, 117.
Administration centrale, IV, 127.
Administration centrale supprimée, IV, 293.
Adresse au Roi, I, 86-157-324.
— à l'assemblée nationale, I, 86-154-163-290-322.
— aux citoyens en état de porter les armes, I, 333-336.
— à la société populaire d'Orléans, I, 429.
— de la société populaire, II, 442.
— de la société populaire à la Convention, III, 206.
— des élèves du collége, II, 64.
— de la garde nationale, II, 26-72.

Adresse aux habitans d'Orléans, 2-87-119.
— à la Convention, II, 3-15-106-139.
— de Laplanche, II, 365.
Adresse importante, II, 385.
— des jeunes élèves de la section de l'Union et de la Fraternité, III, 26.
— à la Convention pour demander la mort du fils de Louis XVI, III, 47.
— (seconde), contre le fils de Louis XVI, III, 47-48-61.
— à la Convention pour Robespierre, III, 82-85.
— à la Convention par le District d'Orléans, III, 321.
— à la Convention pour demander la délivrance de Madame royale, III, 354.
— à la Convention, relative à la mise en liberté de trente-cinq patriotes d'Orléans, III, 178.
— à la Convention par le conseil général d'Orléans, III, 32-85-178-198-224-315-316-320-337-376-378-389.
— au Comité de salut public, III, 84-300.
— des sections d'Orléans au peuple français, III, 387.
— au Directoire, IV, 124.
— au Conseil des Cinq-Cents, à Paris, IV, 270.
— au Corps législatif, IV, 125-148.
— aux consuls, IV, 274.
— aux Français, pour la journée du 18 brumaire, IV, 267.
Affaire Rime, I, 47.
— de Madre, I, 88.
— de la porte St-Vincent, I, 91.
— de Brouville, I, 120.
— de la Riffaudière, I, 146-161.
— des 16 et 17 septembre 1792, I, 408-440.
— de Léonard-Bourdon, II, 10.
— des neuf victimes orléanaises, II, 149-150-156.
— de Thibault, II, 216.
— de Jumeau, II, 221-223.
— de Martin-Bigot, II, 313-347-352
— de Trousseau-Laurent, II, 314.
— de Hubert-Piédor, II, 314-349.

Affaire de Tabourean, II, 347.
— de Pleinguet, père et fils, II, 418.
— de Laurent, trésorier de France, II, 427.
— de Courtois, notaire, II, 454.
— du petit Capet, III, 47-48-61-112-113.
— du citoyen Capitan, III, 127-154.
— de Vignolet, III, 249.
— de la prisonnière du Temple, III, 354-355-356-359.
— de Quiberon, III, 367.
— de Gautray, III, 413.
— du 1er vendémiaire, III, 412.
— des 16 et 17 septembre, III, 424.
— des 16 et 17 septembre 1792, III, 46-50-235-274.
— des 16 et 17 septembre 1792, IV, 104.
Affiches, I, 312.
Affiche portant les noms des prêtres assermentés, VI, 104-126.
Agathocles et Monk, titre d'une petite brochure, IV, 103.
Agent de commerce, III, 170.
— national, II, 420.
— national du District, III, 170.
— national en 1794, III, 470-173.
Agences pour la distribution des secours, III, 229-254.
Agent national de la commune en 1795, III, 272.
Agens nationaux reprenant leurs anciens noms de procureurs, III, 327.
Agens de Louis XVIII, IV, 133.
Agitateurs poursuivis, III, 418.
Agioteurs orléanais, III, 418.
Aide-de-camp de Laffayette I, 136.
Aigle et léopard destinés à être abattus, IV, 224-228.
Aignan de Beaugency, II, 190.
Amour (l') et la raison, I, 62.
Anagramme, I, 210.
Anecdote sous Louis XIV, I, 424.
Anglais naturalisé, IV, 43.
Appel fait aux communes d'Orléans, III, 248.
Appointemens des membres du Comité révolutionnaire, III, 73.

Appointemens des principaux administrateurs en 1800, IV, 297.
Apostasie d'un prêtre d'Orléans, II, 264.
Arbres du grand cimetière, I, 97.
Arbre de la Liberté, I, 314-326-330-331.
Arbres de la Liberté replantés, III, 227.
Arbre de la Liberté coupé, IV, 157.
Arbres de la Liberté réduits de nombre, III, 353.
Arc de triomphe du pont, III, 185-289.
Arcades de la rue Royale, I, 308.
Archivistes de la municipalité, I, 246.
— de la section de Jemmapes, III, 140.
— du département du Loiret, III, 371.
Argenterie envoyée à Paris, II, 369-372-373-455.
— de la maison d'humanité, II, 394.
— des hôpitaux, II, 412
Armée orléanaise, I, 435.
— de Mayence, II, 185-188.
— révolutionnaire, II, 243.
— d'Italie passant par Orléans, IV, 150.
Armoiries supprimées, I, 273-293-320-325-347.
Arrivée des troupes à Orléans, I, 50-51.
Arrêté du représentant du peuple Lefiot, III, 43.
— contre les prêtres, III, 28.
— du Comité de salut public, relatif à des révolutionnaires, III, 74-165.
— du Comité de salut public, relatif aux emprunts, III, 370.
— du représentant Duval, relatif à la saisie et vente des meubles des retardataires pour les contributions, III, 245.
— de la section des Piques, III, 380
— contre les femmes d'émigrés, IV, 421.
— relatif aux cocardes tricolores, IV, 13.

Arrêté de l'administration du département, relatif à un rassemblement royaliste, IV, 35.
— contre une adresse de l'armée, IV, 112.
— contre les prêtres, IV, 18.
— du préfet du Loiret, IV, 345.
Arrestation des ennemis de la République, IV, 187.
— du Roi, I, 284.
— des victimes de Léonard-Bourdon, II, 43.
— de M. de Montaudoin, II, 54-55-63.
— de plusieurs citoyens, II, 105.
— de l'abbé Pataud, II, 226.
— des Anglais, Irlandais et Hanovriens, II, 340.
— de MM. Demeux, III, 13.
— en masse, III, 14.
— Proust Laus Deo, III, 14-127.
— de MM. Plasman et Noury, III, 65.
— de M. Costé, III, 67.
— Pignon, III, 70.
— de plusieurs révolutionnaires, III, 74.
— d'un furieux sans-culotte, III, 127.
— de plusieurs ecclésiastiques (voir Prêtres).
— faute de passeport, IV, 190.
Arrestations (voir Mandats d'arrêt).
Assassin de Bobée, I, 415.
Assassinat des plénipotentiaires de France, IV, 236.
— d'un chef de dragons, IV.
Assemblée des trois ordres de la Province, I, 9-45.
— du clergé, I, 10.
— du tiers-état, I, 10.
— de la noblesse, I, 10-11.
Assemblées ou corps-saints, I, 90-105.
Assemblées administratives, I, 107-110-112.
— primaires, I, 115-338.
— fédératives, I, 128-131-140-150-153.
— des sections, I, 230.
— constituantes, I, 299.

— 376 —

Assemblée législatives, I, 300.
— des citoyens de 18 à 40 ans, II, 8.
— des plus riches habitans d'Orléans, III, 220.
— des négocians d'Orléans, III, 106-248.
— primaires, III, 378-380.
— de canton, III, 419.
— électorale, III, 420.
— des cantons d'Orléans pour la nomination des officiers municipaux, IV, 424.
— primaires convoquées, IV, 419.
— électorales, IV, 107-164-166.
Assignats, I, 216.
— prohibés, II, 168, I, 267.
— leur dépréciation, IV, 22.
— forcément en circulation, IV, 17.
Ateliers de charité, I, 55-293-312.
— des tentes, II, 404.
— de secours, III, 46.

Ateliers de serrurerie par le service des fonderies révolutionnaires, III, 140.
— de tailleurs, dans les galeries de l'évêché, III, 347-378.
Attentat contre deux révolutionnaires, III, 82.
Attributs des sections, II, 79.
Auberge du Petit-Père-Noir, II, 14.
Aubergistes et logeurs d'Orléans, IV, 188.
Aumônes, I, 131.
Autel de la Concorde, VI, 260-261.
Auto-da-fé des titres, I, 448.
Auvents supprimés, IV, 2.
Avance de blé, I, 56.
Aventure de Segrettier, II, 283.
— de Deschamps, II, 434.
— de Chevreuil, notaire, II, 442.
Avis aux citoyens d'Orléans, I, 408.
— de l'entrepreneur des habillemens militaires, III, 347.
— relatif à l'adresse pour Madame, III, 362-363-464.

B.

Balancier de la ville, IV, 3.
Bals masqués défendus, I, 264.
Bannière départementale, I, 208, II, 173.
— de la constitution de 93, II, 146.
Banqueroutier Vendéen, IV, 269.
Barbazan, recruteur de Paris, II, 34.
Barbier (le rusé), II, 295.
Barrières de la commune, IV, 491.
Bas pour les armées maritimes, IV, 2.
Bastille, I, 242.
Bataille de Pont-Pierre, I, 435.
— de Fleurus, III, 134.
Bataillons du Loiret, I, 300-329.
— (2e) du Loiret, II, 114.
Bataillon (le petit), II, 167.
— des enfans de la maison de bienfaisance, III, 46.
— (1er) du Loiret, III, 134.
— (1er) du Loiret, passant par Orléans, IV, 176.
Bateaux à lessive, IV, 288.
Batteurs en grange, III, 196.

Bâtonneurs orléanais, III, 263-324-342.
Bâtons dits juge-de-paix, I, 178.
Bazoche, sa suppression, I, 185-188.
Beauvais (mort de), III, 52.
Belle action d'un président d'administration, II, 55.
— de l'évêque d'Orléans, II, 63.
— d'un ecclésiastique d'Orléans, II, 148.
— de deux rafineurs d'Orléans, II, 421.
— (v. actions généreuses)
— de deux présidens de section, III, 48-49.
— d'un administrateur, III, 89.
— d'un officier municipal d'Orléans, III, 192.
Bénédictins (voir couvent de Bonne-Nouvelle.)
Bénédiction de drapeaux, I, 430.
— de l'église de Ste-Croix, IV, 108.
Bernier, chef de Vendéens, IV, 34.

Bernier nommé évêque d'Orléans, IV, 341.
--- sacré, IV, 341.
--- fait son entrée à Orléans, IV, 342.
Beurre saisi, II, 372. III, 413.
Bibliothécaire, I, 237-244.
--- d'Orléans, III, 196.
Bibliothèque publique, I, 244-314.
Biens des émigrés, I, 313-318.
Bien d'émigré, le premier vendu, II, 443.
--- des émigrés inventorié, IV, 21.
Biens des ecclésiastiques, I, 93.
--- nationaux, I, 111-207-212-267.
Bien national, le premier vendu, I, 227.
Biens rendus aux parens des prêtres, III, 440.
Bigottes ne voulant pas faire gras, II, 426.
Billets de confiance, I, 292.
--- pour le pain, I, 427.
Billet d'enterrement prohibé, IV, 146.
Blanchard, aéronaute, son arrivée à Orléans, IV, 274.
Blés pour les vendanges, II, 281.
Boîte aux lettres, IV, 329.
Bois pour l'approvisionnement de la ville, II, 407.
--- de chauffage, prix de la corde, IV, 37.
Boisserie de St-Laurent, III, 170.
Bonaparte rétablit le culte catholique, III, 379.
--- arrive d'Egypte, IV, 264.
--- (Lucien), à Orléans, IV, 295.
Bonneau, aux amis de la vérité, III, 416.
Bonnets rouge pour les armées de la république, III, 30.
Bonnet rouge sur le clocher de Ste-Croix, II, 169-195.
Bonnets rouges sur la tête des administrateurs municipaux, II, 31.
--- supprimés à Orléans, III, 297-813.
Bons ou mandats, I, 278.
— ou cartes de confiance, I, 441.
— de pain et de viande, IV, 41.
— de sous, IV, 365.
Boucheries, I, 165.

Boues mises en adjudication, III, 230.
Boulangers d'Olivet, I, 90.
--- infidèles, II, 258.
Bourse du commerce, I, 316.
--- ouverte pour le commerce, III, 370.
— du commerce d'Orléans, IV, 336.
--- couverte et projetée, IV, 409.
--- de commerce aux Minimes, IV, 286.
Boutiques ouvertes forcément, IV, 197.
--- volantes, IV, 60.
Boutons des vétérans, II, 175.
Bravoure d'un officier, II, 284.
--- du citoyen Ponceau, II, 409.
Brigades de gendarmerie, II, 421.
Brigands de Baccon, I, 58.
— d'Orgères, IV, 138.
— de Paris (voir Parisiens).
— royalistes, IV, 35.
Brival, représentant, nomme le citoyen Mersan, agent national du district d'Orléans, III, 155-246-264-265.
Brizard, acteur tragique, I, 306.
Brûlement de la pétition contre le fils de Louis XVI, III, 48-49.
Brune (le général) passe par Orléans, IV, 309.
Brutus français, IV, 253.
Buffets d'orgues, IV, 56-121.
Bureau d'échange d'assignats, I, 243.
Bureau municipal, I, 85-87.
— de conciliation, I, 243. II, 274. III, 284.
— central de bienfaisance, III, 243. IV, 348.
— de garantie, IV, 180.
— des barrières, IV, 494.
— de l'octroi municipal, IV, 262.
— central de police, IV, 334.
— d'échange de monnaies, IV, 360.
Buste de d'Esile, I, 262.
--- de Mirabeau, I, 269-270.
--- de M. Petit, I, 326.
--- de Lepelletier, II, 179-180.
--- de Marat, II, 179-180-377.
--- jeté sur un bûcher, III, 7-289.
Cabaret pour les sans-culottes, II, 416.

— 378 —

C.

Cachette découverte, IV, 258.
Cachots, leur suppression, II, 376.
Cadran solaire, III, 107.
Cadastre établi, IV, 364.
Cafés sur le mail, I, 173.
Cahier du duc d'Orléans, I, 8.
— de la noblesse, I, 40.
Caisse des taxes révolutionnaires, III, 132.
--- des subsistances, III, 133-369.
--- communale en mai 1800, IV, 320.
--- patriotique, I, 63-73-119-207-292-301-314-316-385-394-406.
Calendrier républicain, II, 284.
Cambacérès passe par Orléans, IV, 334.
Canon dit Jeanne-d'Arc, I, 416-417.
Canons, I, 264-292-308.
--- de la ville enlevés, IV, 415.
Canonniers pompiers, I, 178.
--- volontaires d'Orléans, II, 230.
--- de Beaugency, IV, 324.
--- mis en permanence, III, 409.
Capitaine de la gendarmerie, I, 293.
Capucins d'Orléans, I, 250.
Carcans et poteaux, II, 76.
Cardes mécaniques, IV, 107.
Cartes patriotiques, I, 320.
— de sûreté, I, 419.
— à jouer, II, 420. III, 27.
— républicaines, III, 27.
Casernement des troupes de ligne, I, 53.
--- des gardes nationaux, I, 434.
Célébration des décadis, IV, 196-197.
Cendres en réquisitions, II, 441-443.
Censure des pièces de théâtre, IV, 13-15.
Centimes, petites pièces de monnaie, IV, 284.
Cercle constitutionnel ouvert, IV, 137-131-141.
--- fermé, IV, 156.
Cérémonie funèbre pour le général Hoche, IV, 156.
Cerneaux bannis de la table des républicains, III, 24.

Cernement de la salle de spectacle, IV, 190.
Certificat non mérité, I, 429.
— de bonne conduite, III, 428.
— de non émigration, III, 16. IV, 55.
— de résidence, payé en argent, IV, 68.
— de résidence, faux, IV, 156.
— de bonne conduite, IV, 428.
— de civisme, II, 95-114-163-390-443.
— de civisme refusé, III, 4-46-47-148-236.
— donné à l'ancien évêque d'Orléans, IV, 201.
— au capitaine de la gendarmerie, IV, 220.
Chaises sur le mail, IV, 342.
Chaleur extraordinaire à Orléans en 1802, IV, 345.
Chambre de sociétés, I, 160-169-247.
--- de commerce, IV, 351.
Chamouillet, I, 444.
— en défaut, II, 449.
— reprend son tablier et son marteau, IV, 4.
Champ de Mars à Orléans, I, 317-323.
--- de la fédération, I, 317.
Chant patriotique ordonné, IV, 10.
Chandelles, leur prix en 1795, III, 440.
Changement de nom propre, II, 297.
Chanson contre-révolutionnaire, II, 393.
--- patriotique pour la fête du 14 juillet, III, 137.
--- satyrique contre les membres de la commune d'Orléans, III, 304.
Chant religieux, I, 308.
--- patriotique défendu au spectacle, IV, 88.
--- du Départ (voir hymne), IV, 30.
--- du Retour, IV, 154.

Chapelles particulières défendues, IV, 934.
— supprimées, I, 271.
Chapelle de la Vierge de St-Paul, II, 62.
Chapelles des hospices rendues au culte, IV, 287.
Chapitre de Ste-Croix, I, 174-227.
— de St-Aignan, I, 107-174-227.
— de St-Pierre-Empont, I, 228.
Charges locales de la ville d'Orléans, IV, 83.
Chariots pour les prisonniers d'état, I, 369.
Charivari, II, 217.
Charpentier du Petitbois, maire d'Orléans, I, 74.
Châsse de St-Aignan, I, 428-453. II, 50.
— de Ste-Christine, II, 366.
Châsses pillées et profanées, II. 282-391-414.
Chasseurs nationaux, I, 455.
— perturbateurs, II, 5.
Châtelet d'Orléans, II, 192.
Chefs de la garde nationale, fixation de leurs appointemens, III, 299.
— en 1797. IV, 236.
— des bureaux de la municipalité, II, 298.
— de bureaux de la préfecture, IV, 291.
Chemises rouges, II, 153-398.
Cheval, son prix en 1795, III, 441.
— mis à prix, IV.
Chevaux de luxe en réquisition, II, 38-184.
Chevaux en réquisition, II, 367. IV, 15-265.
— d'Espagne, IV, 330.
Chiffons et vieux linges, III, 105.
Cimetière de St-Laurent, I, 265-271.
Cimetières profanés, II, 441.
Cinquantainiers, I, 185-188.
Circonscription des paroisses, I, 248.
Circulaire pour la fédération orléanaise, I, 103.
— relative au gouvernement révolutionnaire, II, 450.
— aux municipalités par les membres du District, III, 10.

Circulaire des officiers municipaux aux sections, III, 9-259.
— du comité de surveillance révolutionnaire du district, III, 191.
— de l'administration du District, III, 21.
— du procureur-général syndic aux procureurs des communes, III, 366.
— relative à la journée du 18 fructidor, IV, 117.
Citoyens actifs, I, 212-227-228.
— tués par accident, I, 410-415.
Citoyen (le nom de) et *monsieur* défendus, II, 272.
Citoyens de 16 à 25 ans exercés aux armes, II, 184.
— mis en liberté, IV, 427.
Citoyen, titre renouvelé, IV; 126.
Citoyen barbouillé de sang, IV, 137.
Citoyens déclarés faussaires, IV, 166.
— ne portant pas la cocarde nationale, IV, 325.
Citoyennes patriotes, I, 197-200.
Cloches des églises, I, 308-319.
— supprimées, II, 320.
Clochers et tours démolis, II, 441.
Cloches pour le balayage, IV, 95.
Cloître-nord de Ste-Croix, IV, 332.
Clubs d'Orléans, I, 214-230-235-236-247-250-253-255-261-341-455.
Club (*voir* Société patriotique).
Cocardes de papier, I, 61.
— nationales portées par les femmes, II, 59-279-360.
— tricolores, IV, 13-14-120.
— contre-révolutionnaires, IV, 14.
Cochons sujets au recensement, III, 68.
Coins des monnaies brisés, I, 302.
Collectes civiques, II, 61.
Collége d'Orléans supprimé, II, 179.
Collot-d'Herbois à Orléans, II, 33.
— et autres députés passant par Orléans, III, 305.
Collot-d'Herbois meurt en exil, IV, 55.
Colonel de la garde nationale, II, 188-190.
Colonne de gloire, IV, 242-260.

Colonne mobile de la garde nationale, 255-256 270.
— à la mémoire des braves morts pour la patrie, IV. 312.
— départementale, IV, 333.
Comité permanent, I, 60.
— de sûreté générale, II, 60.
— de salut public, II, 142.
— de police, II, 169.
— des Douze dans chaque section, II, 445.
— de surveillance de St-Charles, III, 164.
— central de bienfaisance, III, 26.
— vendéen, II, 104.
— d'économie, II, 72.
— révolutionnaire, II, 54-394-408-423.
— de surveillance révolutionnaire, III, 12-73-222.
— de surveillance révolutionnaire de la commune, III, 25-168-314.
--- révolutionnaire des sections, III, 7-12-13.
--- de surveillance révolutionnaire du District, III, 184-185-195-285-349.
--- de surveillance de la 3ᵐᵉ section, II, 390.
--- de vaccine, IV, 359.
Commandant de la garde nationale, IV, 236.
Commandemens (les), des Français, I, 209.
--- de la République, II, 183.
Commandant du 4ᵐᵉ bataillon du Loiret, II, 104.
Commissaires de police, I, 449.
--- provisoires, III, 128.
--- complétés, III, 439.
--- dénoncés, IV, 221.
Commissaires pour l'ordre de la noblesse, I, 24.
--- pour les assemblées administratives, I, 93-99-102.
--- de la milice nationale, 105-108.
--- de la fédération orléanaise, I, 159.
--- pour les biens nationaux, I, 144-174-179-214-229-233-248-263.
--- pour l'inventaire des effets des églises, I, 255.
Commissaires pour vente des effets des églises, I, 258.
--- nationaux, I, 353.
--- envoyés à la Convention, I, 416.
--- de la Convention envoyés à Orléans, I, 418.
--- pour les effets pillés, I, 426.
--- de la Convention, II, 29-30-33-43-44-169-170.
--- pour les blés, II, 115.
--- pour la Vendée, II, 117.
--- du Comité de salut public, II, 145.
--- des sections d'Orléans, II, 149.
--- vérificateurs des boulangers, II, 170.
--- envoyés de Paris, II, 170.
--- pour les visites domiciliaires, II, 185.
--- envoyés de Beaugency, II, 193.
--- pour l'apposition des scellés, II, 384.
--- pour la fête du dernier des tyrans, II, 440.
--- pour l'enlèvement des plombs II, 445.
--- pour le dégalonnement des ornemens des églises, II, 449.
--- pour la garde des vases des églises, II, 454.
--- solliciteurs envoyés à Paris, III, 424-426-428.
--- pour le choix de nouveaux administrateurs, III, 259.
--- pour la propagation de l'esprit révolutionnaire, III, 24.
--- pour la réquisition des draps, III, 199.
--- pour fixer le prix des sabots, 232-233-235.
--- pour les bois propres aux sabots, III, 235.
--- pour les sucres, III, 31.
--- pour les poudres et salpêtres, III, 50.
--- pour la construction de la montagne, III, 24.
--- pour une souscription de deux millions, III, 222.
--- du Directoire exécutif, III, 111.
--- pour les souliers, III, 238.
--- pour les chiffons, III, 105.

Commissaires pour les secours aux parens des défenseurs de la patrie, III, 21.
--- pour la vente du mobilier des émigrés, III, 136-165.
--- pour la fête du 10 août 1794, III, 163.
--- pour la vente des effets de St-Laurent, III, 170.
--- pour les effets des prêtres, III, 165.
--- pour les cochons, III, 68.
--- pour l'enlèvement des fers, III, 147.
--- des prisons, III, 69-142-164-220.
--- pour la saisie des marchandises anglaises, IV, 111.
--- commercial, III, 170.
--- pour la bibliothèque, IV, 11.
--- pour la réquisition des chevaux, IV, 295.
--- répartiteurs, IV, 287.
--- du pouvoir exécutif, IV, 2-164-166-254-269.
--- près l'administration municipale, IV, 134-196-209-210.
--- pour la mise en ordre des objets d'art, IV, 11.
--- pour la recherche des papiers des émigrés, IV, 37.
--- pour la célébration des fêtes, IV, 25.
--- pour des renseignemens, III, 108.
--- pour les subsistances, III, 171.
Commission pour l'instruction publique, III, 231.
--- pour les subsistances, III, 171-250-262.
--- centrale des sections, III, 320.
--- de comptabilité, III, 379.
--- secrète, III, 415.
Compagnies bourgeoises, I, 185-188.
--- franches, I, 332.
--- départementale, III, 195,
Complément du comité révolutionnaire, III, 194.
Complément du corps municipal (voir municipalité).

Complément de l'armée de terre, IV, 295.
Comptes de la commune en 1795, III, 379.
— du receveur de la commune, II, 64.
— de la commission des subsistances, III, 262.
Compte-rendu au Directoire du département, III, 374.
Concierge du temple de la Raison, II, 434.
Concordat, IV, 344.
Confédération générale à Paris, I, 191.
Congrégations supprimées, I, 425.
Conscription militaire, IV, 207-208.
Conscrits visités, IV, 234.
— équipés, IV, 234.
— partant d'Orléans, IV, 237.
Conseil de discipline, I, 108.
Conseil général, en 1794, de la municipalité, II, 427.
— en 1795, idem, III, 279.
— en 1800, IV, 322.
— du département, IV, 294.
— d'arrondissement, IV, 294.
— de préfecture, IV, 294.
Constitution fautive, II, 165.
— de l'an III, III, 378.
— de l'an IV, III, 418.
— de l'an VIII, IV, 275.
Consuls de commerce, I, 209.
Consuls à vie, IV, 241-344.
Consuls de la République, IV, 274.
Contribution pour la garde nationale, I, 88-94.
— volontaire, II, 118.
— de l'année 1793, III, 53.
— patriotique, I, 90-91-161-167-170-218-330. II, 52.
Convention nationale, I, 417.
Convention (la) clot ses séances, III, 418.
Convives de Léonard-Bourdon, II, 14.
Convoi funèbre d'un républicain, III, 54.
Convoi militaire, III, 345.
Cordiers placés dans les fossés, IV, 230.

Cordonniers en réquisition, II, 420. III, 237. IV, 61.
Cordes des cloches, III, 57.
Cordeurs et empileurs de bois, II, 388.
Corps-de-gardes, I, 80-241-244-293-302.
— dans le faubourg Bannier, III, 412.
— législatif, III, 422.
— à St-Cloud, IV, 265.
— municipal, I, 74-77-85-306-339-445.
— à l'intendance, I, 160-170.
— complété, II, 108.
— en 1797, IV, 106-108.
— en 1799, IV, 233.
— en 1800, IV, 313-321.
Corps saints, IV, 221.
Correspondance de plusieurs révolutionnaires, III, 396.
Costume des officiers municipaux, I, 88-111.
Couplets contre les jacobins, III, 256.

Couplets à la liberté, III, 140.
— civiques, IV, 179.
Cour suprême à Orléans, I, 110-120.
Cours d'anatomie, IV, 346.
— d'accouchement, IV, 346.
Couvent des Récolets, I, 208.
— des Minimes, I, 236.
— des Jacobins, I, 258-278.
— de Bonne-Nouvelle, I, 44.
— du Calvaire, II, 103-104-164.
— du Bon-Pasteur, II, 116.
Couvertures pour les armées, IV, 2-21.
Cris de vive le roi punis, II, 113.
Croix supprimées, II, 412.
Cuirs mis en réquisition, III, 237.
Cultes divers interdits, II, 387.
— catholique rétabli en partie, III, 379.
— rétabli complétement, IV, 300.
Curé (le) soldat, II, 402.
— de St-Marc, II, 115.
— patriote, II, 194.
— condamné à la prison, IV, 229.

D.

Dames fédérées, I, 130-186.
— charitables, III, 182.
Débâcle de la Loire, I, 7. IV, 348-349.
Débordement de la Loire, I, 17-233-235.
Décades, II, 285-372.
— forcées, II, 430. IV, 196.
— supprimées, IV, 341.
Décalogue sur les jours de la décade, II, 415.
Déclaration patriotique, I, 246.
— de la patrie en danger, I, 332-333.
— de Léonard Bourdon, II, 13-56.
— d'habitation, II, 431.
— de non-nobilité, II, 448.
— de non-émigration, III.
— de Mersan contre Leblois, III, 240.
Décret du 18 brumaire, IV, 265.
Dédoublement de la garde nationale, I, 112.

Délégués de Laplanche, II, 260, 325-331-340-343-353-359.
— des consuls, IV, 276.
Délit d'un détachement de la garde-nationale, I, 99-101-402-103.
— dans les forêts, I, 226.
Délivrance de sucre, III, 31.
— de bois, III, 207.
— de suif, IV, 25.
— de savon, I, 300.
— de madame Royale, III, 354-359-442.
Demande de seigle, I, 47.
— d'orge, III, 8-9.
— de farine, III, 74.
— de blé, III, 73-183.
— de remboursement, I, 9.
— de la déchéance de Louis XVI, I, 337.
— de la section de Brutus, III, 31.
— de la section de Marat, III, 45.
— d'une veuve d'émigré, IV, 262.

Démission du colonel de la garde nationale, I, 264.
— du procureur-syndic du district, I, 435.
— refusée, III, 40.
— de l'agent national du district, III, 170.
— de plusieurs administrateurs municipaux, IV, 122.
Dénombrement des habitans, I, 207.
Dénonciation contre les curés d'Orléans, I, 245.
— contre les habitans d'Orléans, II, 1.
— contre les membres du département, II, 139.
— de deux révolutionnaires, II, 164.
— contre le curé de St-Marceau, II, 190.
— faite par Nicole, II, 225.
— au comité de salut public, III, 57.
— pour un porc, III, 43.
— contre le citoyen Courtois, III.
— pour cause de voies de fait,
— contre la particule de, IV, 215. III, 328.
— contre la municipalité, IV, 232.
Département du Loiret, I, 165-169-174-178-179-216-219-230.
— en 1795, III, 269-325-421.
Dépenses de la France en 1789, I, 52.
— pour la fédération orléanaise, I, 172-194.
— faites par les brigands de Paris, I, 390.
— pour le portail de Ste-Croix, II, 388.
— du maire Vinson, III, 145.
— pour la garde nationale, III, 177.
— pour les commissaires solliciteurs, III, 429.
— pour le passage de l'armée d'Italie, IV, 155.
— pour les sections, I, 450.
— pour les commissaires de la commune, II, 168.
— pour les sections, II, 77-383.
— pour le culte catholique, I, 454. II, 52-60-166.

Dépenses pour les fêtes publiques, II, 289.
— pour la fête de l'Éternel, III, 132.
— faites par ordre de Laplanche, III, 177.
— du comité révolutionnaire, III, 128-129.
— pour l'inauguration du temple de l'Éternel, III, 177.
— de ville en 1790 et 1791, I, 303-305.
— communales, II, 422.
— en 1796, IV, 83.
— en 1799, IV, 234-235.
Députés passant par Orléans, IV, 118-119-331.
Dépositions contre les brigands de Paris, I, 386-388-389.
Dépôts civiques des décorations militaires, II, 171. III, 16.
Députation du Loiret en 1795, III, 420.
— en 1802, IV, 340.
Députés au sénat conservateur, IV, 282.
— aux états-généraux, I, 44-46.
— à la convention, I, 294.
— à l'assemblée législative, I, 294.
— envoyés à la convention, II, 102.
— des onze sections à la convention, II, 173.
— au duc d'Orléans, I, 60.
— à la fédération orléanaise, I, 121-122.
— à la fédération de Paris, I, 173-175-179-180-181-204-208.
— dans les communautés religieuses, I, 242-266.
— de la commune au sénat, IV, 282.
Députés municipaux à Paris, I, 295-427-428.
— de la convention à Orléans, II, 116.
Député rappelé à la convention, II, 113.
— du Loiret suspendu, IV, 3.
— au Conseil des cinq-cents, IV, 107-167.
— en 1798, IV, 166.

Députés en 1799, IV, 274.
Désarmement de la garde à la commune, II, 42-43.
— des nobles et des suspects, II, 52.
— des terroristes, III, 315-317-322-334.
Descente en Angleterre, IV, 147.
Desfriches, dessinateur à Orléans, IV, 330.
Déserteurs, II, 138.
Désobéissance d'une partie de la garde nationale, I, 215.
Destitution de plusieurs employés, II, 42.
— de Laguette, III, 205.
Détenus riches, III, 142-43.
— visités par leurs parens, III, 159.
Détresse de la caisse municipale, IV, 9.
Dettes de la France en 1789, I, 52.
Dévastation du temple décadaire, IV, 309.
Devises contre-révolutionnaires, II, 38-39.
— révolutionnaires, III, 297.
— des grenadiers orléanais, III, 344.
Dévouement du citoyen Prozet, I, 358.
— du citoyen Tassin de Moncourt, II, 154.
— d'un révolutionnaire, III, 80.
— d'une mère patriote, IV, 273.
— des dames charitables, III, 182.
Dimanche défendu, IV, 214.
Dindes suspects, II, 408.
Dîner aux officiers de la garnison, IV, 346.
Directeur de la monnaie dénoncé, II, 145.
— de la manufacture d'armes, III, 190.
— du spectacle réprimandé, IV, 10.
Directeurs (les), III, 426.
Direction de la poste aux lettres en 1795, III, 285.
Directoire exécutif, III, 426.
Discours de M. d'Autroche, I, 81.
— de M. Tassin de Villepion, I, 82.

Discours de M. Johanneton, I, 83.
— de M. Tristan, I, 83-84-133-189-199.
— de M. Jacob, I, 130.
— de M. Bizemont, I, 128-133-158.
— de Jullien, I, 136.
— de Chervet, I, 140.
— de Romand, I, 150.
— des Dames fédérées, I, 201.
— de M. de Laplace, I, 202.
— de l'abbé Ladureau, I, 221.
— de Fera de Rouville, I, 241.
— de Sailly, I, 443.
— de Johanet, I, 443.
— de Légier, I, 444. IV, 167.
— de Gombault, I, 442.
— contre la religion des prêtres, II, 118.
— de Sochet, II, 180-240.
— de Laplanche, II, 237-455.
— du citoyen Moisard, II, 376.
— du citoyen Girard, II, 378.
— de Bellecour, III, 55.
— d'un remouleur, III, 55.
— d'Aignan, III, 75-77-118-119-353.
— du représentant Brival, III, 155. 161.
— du citoyen Bonneau, III, 186.
— du citoyen Mersan, III, 243-265-291.
— du représentant Porcher, III, 241-248-253-268.
— de M. Jallon, III, 392.
— de Tassin-Hudault, IV, 28-49-63-71-75-85.
— de M. Brillard, IV, 52-80-89.
— de Septier, IV, 148.
— de Vinson, IV, 194-227.
— de Lebrun, IV, 243-291-316.
— de Maret, IV, 292-314-315.
— de Crignon-Désormeaux, IV, 347.
Disette à Orléans, II, 226.
— d'huile, III, 182.
Distique de Champagne, III, 56.
Distribution de gros sols, I, 278-315-220.
— aux pauvres, II, 4.
— de vin, II, 360.
— de pain, II, 405.
— de farine, III, 73.
— de savon, III, 179.

Distribution de riz, III, 135-236.
--- de secours, III, 185.
--- de bois, III, 223.
--- de blé, III, 50.
District d'Orléans, I, 168-178-247-249-280-437. II, 268.
— en 1795, III, 271-325.
Division de la ville, IV, 328.
Divorce (le premier), III, 107.
Domingue (St-), I, 320.
Don à M. Dulac, I, 335.
— au général Gudin, I, 453.
— fait à la nation pour la descente en Irlande, IV, 98.
— patriotiques, I, 63-73-119-207-304-314-316-385-391-406. II, 39-50-62-71-72-73-77.
— civique, II, 102-103-426. III, 27-45-107-183.
— d'un poète, IV, 252.
— des employés de la mairie, IV, 142.
— de M. Rigolot, IV, 235.
— des amateurs comédiens, IV, 264.
— de sucre et chandelles, III, 208.
— d'une frégate, III, 166.
Drame des neuf victimes, III, 353.
— de Médée, IV, 240.
Draps en réquisition, III, 199.
— mortuaire aux trois couleurs, III, 56-204.
Drap vendu, IV, 57.

Drapeau donné par le duc d'Orléans, I, 61.
— de la garde nationale, I, 117-327.
— d'Olivet, I, 170.
— donné aux brigands de Paris, I, 359.
— rouge, I, 418.
— de la Pucelle, I, 448.
— de la section des Sans-Culottes, II, 147.
— avec les attributs de la mort, II, 243.
— fleurdelysé, II, 298.
— placés sur les maisons, II, 389.
— des juges de paix, II, 395.
— royaliste, IV, 35.
— placé sur les églises, IV 238.
— des citoyennes fédérées, I, 130.
— de la section des Piques, II, 375.
Drapeau des citoyennes sans-culottes, II, 283.
Droits de contrôle, I, 243.
— féodaux du duc d'Orléans, I, 209-232.
Droits de l'Homme, imprimés, II, 242.
Drouard, dit Champagne, II, 380.
Dubail, représentant du peuple, I, 353-359-385.
Dumouriez, traître à la patrie, II, 60.
Duplessis (Goulu), I, 244-306.
Duval, représentant du peuple, III, 324.

E.

Ecclésiastiques (voir prêtres).
Echarpes tricolores, I, 106-108-293. IV, 180.
Echevins de ville, I, 74.
Echoppes, I, 98-278-343.
— supprimées, IV, 332.
Ecole militaire, I, 197.
— de dessin, I, 274. IV, 348.
— de droit supprimée, I, 454.
— de la commune, II, 338.
— primaires, III, 343.
— pour les enfans, IV, 87.
— d'écriture gratuite, IV, 337.
— centrale, IV, 234-100-130.

Ecrits libéraux, I, 75-85-86 90.
— fédératifs brûlés, II, 162.
— violent contre le corps municipal, IV, 87.
— royaliste, IV, 256.
— séditieux (voir placards).
Ecurie dans St-Vincent, II, 164.
— dans St-Pierre, I, 272.
— dans St-Marc, II, 164.
Edifice rendu au culte, IV, 275.
Egalité, surnom du duc d'Orléans, I, 406.
Eglises rendues au culte, III, 352.
— St-Paterne, III, 51.

T. 4.

— 386 —

Eglise de St-Paterne, destinée aux fêtes décadaires, IV, 209.
— St-Marc rendue au culte, III, 352.
— St-Vincent vendue, IV, 160.
— de St-Pierre-en-Sentelée, magasin, II, 150. III, 183.
— St-Paul, magasin, II, 421.
— remise aux paroissiens, III, 344.
— Ste-Croix, temple à la Raison, II, 412.
Eglise rendue au culte, IV, 57-108.
— du Bon-Pasteur, magasin de paille, II, 263.
— cercle constitutionel, IV, 139.
— de l'Hôtel-Dieu, atelier de tailleurs, II, 193.
— temple Décadaire, IV, 274.
— St-Donatien, atelier des tentes, II, 285. III, 241. IV, 214.
— St-Pierre-Lentin, IV, 264.
— de St-Marceau pillée, II, 282. III, 185.
— de Recouvrance, rendue au culte, IV, 114.
— de St-Michel, I, 313.
— Salle de spectacle, II, 421.
— de St-Hilaire abattue, I, 299.
— de St-Maclou pour le club, I, 261.
— des Minimes, bourse, IV, 334.
— déclarées biens nationaux, II, 412.
— fermées, II, 395.
— pillées et dévastées, II, 382-391-414.
— désignées pour les fêtes républicaines, IV, 212.
Elargissement de plusieurs suspects, III, 125-172-173-174-175-196.
Electeurs de la garde nationale, I, 175-179-180.
— du département, I, 280. III, 397.
— demandant des renseignemens, IV, 96.
Elèves de l'école militaire, II, 175-280.
Eligibles, I, 78.
Eloge de Marat, III, 186.
Embaucheurs surveillés, IV, 72.
Emeutes, I, 47-59-61-205-295-408.
Emigrés, I, 306-440.
— amnistiés, IV, 341.

Emplacement sur les quais mis à loyer, IV, 99.
Emprunts, I, 94-96-97.
— d'un milliard, II, 163.
— pour les subsistances, III, 324.
— maintenu, III, 370.
— forcé, IV, 439.
— de cent millions, IV, 254.
— pour la descente en Angleterre, IV, 147.
Enfans de chœur de Ste-Croix, II, 159.
— de la maison de bienfaisance, III, 46.
Enfans de la section de la Fraternité, III, 22-26.
Engagement volontaire pour la garde de Louis XVI, I, 322.
Enlèvement de Louis XVI, I, 281.
— des prisonniers d'Etat, I, 343-368.
Enquête sur les brigands de Paris, I, 386.
— sur Léonard-Bourdon, III, 320-322.
Enrôlemens volontaires, I, 288-289. IV, 208.
— des grenadiers et chasseurs, I, 340.
Enseignes portant le nom d'hôtels, II, 440.
— des auberges et cabarets en 1798, IV, 488.
— saillantes, IV, 329.
Enterrement public, IV, 343.
Epidémie contagieuse, II, 193.
— à Pithiviers, IV, 347.
Epiphanie des sans-culottes, III, 349.
Epithète sur Goulu, II, 243.
Epître à Laplanche, II, 363.
Epuration des employés, II, 454. III, 5.
Estrade de la commune, II, 167.
— de l'autel de la patrie, IV, 169-252.
Etablissement de M. Petit, I, 56-62-74-75-76.
— de bienfaisance, IV, 297.
Etat nominatif des gentilshommes orléanais en 1789, I, 41-23.
Etat-civil, II, 147.
Etats-Généraux, I, 51.

Etaux de la boucherie Porte-Renard, I, 454.
Étourderie d'un collégien, I, 448.
Evacuation de Saumur, II, 145.
Evasion de deux révolutionnaires, III, 420.
Evêché de Blois réuni à celui d'Orléans, IV, 342.
Événement arrivé aux déportés, III, 305.
Evêque coiffé d'un bonnet rouge, I, 355.
Evêque demandant un certificat de civisme, IV, 200.
Exécuteur des jugemens criminels, I, 314. III, 27.
Expédition d'Irlande, IV, 98.
— d'Egypte, IV, 171.
Experts pour les biens nationaux, I, 206-215.
Exposition publique des produits, IV, 332.

F.

Fabrique des églises, I, 438.
Façades du quai de Cypierre, I, 289. II, 93.
Factieux du faubourg St-Antoine, III, 330.
Famille Bourbon-Orléans, II, 94.
Fanfare de St-Cloud, IV, 273.
Faux courriers, III, 402-406-410.
Fédération orléanaise, I, 98-101-118-121-127-131-142-181-182-193-325.
— de Tours, I, 160.
— de Chartres, 166.
— de Paris, 191.
Félicitation sur la mort du roi Louis XVI, I, 455.
Ferrailleurs (les), II, 442.
— leurs places, IV, 332.
Fermentation populaire, I, 215-217-406. II, 4.
Fermeture des portes de la ville, I, 317.
— provisoire du club, III, 210.
Fers pillés, II, 442.
— en réquisition, III, 147.
Fête de la ville, I, 53-139-276-315. II, 93.
— interrompue, III, 67-329.
— pour la neuvième fois, IV, 334.
— approuvée par le premier consul, IV, 349.
— rétablie, IV, 352.
— de Ste-Christine, IV, 358.
— funèbre pour Beauvais de Préau, IV, 241.
— pour les plénipotentiaires, IV, 52.
— pour le général Hoche, IV, 128.
Fête pour le général Joubert, IV, 259.
— pour le général Leclerc, IV, 354.
Fête-Dieu, I, 170-277-279-317.
Fête rétablie, IV, 357.
— pour la réunion des trois ordres, I, 54.
— des canonniers, I, 238.
— pour les succès en Savoie, I, 427.
— pour une adoption, II, 147.
— à la maison de bienfaisance, II, 156.
— pour l'acceptation de la constitution, II, 159.
— pour les mânes de Marat, II, 179.
— de la section des fédérés, II, 187.
— de Jemmapes, II, 261-262.
— pour Marat et Lepelletier, II, 372.
— à l'Être suprême, III, 108-115-117.
— des Récompenses, III, 186.
— de l'évacuation des ennemis, III, 197.
— de la Jeunesse, IV, 25-27-107-164-225.
— des Victoires, IV, 44-48-67-238.
— des Epoux, IV, 37-38-108-169-234.
— de la Reconnaissance, IV, 109-175.
— de la Souveraineté du peuple, IV, 158-160-222.
— du 18 fructidor, IV, 198-255.

— 388 —

Fête des Vieillards, IV, 82-84-113-198-255.
— de l'Agriculture, IV, 58-63-111-182-246.
— de la Liberté, IV, 67-71-192-251.
— Nationale, III, 65.
— de la République, IV, 88-89-120-204-259.
— de la fondation de la République, IV, 325.
— de la punition du dernier des tyrans, III, 239-253.
— du 21 janvier, IV, 48-98-144-145-217.
— du 10 août, II, 175.
— du 10 août 1794, III, 163-371.
— du 10 août, IV, 77-112-193-252.
— du 14 juillet, I, 192-288-289. III, 136-137. IV, 111-185-251.
Fête du 10 août 1800, IV, 324.
— décadaire, II, 423-429-430. III, 49-361.
— pour la 84ᵉ demi-brigade, III, 176.
— pour l'armée d'Italie, IV, 148.
— pour la suppression de la royauté, I, 421.
— expiatoire pour Léonard-Bourdon, II, 78.
— républicaine négligée, IV, 89-109-113.
— reprise, IV, 21.
— de la Concorde, IV, 334.
— du 18 brumaire IV, 337-346.
— à l'anglaise, IV, 359.
Feu d'artifice, IV, 205.

Filature de coton dans St-Paterne, III 71.
— porte Bourgogne, III, 180-262.
Filles de la Sagesse, II, 94.
Flammes pour les femmes patriotes, I, 198.
— pour les grenadiers nationaux, III, 344.
— blanche, IV, 112.
Foire de St-Aignan, IV, 94.
Fontaines publiques, III, 199.
Fosses d'aisances, IV, 329.
Fossés de la ville ensemencés, III, 10.
— pour les cordiers, III, 360.
Fournées républicaines, III, 16.
Fournier, général des brigands de Paris, I, 353-368.
Fourniture de viande aux troupes, II, 103.
— pour les casernes, IV, 257.
— pour les conscrits, IV, 234.
Fours au Calvaire, II, 103-104-164.
— publics, III, 333.
Frais pour la fête des victoires, IV, 68.
Francs-maçons, IV, 365.
Frégate offerte au premier Consul, IV, 357.
Frères des écoles chrétiennes, II, 142.
Friponneries de Léonard-Bourdon, II, 33.
Friponnerie de Chamouillet, III, 208.
Froid excessif en 1789, I, 7.
— en mai, II, 111.

G.

Garde nationale, I, 57-93-113.
— en 1795, III, 287.
— réorganisée, IV, 27-132.
— serment des officiers, IV, 166.
— sédentaire, IV, 245.
— (remplaçants), IV, 285.
Gardes nationaux étrangers, I, 147.
— de Paris, I, 141.
— refusant de conduire les prisonniers d'État, I, 370.
— conduisant les prisonniers d'État, I, 416.

Gardes soldés, I, 182.
— des faubourgs, I, 219.
— pour les représentans, II, 113.
— des suspects, III, 9.
— départementales, III, 495.
Garnisaires pour les conscrits, IV, 245.
Garnison de Strasbourg, II, 173.
— de Mayence, II, 184.
Gellet-Duvivier, II, 29-31.
Généreux citoyens orléanais, III, 222.

Générosité des habitans de Meung, I, 50.
— des manufacturiers d'Orléans, II, 75.
— de deux républicains, II, 461.
— d'un bon citoyen, III, 25.
— d'un jeune Orléanais, IV, 273.
Geôliers d'Orléans, IV, 119.
Georges (St-) en argent, II, 326-328.
Gouvernement révolutionnaire, II, 420.
— consulaire, IV, 269.
Grains pour les vendanges, III, 183.
Grand-Marché agrandi, IV, 272.
Grands-Procurateurs de la nation, I, 296.

Grands-Juges (*voir* juges de la haute-cour).
Grands-Vicaires nommés par l'évêque Bernier, IV, 346.
Greniers d'abondance, I, 74.
Griefs contre la municipalité, IV, 239.
Griffe (la) à Nicole, III, 183.
Grille du monument de la Pucelle, II, 117.
Gros sous, I, 308.
Guerre de la Vendée, II, 46.
Guet d'Orléans, I, 188-188-215.
Guichet de la Marois, I, 174.
Guidon trouvé, II, 71.
Guillotine, I, 279.
— en permanence, II, 376.

H.

Habillement des tambours de la ville, IV, 34.
Halle aux blés, I, 258.
— aux légumes, IV, 408.
Hauts-Jurés en 1797, IV, 107.
— en 1798, IV, 166.
Haute-Cour nationale, I, 264-267-321-326.
Héritiers des prêtres, III, 439.
Héroïsme conjugal, IV, 419.
— maternel, IV, 273.
Hesse, général à Orléans, II, 104-168.
Heures de travail dans les bureaux, III, 438.
Hiver très-rigoureux, IV, 281.
Hochets de la superstition, II, 440.
Hommage à l'arbre de la liberté, II, 262.

Hôpital militaire, II, 426.
— de St-Charles, III, 164.
Hospice d'humanité, IV, 300.
Hôtel-Dieu, I, 271.
— projet de son déplacement, IV, 94.
— visité par la force armée, IV, 492.
— de la ville à l'intendance, I, 160-219-239.
Hôtel des monnaies supprimé, II, 443.
Huile manquant à Orléans, IV, 9.
Humanité des membres d'une section, III, 278.
Hymne patriotique, II, 413. III, 138-148.
— chantés au spectacle, IV, 8-66-73-145-151-218-219-237.

I.

Ignorance de Chamouillet, III, 209.
Illumination des cloîtres, I, 211.
Impiété d'un prêtre, II, 264.
— d'un pasteur protestant, II, 368.
Impôt foncier en 1797, IV, 111.
— en 1803, IV, 351.
Impression de la loi sur le gouvernement révolutionnaire, II, 449.
Imprimeurs de la ville, IV, 37.

Imprécation contre les parjures, IV, 218.
Inauguration des bustes de Marat et Lepelletier, III, 7.
— du buste de Lepelletier, II, 480.
— du buste de Marat, II, 480-377.
— de la statue de la liberté, II, 62-70.

T. 4.

Inauguration d'une pierre de la bastille, II, 237.
— d'un arbre de la liberté, II, 261-262.
— du temple de la Raison, II, 412.
— du monument provisoire de Jeanne d'Arc, IV, 353.
Incartade d'un procureur, I, 45.
Incarcération (voir arrestation).
Incendiaires des châteaux, I, 58.
Incendie, primes accordées aux pompiers, IV, 167.
Incorrigibles(les)d'Orléans, IV, 215.
Indemnités aux victimes du pillage du 16 septembre 1793, IV, 403.
Indigens secourus, III, 257-258.
Infirmeries aux grandes écoles, IV, 56.
Infractions aux maximum, II, 427.
— aux fêtes décadaires, IV, 154.
Inondations (voir débordemens).
Inscription du club, III, 417.
— du portail de Sainte-Croix, IV, 333.
— patriotique, IV, 104.
— contre l'Autriche, IV, 242.
Inspecteurs des ports, IV, 133.
Installation de la municipalité en 1795, III, 290-435.
— en 1800, IV, 343.
Institutrices au conseil général, III, 225.
— républicaine, II, 434.
— prêtant serment, IV, 210.
Instituteur libre prêtant serment, IV, 143.

Insulte à la garde nationale, I, 273.
— à un régiment de dragons, I, 294.
— faite à Louis XVI, I, 318.
— faite à un révolutionnaire, II, 165. III, 432.
— faite à Jambon, II, 9.
— faite à Pochole, III, 359.
— faite à un représentant, II, 431.
— faite à la municipalité, III, 260. IV, 225.
— faite à un membre du conseil municipal, IV, 314.
— faite à l'évêque d'Orléans, IV, 342.
Intempérance de deux magistrats, III, 230.
Intendance (hôtel de l'), I, 170.
Interrogatoire de M. Tassin, II, 432.
Inventaire dans les couvens, I, 255-360.
— chez les parens des prêtres et les émigrés, II, 388.
Investissement de la salle de spectacle, IV, 187-190.
Invitation fraternelle de la commune de Paris, I, 393.
Invitation civique, II, 6.
— fraternelle de la section des sans-culottes, III, 3.
— contre les Anglais, III, 166.
— pour le don d'un vaisseau, III, 166.
Invocation à l'Être-Suprême, IV, 219.

J.

Jardin dit Tivoly, IV, 170.
— sur les tours de ville, IV, 281.
Jeu de biribi, I, 291.
— du tir, IV, 224.
— de la course, IV, 162-203.
— de hasard, IV, 308.
Jeunes républicains au conseil municipal, II, 435.
— de la section de l'Union, III, 26.
Joubert, évêque révolutionnaire, II, 367.
Journal des hypothèques, IV, 365.

Journée de travail, I, 10?.
— du 10 août, I, 337.
— du 12 germinal, III, 304.
— du 13 vendémiaire, III, 398-401-413.
— du 18 fructidor, IV, 114-115.
— du 18 brumaire, IV, 266-268.
Jubilé, IV, 366.
Jugement de la haute-cour nationale, I, 336-337-355.
— contre un prêtre, III, 436.
Juges de paix, I, 257-272-444. II, 274. IV, 333.

— 391 —

Juges de la haute-cour nationale, I, 268.
— du tribunal de commerce, I, 289.
— du tribunal criminel, I, 295.
— du district, I, 232-439.
— du département, IV, 108.

Jury médical, III, 68. IV, 350.
— d'instruction, III, 343.
— d'équité, IV, 434.
Justice de paix en 1795, III, 351.
Justification des membres du département, II, 142.

L.

Lacué, conseiller d'État, IV, 334.
Lagardette fait don d'un de ses ouvrages, IV, 209.
Laguette destitué, III, 299.
Lajouski, officier des brigands de Paris, I, 355.
Lampes à quinquets, II, 145.
Laplanche la première fois à Orléans, II, 33-40.
— est insulté au spectacle, II, 77.
— condamne un citoyen d'Orléans, II, 104.
— est dénoncé à la convention, II, 116.
— nommé commissaire à Orléans, II, 193.
— arrive pour la deuxième fois à Orléans, II, 194.
— tient sa première séance à St-Paterne, II, 195.
— au conseil de la commune, II, 212.
— tient sa deuxième séance, II, 213.
— va au conseil général, II, 220.
— tient sa troisième séance, II, 228.
— au conseil du département, II, 237.
— tient sa quatrième séance, II, 244.
— écrit à la convention, II, 259.
— nomme ses délégués, II, 260.
— tient sa cinquième séance, II, 264.
— quitte momentanément Orléans, II, 281.
— revient pour la troisième fois à Orléans, II, 296.
— tient sa sixième séance, II, 296.

Laplanche tient sa septième et dernière séance, II, 322.
— au conseil municipal, II, 350.
— à la société populaire, II, 361.
— va rendre ses comptes à la convention, II, 369.
— fait son abjuration de prêtre, II, 373.
— se marie avec une Orléanaise, II, 370.
— présente son épouse à la commune de Paris, II, 373.
— finissant sa dernière mission, II, 455.
— est enfermé, III, 380.
Lavandières, III, 8.
Lavielle, le fameux commissaire, II, 438.
Leblois menaçant les Orléanais, III, 240.
— insulté à la comédie, III, 432.
Leçon d'un père à son fils, IV, 34.
Le Devoir et la Nature, drame, IV, 252.
Lefiot, représentant du peuple, II, 436. III, 6-7.
Légion-d'Honneur, IV, 342.
Léonard Bourdon, I, 353-385-391-437. II, 10-19-33-226. III, 304-305.
Léopard et aigle, IV, 224.
Lettre du général de l'armée Orléanaise, I, 434.
— de MM. du chapitre de Sainte-Croix, I, 491.
— aux dames orléanaises, I, 440.
— des membres du district à la municipalité, I, 345-347.
— de l'évêque d'Orléans, I, 426. II, 386-407. IV, 200.

Lettre aux habitans de Lille, I, 427.
— de Goulu-Privé, I, 244.
— du ministre de la guerre, I, 354.
— de M. Monnier, I, 322.
— de M. Néker, I, 22.
— patentes de Louis XVI, I, 97-99.
— du président de l'assemblée nationale, I, 92.
— du procureur du département, I, 448.
— de Rouzeau-Montaut, I, 285.
— d'arrestation, II, 78.
— des collègues de Léonard Bourdon, II, 25.
— de la commune de Montargis à Laplanche, II, 357.
— des commissaires dans la Vendée, II, 416.
— de Lagueulle de Coinces, II, 370. III, 112-113.
— du général Delaage, II, 296.
— de Laplanche à la convention, II, 259.
— de Léonard Bourdon à la convention, I, 385. II, 24.
— des officiers municipaux à la convention, II, 32.
— du maire d'Orléans à la convention, II, 39.
— d'un chef de massacreurs, II, 410.
— de l'abbé Mérault, II, 439.
— des officiers de Romorantin, II, 63.
— de l'abbé Septier, II, 157.
— de Sochet, II, 4.
— d'Aignan, III, 7-426.
— de Besserve, III, 153.
— de Brival, représentant, III, 209-225.
— des membres de la commune à Brival, III, 210.
— relative au culte, III, 379.
— de Cusson, III, 80.
— aux députés du Loiret, III, 363.
— des détenus de St-Hilaire, III, 383-389-396.
— de huit détenus à Orléans, III, 425.
— de Duval, représentant, III, 365.

Lettre de Garan-Coulon, III, 398.
— de M. Gaudry, fils, III, 394.
— de M. Baudry, IV, 264.
— de M. Jacob père, III, 394.
— d'une vraie jacobine, III, 97.
— du citoyen Jousse, III, 297.
— du sans-culotte Laguette, III, 34.
— relative à madame Royale, III, 355.
— de Louvet, III, 296.
— de M. Miron de Sens, III, 356.
— au citoyen Miron de Sens, III, 264.
— du républicain Morène, III, 45.
— de l'abbé Paris, III, 340.
— du citoyen Pignon, III, 70.
— au citoyen Pignon, III, 71.
— de Porcher, représentant, II, 258.
— d'un prêtre républicain, III, 72.
— de M. Rosier à M. Lottin, III, 83.
— de l'abbé Soret, III, 433.
— du sieur Sevauçay, III, 328.
— au représentant Sevestre, III, 429.
— du représentant Sevestre, III, 437.
— du révolutionnaire Tanard, III, 114.
— du représentant Isabeau, III, 320-329.
— de l'administration municipale à celle du département, IV, 9.
— du général Bonaparte, IV, 171.
— du citoyen Brillard, IV, 6.
— du commissaire du pouvoir exécutif, IV, 56, 221.
— décachetées, IV, 42-56.
— du ministre des cultes, IV, 350.
— à un juge de paix, IV, 133.
— de Légier et Aignan, III, 426.
— du ministre Chaptal, IV, 362.
— de M. Petit, IV, 99-100.
— de Riou, législateur, IV, 104.
Levée de matelots, I, 473.
— de 500,000 hommes, II, 4.
— des hommes de 18 à 40 ans, II, 5-6.

Levée de 600 hommes dans les sections d'Orléans, II, 83.
— en masse de 18 à 25 ans, II, 187.
Liberté des cultes publiée, III, 312.
Lieutenant-colonel de la garde nationale, I, 94.
Liste ou registre civique, I, 253.
Liste des prêtres assermentés ou insermentés, III, 421.
— des émigrés, IV, 34.
Livret pour les ouvriers, IV, 364.
Loi du 26 août 1792, I, 354.
— martiale, I, 414.
— du 21 pluviôse an II, III, 21.
— du 30 thermidor, III, 166.
— du 21 germinal, III, 315.
— pour le réarmement des patriotes, III, 411.

Loi du 18 fructidor, IV, 116.
— sur les pharmaciens, IV, 350.
— pour les voitures de roulage, IV, 366.
— sur les notaires, IV, 350.
— portant peine de mort, IV, 262.
— (voir décrets).
Lombard Lachaux, maire d'Orléans, I, 339.
Louis Bonaparte à Orléans, IV, 295.
Loups mis à prix, IV, 95.
Louveteau (le petit), III, 47.
Loyer de l'ancien hôtel de ville, I, 239.
Lucien Napoléon à Orléans, III, 329.
Lycée à Orléans, IV, 352.

M.

Magasin à poudre, III, 140.
— faisant explosion, IV, 111.
Maille d'or de Florence, I, 8.
Mainville (Jacque), IV, 362.
Maires d'Orléans, I, 74-78-307-339-438-445.
Maire d'Orléans en mars 1793, II, 36.
— en septembre 1793, II, 270.
Maire et officiers municipaux en arrestation, II, 31.
— à la barre de la convention, II, 85.
Maire d'Orléans en mai 1800, IV, 313.
— (voir président de l'administration).
Maison de St-Charles, I, 311. IV, 308.
— du Sanitas, II, 163-259.
— des émigrés, II, 424.
— de commerce cotisant pour les subsistances, III, 252.
— d'enseignement visitée, IV, 191.
— suspecte, IV, 258.
— de la Croix (prison), II, 148.
— rendue à l'hôpital, IV, 55.
Maître de musique de Ste-Croix, II, 162.
Mandats d'arrêt, II, 408.

Mandat d'arrêt contre M. Costé, III, 67.
— contre des faussaires, IV, 156.
Mandats territoriaux, IV, 22-67.
Mandement pour venir au secours de Sainte-Croix, IV, 343.
— pour le monument de la Pucelle, IV, 352.
Mannequin de Marat, III, 289.
Manifeste contre l'Autriche, IV, 236.
Manuel dans le procès de Louis XVI, I, 437.
Manufacture d'armes, II, 145-163. III, 191.
— de coton, I, 243.
— de la porte Bourgogne, III, 180-262.
— de couvertures, IV, 334.
Manuscrits de J.-J. Rousseau, IV, 330.
Marchandises anglaises, IV, 111-139.
Marché du cloître St-Aignan, I, 341-344.
Marchés d'Orléans, III, 27.
— aux chevaux, IV, 48.
— dont les jours sont fixés, IV, 181.
Mariage du curé de St-Paul, II, 297-368.
— de l'évêque d'Orléans, II, 424.

T. 4.

Mariage de Segretier, II, 435.
— décadaires, IV, 205-220.
Mariage (le) du Capucin, comédie, IV, 252.
Marseillaise (la), I, 342.
— parodiée, II, 393.
Massacre des prisonniers d'Etat, I, 392.
— de Saumur, II, 410.
Mâts de cocagne, IV, 356-357.
Maximum, II, 285-288-293.
Médaille donnée à un chirurgien, I, 47.
— fédérative, I, 153-167.
— du tiers-état, I, 210.
— de section, II, 74.
— guillotinée, II, 194.
Médaillons, IV, 182-193-204-207-222-250-256-265.
Médecins d'Orléans, I, 74-311.
Membres du comité révolutionnaire de Nantes, III, 325.
Mémoire pour les chanoines de St-Aignan, I, 107.
— pour les capucins, I, 205.
— de Courtois, III, 46.
— d'un médecin, III, 68.
— de Sochet, III, 181.
— d'un tonnelier, III, 229.
— en faveur de l'abbé Patau, III, 205.
Mémoire d'un fils pour son père, III, 391.
— du citoyen Bonneau, III, 416.
Mercuriale du prix des journées, II, 96.
— en 1795, III, 292.
— des marchandises en 1796, IV, 23.
Mérinos, IV, 346.
Mesures de sûreté publique, I, 313-318. II, 173.
— métriques, IV, 254.
Meubles des églises pillés, II, 382-391-414.
— vendus, II, 422.
Meuniers au service de la commune, III, 329.
Milice nationale, I, 57-113.
Millionnaire orléanais, III, 229.
Militaires blessés, IV, 48-260.
Minimes, couvent vendu, IV, 334.

Ministres du culte, salariés, II, 274.
— en présence de la municipalité, IV, 210.
Mission de Parmentier, II, 325.
— de Pleinguet, II, 331.
— de Goulu-Pryvé, II, 340.
— de Rousseau, II, 343.
— de Pignon, II, 353.
— du perruquier de Laplanche, II, 359.
— de Lavielle, commissaire de police, III, 232.
Missionnaire (le) inexorable, III, 424.
Mystification à deux représentans, II, 77.
Mobilier des églises, I, 252-258.
Modèle de la Bastille, I, 239.
Modestie républicaine, II, 399.
Modes ridicules des femmes, IV, 110.
Mode ridicule des jeunes gens, IV, 155.
Mois républicains, II, 285.
Monnaies françaises en 1804, IV, 331.
— de billon, IV, 365.
Monument de la Pucelle, I, 340-344-345. II, 62-164.
— provisoire, IV, 352-366-369.
— triomphal, II, 419.
Monsieur (prénom de) prohibé, II, 283-373. IV, 146.
Montagne élevée à Orléans, III, 24-50-80-134-262.
Mort de Louis XVI, I, 451.
— du duc d'Orléans, II, 374.
— de Beauvais, III, 52.
— d'un révolutionnaire, III, 54.
— d'un officier municipal, III, 142.
— des Triumvirs, III, 148.
— de Petit, médecin, III, 202.
— de l'assassin des neuf victimes orléanaises, III, 329.
— du fils de Louis XVI, III, 348.
— d'un enragé sans-culotte, III, 348.
— du jeune de Vellard, III, 368.
— de Ripault-Désormeaux, II, 85.
— civile des prêtres, IV, 439.

— de Louvet, IV, 113.
— d'Egrot, IV, 96.
— de la mère de Léonard Bourdon, IV, 120.
— de Jacque de Mainville, IV, 363.
— de Desfriches, IV, 330.
— de Bouthier, IV, 185.
— de Prozet, IV, 360.
— de François-Benoît Rozier, IV, 140.
— de Legrand, IV, 282.
— du père Robert, IV, 285.
— de Jogues de Guedreville, IV, 347.
— de Seurat de la Boulaye, IV, 349.
Motif du désarmement des patriotes, IV, 411.
Mouvement de la population pendant une décade, III, 176.

Mulets mis en réquisition, II, 420.
Municipalité supendue, II, 30.
— supprimée, II, 34.
— provisoire, II, 35.
— à la barre de la convention, II, 85.
— maintenue, II, 143.
— lors de l'affaire de Léonard Bourdon, III, 31.
— en 1795, III, 272-290-326.
— et Buonaparte, III, 434.
— en 1797, IV, 122-123.
— en 1798, IV, 167.
— en 1799, IV, 233.
— en 1800, IV, 343.
Murs du chœur de Ste-Croix, II, 441. III, 22.
Musée d'Orléans, IV, 335.
Musiciens réprimandés, IV, 10.
Musique de la garde nationale, II, 381.

N.

Naturalisation d'un Anglais, IV, 43.
Neuvaine à St-Aignan, I, 55-56-334.
Nicole donnant sa démission, III, 182.
Notables, I, 79-307-339-446. II, 35-57-270-437.
— en 1795, III, 276-326.
— remplacés, III, 248.
Notaires d'Orléans, I, 213-351.
— suspects, III, 46.
— prêtant serment, IV, 215.
Nomination des maires, I, 53.
Noms des fonctionnaires civils et militaires en 1799, IV, 279.

Non-émigration, IV, 55.
Notice sur Ripault, IV, 172.
— sur Lottin père (François), II, 57. III, 113.
Notes à lire, III, 70-113-134-176-185-351-355-359-435. IV, 57-193-264-274-286-319.
— historiques, IV, 244.
Notifications impérieuses des sections, III, 380-382.
Nourriture des détenus, II, 43-47-398.
— indigens, III, 142.
Numérotage des maisons, I, 188.
— des voitures, IV, 140.

O.

Objets ostensibles du culte, II, 405.
Obsèques de M. Petit, médecin, III, 303.
Octrois, I, 22-243. IV, 262.
Ode contre l'évêque Bernier, IV, 342.
Ode sur la bataille de Marengo, IV, 363.

Officians à la fédération orléanaise, I, 138.
Officiers de la milice bourgeoise, I, 52.
Officier municipal et un galérien, II, 384.
— municipaux remplacés, I, 172.
— attachés aux sections, I, 264. II, 35-36-50-270-437.

Officiers municipaux en 1795, III, 273-326.
— remplacé, III, 218.
— (*voir* corps municipal et municipalité).
Officiers sans-culottes, II, 370.
Offrande civique, III, 183.
— contre les Anglais, IV, 142.
— (*voir* dons).
Oracle sanguinaire de Léonard-Bourdon, II, 19.
Orangerie dans St-Marceau, III, 185.
Orateurs de Jeanne d'Arc, I, 53-139. IV, 357.
Ordonnance du grand bailli, I, 21-29.
Ordre du général Hesse, III, 257.
— du capitaine Rochas, III, 410.
Organisation des diverses administrations, III, 265-325.
— des administrateurs en 1800, IV, 293.
Organiste du temple de la Raison, III, 56.
— des fêtes républicaines, IV, 225.

Orge demandée et accordée, III, 8.
— et refusée, III, 9.
Orgue de St-Euverte, IV, 121.
Origine de Robespierre, III, 148.
— d'un millionnaire Orléanais, III, 229.
Orléanais mis en liberté par la convention, II, 46.
— chargé de la garde du pape, IV, 480.
Orléans déclaré en état de rébellion, II, 29.
— relevé de son état de rébellion, II, 78.
— dans un état critique, II, 144.
— sous la terreur, III, 149.
— divisé par quartier, IV, 328.
Os de morts chauffant une forge, IV, 485.
Où peut-on être mieux (air), IV, 184.
Ouragan terrible à Orléans, IV, 329.
Ouvriers de Paris, I, 87.
— cardeurs, II, 423.
— amateurs, III, 191.
— aux fourrages, IV, 13.

P.

Pagot, architecte, IV, 322-360.
Paillasse (le) sous planche, II, 359.
Pain dit égalité, I, 437. II, 227.
— fabriqué à l'hôtel-Dieu, II, 8.
— de Riz, I, 54-56. III, 255.
— taxé (*voir* taxe).
Paix de la Vendée, IV, 285.
Panorama, IV, 308.
Papier monnaie retiré, IV, 22.
Parisiens à Orléans, I, 343-355.
Passeport taxé, IV, 11.
Pasteurs protestans, IV, 365.
Pâtissiers, III, 8.
Patriarche (le) des sans-culottes, I, 441.
Patriotes mis en prison, III, 74.
— mis en liberté, III, 164-259-372.
— réinstallés dans leurs places, III, 166-168.
— mis en surveillance, III, 372.
Pavés de la ville, I, 99.

Payen, chirurgien, III, 68.
Peine de mort contre ceux qui ne voudraient pas la République, IV, 262.
Pension de jeunes gens, IV, 81.
Pénurie de chandelles, II, 417.
— de subsistances, III, 171-192-295-299-302-369.
Père d'émigré, II, 192-434. III, 11.
— des défenseurs de la patrie, III, 22.
Perruques à la mode, IV, 110.
Petite-vérole, I, 212.
Petite poste des prisons, III, 220.
Pétition de plusieurs citoyennes d'Orléans, II, 96.
— contre Marat, II, 84.
— de la section des Sans-Culottes, II, 187.
— d'un célèbre médecin, II, 434.
— d'un brave militaire, III, 1.
— d'un médecin, III, 11.

Pétition d'un organiste patriote, III, 56.
— d'un notaire détenu, III, 108.
— de plusieurs républicains détenus, III, 148-389.
— d'un bon citoyen, III, 125.
— en faveur d'un savant orléanais, III, 260-346.
— d'une bonne mère, III, 425.
— relative à l'école centrale, IV, 34.
— d'un bon ecclésiastique, IV, 62.
— des habitans du Portereau, IV, 282.
Physicien malheureux, IV, 346.
Pie VII et un Orléanais, IV, 234.
Pièces de théâtre censurées, IV, 13-15.
Pierre de la Bastille, II, 237.
Pillage des églises, II, 382-391-414.
Pignon en prison, III, 70.
— se fixant à Paris, IV, 192.
Pillard de la maison Rime, I, 58.
Piques pour armer les citoyens, I, 385-406. II, 9-110-145-168.
Piquiers, II, 45.
Placards et écrits séditieux, III, 225-226-227-228. IV, 7-158.
Place du Martroi, III, 134-262.
Places qui changent de nom, I, 334.
Plaintes des aubergistes, II, 368.
— d'un représentant, III, 359.
— de Leblois, III, 432.
Plantation des fossés et des cimetières, III, 10.
Plaques de cheminée retournées, II, 420.
Poids et mesures, II, 184.
Pois rouges et blancs, II, 96.
Poissonnières, III, 8.
Police municipale, I, 100.
Police des étrangers, I, 270.
— des spectacles, III, 436. IV, 132.
— des enfans querelleurs, IV, 111.
— des ports, IV, 288.
Polonais déserteurs, IV, 273.
Pommes de terre pour les habitans, III, 255.
Pompes à incendie, I, 178-214.

Pompiers à Orléans, IV, 130-167.
Population d'Orléans, I, 78-217-227.
— du département en 1797, IV, 112.
— en 1800, IV, 290-297.
Porc suspect, III, 68-165.
Porcher, représentant à Orléans, III, 241.
Portail de Ste-Croix, II, 74.
Porte-drapeau femelle, II, 370.
Porte de ville en fer ou grille, II, 442.
— du Soleil, abattue, III, 210.
— ou guichet sur le port, I, 174-308-396.
— de ville, I, 205.
— mal gardées, II, 194.
— démolies, II, 431-441.
Poteau d'infamie, IV, 242.
Portraits, II, 142.
Poudres et cartouches, II, 142.
Poudre à poudrer, II, 190.
— et amidon prohibé, II, 279.
Poudre de guerre arrêtée, IV, 265.
Poudrette végétative, IV, 283, 324.
Préfet du Loiret, IV, 289-290.
Préfecture, IV, 293.
Première exécution par la guillotine, I, 355.
Préposé pour les poudres et salpêtres, III, 50.
Presbytère de St-Hilaire, I, 300.
— en atelier, III, 6.
— vidé par les prêtres, III, 190.
— de St-Paterne, IV, 11.
Président de l'assemblée fédérative, I, 130.
— des sections, II, 52.
— de la section de Brutus, III, 200.
— de l'administration municipale en 1797, IV, 106-108-122.
— en 1798, IV, 211.
— en 1799, IV, 280.
— démissionnaire, IV, 210.
— du cercle constitutionnel, IV, 157.
Prestation de serment, IV, 442.
— (voir serment).
Prêtres poursuivis, II, 46.
— condamnés à la déportation, II, 85.

т. 4.   52

Prêtres cachés dans une carrière, II, 94-108.
— déguisés en colporteurs, II, 111.
— non-assermentés, II, 143-155.
— sujets à des formalités pour être payés, II, 167.
— infirmes et âgés, II, 192.
— assermentés et destitués, II, 375-377.
— déguisé en femme, II, 391.
— exclus de toutes fonctions, II, 395.
— réclamant des secours, II, 409.
— maltraités à Orléans, II, 416.
— déportés, I, 371-393. II, 424.
— chassé de la société populaire, III, 28.
— assermentés et déportés, III, 234-436-440.
— en arrestation, III, 6-327-421.
— faisant leurs soumissions, III, 351-422.
— mis en surveillance, IV, 134.
— obligé à faire une déclaration, IV, 62.
— prêtant serment au 1er consul, IV, 347.
— condamnés à l'exil, IV, 24.
— poursuivis, IV, 18-38-131.
— réintégrés dans leurs fonctions, IV, 55.
— sujets à la déportation, IV, 92-127.
— dénoncés, IV, 133.
— s'évadant, IV, 192.
— appelés au conseil municipal, IV, 210.
— exerçant dans les églises, IV, 284.
— réfractaire arrêté, IV, 251.
— prêtant un nouveau serment, IV, 284.
— réprimandé, IV, 288.
— remarié, IV, 360.
Prêts généreux de plusieurs Orléanais, I, 22-53-54.
Prise de Toulon, II, 423.
Prières des quarante heures, I, 334.
Prieur des Grands-Carmes, I, 87.

Prison du séminaire, II, 73.
Prisons d'Orléans, II, 148. IV, 303-305.
Prisonniers de Perpignan, I, 311.
— d'Etat, I, 318-360.
— autrichiens, I, 447.
— des Ursulines, II, 436.
— utilisés, III, 208.
— transférés d'une prison dans une autre, III, 383-384-385-386-389.
Prix des places à la fédération orléanaise, I, 139.
— du tir, IV, 224-229.
— de la course, IV, 162.
— donné aux élèves des écoles, IV, 34-165-228.
— d'architecture, IV, 322-360.
Procès-verbal de la convention, II, 24-94.
— d'une section d'Orléans, II, 186.
— de la fête de la Jeunesse, IV, 27.
— de la fête des Epoux, IV, 40.
— de la fête des Victoires, IV, 48.
— de la fête de l'Agriculture, IV, 63.
— de la fête de la Liberté, IV, 71.
— de la fête du 10 août, IV, 79.
— de la fête des Vieillards, IV, 84.
— (voir fêtes).
Processions diverses, I, 22-47-54-93-110-258-277. II, 110.
— de St-Marceau, II, 111.
— ou promenade des ânes, II, 383.
— défendues, IV, 20.
Proclamation du duc d'Orléans, I, 56.
— du comité d'Orléans, I, 60.
— pour l'arrivée des Parisiens, I, 348.
— barbare, I, 393.
— du corps municipal, I, 8-118-186-236-407. IV, 248.
— des commissaires de la convention, II, 47-66.
— aux ouvriers d'Orléans, II, 111.

Proclamation des membres de la commune, II, 185.
— pour le maximum, II, 405.
— des administrateurs du département, II, 68-146. IV, 247.
— de l'agent national du district, III, 24-75-77-108.
— de Beaugency, III, 106.
— pour la fête de l'Être suprême, III, 108-109-145.
— du 14 juillet, III, 136.
— contre le citoyen Capitan, III, 154.
— du comité de surveillance, III, 179.
— du représentant Porcher, III, 263.
— du représentant Duval, III, 346.
— relative à une insulte faite à un représentant, III, 361.
— du représentant Sevestre, III, 415.
— pour la fête du 10 août, III, 163. IV, 77.
— royaliste, IV, 35-256.
— relative à la journée du 18 fructidor, IV, 116.
— relative à la garde nationale, IV, 132.
— pour l'arrivée de l'armée d'Italie, IV, 148.
— pour la conscription, IV, 207.
— au peuple français, IV, 250.
— pour la translation du corps législatif, IV, 265.
— pour la fête de la fondation de la République, IV, 325.
— de Bonaparte, IV, 268.
Proconsuls ambulans, II, 260.
Procureurs de la commune, I, 79-307-339-446.
— en 1793, II, 57.
Procureur de la commune en 1795, III, 326.

Procureur-syndic du district, I, 297-359-435.
— et Laplanche, II, 40.
— général syndic, II, 267-269.
Profanation impie des os humains, IV, 185.
Profession de foi d'un montagnard, II, 183.
profession de foi de Marie, III, 88.
— de Nicole, III, 90.
— de Bellecour, III, 95.
— de Goulu-Pryvé, III, 98.
— de Tanard, III, 102.
— politique d'un bon citoyen, III, 17.
Programme de la nouvelle fête de Ville, IV, 354.
Promenade civique, II, 8-353.
— des ânes orléanais, II, 383.
Propagandistes, III, 391.
Propagateurs de l'esprit révolutionnaire, III, 24.
— de l'adresse contre le fils de Louis XVI, III, 48.
Propos séditieux, IV, 109.
Protestans, I, 179.
Proviseur du lycée, IV, 357.
Prozet, son dévouement, I, 358.
— sa mort, IV, 360.
Publication de l'acte constitutionnel, I, 297-299. II, 150.
— des séances administratives, I, 338.
— de l'abolition de la royauté, I, 425-426.
— des lois du 18 brumaire, IV, 268.
— de l'acte constitutionnel de l'an VIII, IV, 278.
— de la paix continentale, IV, 339.
— (*voir* proclamation).
Pyramide fédérative, I, 152.
— triangulaire, II, 243.
— pour l'armée d'Italie, IV, 154.

Q.

Quai du Châtelet, I, 248.
— National, I, 293.
Quartier-maître de la garde nationale, III, 177.

Quête à domicile, I, 55. II, 3.
Questions faites aux sections, II, 443-444.

R.

Radiation de notes infamantes, IV, 15-43.
— sur la liste des émigrés, IV, 169.
Rafraîchissement donné aux brigands de Paris, I, 248.
Rapport de Léonard Bourdon, I, 394.
— sur la mort de Louis XVI, I, 451.
Rapport fait à la convention, III, 313.
— au ministre de la police, IV, 134-213.
— sur les établissemens publics, IV, 297.
Rareté du numéraire, I, 213.
— du pain, II, 368.
Rassemblement de femmes, III, 397.
— d'enfans, IV, 111.
— contre-révolutionnaire, IV, 35.
Raucourt (Mlle) à Orléans, IV, 324.
Réhabilitation de plusieurs citoyens, IV, 43-44.
Réacteurs orléanais, III, 394-423-428.
Réarmement des patriotes, III, 411-414. IV, 43-44.
Rebelle à la loi, IV, 255.
Rebus contre-révolutionnaire, IV, 213.
Recettes de la ville, I, 303-305.
Receveur de la commune, IV 107.
— des contributions, IV, 283.
Réclamation de l'évêque d'Orléans, I, 231.
Recrues de l'armée de Lafayette, I, 320.
Rédacteurs de l'adresse contre le fils de Louis XVI, III, 48.
— de l'adresse au peuple français, III, 387.
Réfugiés de Saumur, III, 22-196.
Réfugiés de l'Ouest, IV, 12-94.
Régiment de royal-comtois, I, 171-172.
Régisseur du collège, II, 74.

Régisseur général de la mairie, IV, 171.
Registre de l'état-civil, I, 277. II, 74.
— des protestans, III, 23-133.
— de l'administration municipale, III, 435.
— pour les électeurs, IV, 96.
— pour les voyageurs, IV, 252.
— pour les morts à l'armée, IV, 312.
Réglemens pour les alarmes, I, 274-318.
— pour l'école centrale, IV, 100.
— pour les pompiers, IV, 364.
— pour l'école de dessin, IV, 348.
— pour la Bourse, IV, 357.
Régime de la terreur, III, 149.
Réincarcération, III, 332.
Religieuses de l'Hôtel-Dieu, IV, 348.
Reliques de saint Aignan, II, 147-380. IV, 358.
Remariage des prêtres, IV, 360.
Rencontre malheureuse de Cercotes, IV, 97.
Renonciations aux fonctions du culte, II, 382-385 396-397-399-400-401-402-403. III, 6-9-14.
Renouvellement partiel du corps municipal, IV, 106.
Renseignemens sur quatre révolutionnaires, III, 435.
Réorganisation des autorités constituées, III, 265-325.
Répartition pour la nourriture des détenus, III, 142.
Repas sans-culotides, II, 155.
Réponses aux écrits séditieux, I, 90.
Représentation décadaire, III, 209-231.
Requête à l'évêque d'Orléans, I, 139.
— en faveur de réacteurs, III, 429.
Requiem des sans-culottes, III 349.

Réquisition de lits, IV, 257..
— de chevaux, IV, 295.
Résumé, IV, 369.
Rétablissement de la fête de Ville, IV, 352.
— du culte à Orléans, IV, 108.
Rétractation de serment, I, 315. III, 438.
Réunion des paroisses, I, 236.
— des négocians, III, 106.
Réunion décadaire, IV, 206-245-272-274.
Réveil (le) du peuple, III, 148.
Revenus de la France en 1789, I, 52.
Reverbères dans les faubourgs, IV, 282.
Révolte des ouvriers, I, 273.
— au sujets des conscrits, IV, 249.
Révoltés grâciés, I, 89.
— de Montmirail, I, 432.
Révoltes (voir émeutes).

Revue des défenseurs de la patrie, I, 336.
Riz donné à une famille, III, 135-236.
Rochechouard, I, 54.
Rochejaquelein (la marquise de la), I, 369.
Robespierre et l'Être suprême, III, 108.
Roger-Ducos, sénateur, IV, 246-360.
Romagnésy et son fils, III, 53.
Romance d'un condamné, III, 151.
Rosière, I, 52-105.
Rue Nationale, I, 328.
— Egalité, I, 345-346.
— du cloître St-Pierre-Empont, IV, 240.
Rues qui changent de nom, II, 59-109. III, 230. IV, 127.
— qui reprennent leur nom, IV, 96.

S.

Sabots pour le service des armées, III, 232.
Sacriléges orléanais, II, 384.
Sailly (de), maire, I, 438.
Saisie des appointemens de l'évêque, I, 309.
St-Georges en argent, II, 326.
Saisie chez les retardataires, III, 370.
Salle de spectacle St-Michel, II, 421.
Salle de St-Aignan, IV, 332.
— de dissection, IV, 205.
— de concert, IV, 281.
Salomon, maire, I, 332-334.
Sans-culottes insultés, II, 260.
Santerre à Orléans, II, 427-428-429.
Satyre sur les aristocrates, III, 190.
— contre les membres de la commune, III, 210.
Scandale occasionné par le commissaire du gouvernement, IV, 310-311.
— dans l'église de St-Aignan, IV, 364.

Scellés ordonnés par les lois du 19 fructidor, IV, 590.
Scrutin d'épuration, II, 422.
Sécheresse extraordinaire, IV, 359.
Séances publiques des administrations, I, 318.
— fédératives (voir assemblées fédératives).
— de la convention, II, 100.
— de la société populaire, II, 361.
— extraordinaires du conseil général, III, 57.
— publiques de Porcher, III, 244-265.
— de Laplanche (voir Laplanche).
Secours aux défenseurs de la patrie, II, 224.
— à domicile, IV, 301.
Secrétaires de la municipalité, I, 339-444.
— en 1800, IV, 320.
— greffier suspendu, II, 56.
— du comité révolutionnaire, III, 133.

T. 4.

— 402 —

Sections d'Orléans, I, 78-260-415. II, 48-49-50-51-114. III, 200-201-209-210-262-326-391.
— contre la convention, III, 391.
— de Marat, II, 164-375. III, 240-258.
— de Brutus, II, 280-423.
— de l'Unité, III, 48.
Séminaire (le grand) manège, IV, 327.
Sénatoreries en France, IV, 347-357.
Sénatus-Consulte pour Bonaparte, IV, 345.
Septier volé à Paris, II, 263.
Séquestres des économats, I, 163.
Serment de la municipalité en 1790, I, 81.
— des employés, I, 327.
— du conseil général, I, 406-442.
— des officiers de la monnaie, I, 313.
— des troupes de ligne, I, 186.
— fédératif, I, 144.
— du 14 juillet, I, 200-327.
— des prêtres, I, 237-251-252-256-262-426-446.
— des prêtres en 1798, IV, 210.
— de Foxlow, II, 260.
— du curé de St-Paul, II, 283.
— civique, III, 4-28-442.
— de haine à la royauté, IV, 98-144.
— nouveau en 1797, IV, 117.
— nouveau en 1798, IV, 234-264-272-283.
— des prêtres au premier consul, IV, 347.
— des instituteurs libres, IV, 143.
— des instituteurs primaires, IV, 240.
Service divin interrompu, II, 395.
Service divin rétabli, IV, 108.
— dans les chapelles défendues, I, 256.
Services funèbres, I, 219-220-228-270-291-312-349.
— pour les neuf victimes, III, 369.
— pour Marat, II, 158-162.
Service pour le général Leclerc, IV, 354.
— pour le docteur Petit, IV, 343.

Service des boulangers par les meuniers, III, 146.
Serviteurs de ville, II, 169.
Sevestre, représentant, III, 424.
Seurrat de la Boulaye, IV, 349.
Signalement de plusieurs prêtres, IV, 93.
Signataires des séances fédératives, I, 159.
— d'une pétition en faveur d'un émigré, III, 260.
— pour les subsistances, III, 250.
Signatures contrefaites, III, 64.
Signes de la royauté, II, 3.
— particuliers des sections, II, 79.
Situation critique d'Orléans en 1795, III, 299.
Sochet se justifiant, III, 181.
Sociétés des sciences, II, 179.
— d'agriculture, II, 179.
— populaire, II, 365. III, 13-182-210-274-415.
— de Pithiviers, II, 341.
— de Neuville, II, 342.
— supprimée, III, 415.
Sœurs de l'Hôtel-Dieu, II, 83.
— remises en fonctions, IV, 348.
— de St-Paterne, II, 142.
— de St-Laurent, II, 142.
— de la Sagesse, IV, 337.
Soldats révolutionnaires, II, 116.
Sonneur pour le balayage des rues, IV, 95.
— des églises, III, 57.
Souliers pour les armées, III, 237. IV, 61.
Soumission aux lois de la République, III, 362-442, IV, 143.
Soupes à la Rumfort, IV, 348.
Sous additionnels, I, 313.
Souscription volontaires pour les subsistances, III, 220-248.
— pour un vaisseau, III, 166.
— pour le monument de Jeanne d'Arc, IV, 350.
Sous-préfecture, IV, 294.
Sous-préfet, IV, 294.
Spectacle décadaire et gratis, III, 209.
Statue de Notre-Dame de Cléry, IV, 328.
Subsistances, II, 427.
Substitut du procureur de la commune, I, 79-248-238. II, 56.

Succession au profit de la nation, IV, 262.
Sucre délivré aux habitans, II, 374.
Suif distribué aux sections, III, 25.
Supérieure de l'hôpital, II, 76-77.
Suppléant au tribunal de commerce, II, 384.
Suppression de repas, I, 47-51-88.
— de vin et gâteaux, I, 117.
— des appointemens des notaires, I, 290.

Suppression de bougie, I, 248.
Sûreté publique, I, 288.
Surnom de Léonard Bourdon, II, 154.
Surveillance jusqu'à la paix, III, 6.
Surveillans des prisons, II, 73-169.
Susceptibilité républicaine, III, 10.
Suspects mis en liberté, III, 172-174-175-196. IV, 428.

T.

Tableaux à la Mairie, I, 346.
— des défenseurs de la patrie, I, 420.
— des biens des protestans, I, 439.
— des séances du conseil général, II, 58.
— détruits, II, 262-395.
— des biens communaux, III, 6.
— de la société populaire, III, 417.
— des prêtres en fonctions, IV, 243.
Tables Lacédémoniennes, II, 155.
Tabouraux, IV, 364.
Talma à Orléans, III, 353-359. IV, 230.
Tambour pour la taxe du pain, IV, 246.
Tarif (voir mercuriale).
Taux des impositions, II, 9.
Taxe de la viande, I, 86.
— des comestibles, III, 87.
— du pain, II, 114. III, 224-254-295-345.
— révolutionnaire, III, 133-164.
Te Deum, I, 265-296.
— pour la nomination du consul, IV, 345.
— pour la vie du premier consul, IV, 365.
Télégraphe, IV, 359.
Témoins à la Haute-Cour, I, 405.
— non entendus, III, 290-292-294-297.
Temple des protestans, II, 71.
— de la Raison, II, 404-411-412.
— de l'Être suprême, III, 135.

Temple décadaire, IV, 309.
— pour la célébration des fêtes, IV, 212.
Tentative d'assassinat contre le premier consul, IV, 329-330-365.
Terreur (la) à l'ordre du jour, II, 243.
Théâtre d'Orléans fermé, IV, 113.
Toasts civiques, IV, 178.
Tocsin (le) de la Vendée, IV, 364.
Tombeau de Louis XI, II, 391.
Tondus de la Vendée, II, 115-116-175.
Tourelles du pont, I, 277-279.
Tour des fossés mis à loyer, I, 340.
Tour St-Aignan, I, 310.
Tour à Pinguet donnée à la section de Marat, II, 410.
— vendue, IV, 110.
— Neuve vendue, IV, 110.
Toussaint Louverture, IV, 345.
Traduction de l'Enéide, IV, 366.
Trait de courage d'un cavalier, IV, 197.
Translation des suspects, III, 69.
— des révolutionnaires, III, 384-385.
— des reliques de St-Aignan, IV, 358.
Travestissement défendu, IV, 286.
Travaux à Ste-Croix, I, 112-309-345.
Trésor de Ste-Croix pillé, II, 414.
Trésorier de la municipalité, I, 261. IV, 169.
Tribunal criminel, II, 5-272.
— en 1795, III, 283.

Tribunal criminel en 1798, IV, 167.
Tribunal de commerce, II, 281.
— en 1795, III, 284.
Tribunal du district, en 1795, III, 281.
— de police, I, 306.
— en 1795, III, 283.
— civil en 1795, III, 421.

Tribunal de cassation, IV, 107.
Tribunaux réunis, III, 73.
Tristan (de), maire, I, 78.
Troupe de comédie en 1799, IV, 230.
Trouble au spectacle, IV, 87.
Tutoiement, II, 282-384-421.
Troupeau de mérinos, IV, 346.

V.

Vaccin propagé, IV, 358.
Vaisseau offert à la nation, III, 483. IV, 357.
Valse terminant les fêtes décadaires, IV, 206-245.
Vases sacrés, I, 270. II, 163.
— pillés, II, 382-394-414.
— de St-Laurent, II, 389.
Velard (de), sa mort prématurée, III, 368.
Vente de la viande, I, 257.
— des sels et tabacs nationaux, I, 317.
— d'argenterie, I, 450.
— des biens des émigrés, III, 136-165.
— des fers enlevés, III, 175.
— du mobilier des églises, I, 266-277. II, 261.
— de la Nouvelle-Orléans, IV, 364.
— des dépouilles des églises, IV, 17.
Vers en l'honneur de M. de Tristan, I, 80.
— en l'honneur de M. de Laplace, I, 80.
— de Champagne, II, 380. III, 56.
— en l'honneur de Laplanche, III, 363.
— en l'honneur de Bonaparte, IV, 154.
Versaillaise (la), IV, 145.
Veuve (la) de M. Petit, III,
Veuves d'émigrés, IV, 262.
Veuves des défenseurs de la patrie, II, 74-374.

Vicaires-généraux, I, 228.
Vicaires de St-Paul, I, 258.
Victimes de la terreur, III, 150.
Victoires sur les Vendéens, II, 416.
Vieillards remplaçant les jeunes gens, II, 426.
Vierge de St-Paul, II, 382.
Vieux linges et chiffons, III, 105.
Vignolet déclaré innocent, III, 218.
Villes et bourgs à la fédération orléanaise, I, 122.
Violation du secret des lettres, IV, 42-56-60.
Violences contre les nobles, I, 58.
Visites domiciliaires, I, 51-386. IV, 187-257-258.
— dans les maisons religieuses, I, 115-266.
— d'un médecin taxées, III, 68.
— des conscrits, IV, 209-234.
— du premier de l'an, I, 244-246-309. IV, 97.
Visiteurs des prisonniers suspects, III, 159.
Voitures de roulage, IV, 363.
Vol de vases sacrés, I, 449.
Volontaires pour la défense de la patrie, I, 253.
Voiture de luxe, II, 421.
— numérotées, IV, 440.
— publiques réunies, IV, 285.
Vote des députés du Loiret au procès de Louis XVI, I, 452.
Voyer de la ville remplacé, III, 223.

FIN DE LA TABLE DE LA 2ᵉ PARTIE.

www.ingramcontent.com/pod-product-compliance
Lightning Source LLC
Chambersburg PA
CBHW071852230426
43671CB00010B/1316